우리 근현대사의 통일전선적 이해

− 노경채 사론집 −

노경채

韓國史硏究叢書 83

우리 근현대사의 통일전선적 이해
－노경채 사론집－

노경채

국학자료원

간행사 ——
노경채 교수 유고집을 간행하며

노경채 교수가 우리 곁을 떠난 지 벌써 1년이 가까워오고 있다. 선생과 함께 수원대학교 사학과에 근무한 것이 1986년부터이니까 20년 이상을 한 직장에서 동고동락하며 지내온 것이 된다. 수많은 시간들을 함께 보낸 것은 말할 것도 없이 한국근현대사를 공부하는 나에겐 더없이 큰 행운이었다. 주지하는바와 같이 선생과 필자와는 역사를 바라보는 눈과 글쓰는 형태도 좀 다른 경향이 있어 상호간의 대화는 인식의 지평을 넓히는데 큰 도움이 되었다. 선생과의 대화 속에서 말씀 한마디 한마디는 바로 문장 그 자체였다. 필자가 간행한 책들의 제목과 목차는 거의 노경채 선생의 도움에 의한 것이었을 정도였다. 노경채 선생은 바로 동료이자, 형이자, 스승이었다.

역사를 바라보는 눈과 열의 있는 강의, 무게 있는 글쓰기, 진중한 말씀은 동학들뿐만 아니라 학생들에게도 올바른 역사의식을 키워주는데 큰 역할을 하였음은 더 말할 필요도 없을 것이다. 남기신 서적과 강의노트, 원고들에서 선생의 깔끔한 성격을 다시 한 번 더 느끼게 된다. 올바른 역사의 길로 제자들이 나아가길 간절히 원했던 선생의 열정이 새삼 그리워진다.

　불의에 떠나가신 선생의 뜻을 어떻게 받들어 드리는 것이 후학 된 도리일까 고민해 보았다. 선생이 평소 책을 간행하고 싶어 하셨기에 같은 분야를 전공하는 필자가 나서서 일을 추진하면 보다 효율적으로 할 수 있지 않을까 생각하였다. 그리하여 유족분들과 동학들에게 양해를 구하고 이를 추진하는 작업들을 시작하였다. 그러나 마음 한구석에는 내가 하는 것이 옳은 것일까, 오히려 노경채 교수께 누를 끼치는 것은 아닐까 하는 두려운 마음 또한 앞섰다. 옆방에 계시는 사학과 강일휴 교수의 격려에 송구함을 무릅쓰고 일을 추진하게 되었다.

　노경채 교수의 최근 관심은 한국사회민주주의운동사였다. 해방 후 통일된 민족국가의 지향점이 사회민주주의가 아니었나 조심스럽게 생각해 본다. 책을 구상하시면서 한편 한편 써내려가셨으나 탈고를 다 못한 상태가 되고 말았다. 사회대중당의 결성과 활동 부분을 계획만 세우고 완성하지 못하셨다. 아울러 한국근현대사를 통일전선적 관점에서 정리하는 사론집의 출간을 기대하셨다. 이 부분은 원고가 탈고된 상태였으나 책을 낼 수 있는 정리 및 목차작업 등이 이루어지지 못한 상황이었다. 원래는 노경채 선생의 계획대로 <한국사회민주주의운동사>와 <노경채 사론집 : 우리 근현대사의 통일전선적 이해>라는 제목으로 2권을 간행하고자 하였으나 원고량 등을 고려하여 한권으로 간행하기로 하였다. 이에 수원대학교에 출강하는 최재성 · 김인덕 · 박철하 박사 등의 도움을 받아 목차를 최종 확정하고 이승원 · 김남태 · 강자윤 · 김균영 등 대학원생들의 도움을 받아 교정 작업을 수행하여 어느 정도 원고 정리를 마치게 되었다. 그러나 지금도 선생님의 높으신 뜻에 조금이라도 누가 되지 않을까 두려운 마음 앞선다.

노경채 선생의 책자는 강일휴 교수의 열정으로 간행될 수 있었다. 아울러 정일동·이영림·양정석 수원대 사학과 교수님들의 도움이 컸고, 이덕관·안건호·조철행·박종연·정명희·서태정·강진영을 비롯한 여러 제자분들의 도움도 기록하고 싶다. 아울러 윤경로 교수·정태헌 교수 등 고려대학교 사학과 동문들과 한국역사연구회의 안병욱 교수님과 회장단 및 회원들, 그리고 노경채 교수를 사랑하고 후원해주신 모든 분들께 고개 숙여 감사드리며, 삼가 이 책자를 노경채 교수의 영전에 바친다.

2012. 6.
발간위원회를 대신하여
박환 씀

차례

간행사 — 노경채 교수 유고집을 간행하며

제1부 우리 근현대사의 통일전선적 이해

1장 민족해방운동가 인물론
　Ⅰ. 김규식론 ▪ 13
　Ⅱ. 지청천 ▪ 33
　Ⅲ. 실천적 '청년' 민족해방운동가, 윤세주 ▪ 40
　Ⅳ. 김구와 김원봉 — 중국 대륙에서의 두 독립운동 지도자 ▪ 48

2장 민족해방운동에 대한 역사적 평가
　Ⅰ. '임시정부'는 얼마나 독립운동을 하였나 ▪ 58
　Ⅱ. 독립운동과정에서의 지방자치제론 ▪ 69
　Ⅲ. 민족해방운동의 사상적 지향 ▪ 83
　Ⅳ. 중국관내 조선인의 민족해방운동과 중국국민당 ▪ 114

3장 역대 대통령의 역사점수
　Ⅰ. 역대 대통령의 '역사' 점수 ▪ 139
　Ⅱ. 이승만과 박정희의 역사적 평가 ▪ 153

4장 통일시대 우리 역사학의 책무

I. 8·15 해방의 민족사적 성격 ■ 180
II. 4·19혁명의 민족사적 성격 ■ 196
III. 더 이상 분단교과서여서는 안된다 ■ 202
IV. 평양남북정상회담의 역사적 의미와 한국사학계의 과제 ■ 208
V. 통일시대 우리 역사학의 책무 ■ 218

제2부 한국사회민주주의운동사

1장 한국 근현대 정치세력 분류론

1. 머리말 ■ 225
2. 기존 분류론의 비판적 검토 ■ 227
3. 올바른 분류를 위한 모색 ■ 231
4. 맺음말 ■ 236

2장 민족해방운동기 사회민주주의 세력의 태동

1. 머리말 ▪ 237
2. 국내 민족해방운동과 사회민주주의 ▪ 239
3. 중국관내 민족해방운동 정당과 사회민주주의 ▪ 243
4. 만주지역 민족해방운동 정당의 사회민주주의적 지향 ▪ 247
5. 맺음말 ▪ 250

3장 8·15 후 여운형의 정치노선과 활동

1. 머리말 ▪ 252
2. 정세인식 ▪ 255
3. 정치노선 ▪ 262
4. 정치활동 ▪ 273
5. 맺음말 ▪ 282

4장 해방 후 조소앙 정치노선의 현대사적 의미

1. 머리말 ▪ 284
2. 삼균주의 국가건설론 ▪ 285
3. 자주 통일국가 수립론 ▪ 288

4. 진보정당 결성론 ■ 293
　　　5. 맺음말―조소앙 정치노선의 역사성 ■ 297

5장　조봉암 · 진보당 · 사회민주주의

　　　1. 머리말 ■ 299
　　　2. 중간파 노선에서 단독정부 참여로 ■ 301
　　　3. 진보당을 이끈 실천적 정치지도자 ■ 306
　　　4. 사회민주주의를 지향한 평화통일론자 ■ 312
　　　5. 맺음말 ■ 317

6장　한국사회민주주의 노선의 역사적 성격

　　　1. 머리말 ■ 319
　　　2. 식민지시기 민족해방운동과 사회민주주의 ■ 321
　　　3. 해방공간의 사회민주주의 국가건설론 ■ 326
　　　4. 분단체제하의 사회민주주의운동 ■ 331
　　　5. 맺음말―한국사회민주주의의 역사성 ■ 337

부록 1　노경채 교수의 평생 화두, '통일민족국가'/정태헌
부록 2　노경채 교수 약력

1부

우리 근현대사의 통일전선적 이해

1장
민족해방운동가 인물론

Ⅰ. 김규식론

1. 역사와 인물

역사의 주체가 민중임을 새삼 강조할 필요는 없지만 가끔 역사적 인물에 대해 관심을 갖는다. 흔히 역사적 인물이란 시대정신에 남달리 투철하면서 역사의 단계높임에 뚜렷한 족적을 남긴 사람을 일컫는다. 역사에서 인물을 논하거나 관심을 기울이는 까닭은 그의 사상과 활동상을 통해 당시의 시대성격과 역사적 과제를 쉽게 파악할 수 있는 측면도 있지만 무엇보다 우리들의 삶을 역사적 삶으로 끌어올리는 교훈을 얻을 수 있기 때문이다. 하지만 인물론의 경우, 자칫 그것이 갖는 함정 ― 사실의 미화, 확대, 왜곡 등 ― 에 유의하지 않으면 되레 객관적 역사 이해를 흐트린다.

金奎植은 한국근현대사의 역사적 인물 가운데 한 사람이다. 먼저 그의 주요 약력 몇 가지만 적어본다. 호는 尤史, 별명은 金仲文·余一民·王介石 등, 대한민국임시정부 외무총장·동방피압박민족연합회 회장·민족혁명당 주석·임시정부 부주석·좌우합작위원회 주석·남조선과도입법의원 의장·민족자주연맹 위원장 등을 역임.

위에서 살필 수 있듯이 김규식은 민족해방운동시기와 해방공간에서 중요한 역할을 담당한 민족해방운동가요 정치가였다. 때문에 그에 대한 정당한 평가와 이해는 한국근현대사의 올바른 이해와 분단현실에 매몰되기 쉬운 우리들의 역사인식 제고에 보탬이 되기에 충분하다. 하지만 분단정권, 특히 극우반공정권은 우리들에게 '잃어버린 역사'와 '잊혀진 역사'를 간직하도록 강요했는데 김규식의 경우도 예외는 아니었다.

김규식의 행적을 체계적으로 다룬 전기는 1970년대 중반에야 나왔고 그 후 그에 관한 전기류[1]와 연구성과가 쌓여왔지만 아직도 그에 대한 정당한 평가와 한국근현대사에의 자리매김이 충분히 이루어졌다고는 볼 수 없다. 여기서는 그간에 밝혀진 내용을 토대로 김규식의 항일역정과 정치운동을 자주적 민족국가 건설운동의 잣대로써 간략히 살펴보려 한다.

2. 미국유학생출신의 민족해방운동가[2]

김규식은 개항과 그 반대운동이 대립되던 1881년 1월 27일 경남 동

---

[1] 전기로는 이정식,『김규식의 생애』(신구문화사, 1974); 류근일,『이성의 한국인 김규식』(동서문화사, 1981) 등을 꼽을 수 있고, '인물론'으로는 장백산,「김규식론」,『신세대』제1권 3호 (1946.7); 강만길,「김규식과 좌우합작」,『월간 조선』6권 8호(1985.8) 등이 있다.
[2] 2장은 주로 이정식, 앞의 책을 참조했음.

래에서 태어났다. 그의 아버지 金智性은 개항 직후부터 외무관리로 있다가 김규식이 태어날 무렵에는 동래부 관리로 있었다. 얼마 후 그의 아버지가 정치적 이유로 귀양살이를 하게 된데다가, 6살 때에는 근근히 살림을 꾸려오던 어머니마저 세상을 떠나게 되어 김규식은 고아 아닌 고아가 돼버렸다. 그는 서울에 살던 숙부 집에 맡겨졌지만, 숙부네도 어려운 처지였기 때문에 미국인 선교사 언더우드(Horace H. Underwood)가 세운 고아원에 맡겨졌다. 10살 때에 아버지가 사망함으로써 완전한 고아가 된 그는 '언더우드학당'(뒷날의 경신학교)에서 영어·자연과학 등 서양의 근대교육과 한문교육을 함께 받았다.

1896년에 사회로 진출한 김규식은 독립협회 활동에 참여하지만 1년도 채 되지 않아 미국유학의 길에 올랐다. 그는 1897년 가을학기부터 미국 동부 버지니아주에 있는 로녹대학(Roanoke College) 예과에 입학하여 1년 만에 우수한 성적으로 졸업하고 바로 학부에 들어갔다. 그는 학비를 벌어야 하는 어려운 여건을 무릅쓰고 뛰어난 성적으로 1903년 6월에 학부를 졸업한 뒤 1년간 미국에서 머물다가 1904년 봄에 귀국했다.

귀국한 김규식은 대한제국에 진출한 구미 각국의 商社들로부터 좋은 조건의 일자리를 제의받았으나 이를 뿌리치고 교육사업과 선교사업에 뛰어들었다. 그는 경신학교 교사로 역사를 가르쳤고 YMCA 이사 등을 맡아 활발한 종교활동을 벌였다.

1910년 한반도를 식민지화한 일본은 국내의 반일세력을 탄압하기 위해 이른바 105인사건을 조작하여 많은 지식인들을 투옥했다. 이후 국내에서의 민족운동이 어려움에 처하자 많은 사람들은 해외로 망명하여 조국의 독립을 쟁취하기 위한 민족해방운동의 길로 나아갔다. 1913년 중국 상해로 망명한 김규식은 洪命熹·趙素昻·申采浩 등과 지내다가 이듬해 가을에는 몽고로 가서 張家口·庫倫 등지를 옮겨 다니며 장사를 하거나 서양인들이 경영하던 회사에서 일했다.

제1차 세계대전이 끝나고 파리강화회의가 개최될 즈음에 중국관내에서 활동하던 인사들도 바쁜 움직임을 보이기 시작했다. 呂運亨 등은 신한청년당을 조직하고 그 대표를 파리강화회의에 파견하여 일본의 침략성을 알리고 조선의 독립을 호소하기로 계획했는데, 김규식이 그 대표로 뽑혔다. 마침 천진에 있던 김규식은 연락을 받자 상해로 왔고 이로부터 그는 본격적인 민족해방운동 대열에 나서게 되었다. 김규식은 미국에서 유학한 여느 사람과는 달리, 식민지시기의 대부분을 중국지역에서 활동한 민족해방운동가였다.

3. 초기 임시정부의 '외교통'

파리강화회의에 참석하기 위해 상해를 출발한 김규식은 1919년 3월 파리에 도착한 뒤 '한국공보국'을 설치하고 주어진 임무를 수행하기 위한 준비에 몰두했다. 이 무렵 국내에서는 日帝 식민지배에 항거하는 전 민족적 3·1운동이 일어났고, 국내외에서는 민족해방운동을 지도할 임시정부수립운동이 일어나, 비슷한 시기에 露領·상해·서울 세 곳에서 임시정부가 수립되었다. 김규식은 상해 임시정부의 외무총장, 서울에서 조직된 한성정부의 학무총장으로 선임될 만큼 민족해방운동전선에서 중심적 인물이었으며, 임시정부 대표의 자격도 띠게 되었다.

김규식은 조소앙·李灌鎔·金湯·黃玘煥 등과 '공보국회보'를 발간하여 조선민중의 주장을 프랑스인과 강화회의에 참가한 각국 대표들에게 알리는 한편 강화회의에서 조선문제가 해결될 수 있도록 노력했다. 하지만 이 회의에서는 조선문제가 거론되지 않았을 뿐더러 별다른 성과를 거두지 못하고 약간의 '동정'을 얻는데 그쳤다. 파리에서 4개월간 활동한 김규식은 1919년 8월 미국으로 가서 워싱턴에 있던 구미위원부 위원장을 맡아 독립운동 자금모집과 외교활동에 전념했지만 큰 성과를 거두지는 못했다.

임시정부가 외교활동에 역점을 두었던 것은 상해임시정부와 한성정부수립세력이 외교론에 서 있던 것과 밀접한 관련이 있지만, 상해임시정부를 중심으로 성립된 단일정부 또한 외교론에 비중을 두었기 때문이었다. 하여튼 외교활동을 통해 독립을 쟁취할 수 있다는 견해는 제국주의 국가의 속성을 간과한, 정세인식에 어두운 비현실적 노선이었다. 김규식은 초기 임시정부의 외교활동에서 주도적 역할을 했지만, 한때 비밀 군관학교 설립을 계획했던 점으로 보아 李承晩처럼 '외교지상주의자'는 아니었다. 그렇다고 하여 그를 무장투쟁을 벌임으로써 외교활동의 효율도 높일 수 있고 조국의 해방을 쟁취할 수 있다고 생각한 무장독립론자로 규정하기는 어렵다.

2년간 파리와 워싱턴에서 활동하던 김규식은 1921년 1월 상해로 돌아왔다. 이때 임시정부는 독립운동방법론의 차이, 출신지역을 둘러싼 파쟁, 사상적 대립 등으로 내분에 휩싸여 있었다. 내분이 수습될 기미를 보이지 않자 그는 학무총장직을 내놓고 徐丙浩 등과 상해에 南華學院을 세워 중국으로 오는 조선청년들을 가르쳤다.

임시정부가 분열, 약화되어 민족해방운동의 영도적 역할을 수행하지 못하자 운동의 통일방안을 마련하기 위한 국민대표회 소집요구가 곳곳에서 일어났다. 하지만 대회에 드는 비용을 마련해야 하는 일, 때마침 열린 워싱턴회의(1921.11~1922.2)와 극동노동자대회(1922.1~1922.2)에 거는 기대 때문에 대회 준비는 일시 중단되었다. 특히 임시정부는 워싱턴회의에 대비해 외교후원회를 구성하는 등 부산한 움직임을 보였지만 이 회의에 조선대표단은 참여하지도 못했고 조선문제는 거론조차 되지 않았다. 이에 실망한 민족해방운동가들은 모스크바에서 개최된 극동노동자대회에 기대를 걸었고, 김규식도 이 대회에 참가하기 위해 여운형 등과 상해를 떠났다. 모스크바에 도착한 김규식은 회의에 참석하는 한편 기자들과 만나고 잡지에 기고를 하면서 독립운동의 방법론, 방향 등에 관한 자신의 생각을 피력했다. 극동노동자대회에서 조선 민족해방운동을 계속 지원한다는 원칙적인 입장은 확인됐지만 민족해방운동가들이 기대했던 구체적인 지원방안은 제시되지 않았다.

두 국제회의에서 조선독립에 대한 구체적이고도 실질적인 성과를 얻지 못하자 민족해방운동전선의 통일과 현실적인 항일투쟁 방안을 마련하기 위한 국민대표회 소집요구는 더욱 거세졌다. 김규식도 국제정치의 냉혹한 현실을 절감하면서 국민대표회가 하루바삐 열리기를 바랐다. 마침내 국민대표회가 1923년 1월에 개최되었지만 얼마가지 않아 임시정부를 대신할 새로운 조직 건설을 주장한 창조파와 임시정부를 그대로 유지하되 잘못된 점만을 고치자는 개조파가 팽팽히 대립했는데 김규식은 창조파에 속했다. 두 파가 타협의 실마리를 찾지 못하자 창조파는 별도의 '韓'정부를 조직했고 김규식은 이 정부의 국민위원과 외무위원장에 선임되었다. 김규식을 비롯한 창조파 인사들은 노령 블라디보스톡으로 옮겨갔으나 그들이 조직한 정부가 소련정부로부터 승인을 받지 못하고 결국 흐지부지되고 말아 1924년 2월 말 이후 대부분 중국지역 각 단체에 복귀하여 개별운동을 벌였다.

중국으로 돌아온 김규식은 復旦大學·北洋大學 등에서 강의를 맡아 비교적 '안정된' 생활을 했지만, 끊임없이 민족해방운동에도 관계하여 1927년 2월에는 柳子明 등의 조선인, 중국인, 인도인 등이 조직한 동방피압박민족연합회의 회장으로 추대되었다. 이 시기 민족해방운동이 침체상태에 놓였던 것처럼 김규식도 활발한 운동을 전개하지는 못했다.

4. 민족해방운동전선 통일을 주창

만주사변(1931)과 상해사변(1932) 등 일제의 대륙침략이 노골화하자 민족운동진영에서는 항일투쟁 열기가 한층 높아졌고 민족해방운동전선의 통일방안도 새로이 모색되었다. 이러한 때에 북양대학 교수로 있던 김규식이 상해에 와서 한국독립당의 李裕弼과 논의한 결과 기존단체를 통일하여 한중합작을 꾀하기로 하였다. 김규식은 이 계획을 조선혁명당의 崔東旿, 의열단의 韓一來에게 알려 그들로부터 찬동을 얻었다.

한국광복동지회 대표 김규식은 한국독립당 대표 이유필·金枓奉, 의열단 대표 한일래·朴建雄, 조선혁명당 대표 최동오, 한국혁명당 대표 尹琦燮·申翼熙 등과 각 단체 연합을 위한 주비회를 결성했고, 1932년 11월에는 "혁명역량의 집중과 지도의 통일로써 대일전선의 확대 강화"를 위해 한국대일전선통일동맹을 결성했다. 이 동맹에는 앞서 언급한 중국지역 민족해방운동단체들이 거의 참여했지만, 협의체의 성격을 지닌 통일동맹으로서는 민족해방운동전선의 고립분산적 활동을 극복할 수 없었다. 때문에 실질적인 항일투쟁을 벌이기 위한 단일당 조직문제가 제기되었다.

이념과 노선을 달리하던 민족해방운동 정당·단체를 하나로 묶는 일이 결코 쉬운 것은 아니었지만, 통일동맹이 모체가 되고 한국독립당·의열단·신한독립당·재미대한독립당·하와이국민회 등 9개 단체가 해소되어 1935년 7월에는 민족혁명당이 성립되었다. 민족혁명당은 임시정부 존폐문제 등으로 김구를 비롯한 일부 임시정부 고수파들이 참여하지 않았지만 민족해방운동세력을 망라한 통일전선체적 조직이었다.

김규식은 한국대일전선통일동맹 결성에 주도적 역할을 하였고, 민족혁명당 조직과정에서도 金元鳳·조소앙과 함께 당 규칙제정위원으로 선임되는 등 중요한 역할을 맡았었다. 민족혁명당은 성립 당시 서기·조직·선전·군사·국민·훈련·조사부 등 7부제 조직을 택했고 김규식은 국민부 부장으로 선임되었다. 몇몇 사람들은 당직을 둘러싸고 불만을 터뜨리거나 이탈하는 경우도 없지 않았으나 통일전선 형성에 확고한 뜻을 갖고 있던 김규식은 자리문제에는 전혀 개의치 않았다. 민족혁명당의 실질적 지도자는 서기부 부장을 맡아 당무를 총괄한 김원봉이었지만 김규식은 민족혁명당의 통일전선체적 성격을 드러내주는 상징적 인물이었다.

이 시기에 김규식이 지향한 민족해방운동노선과 민족국가건설론의 내용을 확인할 수 있는 직접자료는 없지만 민족혁명당의 이념과 노선을 통해 짐작할 수 있다. 민족혁명당은 정강에서 民主集權의 정권 수립, 토지 국유화와 농민에의 분급, 대규모 생산기관 및 독점기업의 국영화, 노농운동의 자유 보장, 국비교육제 실시 등을 내세웠고 무장독립노선을 정책으로 채택했다. 민족혁명당의 민족국가 건설방향과 운동노선은 민족해방운동전선이 지향한 그것과 다르지 않을 뿐더러 김규식의 생각과도 크게 다르지 않았을 것이다.

민족혁명당은 金九 중심의 한국국민당과 양대세력을 이루면서 활발한 활동을 펼쳤지만 임시정부에는 참여하지 않았다. 그러나 중일전쟁(1937) 이후 우리 민족해방운동전선의 통일운동은 다시 활기를 띠었고, 더욱이 1941년 태평양전쟁의 발발로 일제의 패망이 예상되면서 통일전선운동은 한층 진전되었다. 중국관내의 통일전선운동은 임시정부를 중심으로 확대 발전되어 민족혁명당도 종래의 입장을 바꾸어 임시정부에 참여했다. 민족해방운동세력의 결집에 앞장서 온 김규식은 1942년 10월 임시정부 국무위원으로 선출되었고 1944년 2월에는 새로 마련된 부주석직을 맡았다.

5. 先임시정부수립 · 後탁치해결론

일본의 무조건 항복으로 '해방'을 맞이하자 해외에서 활동하던 인사들은 귀국을 서둘렀다. 임정요인들은 정부자격으로 귀국을 시도했으나 미국 측이 임정의 존재를 부인함에 따라 두 차례에 걸쳐 개인자격으로 귀국했다. 임시정부 부주석 김규식도 개인자격으로 김구 등과 제1진으로 1945년 11월 23일 고국을 떠난지 32년 만에 귀국했다. 임정요인들이 귀국할 즈음 남한에서는 朴憲永의 조선공산당, 여운형의 조선인민당, 金性洙 · 宋鎭禹 등의 한국민주당, 이승만의 독립촉성중앙협의회 등 주요 정치세력들이 세력기반 확충에 노력하면서 활동하고 있었다. 임정요인들이 귀국하자 국내정치세력들로부터 제휴교섭이 있었지만 그들은 섣불리 응하지 않으면서 정세를 관망했다.

모스크바 3상협정이 발표된 이후 좌우익 정치세력들은 크게 동요하기 시작했다. 3상협정의 주요내용은 임시조선민주주의정부를 수립하고 4대 연합국이 이 임시정부를 최고 5년간 신탁(후견)하여 민주주의적 정치발전과 독립국가의 수립을 돕는다는 것이었다. 여기서 문제의 불씨가 된 것은 신탁통치문제였다. 연합국의 신탁통치안을 가장 강경하게 반대한 정치세력은 임정계였고, 김규식도 예외일 수는 없었다.

김규식과 더불어 흔히 우익의 3영수라 일컫는 김구 · 이승만 등은 모두 반탁입장에 서 있었지만 반탁의 배경은 물론 논리와 방법론도 각기 달랐다. 김규식은 신탁통치는 반대하되 3상협정의 제1항에 명시된 임시정부 수립을 먼저 실현한 뒤 탁치문제를 해결하자는 입장이었다. 한편 신탁통치를 또다른 식민지배로, 반탁을 제2의 독립운동으로 인식한 김구의 반탁노선이 국제정세를 객관적으로 파악하지 못한 '명분적' 반탁노선이었던 반면에 이승만세력의 반탁노선은 애초부터 반탁활동이 가져올 결과를 치밀하게 계산한, 단독정부 수립을 염두에 둔 정략적 반탁노선이었다.

　우익 정치세력이 대체로 반탁을 내세워 3상협정에 부정적 태도를 보인 것과 달리, 조선공산당을 비롯한 좌익 측은 3상협정을 받아들이는 것이 국제정세에 적절히 대처하면서 독립을 촉진하는 유일최선의 방책이라 주장하면서 '총체적 지지'를 선언했다. 3상협정을 둘러싼 좌우익 정치세력 사이의 대립은 통일민족국가 수립의 최대 걸림돌이 될 소지를 안고 있었다.

　미·소 양군이 해방군이 아닌 점령군의 성격으로 한반도에 진주하였고 더욱이 한반도문제 해결에 결정적 영향력을 갖고 있던 미·소가 합의한 3상협정을 뚜렷한 대안없이 받아들이지 않을 경우 통일민족국가 수립은 사실상 어려웠다. 이런 점에서 김규식의 '선임시정부수립·후탁치해결론'은 3상협정에 대한 현실적인 대응논리였고 좌익 측의 총체적 지지 입장과 내용 면에서 크게 다르지 않았다.

　1946년 벽두부터 정국은 탁치문제로 소용돌이에 휩싸인 가운데 좌우익의 대립이 첨예화할 조짐을 보였고 좌우익 정치세력은 전열을 가다듬으면서 세력 확충에 나섰다. 즉 우익세력은 김구 중심의 비상정치회의와 이승만 중심의 독립촉성중앙협의회가 합쳐 성립된 비상국민회의, 비상국민회의 최고정무위원회가 미군사령관의 자문기관으로 개편된 대한국민대표민주의원을 중심으로 결집되었고 좌익세력과 중간노선의 단체들은 민주주의민족전선을 중심으로 결집된 형국이었다.

　조선민족혁명당의 김원봉 등이 임정계의 '우편향적' 노선을 비판하고 민주주의민족전선에 참가했지만 김규식은 1946년 2월 18일 "한국이 완전독립을 찾고 신국가를 건설하려는 이때에 더욱 우리의 요구하는바 자주독립적 과도정권을 수립하려는 단계에 있어서는 개인이나 당파적 이해를 위하여 활동할 시기가 아님"[3]을 이유로 그가 주석으로 있던 조선민족혁명당을 탈당했다.

  3상협정에 따른 미소공동위원회 개최가 임박하자 민주주의민족전선 세력은 3상협정을 지지하면서 미소공위에 협력할 것을 다짐했지만 우익 측의 사정은 복잡했다. 이를테면 김규식을 비롯한 중간우파가 미소공위에 협력적인 태도를 취했던 반면, 이승만세력·한민당 등은 여전히 반소반공노선을 견지하면서 미국의 속뜻을 살피고 있었고 김구의 한독당은 종전의 반탁노선을 고수하면서 우익정당의 통합에 몰두했다.

  임시정부 수립을 위해 개최된 제1차 미소공동위원회는 협의대상으로 삼을 정당, 사회단체를 어떻게 선택하느냐 하는 것부터 난관에 부딪쳤다. 반탁운동을 하는 정당, 사회단체는 협의대상에서 제외할 것을 주장한 소련 측의 입장과 우익세력이 중심이 된 반탁진영을 배제할 수도 없었던 미국 측의 입장이 팽팽히 맞섬으로써 제1차 미소공위는 아무런 성과 없이 결렬되고 말았다.

  김규식은 '선임시정부수립·후탁치해결론'이란 탄력적인 대응논리를 갖고 있었음에도 불구하고 이를 실현하기 위한 좌익 측과의 통일전선 형성에는 적극적인 태도를 보이지 않고 오히려 조선민족혁명당을 이탈하고 대한국민대표민주의원 부위원장을 맡는 등 우익블럭 안에서 그의 입장을 관철하려는 소극적 활동에 머물렀다. 그의 소극적 태도도 미소공위가 결렬된 이후 좌우합작운동을 추진하면서 달라졌다.

6. 좌우합작운동의 주역

  좌우익의 노선차이가 드러난 가운데 제1차 미소공위가 결렬된 직후

---

3 『조선일보』 1946년 2월 19일자; 국사편찬위원회 편, 『자료 대한민국사』 2, 1969, 95쪽.

이승만은 기다렸다는 듯이 '정읍발언'을 통해 단독정부 수립의 필요성을 제기했다. 한민당을 제외한 모든 정치세력들은 이승만의 단정수립론을 비판했는데, 이는 민족구성원 대다수의 통일정부 수립에의 열망과 기대를 대변한 것이었다. 한편 중간파와 좌익세력의 연합 가능성까지 내다본 미국은 미소공위에서의 입지를 강화시킬 겸 한반도의 공산화를 방지하기 위한 전략적 차원에서 중간파세력을 지원하는 새로운 정책을 구상했다.

좌우합작운동의 추진경위에 대해서는 두 견해가 있는데, 하나는 여운형이 미소공위 결렬 직후 통일정부 수립을 위해 좌우합작을 구상하고 평소에 친분이 있던 김규식과 협의한 뒤 미군정사령관의 정치고문 버어치(Leonard Bertsch)의 동조를 얻고 그가 하지(John R. Hodge)미군정사령관을 설득하여 좌우합작운동을 지지하도록 했다는 '여운형추진설'[4]이며, 또 하나는 하지의 명령에 따라 버어치가 좌우합작을 구상한 뒤 개인적인 관심과 존경심을 갖고 있던 김규식을 설득하여 좌우합작운동에 나서도록 했고 좌익 측 대표로 종전에 미군정과 관계가 좋지 않았던 여운형을 지목, 끌어들였다는 '미국추진설'[5]이다. 경위야 어떻든 미군정의 정책적 의도가 깔려 있었던 것만은 분명하며 더욱이 김규식과 여운형이 좌우합작운동의 두 주역이었던 것만은 명확한 사실이다.

좌우익 정치세력들이 합작의 필요성을 인정하면서도 그 실현을 위한 선결조건으로서의 3상협정에 대한 입장은 달랐기 때문에 좌우합작의 앞길은 애초부터 밝지 못했다. 하지만 단정수립설의 제기로 좌우합작의 필요성이 한층 커진데다 미국 측이 지지입장을 밝힌 뒤 좌우합작운동은 빠르게 추진되었고 김규식·여운형은 좌우익의 주요인사를 고루

---

4 여운홍, 『몽양 여운형』(청하각, 1967), 215쪽.
5 이정식, 앞의 책, 137~143쪽.

갖춘 좌우합작위원회를 발족시켰다.

좌우합작위원회의 첫 모임에서 좌익 측은 먼저 3상회의 결정의 전면적 지지, 무상몰수·무상분배에 의한 토지개혁과 중요산업의 국유화, 친일파·민족반역자의 제거, 남한 정권의 인민위원회에의 이양, 입법기관 창설의 반대 등을 내용으로 하는 합작5원칙을 제시했다. 뒤이어 우익 측도 미소공위 재개를 요청하는 공동성명의 발표, 신탁통치문제는 임시정부 수립 이후로 미룰 것, 친일파·민족반역자를 임시정부 수립 후에 처리할 것 등을 골자로 하는 합작8원칙을 내놓았다.

양쪽에서 제시한 합작원칙을 보면 미소공동위원회 속개를 통한 임시정부 수립에는 모두 찬동했지만 탁치문제에 있어서는 좌익 측은 3상협정 지지를, 우익 측은 임정수립 후로 미룰 것을 각각 주장했다. 또 좌익 측에서 내세운 토지개혁 및 중요산업의 국유화문제에 대해 우익 측은 분명한 입장을 제시하지 않았고, 친일파·민족반역자 처리문제에 있어서도 견해를 달리함으로써 양쪽의 입장은 기본적 차이가 있었다.

좌우 양쪽이 합작원칙을 두고 성명전을 펼 무렵 김규식 중심의 중간우파는 여운형 중심의 중간좌파와 협의하여 합작7원칙을 발표했다. 7원칙의 주요내용은, 첫째 3상협정에 따른 남북을 통한 임시정부 수립을 강조하면서도 신탁통치문제에 대해서는 분명한 언급을 하지 않았는데, 이는 김규식의 '선임시정부수립·후탁치해결론'이 반영된 것으로 보인다. 둘째 중요산업의 국유화는 채택했으나 토지문제에 있어서는 몰수, 유조건몰수, 체감매상과 무상분배안을 채택함으로써 양쪽의 주장을 절충한 형태로 나타났다. 셋째 친일파·민족반역자 처리문제는 장차 구성될 입법의원에서 처리케 한다는 것이었다. 요컨대 7원칙은 탁치문제, 토지개혁, 친일파·민족반역자 처리문제에 있어서 분명한, 현실적 대안을 제시하지 못함으로써 좌우합작을 위한 '원칙'이라기보다는 '절충

안'의 성격이 강한 것이었다.

합작7원칙이 발표된 뒤 한독당 등의 지지도 있었지만 대부분의 좌우익 정치세력은 반대입장을 표명했을 뿐만 아니라 합작운동 자체에도 부정적인 태도를 취함으로써 합작위원회는 점차 중간당화하기 시작했다. 이러한 가운데서 좌우합작위원회는 과도입법의원 설치안을 미군정에 제시했고 미군정도 합작원칙을 받아들이는 형태로 애초 계획한 입법기관 설치를 서둘렀다. 재선거, 당선자의 거부사태 등 곡절 끝에 민선의원 45명과 관선의원 45명으로 구성된 남조선과도입법의원이 설치되었고 그 의장에 김규식이 선임되었다.

김규식은 좌우합작으로 구성되는 입법의원을 기대했고 장차 통일정부 수립의 발판을 마련하려는 의도에서 입법의원 설치에 적극적 의사를 보였고 주도적으로 참여했다. 하지만 입법의원에 대한 그의 낙관적 기대는 '중추원의 再版'이나 '미군정의 연장기구'에 불과할 것이란 지적을 깊이 가늠하지 못한 정세인식의 한계에서 비롯되었다.

미소공위 재개가 구체화될 무렵 중간파 정치세력들은 민주주의독립전선, 민주주의해방전선 등을 결성하면서 세력 결집에 나섰다. 1947년 5월 21일 제2차 미소공동위원회가 열리자 민주주의독립전선을 비롯한 60여 정당 사회단체는 미소공위대책각정당사회단체협의회를 결성하고 그 주석에 김규식을 추대했다. 또 그는 좌우합작위원회의 소속단체가 중심이 되어 결성된 시국대책협의회의 임시주석으로 여운형과 함께 추대되었다.

중간파세력들은 미소공위에 적극 협력할 방침을 세웠지만 제2차 미소공위도 협의대상문제로 공방전만 펴다가 끝내 무산되고 말았다. 미소공위가 결렬됨에 따라 김규식이 기대한 미소공위를 통한 좌우합작은 실현될 수 없었고 게다가 그와 더불어 합작위원회의 중심인물인 여운형마저 암살당함으로써(1947.7.19) 그 운동은 더 이상 진척되지 않았다.
　이후 김규식은 중간파세력이 망라되어 결성된 민족자주연맹을 이끌면서 통일정부 수립을 위한 새로운 정치운동을 펼치게 되는데 좌우합작위원회도 해체성명과 함께 이 연맹에 합류함으로써 좌우합작운동은 끝나고 말았다.

7. 북행에 앞서 5개항을 제시

　미국이 3상협정에 따른 한반도문제 해결을 포기하고 소련의 반대를 무릅쓰고 한반도문제를 유엔으로 가져감으로써 통일정부 수립의 가망성은 희박해졌다. 미국은 유엔감시하의 남북총선안을 그자신의 절대적 영향 아래 있던 유엔에 제출했고 이에 맞서 소련은 미소양군동시철퇴안을 내놓았다.
　김규식은 "아무 책임적 선결조건의 언명도 없이 철거만 하자는 것은 일종의 우롱술책이 아닌가 한다. 공동철퇴는 1년 혹은 1년 반 전에 하여야 했을 것이다. 그러나 그냥 철퇴만으로는 국제적 책임을 이행함이 아니다"[6]면서 소련 측 제안을 비판하고, "유엔위원단도 총회 결의 그대로 남북을 통한 총선거로 통일정부 수립을 위하여 노력할 것을 확신한다"면서 미국 측 제안을 지지했다. 그는 유엔감시하의 남북한총선을 통한 통일정부 수립을 실현가능한 것으로 판단했겠지만, 이는 소련의 입장과 태도를 고려치 않은, 유엔의 역할을 과신한 매우 주관적인 인식이었다.
　유엔총회에서는 미국이 제안한 조선위원회설치안을 소련의 반대에도 불구하고 가결한 반면에 소련이 제안한 미소양군조기철퇴안은 부결

---

[6] 『한성일보』 1947년 9월 29일자.

되었다. 유엔감시하의 총선을 위해 조선위원단이 1948년 1월 8일 서울에 도착했지만 소련이 유엔위원단의 입북을 거부함으로써 유엔감시하의 총선은 불가능해졌다.

남한만의 단독정부 수립이 구체화하자 외세에 편승한 단독정부 수립세력도 자신들의 의도를 노골적으로 드러내기 시작했다. 이때의 정국은 이승만세력·한민당 등의 단정수립세력과 단정반대세력으로 확연히 갈라졌고 反단정세력은 통일정부 수립을 위한 남북협상운동을 추진하게 되었다. 일찍이 건민회·사회민주당 등에 의해 남북요인회담이 제기된 적이 있었지만 본격적으로 거론된 것은 한반도문제가 유엔에 넘어간 이후였다.

단독정부 수립이 현실로 다가오면서 민족자주연맹 위원장 김규식은 한국독립당 중앙집행위원장 김구와 남북협상운동을 추진하면서 구체적인 방안을 모색했다. 김규식의 비서를 지낸 宋南憲에 따르면 남북협상의 추진경로는 민족자주연맹 상임위원회에서 결의한 다음 김규식이 김구와 협의하여 북 측의 김일성과 논의했다고 한다.7

김규식은 김구와 공동명의로 1948년 2월 16일 "우리 민족의 영원한 분열과 완전한 통일을 판가름하는 최후의 순간에 남북정치 지도자간의 정치협상을 통해 통일정부 수립과 새로운 민족국가 건설에 관한 방안을 토의하기 위해 남북정치협상을 제의"하는 서신을 金日成에게 보내는 한편 중국지역에서 민족해방운동을 함께 한 바 있는 김두봉에게도 서신을 보내 회담의 실현을 위해 노력해 줄 것을 당부했다.

한편 김규식이 의장으로 있던 입법의원에서는 유엔조선위원단에게 '가능한 지역에서의 총선거'를 요구하는 결의안이 김규식 등의 반대에도 불구하고 가결되었고 2월 26일 유엔소총회에서는 남한만의 단독선

---

7 송남헌, 『해방3년사』 II(까치, 1985), 534~535쪽.

거안이 통과되었다. 이에 김규식을 비롯한 20여 명의 관선의원은 입법의원직을 사퇴했고 김규식은 남한만의 단독선거에는 참여하지 않을 것을 선언했다.

김구·김규식이 북 측에 남북협상을 제의했으나 그간 회신이 없다가 3월 25일 밤 평양방송을 통해 북조선민주주의민족통일전선의 이름으로 단독선거를 반대하는 남한의 17개 정당, 사회단체를 4월 14일부터 열리는 전조선정당사회단체대표자연석회의에 초청한다는 보도가 있었고 이틀 뒤에는 김일성·김두봉의 연서로 된 서신이 김구와 김규식 앞으로 보내왔다.

김구·김규식 두 사람은 연석회의에 참가할 뜻을 일단 밝혔으나 북 측 제의의 진의를 타진하기 위해 김구는 중국에서 함께 활동해온 安敬根을, 김규식은 민족자주연맹 비서인 權泰陽을 파견했다. 두 특사의 보고를 접하고 논의한 끝에 혁명가적 정치가인 김구는 북행을 결심했지만 학자형 정치가 김규식은 북행 이후의 모든 문제를 곰곰이 따져보면서 쉽사리 결단을 내리지 못하고 있었다. 이때 문화인 108명의 남북협상 지지성명은 김규식의 결단을 촉진시켰고 민족자주연맹에서도 김규식의 북행을 찬성하면서 연석회의에 참가할 대표를 선정했다.

김구는 4월 19일 단정수립세력들의 반대를 무릅쓰고 평양으로 출발했지만 김규식은 "여하한 형태의 독재정치도 이를 배격할 것, 사유재산제도를 승인하는 국가를 건립할 것, 전국적 총선거를 통하여 통일중앙정부를 수립할 것, 여하한 외국의 군사기지도 이를 제공하지 말 것, 미·소 양군의 철퇴는 양군 당국이 조건, 방법, 기일을 협정하여 공포할 것" 등 5개항의 조건[8]을 김일성이 수락하는 전제로 북행을 하겠다면서 권

---

[8] 김규식은 애초 북 측이 받아들이기에 훨씬 까다로운 6개항의 조건을 제시하려 했으나 민족자주연맹 인사들과 협의한 뒤 논조를 낮춘 5개항을 제시했다고 한다. *JOINT WEEKA* 1권(영진문화사, 영인본), 168~172쪽.

태양·裵成龍을 재차 특사로 파견했는데, 북 측으로부터 수락한다는 연락이 있자 21일 민족자주연맹 대표와 함께 평양으로 출발했다.

　김규식이 평양에 도착했을 때에는 이미 전조선정당사회단체대표자연석회의가 열리고 있었다. 4월 27일부터 남북요인회담이 개최되었는데, 이 기간에 김구·김규식·김일성·김두봉은 '4김회담'을 갖고 남한에 대한 송전 계속, 연백 수리조합 개방, 曺晩植의 월남 허용 등을 북 측에 요청하여 앞의 두 가지는 동의를 받았다. 분단의 지형이 짜여진 상황에서 추진된 남북협상이었기에 큰 기대를 갖일 수는 없었으나 아무런 정치적 타결을 보지 못한 채 김규식 일행은 5월 5일 서울로 돌아왔다.

　결국 미군정과 단정수립세력에 의해 추진된 5·10선거가 다가오자 김구는 '반대 불참가' 입장을 분명히 하였으나 김규식은 '불반대 불참가' 입장을 취했다. 김구의 입장이 통일정부 수립에의 열망을 떨쳐버리지 않은 것이었던 반면, 김규식의 입장은 남북한의 단정수립을 내다본 '현실론적' 입장이었다. 5·10선거에 불참한 兩金은 6월 초순 북 측으로부터 제2차 남북협상을 제의받았으나 달라진 정세를 이유로 응하지 않았다.

　남북한에서 각기 단독정부가 수립되기에 이른 시점에서도 김규식의 민족자주연맹은 단정반대세력과 더불어 통일민족국가 수립운동을 계속 펼쳐나갔다. 민족자주연맹과 한국독립당이 연석회의를 갖고 남북통일운동의 방향, 조직확대 방안을 협의한 끝에 마침내 7월 21일에는 60여 정당, 단체가 참여한 통일독립촉진회가 결성되었고 김규식은 부주석에 선임되었다.

　김규식은 8·15 3주년과 대한민국정부 수립을 맞이하여 발표한 담화문에서 하루빨리 통일정부가 수립되기를 바란다면서도 "소위 해방된 뒤에도 남의 군정통치에 지나던 것보다 일반민중의 생활문제라든지 급박한 경제난 등등이 점차로 용해되기를 바란다"[9]고 하여 단독정부의 성립을 수용하는 태도를 취했다. 그의 태도는 '불반대 불참가'입장의 연장선상에 있는 것으로 이해되지만 통일운동에 대한 적극적 의지가 약화된 것으로 보일 수도 있다.

이후에도 김규식은 민족자주연맹의 지도자로 활동하지만 남북한의 단독정부 수립으로 통일정부수립세력의 활동공간은 점차 좁아졌다. 1950년에 실시된 5·30선거에 그 자신은 불참했지만 민족자주연맹의 元世勳 등은 국회의원에 출마하여 당선되었다. 정치무대에 나서지 않으면서 정세를 관망하던 김규식은 6·25전쟁이 발발하자 서울을 벗어나지 못해 납북되었다. 그는 민족상잔이란 비극의 현장을 목격하면서 1950년 12월 10일 밤 만포진 부근에서 70살의 생애를 마감했다.

8. 통일전선운동의 '본보기'

김규식은 불우한 어린 시절을 강한 정신력과 성실한 삶으로 이겨내면서 자신의 앞길을 헤쳐나간, 근대적 교육을 받은 이지적인 인물이었다. 미국에서 정규대학을 마친 그에게도 편히 살 수 있는 길이 얼마든지 있었을 것이지만 그는 조국의 식민지 현실을 외면하지 않고 험난한 민족해방운동전선에 몸을 던졌다.

김규식은 통일전선노선을 견지하면서 민족해방운동과 정치운동을 펼쳤고, 통일전선운동에는 누구보다도 앞장섰다. 그는 민족해방운동전선에서 민족해방을 쟁취하기 위한 최대의 선결과제도, 해방공간에서 펼쳐진 통일민족국가 수립운동의 중심과제도 통일전선 형성이라는 점을 철저히 인식하고 몸소 실천한 인물이었다. 그는 민족해방과 통일민

---

9 국사편찬위원회 편, 『자료 대한민국사』 7, 1974, 798쪽.

족국가 수립을 위한 길이라면 이념과 노선를 달리하는 사람이나 단체와도 함께 활동하는 것을 주저하지 않았고 자신의 세력확대를 염두에 두지도 않았다.

물론 그가 정치이념과 노선을 뚜렷이 제시하지 못하고 운동을 조직적으로 이끌지 못한 점이라든지, 때때로 보인 정세인식의 한계로 운동 노선상의 오류를 범했던 것은 비판될 수밖에 없다. 그럼에도 불구하고 그는 자주적 민족국가 건설운동에 노력한 인물로 평가된다.

김규식은 수많은 민족해방운동가, 정치가 가운데서 통일전선운동의 본보기를 보여주는 인물이다. 국제화, 개방화시대를 외쳐대지만 민족공동체의 삶이 옭매일 가능성이 적지 않은 현시점에서, 더욱이 민족분단을 척결하는 문제가 여전히 숙제로 남아있는 오늘의 현실에서 통일전선운동의 한가운데서 살았던 김규식의 삶은 역사적 교훈이 되기에 충분하다.

Ⅱ. 지청천

1. 일본 육사 출신의 독립운동가

　독립군 지도자 가운데서 白山 池靑天(1888~1957) 만큼 널리 알려진 인물도 그리 많지 않다. 흔히 이청천으로 불렀던 그의 본명은 池錫奎이며, 大亨이라는 이름도 자주 썼다. 그의 호 백산은 기개와 민족의식을 상징하는 백두산에서 따온 것이다. 민족해방운동사뿐 아니라 8·15 이후 정치사에서 지청천이 차지하는 비중은 결코 가볍지 않다. 때문에 그의 항일역정과 귀국 후의 정치활동을 실천적 관점에서, 그리고 통일지향의 관점에서 살피는 것은 '지청천 바로알기'를 위한 첫걸음일 것이다.
　서구 열강과 일본제국주의의 침략이 노골화하고 나라의 운명이 매우 위태로운 시기에 태어난 지청천은 신학문을 배워야 한다는 집안 분위기 속에서 교동소학교에 편입했다. 이후 배재학당에 진학하여 산술·과학 등 신학문을 익히면서 YMCA의 전신이라 할 수 있는 황성기독청년회에서도 활동했다. 하지만 외세의 침탈을 막기 위한 활로가 독립전쟁에 있음을 인식한 그는 배재학당을 그만두고 1907년 대한제국 육군 무관학교에 입학했다. 얼마 후 통감부의 강압적 지시로 무관학교가 폐교되자 그는 근대적 군사지식을 쌓아 구국의 간성이 되겠다는 일념으로 일본 육군사관학교에 들어갔다. 이로부터 그는 일본 육사 출신의 독립운동가라는 특이한 경력을 갖게 되었다.
　당시 지청천을 비롯한 유학생들은 "이왕 군사교육을 받으러 온 것이니 배울 것은 다 배우고 중위가 되는 날 일제히 군복을 벗어던지고 조국광복을 위해 총궐기하기로 맹세했다"고 한다. 하지만 뒷날 이 약속을 지킨 사람은 그와 이동혁 등 몇 사람에 불과했다. 1914년 5월 육사를 마치고 소위로 임관한 지청천은 일본군 제10사단에 배속되어, 일선 지휘자로 이른바 청도전쟁을 겪었다. 그렇지만 이는 실전 경험을 익힐 수 있는 기회였을망정, 그에게는 뜻 없는 참전이었다.

　3·1운동 직후 자기변신의 길을 모색하던 지청천은 6개월 동안의 휴가를 얻어 국내로 돌아왔다. 망명 기회를 노리던 그는 일본 육사 선배인 金光瑞와 함께 1920년 4월 하순 남만주로 탈출하였다. "현역 장교의 직을 지닌 채로 압록강을 건너 만주에 망명할 때까지도 혁명의 길을 찾느라고 고심참담하였다"고 회고했듯이, 그는 시대적 과제를 외면하지 않고 역사적 삶을 위해 험난한 민족해방운동전선에 뛰어들었다.

2. '만주 삼천'으로 불린 독립군 지도자

　망명 후 지청천은 柳河縣에 있던 신흥무관학교 교관으로 발탁되었고, 곧이어 敎成隊長으로 선임되어 근대적 군사지식을 십분 활용하면서 독립군 양성에 주력했다. 이 때 지청천은 경천 김광서, 동천 申八均과 더불어 '만주 삼천'으로 일컬어졌다. 만주에서는 '날으는 홍범도', '뛰는 김좌진', '만주 삼천'이면 산천초목도 두려워 떤다는 말이 회자될 정도로 그는 빼어난 독립군 지도자의 한 사람으로 부각되었다.

　1920년 10월 일본군의 침략으로 신흥무관학교가 폐쇄되자 지청천은 100여 명의 재학생과 서로군정서 병력을 데리고 백두산 근처로 이동했다. 당시 지청천이 이끈 독립군 부대가 청산리전투에서 크게 활약했다는 서술은 사실과 다르다. 청산리전투는 단일의 독립군 부대가 치른 전투가 아닌, 북만지역 독립군 부대들이 연계하여 군사적인 이동과정에서 청산리 부근 지역을 중심으로 일본군 토벌대와 치른 전투였다.

　지청천 부대를 비롯한 만주지역 주요 독립군 부대는 密山에 집결한 뒤 대한독립군단을 조직했다. 노령으로 옮겨간 대한독립군단은 그곳의 항일부대와 합쳐 대한의용군 총사령부를 결성하고 군사훈련을 추진했다. 하지만 '자유시사변'(1921.6)을 겪은 데다, 일본과의 관계개선을 고려한 소련의 정책변화로 독립군 활동이 어려워지자 지청천은 1922년 말 무장투쟁이 가능한 만주로 돌아올 수밖에 없었다.

한편 민족해방운동의 통일적 방안을 마련하기 위한 국민대표회의가 곡절 끝에 1923년 1월 상해에서 열렸고, 지청천은 군사위원에 선임되었다. 여느 독립운동가와 마찬가지로 국민대표회의에 대한 그의 기대 또한 매우 컸다. 이 회의에서 임시정부의 개선을 주장한 개조파와 새로운 조직건설을 내세운 창조파가 대립했는데, 지청천은 무장항쟁을 지휘할 수 있는 '통일적 기관'을 새로 구성할 것을 주장했다. 그의 창조론은 실천적 항일투쟁과 그 효율성을 중시한 것이지만, 결국 국민대표회의는 성공을 거두지 못했다.

1920년대 후반 지청천은 정의부 군사위원장 등을 맡아 여러 전투를 이끌었고, 항일무장 역량의 강화와 무장단체의 '통일'을 위해서도 힘썼다. 그렇지만 민족유일당운동의 일환으로 전개된 3부 통합운동은 조직방법론, 사상적 대립 등으로 실패하고 말았다. 1930년을 전후하여 민족주의 운동세력은 크게 남만주의 조선혁명당·조선혁명군, 북만주의 한국독립당·한국독립군으로 양립되었는데, 한국독립당 계열에는 지청천 등 반공노선을 견지한 인사들이 적지 않았다.

지청천은 일제의 만주침략이 중일전쟁으로 확대되고, 나아가 세계대전으로 이어질 것을 내다보면서 항일무장투쟁의 성과를 높일 수 있는 기회라고 판단했다. 그가 이끈 한국독립군은 초기전투에서 승리한 경우도 없지 않았으나, 전체적으로 볼 때 패배하여 큰 타격을 입었다. 하지만 강한 투쟁의지로 무장하고, 때로는 중국항일군과 연합전선을 펴면서 수많은 전투를 벌여 상당한 전과를 거두었다. 특히 1933년 6월 말 일본의 간도 파견군을 공격하여 군복 3,000여 벌, 소총 1,500정 등을 노

1부 우리 근현대사의 통일전선적 이해_35

획한 大甸子嶺 전투는 항일의식을 한층 고조시켰다.

일찍이 민족해방운동전선에서는 운동방법론을 둘러싸고 무장독립론·외교독립론·실력양성론 등으로 나뉘어 있었다. '외교독립론'의 허상이 드러난 1920년대 중반 이후 '무장독립론'의 비중은 더욱 커졌다. 물론 열악한 조건 속에서 이를 실현한다는 것은 결코 쉬운 일이 아니다. 때문에 온갖 고난을 무릅쓰고 독립전쟁의 깃발을 높이 세웠던 지청천의 무장투쟁은 가장 치열한 민족해방운동의 하나였다.

하지만 일제에 의한 만주지배의 공고화, '한중연합군'의 내분 등으로 한국독립군은 매우 어려운 처지에 놓였다. 게다가 임시정부도 한국독립군 간부들에게 관내로 들어와 군관학교 교육을 맡아줄 것을 요청했다. 결국 지청천·홍진 등 지도부는 1933년 10월 군관학교에 입학할 청년투사 40여 명과 함께 무장항일의 최전선인 만주를 뒤로 한 채 중국관내로 옮겨갔다.

3. 광복군 총사령의 대명사

김구와 중국국민정부의 교섭 결과 중국육군중앙군관학교 낙양분교에 한인특별반이 설치되자 지청천은 총책임자로서 군사교육에 진력했다. 이 과정에서 독립전쟁을 지향하던 지청천은 한인애국단 등을 통한 '의열투쟁'에 치중하던 김구와 운동노선을 둘러싸고 갈등을 빚었다. 그 이면에는 군관학교 입교생에 대한 '주도권' 다툼이 깔려 있었다. 하지만 한인특별반이 1기생을 배출하고 문을 닫게 된 것은 중국국민정부의 지원정책이 바뀌었기 때문이다.

1934년에 접어들면서 중국관내 민족해방운동 정당, 단체들의 통일운동이 본격화하자, 在滿 한국독립당과 한국혁명당은 단일당 결성의 전초로서 신한독립당으로 통합되었다. 신한독립당의 군사위원장으로 활동하던 지청천은 의열단의 이념적 지향에 '의구심'을 가지고 단일당 운동에 소극적 입장을 보였다. 그럼에도 줄곧 '대동단결'을 강조해온 그로서는 단일당에 불참할 뚜렷한 이유가 없었다.

지청천은 1935년 7월 통일전선 정당으로 출범한 민족혁명당의 중앙집행위원과 군사부 부장에 선임되었다. 군사부의 주된 활동은 화북·만주 등지에서 反滿 항일의 군사활동을 전개하고 조선청년의 군사훈련을 실시하는 것이었다. 민족혁명당의 군사활동을 지휘하게 된 지청천은 서기부 부장으로서 당무를 총괄하던 김원봉과 더불어 양대세력을 이루었다. 1937년에 이르러 노선과 당권을 둘러싼 두 세력의 대립은 격화되었고, 그해 4월 지청천 계열은 따로 조선혁명당을 결성했다.

조선혁명당의 중심인물은 대부분 만주에서 활약한 무장독립군 간부 출신이었는데, 군사부장 지청천이 당의 실질적 지도자였다. 조선혁명당은 김구 중심의 한국국민당, 조소앙 중심의 한국독립당에 비해 다소 진보적 이념을 내세웠지만, 본질적인 차이가 있었던 것은 아니다. 중일전쟁 이후 민족해방운동전선에서 통일전선의 요구가 더욱 커지자 3당은 1937년 7월 한국광복운동단체연합회를 결성하여 우파 민족주의세력의 연합을 이루었다. 나아가 3당은 한국독립당으로 통합되어 임시정부의 지주적 정당이 되었다.

1930년대 후반부터 임시정부는 무장독립노선을 지향하면서 군사조직을 마련하기 위한 구체적 방안을 모색했다. 1939년 10월 임시정부 군무부장에 선임된 지청천은 기간 부대를 조직할 형편이 안 될 경우 '총사령부'라도 먼저 구성할 것을 강조했다. 마침내 임시정부는 1940년 9월 17일 "우리 조국의 독립을 위하여 우리의 전투력을 강화할 시기가 왔다"면서 광복군을 발족시켰다. 총사령 지청천을 비롯한 인적 구성을 볼 때, 광복군은 만주 독립군의 맥을 계승하려 했던 것으로 보인다.

광복군은 애초 전투부대를 갖고 출발한 것은 아니었으나, 점차 대원을 확보하고 김원봉의 조선의용대가 합류함으로써 3개 지대로 편성되었다. 하지만 중국 쪽의 '행동준승'이 광복군 활동에 걸림돌로 작용한데다가 일본군을 직접 상대한 독립전쟁을 전개하지 못함으로써 무장독립군으로서의 광복군은 한계를 지닐 수밖에 없었다. 이러한 광복군의 제한적 위상은 연합군으로부터 교전단체로 인정받지 못한 일차적 요인이었다.

광복군이 민족해방을 쟁취할 수 있는 주력군의 역할을 담당하여 장차 국군 창건의 기틀이 되기를 바랐던 지청천의 뜻은 끝내 이루어지지 못했다. 하지만 독립군 양성에 누구보다 앞장섰고, 독립전쟁을 위해 끝까지 진력했던 그는 광복군 총사령의 대명사로, 실천적 독립운동가의 표상으로 남아 있다.

4. 대동청년단을 이끈 우익 정치가

8·15 후 지청천은 일본군에 동원되었던 학도병·징병자들을 중심으로 광복군 擴軍을 계획했지만 실효를 거두지 못하자 국내 청년운동에 관심을 기울였다. 이승만은 "지금 조국에서 건국사업이 진행되고 있는데 백산의 힘이 건국사업에 긴요하니 환국함이 좋겠다"고 요청했다. 미군정도 우후죽순처럼 난립한 청년단체를 규합하고, 이를 토대로 물리력을 확보할 수 있는 적임자로 지청천을 주목했다. 곧 1947년 4월 22일 지청천이 귀국한 배경에는 미군정·이승만 등과 청년운동에 대한 '합의'가 있었던 것으로 보인다.

귀국 직후 지청천은 청년운동이 조국 통일의 유일한 길이며, 청년단체의 통합은 자격이 있는 자신의 지휘 아래 이루어져야 한다고 주장했다. 그가 조직한 대동청년단은 단순한 정치단체가 아니라 무력적이고 결집력이 강한 청년단체였다. 때문에 대동청년단 결성에는 미군정, 이승만, 김구, 그리고 지청천의 각기 다른 정치적 의도가 깔려 있었다. 하여튼 우익 청년단체의 약 70% 정도를 흡수한 대동청년단은 명분으로 내세운 우익진영의 물리력 강화보다 지청천의 굳건한 정치기반이 되었다.

지청천세력이 커지자 김구·이승만 등 세 사람의 관계도 미묘해졌다. 애초 지청천은 이승만·김구에 대한 동시지지 입장을 취하면서 자신의 세력강화에 힘썼다. 그러다가 이승만 중심의 단정수립 쪽으로 기우는 정치상황에 직면하면서 김구와 관계를 청산하고 이승만 노선을 적극 지지하고 나섰다. 그는 단정수립을 막기 위한 김구의 북행도 공산주의자들에게 이용당할 여지가 많을 뿐 실질적 성과가 없을 것이라면서 반대했다.

대동청년단은 5·10선거에 참가하여 13명의 국회의원을 배출하였고, 단장 지청천은 서울 성동구에서 출마하여 전국 최다득표로 당선되었다. 이러한 선거결과는 대동청년단의 정치적 위상, 나아가 지청천의 정치기반이 만만치 않음을 보여주는 것이다. 하지만 임시정부 계열을 비롯한 많은 독립운동가들이 단정수립에 반대했던 것에 비해, 그는 매우 '현실적인' 정치가로 변모했다.

이후 지청천은 무임소장관, 국회 외무·국방위원장, 민주국민당 대표최고위원, 대한적십자사 중앙집행위원, 대한군인유가족회 회장, 반공통일연맹 최고위원, 자유당 원내 대표위원 등을 역임했다. 8·15 후 그의 정치노선은 이승만의 정치노선과 크게 다르지 않았다. 결국 지청천은 통일국가를 위한 역사적 과제를 제쳐두고 민족분단과 직결되는 상황논리에 순응했다는 점에서 분명 '현실론적' 우익 정치가에 머무르고 말았다.

Ⅲ. 실천적 '청년' 민족해방운동가, 윤세주

1. '윤세주 알기', 왜 중요한가

尹世冑(1901.6~1942.6)는 조국의 독립과 민족의 해방을 위해 험난한 외길을 걸었던 민족해방운동가의 본보기다. 그는 비록 1982년에 건국훈장 독립장을 추서받긴 했으나, 그의 활동상만큼 자리매김되어 있지는 못하다. 이는 분단국가가 성립되면서 민족해방운동사를 제대로 정리하지 않았기 때문이다. 이로 말미암아 자주적 민족국가의 건설을 위해 애쓴 이들의 행적은 역사의 뒤안길에 묻힌 반면, 정치적 판단에 따라 그 업적이 과대평가된 '독립운동가들'도 없지 않다.

민족해방운동 전사들의 활동상을 엄정하게 평가하여 그 업적을 기리고, 민족해방운동사를 객관적으로 정리하는 일은 아직도 우리의 과제로 남아 있다. '윤세주 알기'의 중요성도 바로 여기에 있다. 그래야만 식민지시기 우리 역사를 주체적으로 이해할 수 있다. 나아가 이는 통일민족국가의 역사적 정통을 확립하고 민족공동체의 역사적 토대를 마련하는 데도 보탬이 될 것이다.

2. 일찍이 민족해방운동전선에 뛰어든 항일투사

경남 밀양에서 태어난 윤세주는 노예교육을 받기 싫어 일본인이 경영하던 보통학교를 자퇴하고 조선인이 경영하던 同和中學에 편입했다. 학우들에게 애국사상을 고취하기 위해 비밀서클 練武團을 조직할 만큼, 그는 남다른 항일의식을 지니고 있었다. 일제에 의해 동화중학이 폐쇄되자 김원봉과 함께 서울로 올라온 윤세주는 五星學校를 졸업했다.

졸업 후 고향에 있다가 3·1운동을 맞은 윤세주는 밀양장터 만세시위를 주도하였고, 『독립신문』 경남지국장이 되어 민중들의 항일 정신을 북돋우기 위한 선전공작에 힘썼다. 일본 경찰이 그에 대한 체포령을 내리자, 윤세주는 민족해방의 큰 꿈을 이루기 위해 망명의 길을 택했다.

중국으로 망명한 윤세주는 吉林에서 김원봉과 다시 만났다. 그들은 총칼을 앞세운 왜놈의 식민통치를 몰아내기 위한 방도가 무장투쟁밖에 없다는 데에 쉽사리 뜻을 모았지만, 독립전쟁을 치루기 위해 곧바로 무장부대를 조직할 수 있는 여건은 못 되었다. 그리하여 1919년 11월 9일 김원봉의 주도 아래 암살과 파괴활동을 통해 조선인의 항일의식을 고취하고 민중적 무장투쟁의 기폭제로 삼을 목적에서 조선의열단을 결성하였다. 이날 윤세주는 심하게 앓아 모임에 참석하지 못했으나 창립단원으로 참여했다.

의열단의 테러활동 계획이 추진되자 윤세주는 黃尙奎·金相玉 등과 자금조달의 임무를 띠고 그해 말 국내로 들어왔다. 그는 서울과 밀양을 오가며 동지들과 함께 조선총독부·동양척식회사 등을 파괴할 계획을 세우느라 바쁜 나날을 보냈다. 1920년 6월 16일 동지들과 거사계획을 논의하던 윤세주는 일본 경찰에 체포되었고, 3·1운동 당시 궐석재판에서 받은 1년 6개월의 징역형이 가산되어 1927년 2월 7일에야 서대문형무소에서 출옥할 수 있었다.

그 후 고향으로 내려간 윤세주는 밀양청년회 상무집행위원 겸 체육부위원으로 선임되었고, 그해 12월 신간회 밀양지회가 조직되자 총무간사를 맡아 지회장 황상규를 도왔다. 그리고 1928년 7월에는 밀양청년회 집행위원장으로 선출되었으나 사임하고 신간회 지회활동에 전념했다. 하지만 1930년대로 들어서면서 식민지 파쇼체제가 강화되고, 그의 바람과는 달리 민족협동전선으로 성립된 신간회마저 해소되자 윤세주는 새로운 활동공간을 찾아야 했다.

민족해방운동의 활로를 찾아 다시 중국으로 망명한 윤세주는 南京에서 김원봉을 비롯한 의열단의 옛 동지들과 반갑게 해후했다. 이 시기에 이르러 의열단의 투쟁노선은 이미 암살·파괴 활동에 주력했던 개별적 폭력투쟁에서 벗어나, 조직적이고 집단적인 무장투쟁으로 나아가 있었다. 마침 의열단이 1932년 10월 중국국민정부의 지원을 얻어 조선혁명군사정치간부학교를 설립하자, 누구보다 자신에게 철저했던 윤세주는 교관이 되라는 주위의 권유를 뿌리치고 "과학적 혁명이론으로 재무장"하기 위해 10여 살 아래의 후배들과 더불어 1기생으로 입학했다.

졸업 후 윤세주는 간부학교의 교관으로 발탁되어 조선민족해방운동사·의열단운동사·유물사관·정치경제학 등 사회과학 과목을 도맡았다. 그러나 그의 활동은 강의에 국한되지 않았다. 그는 김원봉과 함께 졸업생에게 공작임무를 지도하는 포괄적인 활동을 펼쳤다. 이제 윤세주는 '의열단의 2인자', '의열단의 정신'으로 불릴 만큼 그 역할과 위상이 매우 커지게 되었다.

3. 가장 적극적인 민족통일전선론자

1930년대에 접어들어 전선통일 방안이 모색되면서 1932년 11월에는 의열단을 비롯한 중국관내 민족해방운동 단체들이 한국대일전선통일동맹을 발족시켰다. 뒤이어 단일당운동이 전개되었고, 마침내 통일동맹 소속단체는 1935년 7월 민족혁명당을 결성했다. 이때 윤세주는 당의 중앙집행위원 겸 서기부원으로 선출되었으며, 한글판 기관지 『민족혁명』의 편집책임자로 활약하면서 또 다른 기관지 『앞길』의 편집에도 참여했다.

윤세주는 1935년 10월 金奎植의 뒤를 이어 민족혁명당의 훈련부장에 취임했고, 1937년 1월 제2차 당대회에서도 청년운동위원회 주임으로 선임되는 등 당의 조직운동가로 활동했다. 중일전쟁이 일어나자 그는 청년당원과 함께 조·중연대를 모색하면서 선전활동과 당원 확보에 주력했다. 그해 말 민족혁명당을 중심으로 조선민족해방운동자동맹·조선혁명자연맹 등은 좌파 통일전선체로서 조선민족전선연맹을 출범시켰고, 1938년 10월에는 漢口에서 산하 무장력으로 조선의용대를 창설하였다. 당시 윤세주는 조선의용대 본부에 배속되어 훈련주임과 기관지『조선의용대통신』의 주간을 맡아 일본군에 대한 대적선전의 선두에 서서 활동했다. 그리고 이듬해 8월 민족혁명당 대표로 綦江에서 열린 '7당통일회의'에도 참여했다.

민족해방운동전선에서 정치력의 통일과 함께 군사력의 통일을 이루기 위한 통일전선의 형성은 시급하고도 중요한 과제였다. 이와 관련하여 윤세주의 민족통일전선론은 주목할 만하다. 그는『민족혁명』창간호에 실린「우리 운동의 새로운 출발과 민족혁명당의 창립」이란 글을 통해 민족의 특수성만을 내세우는 우익전선의 오류와, 세계사의 보편법칙을 기계적으로 우리 현실에 적용하려는 좌익전선의 오류를 아울러 비판했다. 그는 이러한 모순을 극복 초월할 수 있는 이념이 정립됨으로써 통일전선정당으로서 민족혁명당이 성립될 수 있었다고 피력했다.

나아가 윤세주는『민족혁명』5호에 게재한「민족통일전선 조직형에 관한 고찰」에서 "통일전선의 본질적 구성형태에 대해서 말하자면 통일은 각 계급 및 전민족을 포괄하는 것이 아니면 안된다"고 하여 반민족적 친일세력을 제외한 모든 계급이 참여하는 통일전선의 형성을 기대했다. 그는 통일전선 조직원칙으로 민족주의, 중앙집권주의 및 개인본위를 상정하고 있었다. 식민지 조선의 현실을 '계급대립에 기초하지 않는' 또는 '계급대립이 심화되지 못한' 단계로 인식하면서, 우리의 통일전선이 '민족전선'이 되어야 한다는 윤세주와 민족혁명당의 입장은 조선민족전선연맹의 노선으로 이어졌다.

중일전쟁 이후 반일세력을 망라하는 반파시즘 통일전선론이 점차 확산되었지만, 이에 대한 반론이 없었던 것은 아니다. 이를테면 민족혁명당의 이론가 李英俊은 계급간 대립관계가 식민지적 특수성에 따라 차이는 있을지라도 엄연히 존재한다는 사실을 부인할 수 없다고 강조하면서, 윤세주의 견해를 '무원칙한 통일'론이라며 반박했다. 통일전선에서 주도세력 문제는 이후 운동의 성격과 방향을 규정하는 중요한 문제였다. 그렇지만 민족문제가 일차적 과제였던 현실에서 윤세주의 통일전선론은 타당성이 높았다.

김원봉의 언급대로 민족혁명당 시기 윤세주는 "당 조직·선전·교육 공작에 있어 그의 탁월한 천재를 표현하였다." 아울러 그는 반일지주까지 통일전선의 대상에 포함시킬 정도로 가장 폭넓은 통일전선론을 주창했다. 이처럼 윤세주는 우리 민족해방운동전선에서 민족해방을 최우선과제로 삼고 적극적으로 민족통일전선론을 펼친 운동가였다.

4. 사회민주주의적 국가건설을 지향

윤세주는 7년 동안 감옥생활을 하면서 역사·철학 등 다양한 독서를 통해 유물론을 비롯한 혁명적 세계관의 기초를 다져나갔다. 그가 한층 단단한 사회과학 소양을 쌓았던 것은 조선혁명군사정치간부학교 시절이었다. 그는 실천활동 속에서도 끊임없는 이론학습을 통해 나름의 민족해방운동론을 정립해 나갔던 것이다.

그렇다면 윤세주는 어떤 민족국가를 건설하려 했을까. 그는 우리 민족이 식민지 조선의 현실을 정확히 인식한 바탕 위에서 민족역량의 총단결을 추구하고 경제적 평등을 골자로 하는 정치강령을 공유하여 '진정한 민족국가'의 건설을 실현해야 한다고 주장했다. 이러한 윤세주의 사상은 민족혁명당을 이끈 김원봉의 그것과 다르지 않았으며, 그 이념적 지향이 통일전선론과 연결될 수 있었다.

윤세주는 '해방' 직후의 우리 사회를 부르주아적 발전단계로 설정하면서, 정치체제로는 같은 시기 다른 사회주의자들의 인민공화국론과는 달리, 민주공화국론을 견지했다. 하지만 그가 궁극적으로 지향한 것은 자본주의 사회가 아니었다. 그의 민족국가건설론은 비자본주의 사회로의 성장과 전화를 위한 과도기적 의미를 갖는 것이었다.

해방 후의 정권에 대해 윤세주는 정치세력의 합법적 경쟁과 민족구성원의 선택에 맡겨야 한다고 했다. 그럴 경우, 그는 좌파세력이 정권을 획득할 것으로 내다봤다. 따라서 윤세주가 지향한 비자본주의 사회는 바로 사회주의 사회를 가리킨 것이었다.

윤세주는 사회주의 사상을 가지면서도 국내 공산당 조직과의 연계를 맺지 않았다. 매우 역설적이지만 '비당원' 윤세주에게서 오히려 철저한 사회주의자의 면모가 드러난다. 요컨대 윤세주는 사회주의 사회의 실현을 전망하면서 연합정권에 따른 사회민주주의적 민족국가 건설을 지향했던 것이다.

5. 이론과 실천을 겸비한 민족해방운동가

조선의용대가 창설된 이후 직접적인 항일전투를 위해 동북지역으로 진출하기를 바라는 청년대원이 적지 않았다. 그러나 윤세주 등 지도부는 즉각적인 동북진출을 비현실적인 것으로 생각했다. 결국 대원들의 뜨거운 항일 열정에도 불구하고 활동영역이 조선인이 거의 없는 화중·화남 지역에 국한되어 조선인에 대한 직접적인 선전과 공작은 부진할 수밖에 없었다. 그간의 조선의용대 활동은 윤세주에게도 만족스러운 것이 아니었다.

마침내 1940년 11월 조선의용대 확대간부회의에서 직접 전투에 참가할 것과, 활동지역을 조선인이 급속히 늘어나고 있는 화북지역으로 옮겨 일본군 후방공작을 전개할 것을 결의했다. 1941년 봄 조선의용대 제2지대가 먼저 북상항일의 길에 올랐고, 뒤이어 1·3혼성지대도 중국공산당 해방구로 이동했다. 이때 1·3혼성지대의 정치위원으로 활동하던 윤세주도 오랜 동지 김원봉과 결별하면서까지 북상항일의 길을 택했다.

태항산太行山에 도착한 조선의용대 제2지대와 1·3혼성지대는 1941년 7월 조선의용대 화북지대로 개편되었고, 지대장에 朴孝三, 정치위원에 윤세주를 선임했다. 또 윤세주는 새로 결성된 화북조선청년연합회 晉冀豫邊區 부지회장을 맡아 지회장 陳光華(金昌華)를 도왔으며, 화북조선청년혁명학교 교사로서 민족해방을 이끌어갈 청년 군정간부의 양성에도 힘썼다.

조선의용대 화북지대는 일본군과 여러 차례 치열한 전투를 벌였다. 1942년 5월 일본군이 주력부대 3만여 명을 동원하여 중국공산당의 태항산 근거지를 공격하자, 조선의용대도 八路軍을 도우면서 참전했다. 조선의용대의 주요 임무는 비전투요원을 보호하는 것이었다. 이때 윤세주는 일본군의 총격을 받아 쓰러진 뒤, 동지들의 애끓는 소망에도 불구하고 6월 3일 고난에 찬 생애를 마치고 말았다. 김원봉이 애도했듯이 윤세주의 죽음으로 "화북 동지들은 가장 우수한 領導 인물을 상실하였고 전조선혁명진영은 막대한 손실을 입게 된 것이다."

윤세주의 삶은 그 자체가 민족해방운동사의 한 단면이라고 해도 과언이 아니다. 그는 숱한 어려움 속에서도 민족해방의 길을 저버리지 않았다. 오히려 어려움이 닥칠수록 군센 발걸음을 내딛었고, 끊임없는 이론학습과 자기단련 속에서 올바른 민족해방운동의 길을 찾아 나섰다. 때문에 마흔을 넘긴 나이에도 아랑곳하지 않고 드높은 기개로 총을 메고 전선을 누빌 수 있었다.

尹小龍 · 尹世冑 · 石正 등 여러 이름으로 불렸던 윤세주는 조국의 독립과 민족의 해방을 위해 일관되게 민족통일전선과 무장투쟁 노선을 걸었던 인물이다. 아직도 통일 조국의 앞날을 기원하며 이역땅 河北省 邯鄲市 烈士陵園에 쓸쓸히 묻혀 있는 윤세주야말로 우리 민족해방운동사에서 몇 안 되는, 이론과 실천을 겸비한 민족해방운동가였다.

Ⅳ. 김구와 김원봉 – 중국 대륙에서의 두 독립운동 지도자

1.

개항 이후 안으로는 반봉건운동, 밖으로는 반외세운동을 펼쳐 근대적 국민국가를 수립하는 것이 당시의 역사적 과제였다. 결국 근대적 국민국가 수립에 실패한 조선은 일제의 식민지로 전락하고 말았으며 일제는 '한일합방' 이후 무단통치를 실시하여 식민지통치체제를 확립하고자 했다. 3·1운동 이후 일제는 이른바 '문화정치'를 표방했으나 실제로는 무단통치를 한층 강화시켜 나갔다.

이러한 일제의 탄압에 맞서 펼쳐진 민족해방운동은 국내에서도 꾸준히 전개되었지만 한편으로는 중국관내·만주·노령·미주 등 국외에서 더욱 확대, 발전되었다. 특히 중국지역은 교포사회의 기반이 취약하기는 했지만 임시정부가 상해에 수립되었고, 지역적 근접성 등으로 민족해방운동의 근거지로 주목을 받았다. 식민지시대 민족해방운동은 항일운동의 성격만 갖는 것이 아니고 봉건 유제의 청산 등 사회운동의 성격을 함께 갖는 것이었다. 따라서 민족해방운동세력들은 일정한 노선과 이념을 견지하면서 그 내용성을 점차 구체화시켜 나갔다. 민족해방운동전선 특히 국외전선에서는 무장투쟁노선으로 귀일되었고 통일민족국가수립방안도 점차 하나로 모아지고 있었다.

그러나 민족해방운동세력들이 완전한 민족통일전선체를 이루지 못하고 더욱이 무장대오를 통한 대일전쟁을 수행하지 못한 시점에서 일본의 패망으로 맞게 된 8·15는 축적된 민족해방운동의 성과이기도 하지만 '연합국의 승리'라는 외재적 요인이 개재됨으로써 자주적 통일민족국가 수립을 위한 이념과 실천이 절실히 요구되었다.

따라서 김구·김원봉이 펼친 중국에서의 항일투쟁과 해방정국에서의 활동상을 실체적으로 규명하고 그 노선과 이념을 분석하는 일은 민족해방운동사 내지 한국현대사를 이해하는데 매우 중요하다고 하겠다.

2.

김구·김원봉의 활동상을 구체적으로 논급하기 전에 그들의 이력을 간략하게 적어보자. 김구(1876~1949); 陰曆 7월 11일 生, 아명 昌巖, 본명 昌洙, 법명 圓宗, 자는 蓮上, 호는 白凡, 황해도 해주 백운방 텃골(基洞)출신. 순영의 7대 독자. 9세에 글을 배웠고 특히 『통감』, 『사략』과 병서를 즐겨 읽음. 15세에 정문재의 서당에서 본격적인 한학수업을 받았고, 17세에 과거에 응시했으나 실패. 18세에 동학에 입도, 황해도 도유사의 한 사람으로 뽑힘. 19세에 동학농민군의 선봉장으로 해주성을 공략. 1895년 신천 안태훈의 집에 은거함. 이때 고능선 문하에서 훈도를 받음. 1896년 안암에서 일본군 중위 쓰치다(土田讓亮)를 처단. 1903년 봉양학교를 설립하는 등 애국계몽운동에 참여. 3·1운동 직후 상해 망명, 임정 초대 경무국장, 1926년 국무령, 1927년 국무위원. 1930년 한국독립당 창당. 1931년 한인애국단을 조직. 1934년 한인군관학교를 설립·운영. 1935년 한국국민당을 조직, 이사장에 선임. 1940년 한국독립당 중앙집행위원장, 임정 주석에 취임. 8·15 후 반탁운동 주도, 단정반대투쟁, 1948년 남북협상 참여. 1949년 6월 낮 12시 36분 경교장에서 암살당함.

김원봉(1898~?); 일명 金若山·崔林(黃埔軍校)·陳國斌(韓中交涉)·李冲·金世樑·王世德·岩一·王石·雲峰·金國斌·陳冲·金若三 등. 경남 밀양 출신. 1908년 보통학교 2년 편입. 1910년 동화중학 2년 편입. 1913년 중앙학교 2년 편입. 1916년 천진 덕화학당 입학. 1918년 금릉대학 입학. 1919년 의열단 조직, 의백(단장)에 선임. 1926년 황포군관학교 입교.

1930년 북경에서 안광천과 함께 조선공산당재건동맹 결성, 레닌주의정치학교 설립, 운영. 1932년 조선혁명군사정치간부학교 설립·운영. 1935년 민족혁명당 서기부장. 1937년 민족혁명당 총서기 1938년 조선의용대 대장. 1942년 광복군 부사령. 1944년 임정 군무부장. 8·15 후 민족주의민족전선 참여. 1947년 조선민족혁명당을 조선인민공화당으로 개칭. 1948년 남북협상 참여, 북한에서 국가검열상, 노동상, 최고인민회의 상임위원회 부위원장 등 역임.

3.

3·1운동 직후 수립된 임시정부는 민족해방운동의 통일적 지도기관으로서의 기능과 역할이 기대되었으나 애초부터 정치이념, 운동조선, 출신지역의 차이 등으로 파쟁이 심해 주어진 역할을 제대로 수행하기가 어려웠다. 임정 초기에 김구는 경무국장(김구의 세력기반으로 작용)으로 임정 내에서 실질적인 역할을 담당했다고 볼 수 있다. 한편 김원봉은 윤세주 등과 함께 반일사상을 고취하고 폭력투쟁을 벌여 일제를 타도할 목적으로 만주 길림성에서 의열단을 조직하고 그는 義伯(단장)에 선임되었다. 의열단은 비밀결사로서의 엄격한 규율과 강력한 행동방침을 밝힌 10개 조항의 공약을 채택했고 암살, 파괴의 대상도 정했다. 또 의열단은 조국해방을 쟁취하는 것뿐만 아니라 민족내부의 계급을 타파하고 平均地權(농민적 토지소유 또는 토지변혁)을 실현하고자 했다. 의열단은 국내회에서 밀양경찰서폭탄사건(1920), 조선총독부폭탄사건(1921), 東京二重橋폭탄사건 등 활발한 폭력투쟁을 벌여 항일의식을 고취하는 등 상당한 성과를 거두었다.

임시정부가 총지도기관으로서의 역할을 수행하지 못하자 1921년에 들어오면 북경·만주·상해 등 곳곳에서 국민대표회 소집요구가 일어났고, 마침내 1923년 1월에는 민족해방운동의 통일적 방안을 마련하기 위한 국민대표회가 개최되었다. 국민대표회는 임정의 존폐문제를 둘러싸고 창조파와 개조파로 나뉘어졌다. 그러나 김구 등은 애초부터 국민대표회 불참을 선언하고 임정옹호의 입장을 견지했다. 김원봉의 의열단은 창조파와 연결이 있었던 것으로 보이지만, 구체적인 입장은 밝히지 않았다. 결국 국민대표회는 창조파와 개조파의 대립으로 민족해방운동을 주도할 지도기관을 수립하는데 실패했다.

임정은 국민대표회 결렬 이후 대통령제를 국무령제로(1925), 김구가 국무령을 맡은 후 국무위원제로 개헌을 하여 내부 전열을 어느 정도 정비했으나 임정은 운동노선을 정립하지 못한 채 겨우 명맥을 유지해야 할 형편에 놓이게 되었다. 한편 김원봉은 1925년부터 개별적인 폭력투쟁의 한계성과 통일적인 조직투쟁의 필요성을 인식하고(柳子明 등의 반대에도 불구) 1926년에는 많은 단원들과 함께 황포군관학교에 들어갔다. 이 시기에 김원봉 등은 사회주의사상을 일정하게 수용한 것으로 보인다.

1920년대 후반기에 오게 되면, 관내에서는 당의 형식으로 민족통일전선을 구축하려는 민족유일당운동이 전개되었다. 김구의 임정 측은 임정을 중심으로 한 세력결집을 바라고 있었기 때문에 유일당운동에는 소극적 입장을 취했다. 반면에 김원봉의 의열단은 독립당촉성운동에 대한 선언을 발표하고(1927.5) 의열단의 해체를 전제로 하면서 유일당운동에 참여할 뜻을 분명히 밝혔다. 그러나 유일당운동은 지도노선 수립의 실패, 국공합작의 와해, 12월테제 등 내외적 요인으로 무산되었다. 이러한 과정에서 의열단의 20개 조항의 강령을 채택해 정당의 면모를 갖추었고, 김구의 임정계 인사들도 1930년 1월에는 한국독립당을 결성해 임정의 기본정당으로 삼고자 했다.

4.

　1930년대 초기에 김구는 한인애국단을 조직하고 윤봉길의거 등 폭력투쟁을 감행했고, 1934년에는 한인군관학교를 설립·운영했다. 이에 비해 김원봉은 의열단 활동을 재개하고 조선혁명군사정치간부학교 설립·운영에 힘썼다. 한편 만주사변(1931), 상해사변(1932) 등 일제의 대륙침략이 본격화하자, 관내 지역 민족해방운동세력들의 통일전선이 더욱 요구되었다. 따라서 한국독립당·의열단·조선혁명당·한구혁명단·한국광복동지회 등은 한국대일전선통일동맹을 결성하였다(1932.11).

　한국대일전선통일동맹은 협의체의 성격만 지니고 있었기 때문에 민족운동전선의 고립분산적 활동을 극복할 수 없었다. 따라서 실질적인 항일투쟁을 위한 단일당 조직 문제가 제기되어 급기야 '통일동맹'에 참여한 독립운동 정당·단체들은 모두 해고되고 통일전선적 민족혁명당을 결성시켰다(1935.7). 김원봉의 의열단은 민족혁명당 결성에 주도적 역할을 담당했고, 임정 국무위원 7명 가운데 5명이 민족혁명당에 참여함으로써 임정은 존폐위기에 직면했다.

　김구는 사상의 불통일, 단일당의 장래가 불투명하고 임정을 해소하는 것은 시기상조라는 점을 들어 민족혁명당에 불참하고, 이에 맞서기 위해 따로이 자파세력을 규합하여 한국국민당을 조직하고(1935.11) 임정을 옹호하였다.

　민족혁명당의 강령은 의열단의 그것과 거의 같으며, 그 주요 내용은 첫째 일제의 침탈세력을 박멸하는 것은 물론 봉건세력과 반혁명세력까지도 투쟁대상으로 삼고 있는 등 민족주의적 성격, 둘째 보통선거제와 자유권 보장, 지방자치제의 실시, 民主集權의 정권 수립 등 민주주의적 성격, 셋째 토지국유제와 대생산기관 및 독점기업의 국영화를 명시하고, 일체의 경제활동을 국가의 계획하에 통제할 것, 국비교육과 사회보장제도의 실시 등 사회주의적 성격을 지니고 있는 점이다. 그리고 민족혁명당은 무장독립노선을 채택하고 있다. 반면에 한국국민당은 당강에서 토지와 대생산기관의 국유화를 규정한 조항 외에 "독립운동에 대한 사이비 불순적 이론과 행동을 배격할 것" "임시정부를 옹호 진전시킬 것" 등 동당의 입장을 표명하였고, 또 민중적 반항과 무력적 파괴를 적극 추진할 것을 명시하였으나 대규모의 무장부대를 조직하여 무장항쟁을 한다는 데까지는 나아가지 못했다.

김구의 한국국민당과 김원봉의 민족혁명당은 서로 대립하면서 관내지역 민족해방운동을 주도하였다. 중일전쟁(1937) 이후 세계대전의 조짐이 보이자 관내에서는 민족해방운동도 한층 활기를 띠게 되었고, 김구의 한국국민당, 조소앙의 한국독립당, 지청천의 조선혁명당은 한국광복운동단체연합회를 결성하고 임정재건에 착수하였다. 한편 김원봉의 민족혁명당도 조선민족해방자동맹·조선혁명자연맹을 규합하여 조선민족전선연맹을 결성함으로써 민족주의 좌파세력의 연합을 이루었고 그 산하 군사조직으로 조선의용대를 창설하였다(1938.10). 이와 같이 두 단체를 중심으로 좌우의 각 세력이 연합을 이룬 것은 민족통일전선을 위한 앞단계로 이해될 수도 있을 것이다.

이들 양진영은 고조된 민족운동전선의 통일 요구와 중국국민당정부의 권유 등으로 1939년 5월에는 김구·김원봉 연명으로 <동지 동포 제군에게 드리는 공개통신>을 발표하고 그 후 전국연합진선협회를 결성하였다. 두 사람은 한걸음 더 나아가 소당 분립은 전토 역량의 분산과 상호 대립을 가져온다고 하여 단일당 결성에 일단 합의했다. 단일당 결성을 위한 7당통일회의가 열렸으나 결국 실패하고 말았다.

5.

　단일당 조직에는 실패했으나 한국광복운동단체연합회 산하 3당은 해체선언을 발표하고 3당 통합에 의한 한국독립당을 결성하였고(1940. 5), 한편 임정 산하 군사조직으로 광복군이 창설되었다(1940.9). 중일전쟁 이후 전환된 중국국민당정부의 임정 및 한국독립당에 대한 집중적 지원정책과 태평양전쟁의 발발로 일제의 패망이 예견되자 관내 지역 민족해방운동세력들은 점차 임정을 중심으로 통일전선을 실현하는 방향으로 나아갔다.

　민족혁명당은 1941년 11월에 열린 제6회 전당대표대회에서 임정 참가를 결의하였고 1942년 10월에 개최된 임시의정원 회의에서는 민족혁명당원들이 의원으로 선출되었다. 또 조선의용대도 광복군 제1지대로 합편되었으며 김원봉은 광복군 부사령에 취임하였다(1942.7). 그리고 1944년 4월에 열린 임시의정원 회의에서 김원봉은 국무위원으로 선출되었으며, 그해 5월에는 군무부장을 맡게 되었다.

　김구·김원봉의 개인 활동 또는 조직 활동 등을 통해 나타나는 노선, 이념상의 차이점을 살펴보자. 임시정부는 애초에 외교노선을 견지함에 따라 만주·노령지역의 무장독립군을 지휘할 수 없었고 총 지도기관으로서의 역할을 제대로 수행할 수 없었다. 한편 김구는 1930년대 초까지 대체로 폭력투쟁노선을 견지하였다고 보여지며 한국국민당의 노선도 무장독립론까지는 나아가지 못했다. 그리고 김구계는 민족유일당운동, 민족혁명당 결성 등 좌우의 결집을 꾀한 통일전선운동에 대해 사상의 불통일, 시기상조론, 임정고수론 등을 이유로 비교적 소극적 입장을 취했다. 이념면에 있어서도 김구가 이끈 한국국민당은 토지국유제 등을 명시하기는 했지만 민족국가 건설방향에 대해 구체적인 방안을 제시하지는 못했다.

반면에 김원봉은 1925년을 기점으로 폭력투쟁노선에서 무장투쟁노선으로 전화하였고, 통일전선운동에 적극적 입장을 보였다. 그리고 의열단, 민족혁명당은 비교적 구체적인 민족국가건설론을 제시하고 있으며, 내용에 있어서도 정치체제로는 '의회주의'를(개량적 의회주의, 혁명적 의회주의), 사회·경제체제 부분에서는 사회주의를 적극 수용하는 등 '사회민주주의' 이념을 지향했다고 볼 수 있다.

김구·김원봉이 견지한 노선, 이념상의 차이는 1940년에 들어오면 점차 극복된다. 그들은 연명선언에서 10개 조항의 정치강령을 채택해 일정한 합일점을 도출한 바 있으며 한국독립당의 강령도 구체화되면서 민족혁명당의 그것과 별다른 차이점을 보이지 않게 된다. 한편 김원봉의 민족혁명당 등이 임정에 참여한 사실은 임정을 축으로 민족통일전선을 이룬 것으로 보아도 무방할 것이다.

6.

임정 주석, 한국독립당 중앙집행위원장 김구는 1945년 11월 23일에, 임정 군무부장, 조선민족혁명당 총서기 김원봉은 그해 12월 2일에 각기 입국했다.

귀국 후 해방정국의 정세를 관망하던 임정세력은 모스크바협정이 국내에 전해지자 즉각 신탁통치반대국민총동원위원회를 결성하고 비상정치회의주비회 소집을 결정했다. 그 후 '주비회'와 독립촉성중앙협의회가 합쳐 발족된 비상국민회의가 반탁노선을 분명히 하고 우익편향으로 기울게 됨에 따라 김원봉·김성숙·성주식 등은 임정노선을 비판하고 민주주의민족전선에 가담하게 된다.

김구의 임정계는 반탁운동을 독립운동의 연장선상에서 파악하는 등,

그들의 반탁논리가 한민당·이승만의 반탁노선과는 다른 입장에서 이해될 수 있지만, 정세인식에 철저하지 못한 한계가 있었다. 탁치문제를 둘러싸고 좌우익의 대립이 격화되고 급기야 미소공위가 결렬되자 이승만·한민당 등은 단독정부수립론을 제기하였고 미군정도 단정수립을 추진하였다. 그러나 김구의 임정세력은 단정수립론에 반대했으며, 단정수립이 구체화되는 과정에서도 단독정부수립을 막고 통일정부를 수립하기 위해 남북협상에 참가했다(1948.4). 이후 김구의 임정계는 단정수립을 위항 5·10선거에 참여하지 않고 끝까지 통일국가 수립운동을 펴나갔으나 단정수립 후 그 세력은 점차 악화되었고 게다가 임정 지도자 김구가 단정수립세력에 의해 암살당함으로써(1949.6) 임정계의 활동은 사실상 흐지부지되고 말았다.

김원봉의 조선민족혁명당은 민주주의민족전선에 참여한 후 '민전'노선에 따라 활동을 계속했다. 한편 조선민족혁명당은 당명을 조선인민공화당으로 바꾸었고(1947.6) 모스크바협정의 총체적지지, 남북조선을 통한 인민위원회 형태의 임시정부 수립, 토지개혁 등 5개항의 정치노선을 의결, 발표했다. 한반도문제가 유엔으로 이관되고 단독선거가 구체화되자 조선인민공화당은 한국독립당·근로인민당 등과 함께 단선단정 반대의 입장을 밝혔다. 김원봉은 남북협상에 참가한 후 북한에 남아 북한정부 수립에 참여해 국가검열상, 노동상, 최고인민회의 상임위원회 부위원장 등을 역임했다.

7.

김구·김원봉에 대한 역사적 평가는 보는 시각에 따라 다를 수도 있지만, 학문 내외적 여건에 의해 지금까지 제대로 민족해방운동사에서 다루어지지 못했던 것이 그간의 실정이었다. 때늦은 감이 없진 않지만 김구가 펼친 자주적 통일민족국가 수립의지와 김원봉이 일관되게 견지한 통일노선은 민족해방운동사 내지 한국현대사에서 올바로 자리매김되어야 할 것이며, 아울러 민족분단을 극복하기 위한 통일운동시대에 살고 있는 우리들에게 역사적 교훈을 던져주고 있다고 하겠다.

2장
민족해방운동에 대한 역사적 평가

Ⅰ. '임시정부'는 얼마나 독립운동을 하였나

1. 임정을 보는 눈의 차이

대한민국임시정부(이하 임정)가 독립운동기관이었다는 사실은 누구나 알고 있다. 그러나 임정에 관한 구체적 사실은 풍부하게 밝혀져 있는데 비해 사실에 기초한 임정의 객관적 평가는 아직도 제대로 이루어지지 않고 있는 실정이다. 따라서 많은 사람들은 임정의 참모습과 그것이 민족해방운동상에서 갖는 의미에 대해 잘못된 인식을 갖고 있다.

왜 임정에 대한 올바른 인식을 가질 수가 없었는가. 1948년에 수립된 대한민국정부는 헌법 전문에 "유구한 역사와 전통에 빛나는 우리들 대한민국은 기미 3·1운동으로 대한민국을 건립하여 세계에 선포한 위대한 독립정신을 계승하여"라고 명시하여 임정의 법통을 계승하였음을 명기하였다. 이와 같이 민족해방운동사에 대한 학문적 평가도 이루어지지 않은 채 '임정법통성'이 헌법에 규정됨에 따라 식민지시대 민족해방운동은 물론 임정에 대한 객관적 평가마저 정치적 판단에 의해 제약을 받게 되었다.

따라서 남한에서의 민족해방운동사 연구는 처음부터 임정 중심으로 이루어질 수밖에 없었으며, 임정에 대한 평가도 한결같이 "임정은 3·1운동으로 표출된 자주독립의 의지가 결집되어 수립되었고 독립운동의 총영도기관 또는 대표기관으로서의 역할과 기능을 했기 때문에 민족사적 정통성을 지닌다"는 식의 평가가 공식적인 것으로 굳어졌다.

반면에 북한의 역사책에는 항일무장투쟁을 중심으로 민족해방운동이 서술되어 있고, 임정에 관해서는 아예 언급을 하지 않거나 서술되어 있다 하더라도 임정의 역할과 위치를 부정하고 있다. 이와 같이 남북한이 임정에 대해 상반된 평가를 내리고 있는 것은 정치적 입장에 따라 임정을 주관적으로 평가함에 따른 당연한 귀결이라 하겠다. 특히 1970년대에 접어들어 북한이 주체사상 등을 거론하면서 체제의 정통성을 내세우자 남한에서는 이에 대응하기 위한 체제경쟁의 차원에서 임정연구가 활발히 진행되었다. 그 결과 남한에서는 임정의 역할과 위치가 더욱 강조되었고 임정의 민족사적 정통성은 한층 부각되기에 이르렀다.

한편 1970년대 후반기에 이르면 임정에 대한 정통론적 인식과는 달리, 임정을 객관적으로 보려는 시각도 나타나게 되었다. 즉 몇몇 연구자들은 임정의 상징성·대표성을 일정하게 인정하면서도 임정을 유력한 독립운동단체의 하나로 파악함으로써 임정에 대한 종래의 편향된 인식을 극복하려고 하였다.

1980년대부터 민족해방운동사 연구가 활성화되면서 임정의 운동노선과 구체적 활동도 실천적 관점에서 다시 검토·평가되어야 한다는 주장이 나오게 되었다. 그러나 이러한 주장도 하나의 문제제기 수준에 머물러 객관적 사실에 기초하여 임정을 민족해방운동상에 올바르게 자리매김하는 작업은 아직도 이루어지지 않고 있다. 따라서 임정에 대한 일반적인 시각은 정통론적 인식을 크게 벗어나지 못하고 있는 실정이다.

2. 임정은 총영도기관이었는가

3·1운동 직후 거의 같은 시기에 노령, 상해, 국내의 세 곳에서 임시정부가 수립되었다. 임시정부는 통일적 지속적인 독립운동을 위한 지도기관으로 수립되었지만 당시의 독립운동자들 모두가 정부 수립에 찬동한 것은 아니었다. 예컨대 여운형·이회영 등은 정부형태의 조직이 가져올 폐해를 우려하여 '당'조직론을 주장하기도 했다.

임시정부가 세 곳에서 수립되었기 때문에 곧이어 전체 독립운동세력을 결집시킬 수 있는 통합정부 수립운동이 일어났다. 통합 교섭은 실제적 세력기반을 갖고 있던 노령의 대한국민의회와 상해임정 사이에 진행되었다. 통합논의과정에서 가장 논란이 되었던 것은 정부의 위치문제였는데, 노령 측은 정부와 의정원을 교포들이 많이 살고 있는 노령 또는 간도지역으로 옮길 것을 주장하였고 반면에 상해 측은 정부는 상해에 두되 새로이 구성되는 의정원은 노령지역에 둘 수도 있다는 입장이었다. 정부의 위치를 둘러싼 양 측의 대립은 외교독립론과 무장독립론이라는 독립운동노선상의 차이를 일정하게 드러낸 것이었다.

결국 상해·노령 양 측은 정부통일안에 합의하여 국내에서 조직된 한성정부의 정통성을 인정한 상해 임시정부를 성립시켰다. 그러나 상해임정은 출발 직후부터 임시의정원 해산문제를 두고 논란을 벌이게 되어 대한국민의회의 양대 세력 가운데 문창범계는 상해임정 참여를 거부하였고 이동휘계만 상해임정에 참여하였다. 결국 임정은 문창범계의 불참으로 부분적 통합에 그치고 말았던 셈이다.

한편 임정은 만주·노령지역의 무장독립군을 끌어들이지 못했다. 서로군정서, 북로군정서 등 유력한 무장단체들이 한때 임정 산하에 들어오기는 했지만 임정이 상해에 위치하고 있었고 게다가 능동적인 군사운동방침도 세우지 못하고 있었기 때문에 무장독립군을 지도하기란 사실상 불가능한 일이었다. 임정이 무장독립군을 지휘할 수 없었다는 사실은 민족해방운동의 영도기관으로서 일정한 한계가 있음을 말해준다.

이와 같은 한계를 지닌 임정은 수립 직후부터 운동노선, 출신지역의 차이 등으로 내분을 겪었다. 이승만은 대통령직을 수행하기 위해 뒤늦게나마 미국에서 상해로 왔지만 그의 상해에서의 활동은 오히려 임정의 내분을 악화시켰다. 국무총리 이동휘는 대통령제를 폐지하고 의원제로 할 것과 임정을 노령으로 옮겨 무장투쟁을 벌일 것을 제의했으나 이승만·안창호의 반대에 부딪치자 사표를 제출하고 상해를 떠나버렸다. 게다가 임정을 실질적으로 이끌어온 안창호도 1921년 5월에는 국민대표회 소집을 주장하게 되고, 이승만은 임정문제를 그냥 내버려둔 채 하와이로 가 버림으로써 임정은 존립자체마저 어렵게 되었다.

이렇게 임정이 유명무실해지자 독립운동전선에서는 임정의 한계를 극복하고 독립군의 통일적 지도방안을 마련하기 위한 국민대표회 소집 요구가 곳곳에서 제기되었다. 임시의정원에서조차 국민대표회 개최를 주장하는「인민의 청원안」이 통과됨으로써 임정의 존재를 스스로 부정하는 현상이 나타났다. 자금난 등의 이유로 연기된 국민대표회가 1923년 1월에 열리자 임정으로서는 이를 관망할 도리밖에 없었다. 결국 국민대표회는 창조파와 개조파의 대립으로 민족해방운동을 주도할 지도기관을 수립하는 데 실패했다.

국민대표회 결렬 이후 임정은 김구를 비롯한 임정옹호파에 의해 겨우 명맥이 유지될 형편에 놓이게 되어 정부의 위상을 갖기에는 그 내용이 너무나 빈약했다. 임정은 최초의 공화제정부였다는 점에서 역사적 의미를 갖긴 하지만 정부란 명칭에 걸맞게 전체 민족해방운동을 지도하지 못하고 단위 독립운동단체로 전락하고 말았다.

3. 상해임정은 무엇을 했는가

임정은 1932년 항주로 옮겨갈 때까지 줄곧 상해에 있었으나 상해임정이 실제적인 활동을 벌인 것은 1920년대 초까지였으며 국민대표회 이후에는 별다른 활동을 하지 못했다.

임정은 국내 및 간도지방과의 연락망을 구축하기 위해 만주 안동현에 교통부 안동지부를 설치하고 각종 정부수집, 통신연락업무를 담당케 하였고, 이들 업무를 더욱 체계적으로 수행하기 위해 각 군에 교통국, 각 면에 교통소를 설치할 계획을 추진했으나 평안도와 함경도의 일부 지역을 제외하고는 그 실효를 거두지 못했다. 또 임정은 연통제를 실시하여 조선총독부의 행정조직에 대응하는 국내 비밀행정조직을 구축하고 임정의 재정을 확보하고자 했다. 그러나 연통제는 전국적인 조직을 갖추는 데는 실패했고 더욱이 면단위 조직은 사실상 어려웠다. 평안도, 함경도지역을 중심으로 조직된 연통제도 1921년 일본경찰에 그 조직이 발각됨으로써 더이상 실시되지 못했다.

임정은 외교독립노선을 견지했으므로 외교활동에 역점을 두었다. 임정 외교활동의 일차적 목표는 파리강화회의, 워싱턴회의 등 각종 국제회의로부터 독립을 보장받고 국제연맹에 가입하는 것이었다. 국제회의를 통한 외교활동이 실패함에 따라 임정의 외교방침은 중국·소련·미국 등 각국으로부터 개별적 승인을 받는 것으로 바뀌었다. 그러나 임정은 어떤 국가로부터도 정식 승인을 받지 못했다. 따라서 임정은 각국 정부와 민간지도자들을 상대로 선전외교를 펼쳐 독립운동에 대한 지원만이라도 얻고자 했다.

임정은 외교활동을 추진하기 위해 파리위원회, 구미위원부 등을 설치했으나 위원부의 활동도 각국 정부나 민간지도자들로부터 얼마간의 동정을 얻는 데 그쳤고 비교적 활발한 활동을 했다고 하는 구미위원부마저도 이승만의 외교활동을 돕는 수준에 머물렀다.

임정은 소련·중국정부와의 교섭을 통해 어느 정도 성과를 거두기도 했지만 미국을 비롯한 구미 각국을 상대로 한 일방적인 외교활동은 전혀 성과를 얻지 못했다. 그 까닭은 제국주의 지배질서 속에서 제국주의 국가를 상대로 독립을 청원한다는 자체가 운동방안으로서는 지극히 비현실적인 방안이었기 때문이다. 이와 같이 임정의 외교노선은 독립청원적인 성격을 갖는 것으로서 민족해방운동 노선으로서는 한계가 있는 것이었으며 오히려 임정이 독립운동의 지도기관으로서의 역할을 수행하지 못한 요인으로 작용했다.

4. 이름만의 임정

임정은 국민대표회 결렬 이후 자구책 마련에 부심하였는데 먼저 지도체계의 확립을 위해 제2차 개헌(1925년)을 하고 대통령제를 국무령제로 바꾸었다. 국무령에 이상룡·양기탁·안창호·홍진 등이 차례로 선임되었으나 이들은 내각구성에 실패를 하는 등 잇달아 사임하였다. 김구가 국무령을 맡은 후 국무위원제로의 제3차 개헌(1927년)이 이루어졌고 내부의 전열이 어느 정도 정비되었으나 임정은 여전히 운동노선을 정립하지 못한 채 한 분파로서 표류하고 있었다. 당시 임정의 실상은 김구의 자서전에서 그대로 드러나고 있다.

> 이렇게 하여 정부는 자리가 잡혔으나 경제 곤란으로 정부의 이름을 유지할 길도 망연하였다. 정부의 집세가 삼십 원, 심부름꾼 월급이 이십 원 미만이었으나, 이것도 낼 힘이 없어서 집주인에게 여러 번 송사를 겪었다. …… 나는 임시정부 정청에서 자고 밥은 돈벌이 직업을 가진 동포의 집으로 이집 저집 돌아다니면서 얻어먹었다. …… 나는 이들의 집으로 다니며 아침, 저녁을 빌어먹는 것이니 거지 중에는 상거지였다(김구, 『백범일지』, 백범김구선생기념사업협회, 1969, 288쪽).

이때 중국관내에서는 당의 형식으로 민족통일전선을 구축하려는 유일당운동이 전개되었다. 임정 측은 임정을 중심으로 한 세력결집을 바라고 있었기 때문에 유일당운동에는 소극적인 입장을 보였다. 유일당운동 실패 이후 임정계 인사들은 한국독립당을 결성하여 임정의 기본정당으로 삼고자 했다.

1930년대에 와서도 임정은 침체상태를 벗어나지 못했고, 임정을 실질적으로 이끌고 있던 김구는 한인애국단 활동에 주력하였다. 한인애국단원 이봉창, 윤봉길의 테러활동으로 임정의 위치는 다소 제고되었다. 그러나 일제의 보복 검색이 강화되고 만주사변으로 일제의 중국 침략이 본격화된 후 임정은 상해를 떠나 항주(1932), 진강(1935), 장사(1937), 광동(1938), 유주(1938), 기강(1939) 등지로 옮겨 다니다가 1940년에 중경에 안착하였다.

한편 한독당, 의열단 등 관내의 독립운동정당·단체들은 1932년에 한국대일전선통일동맹을 결성하였고, 이를 토대로 1935년에는 통일전선적 민족혁명당이 조직되었다. 이때 임정 국무의원 7명 가운데 5명이 민족혁명당에 참여함으로써 임정은 존폐위기에 직면하였다. 그러나 민족혁명당에 불참한 김구, 이동녕 등과 임정잔류파가 연합하여 한국국민당을 결성하고 임정 옹호를 밝힘으로써 임정은 겨우 명맥이 유지되었다.

중국 각지를 전전하던 임정은 각료 몇 사람에 의해 간판만 유지되는 실정이었고 이름만의 임정이었다. 임정의 간판만이라도 유지하려고 했던 김구 등 '노혁명가들'의 개인적인 사명감, 항일의식 등은 높이 평가될 만도 하지만 그렇다고 임정의 역할에 대한 객관적 평가가 왜곡되어서는 안될 것이다.

5. 중경임정은 무엇을 했는가

중일전쟁(1937) 이후 세계대전의 조짐이 보이자 관내에서의 민족해방운동도 한층 활기를 띠게 되었다. 김구의 한국국민당을 비롯하여 조소앙의 한국독립당, 이청천의 조선혁명당은 한국광복운동단체연합회를 결성하고 임정 재건에 착수하였다. 한편 김원봉의 민족혁명당도 같은 해에 조선민족해방자동맹·조선혁명자동맹을 규합하여 조선민족전선연맹을 결성함으로써 민족주의 좌파세력의 연합을 이루었다.

한국광복운동단체연합회 산하 3당은 임정의 지지기반을 강화하기 위해 1940년 5월에 통합하여 한국독립당을 조직하였다. 게다가 중국국민당 정부가 임정을 유일한 지원대상으로 삼고 아울러 관내의 운동세력을 임정 산하로 결집시키고자 했기 때문에 임정의 위치는 한층 높아졌다.

임정의 이념과 노선도 1930년대를 거치면서 점차 변화하여 사회민주주의 이념과 무장독립노선을 지향하게 되었다. 임정은 1941년에 발표한 「대한민국건국강령」을 통해 독립국가의 체제 및 정책방향의 대강을 밝혔는데, 그 주된 내용은 보통선거제와 진정한 민주공화국의 수립,

토지와 대생산기관의 국유화, 지방자치제의 실시, 국비교육, 사회보장제도의 실시 등이다. 이와 같이 임정이 사회민주주의 이념을 표방했던 점은 식민지시대 우익 민족주의의 질적 변화를 보여주었다는 측면에서 그 의미가 크다고 하겠다.

임정은 외교독립노선의 한계를 인식하고 민족해방을 위한 가장 현실적인 방법이 무장투쟁에 있음을 뒤늦게나마 깨닫게 됨으로써 무장독립군 조직을 추진하여 1940년 9월 광복군을 창설하였다. 광복군은 불과 30여 명으로 창설되었으나 점차 대원을 확보하고 김원봉의 조선의용대가 합류함으로써 실질적인 단위부대로서의 면모를 갖추게 되었다.

임정은 1941년 11월에 중국 측의 지원을 받는 대가로 '한국광복군 9개 행동준승'을 수락하였다. 이에 따라 광복군은 중국군의 지휘·감독 하에 놓이게 되었고 중국군의 허락 아래 병사모집, 교육훈련, 선전활동 등을 벌였다. 창설 이후 계속된 대원확보 노력에도 불구하고 1945년 3월 당시 광복군 총병력은 450명에 불과하였다. 이는 광복군의 역량과 위치를 단적으로 보여주는 것이며, 독립의 쟁취가 무장투쟁에 있다면 광복군은 너무나 미약한 존재라 하지 않을 수 없다. 비록 광복군이 1943년에는 인도·버마전선에 8명을 파견하여 대일작전에 참여했고, 1945년에 와서는 미국군과의 군사합작을 추진하여 OSS훈련에 참가하기도 했지만 일본군을 직접 상대한 독립전쟁을 수행하지 못함으로써 무장독립군으로서의 일정한 한계를 지니고 있다고 하겠다.

한편 민족혁명당을 비롯한 독립운동정당·단체들이 임정에 참여함으로써 임정을 중심으로 민족전선이 형성되었고, 이에 따라 임정의 위치가 더욱 높아진 것만은 사실이다. 그러나 임정에 참여한 정당·단체들이 민족전선 형성에 적극적인 자세를 보인 점 또한 간과되어서는 안 될 것이다. 이 시기에 임정은 비교적 활발한 활동을 했고 그 위치도 제고되었지만 전체 민족해방운동을 지도하지는 못했고 다른 국가들로부터 승인을 받지도 못했다. 그러나 1930년대 이후 국내운동에서 지도세력이 형성되기 어려웠던 점을 고려하면, 임정은 연안의 독립동맹, 동북만의 항일무장세력과 더불어 대표적인 독립운동세력이었다고 하겠다.

6. 8·15 후 임정은 어떻게 되었는가

임정요인들은 8·15 후 정부자격으로 귀국을 시도했으나 미군정이 임정의 존재를 부인함에 따라 두 차례에 걸쳐 개인자격으로 귀국하였다. 귀국한 임정은 오랜 기간의 해외생활로 국내적 기반이 취약하였다. 이를 노린 친일지주, 자본가세력은 한민당을 조직하여 자구책으로 '임정봉대'를 표방하였다. 그러나 임정세력은 한민당의 반민족성을 알고 있었기 때문에 섣불리 합작을 하지 않았다.

정세를 관망하던 임정세력은 모스크바협정이 국내에 전해지자 즉각 신탁통치반대 국민총동원위원회를 결성하고 반탁운동을 주도하는 한편 미군정에 도전하였다. 김구의 임정계가 강력한 반탁운동을 전개한 것과는 달리, 한민당과 이승만은 미군정의 진의를 살피면서 신탁통치안에 대해 적극적인 의사를 표명하지 않았다. 임정계의 반탁운동은 국내의 지지기반을 확보하는 데 도움을 주었으나 정세인식에 철저하지 못한 한계가 있었다. 이후 신탁통치안을 둘러싸고 좌우익의 대립이 점차 노골화되자 임정세력 가운데 민족혁명당계는 임정노선을 비판하고 민주주의민족전선에 가담하였고 무정부주의계도 떨어져 나감으로써 임정세력은 약화되었다.

신탁통치문제를 계기로 좌우익의 대립이 격화되고 급기야 미소공위가 결렬되자 이승만·한민당 등은 단독정부수립론을 제기하였고 미군정도 단독정부수립을 추진하였다. 그러나 임정계는 단독정부수립운동에 적극 반대하였다. 김구 등의 임정세력과 김규식의 민족자주연맹은 단독정부수립이 구체화되는 과정에서도 단독정부수립을 막고 통일정부를 수립하기 위해 1948년 4월 제1차 남북협상에 참가했다. 김구·김규식 등이 서울로 돌아온 지 얼마 되지 않아 단독정부수립을 위한 5·10선거가 실시되었다. 물론 임정계와 민족자주연맹은 이 선거에 참여하지 않고 통일국가수립운동을 펴나갔다. 그러나 단독정부가 수립된 후 임정세력은 점차 약화되었고 더욱이 임정 지도자 김구가 단독정부세력에 의해 암살됨으로써 임정계 인맥은 사실상 와해되었고 그 활동도 흐지부지되고 말았다.

 앞에서 임정의 역할과 역사적 위치를 간략히 살펴보았다. 임정은 독립운동의 영도기관으로 수립되기는 했지만, 운동세력의 범위, 활동 등에서 많은 한계를 지닌 하나의 독립운동단체에 불과하였다. 더욱이 임정의 인적 구성, 이념 등을 계승하지 못한 정치세력들이 객관적 사실에 근거하지 않고 '임정법통성'만을 강조하는 것은 무의미한 일일 것이다. 오히려 현시점에서 요구되는 것은 해방 후 임정이 전개한 자주적 통일국가수립운동의 정신과 의의를 겸허하게 수용하고 실천하는 것이 아닌가 한다.

▶『역사비평』계간 11호, 1990 겨울

Ⅱ. 독립운동과정에서의 지방자치제론

1. 머리말

지방자치제는 근대국가 수립과정에서 地方民의 民意를 반영시켜 국가 발전을 꾀하려는 정치적 필요성에 의하여 생겨난 것이다. 군주제하에서도 효율적 통치를 위하여 地方住民의 자치적 역할을 어느 정도 인정하는 전근대적인 지방자치가 행해졌다.[1] 그러나 지방민의 의사가 반영되고 그들이 직접 참여하는 근대적 지방자치제는 군주제하에서는 원칙적으로 불가능하다고 하겠다. 그 이유는 정치적 자유나 참정권이 보장되지 않는 체제나 사회에서는 지방자치제가 실시될 수 없는 데 있다.

우리나라에서 지방자치제가 대두된 것도 대체로 입헌군주 내지 공화주의운동이 일어난 것과 때를 같이한다. 특히 애국계몽운동기의 지방자치제론이 공화주의운동과 같은 政體論의 일환으로 대두된 것은 당연하다. 그러나 보호국체제하에서 일어난 애국계몽운동은 온건한 저항운동으로서 교육과 문화를 통한 自強運動으로 전개되었으며, <합법적 테두리> 안에서 근대적 국민국가 수립을 꾀하였지만, 거기에는 상당한 제약성을 갖고 있었다. 더욱이 애국계몽운동은 反日과 계몽운동을 동시에 추구하였으나, 점차 反日運動의 성격이 소멸된 까닭에 이 시기에 논의된 지방자치제를 이해하는 데는 상당한 주의를 요하게 된다. 주로 신지식인들에 의해 제기되었던 지방자치론은 한일합방으로 애국계몽운동 단체가 해체되는 것과 함께 자취를 감추었다.

日帝는 한반도를 식민지체제로 재편성하는 과정에서 道·府·面制를 공포하고 각 지방협의회를 구성함으로써 표면상 지방자치를 실시한 것처럼 보이지만, 실제에 있어서 이것은 식민지 통치를 위한 수단과 체

---

1 예를 들면, 조선시대의 鄕廳은 지방자치적 성격을 지니고 있었다.

제안정을 위한 일시적 방편에 지나지 않았다. 한편 애국계몽운동 이후 단절된 지방자치제론은 공화정부인 上海臨時政府가 수립된 후 臨政, 民族革命黨 등의 강령에서 점차 드러난다. 따라서 식민지시대의 지방자치제론은 일제가 실시한 '지방자치제'의 실상과 독립운동단체들의 主義·綱領에서 나타나는 지방자치제론을 아울러 검토함으로써 그 성격이 분명해질 것이다.

독립운동 시기의 지방자치제론은 다음의 관점에서 파악되어져야 한다. 첫째, 일제하의 '지방자치제'는 진정한 民의 정치적 참여와 사회적 평등이란 문제와 무관하게 시행되었다는 점이다. 직접민주주의가 실현되기 어려운 현대사회에 있어서는 民의 의사가 투표권의 행사로 반영되기도 하나 단순한 투표권의 행사만으로 그친다면 住民의 정치적 참여가 이루어졌다고 볼 수 없으며, 더욱이 분배에의 참여가 봉쇄될 우려가 있다. 그러므로 지방자치제는 이를 실질적으로 뒷받침할 수 있는 농민·노동운동 단체 등 각종 이익단체와의 밀접한 관계 속에서 다루어져야 한다. 그렇지 않으면 일제하의 '지방자치제'도 긍정적으로 평가될 수 있는 소지는 얼마든지 있다. 둘째, 지방자치제론은 애국계몽운동기에는 공화정부 수립운동과 같은 政體論의 입장에서 논의되었지만 일단 공화정부인 上海臨政이 수립된 이후에는 민족국가수립운동의 일환으로 추진된다. 즉 지방자치제는 정치적 민주주의의 기초로 이해되었을 뿐만 아니라 민족국가 건설을 위한 사회·경제적 여건을 마련하는 데 불가결한 요소로 인식되었던 것이다.

전체 독립운동 시기의 지방자치제론이 위에서 지적한 두 가지 관점에서 파악될 때, 비로소 이 시기의 지방자치제론이 갖는 역사적 의미가 한층 뚜렷해질 것이다.

2. 애국계몽운동기의 지방자치제론

개항 이후 우리 역사는 안으로는 근대적 정치혁명을 수행하지 못하고 밖으로는 외세에 적극적으로 대처하지 못함으로써 일제의 한반도 침략은 점차 본격화하였다. 露日戰爭(1904)을 승리로 이끈 일제는 한반도에 統監府를 설치함으로써 식민지화의 터전을 마련하였다.

보호국체제하에서의 애국계몽운동은 주권을 수호하기 위한 적극적인 정치운동을 수행하지 못했지만, 광범한 교육·문화·사회운동을 추진하였다. 이러한 목적을 달성하기 위하여 조직된 대표적인 단체로서는 憲政硏究會(1905)를 계승한 大韓自强會(1906)를 들 수 있다. 大韓自强會는 국권을 회복하기 위한 토대로서 산업을 진흥시키고 교육을 계발하는 사회·문화운동을 활발히 전개하였다. 大韓自强會의 활동이 날로 획대되자, 이에 불안을 느낀 統監府는 강제로 大韓自强會를 해산하였다. 그러나 大韓自强會는 大韓協會(1907)로 명칭을 바꾸면서 애국계몽운동을 계속하였다. 이들 단체 이외에 西北學會(1908), 畿湖興學會(1908) 등 각 지역 중심으로 학회가 설립되어 교육진흥운동을 펴나갔다.

애국계몽운동기의 지방자치제론은 주로 계몽운동을 주도한 신지식인층에 의해서 제기되었다. 그들은 지방자치와 지방행정을 엄격히 구별하고 있다. 즉 지방자치는 道·府·郡·面村과 같은 公法人이 그 자신의 생존을 유지하고 발달을 企圖하여 단체 공동사무를 처리하는 것이라고[2]하여 국가가 행하는 지방행정과 구별하고 있다. 그리고 지방자치제의 필요성에 대해서,

> 人民이 自治精神을 有호 然後에 可히 國家의 獨立實力을 養호지니 國家에 自治制度가 有호고 人民이 自治精神을 發홈은 國家獨立의 基本이라 謂홀지로라.[3]

---

2 『大韓協會會報』第十號(1909.1.25), 31쪽.

라고 하여 지방자치제 실시로 인한 인민의 자치정신을 계발하는 것이 독립국가의 기초를 다지는 일로 생각하였다. 또,

> 然則 政府는 政治의 大綱을 握ᄒ며 方針을 授ᄒ야 國家統御之實을 擧ᄒ고 人民은 自治의 責任을 盡ᄒ야 專히 地方의 公益을 計圖ᄒ는 念을 引起ᄒ리로딕 盖人民이 參政ᄒ는 思想의 發達홈을 隨ᄒ야 此를 利用ᄒ야 地方公事의 鍊習케 ᄒ며 施政難易에 覺知케 ᄒ야 國事를 任ᄒ는 實力을 養成ᄒ고 立憲代議之制를 遂行ᄒ야 國家萬年之基礎를 立홈은 文明國에서 制度進步의 順序라 謂홈이라.[4]

고 하여 인민의 참정사상을 보급하고 실현함으로써 각 지방의 이익 증진은 물론 입헌대의제를 통한 국가 발전을 이룰 수 있다고 보았다.

한편 지방자치단체의 구성을 보면, 道·市·郡·面村을 그 단위로 하고 있다. 市의 기관은 市會와 市參事會로 구성되며 市會는 公選에 의해 성립된 지방의회로 市政의 중요한 안건을 의결하고 市參事會는 市長, 助役 및 명예직 참사회원으로 구성되는 합의제의 행정기관으로 施政을 주관하는 곳이다. 상급기관으로서의 道와 중급기관인 郡에는 市에서와 마찬가지로 道會, 道參事會, 郡會, 郡參事會를 둘 것을 주장하였다. 面村의 경우도 面村會와 面村長으로 조직되지만, 面村長은 합의제가 아닌 단독제의 행정기관이라고 하였다.[5]

각급 지방자치단체에 있어 선거권 및 피선거권은 面村會의 경우를 보면, 1) 帝國의 臣民된 者, 2) 公權이 有하고 獨立의 男子된 者, 3) 2個年 以上을 面村의 住民된 者, 4) 2個年 以上 그 面村의 경비부담을 分當한

---

3 『大韓自强會月報』第四號(1906.10.25), 18쪽.
4 『大韓自强會月報』第四號, 19쪽.
5 『畿湖興學會月報』第五號(1908.12.25), 25~26쪽.
  『畿湖興學會月報』第六號(1909.1.25), 29~30쪽.
  『畿湖興學會月報』第九號(1909.4.25), 14~15쪽.
  『畿湖興學會月報』第十二號(1909.7.25), 28~29쪽.

者, 5) 2個年 以上 그 面村에서 地租를 납부하거나 國稅 年額 2圓 以上을 납부한 者 등으로 한정하고 있다.6 이상으로 미루어 보면 선거 및 피선거권은 보통선거제가 아닌 일정기간 그 지역에 거주한 사람으로서 상당한 세금을 납부하는 남자에 한하고 있어 제한선거제임을 알 수 있다. 의원수는 市會는 대개 30~60인, 面村會는 8~30인 이하를 둘 것을 주장하고 있다.7

각 지방의회의 의결을 요하는 것은 1) 條例의 發布, 2) 歲入歲出의 예산 및 결산, 3) 市稅, 規費, 賦役 및 其他公課, 4) 기본재산 및 부동산의 처분, 5) 營造物의 관리 등이다.8 즉 군사, 외교 등 국가의 고유사무를 제외한 일체의 사항은 지방의회에서 결정하게끔 되어 있다.

지방자치단체의 운영을 위한 재정은 市·面村의 경우, 각기 소유하고 있는 재산으로부터 나오는 수입과 市·面村稅, 賦役 등으로 충당하는 것을 원칙으로 하였다.9 道는 지방세 규칙을 적용하여 道稅를 직접 징수할 수 있으나, 郡은 郡稅의 명목으로 직접 郡內 주민에게 부과하는 것이 아니고 郡內의 各面에 일정액을 부과, 징수할 수 있다고 하였다.10

지금까지 언급한 지방자치제론의 내용은 1) 道·市·郡·面村을 단위로 하고, 2) 선거권 및 피선거권에 대해 상당한 제한을 함으로써 보통선거제까지는 발전하지 못했다는 점, 3) 국가의 고유사무를 제외한 일체의 사항은 지방의회에서 결정한다는 것, 4) 재정을 확보하기 위해 각종 지방세를 징수한다는 것 등이다. 따라서 이 시기의 지방자치제론은 民의 실질적 권익을 보장한다는 측면보다는 지방민의 참여를 통한 효

---

6 『大韓協會會報』第九號(1908.12.25), 22~23쪽.
7 『畿湖興學會月報』第五號, 25쪽.
　『畿湖興學會月報』第六號, 29쪽.
8 『畿湖興學會月報』第五號, 25~26쪽.
9 『畿湖興學會月報』第六號, 31쪽.
10 『大韓協會會報』第十號, 31쪽.

율적인 지방행정으로 국가 발전을 도모하려는 정치제도의 일환으로 파악될 수 있다. 이러한 지방자치제가 실제로 추진된 것은 1908년에 兪吉濬 등이 주도한 漢城府民會 창립운동이다. 그들은 <漢城府民會刱立理由書>에서,

> ……區域內의 住居民이 貧富貴賤을 論치 안코 其事務人員을 公共選出하며 經費는 公共負擔하야 써 自治의 實을 擧하야 國家의 行政初級되는지라 故로 自治團體는 國家의 基礎라 云하나니라.[11]

하여 국가주권을 회복하기 위해 지방자치를 실행할 것을 적극 추진하였다. 그러나 漢城府民會 창립은 지방자치가 법률로써 보장받지 못하는 보호국체제하에서는 불가능한 일이었다. 결국 애국계몽운동기의 지방자치제론은 좀 더 확산되지 못하고 오히려 일제의 탄압으로 애국계몽운동 단체들이 해체됨으로써 그 논의마저 끊어지게 되었다.

3. 일제하 地方自治制의 실상

일제는 한반도를 식민지로 만든 후에도 헌병경찰제도를 더욱 강화하면서 武斷統治를 자행하였다. 이처럼 일제가 식민지에 대해서 가혹한 탄압정책을 하게 된 것은 그때까지만 해도 합방을 반대하는 세력이 국내에 존재하여 언제 항일운동이 일어날지 모르는 상황이었기 때문이다. 1910년대의 무단통치는 항일운동을 분쇄하기 위한 방편임과 동시에 한반도를 완전한 식민지체제로 재편성하는 데 따른 정치·사회적 불안을 물리적인 힘으로 막기 위함이었다.

---

11 『兪吉濬全書』, 「政治經濟編」 (서울 : 一潮閣, 1971), 314쪽.

일제는 식민지적 수탈을 위해 한반도에 이른바 <토지조사사업>을 실시하여 식민지 경제체제를 확립하였다. <토지조사사업>의 결과 자작농과 자소작농은 붕괴되어 농촌사회의 발전이 원칙적으로 저해되었다. 한편 조선총독부는 행정조직을 재정비하는 과정에서 府制(1913), 面制(1917), 道地方費制(1920) 등을 시행하여 지방의회를 두었으나, 이것은 의결기관이 아닌 자문기관에 불과하였다.12 가장 먼저 시행된 府制만 보더라도 府協議會의 회원은 총독의 인가를 받아 道長官이 임명하게끔 하였다.13 이것은 지방민의 民意를 반영하기 위한 것이 아니라 효율적인 식민지 지배를 위한 제도적 장치라고 할 수 있다.

일제의 계속적인 탄압정책에도 불구하고 1919년에는 전민족적 3·1운동이 일어났다. 이에 당황한 일제는 무단통치를 버리고 문화정치를 표방하면서 식민지 민족에 대한 회유책을 강구하였다. 나아가 일제는 韓民族의 독립운동을 약화시킬 겸 온건한 항일세력을 끌어들이기 위한 미끼로 식민지의회 설치를 거론하였다. 그러나 일제는 자치론을 그들의 정치선전으로 사용하였을 뿐 한민족의 정치의식을 다소 높여줄지도 모를 이 제도를 결코 시행하지 않았으며, 오히려 비타협적인 항일운동을 철저히 탄압하였다.

이러한 일제의 식민정책에도 불구하고 항일의식이 점차 높아가고 있다는 현실을 직시한 일제 당국자는 식민지체제 안정을 위해서도 한국인에게 다소간의 참정권을 부여할 필요성을 느끼게 되었다. 이렇게 해서 마련된 것이 자문기관 설치를 골자로 한 지방제도 개정(1920)이었다.14 이 지방제도 개정의 핵심은, 道에는 자문기구인 도지방평의회를 두며 府와 총독이 지정하는 소수의 面(指定面)에는15 민선협의회원으로

---

12 趙載昇, 『地方自治의 基礎理論』(서울 : 世文社, 1955), 336쪽.
13 『朝鮮總督府施政年報』大正二年度, 20쪽.
14 姜東鎭, 『日帝의 韓國侵略政策史』(서울 : 한길사, 1984), 310~311쪽.

구성되는 府 혹은 面協議會를 두고, 여타 面(普通面)에서는 관선협의회원으로 구성되는 面協議會를 설치하기로 한 것이었다.16

선거가 실시된 府와 指定面은 물론 普通面의 피임명자격자도 5원 이상의 府 혹은 面 부과금을 내는 사람으로 한정하였다. 특히 面協議會에 참가할 수 있는 자격을 5원 이상의 面부과금 납부자로 제한하였던 것은 절대 다수의 조선농민을 제외시켜 식민지체제에 봉사하는 피지배층을 영원히 묶어두려는 저의에서 나온 것이었다.17 더구나 이들 협의회는 의결권을 갖지 못하는 단순한 자문기관에 불과하였다. 따라서 각종 협의회는 주민자치의 성격을 전혀 찾아볼 수 없는 식민지 통치기구의 보완책이었다.

자문기관이었던 협의회가 외형상 의결기관으로 바뀐 것은 1930년 말 <지방제도 개정방침>이 발표된 이후의 일이다. 새로이 개정된 지방제도에 의해, 道評議會·府協議會·指定面協議會는 각각 道會·府會·邑會로 개칭되고 대의원 명칭도 道會議員·府會議員·邑會議員으로 바뀌어졌다. 이들 지방단체들이 자문기관에서 의결기관으로 변모하엿지만, 상부 관청의 감독권은 이전보다 강화되었다. 감독권의 강화는 의결권을 무의미하게 하는 것이며, 특히 府會·邑會에서 日人들이 큰 비중을 차지하고 있었다는 사실은 종전의 자문기관과 별다른 차이가 없음을 보여주는 것이다.18

일제 당국이 형식적이나마 '지방자치제'를 실시한 정책적 의도는 식민지체제를 강화하는 데 있었다. 그들은 중앙집권적인 통치권력을 각

---

15 指定面은 普通面에 비해서 대지주, 대상인, 관공리가 많이 거주하였고, 특히 일본인도 상당수 거주한 지역이었다.
16 염인호, 「日帝下 地方統治에 관한 硏究-<朝鮮面制>의 형성과 운영을 중심으로-」, 연세대 석사학위논문, 1983, 29쪽.
17 같은 논문, 29~30쪽.
18 姜東鎭, 앞의 책, 369~370쪽.

지방행정기관에 위임함으로써 보다 효율적인 식민통치를 할 수 있었기 때문이다. 한편 각급 자문기관을 설치하여 통치권력으로부터 보호가 필요한 지주·자본가들을 끌어들임으로써 그들을 친일세력으로 육성하여 체제안정을 확고히 하고자 함에 있었다. 둘째는 각종 지방세를 거둬들여 식민통치의 재정적 기틀을 마련하고, 경제적 수탈을 강화하기 위한 여건을 조성하는 데 있었다.

일제하의 '지방자치제'는 결국 민중적 저항을 탄압하고 체제안정을 위한 지방분권적 배경을 조성함에 있었으며, 분할통치 연장선상에서 취해진 정책이었다. 따라서 일제하 '지방자치제'는 민족국가 수립을 위한 지방분권적 배경을 조성함에 있었으며, 분할통치 연장선상에서 취해진 정책이었다. 따라서 일제하 '지방자치제'는 민족국가 수립을 위한 정치적 기초로 성장될 수가 없었으며, 식민모국에 봉사하는 체제안정적 편제에 지나지 않았다. 또 지방자치제의 근간을 이룰 수 있는 노동자·농민단체들의 활동이 실질적으로 봉쇄된 것은 말할 것도 없다. 이 시기의 '지방자치제'는 민족국가 건설이란 차원에서 본다면 유명무실한 것이었다.

4. 독립운동과정에서의 지방자치제론

3·1운동 이후 일제는 식민지 지배정책을 무단통치에서 문화정치로 바꾸었으나, 국내에서의 비타협적인 항일운동은 더욱 철저한 탄압을 받게 되어 독립운동의 근거지를 국외로 옮기지 않으면 안되었다. 한편 독립운동진영에서도 보다 효과적이며 지속적인 항일운동을 전개하기 위하여 臨時政府의 수립을 적극 추진하였다. 3·1운동 직후 수립된 臨時政府는 비록 망명정부의 성격을 지니고 있긴 하지만, 우리 역사상 최

초의 공화주의정부의 탄생을 의미하는 것이었다.

臨政이 수립된 이후 민족국가 건설을 위한 지방자치제론이 나타나게 되어, 臨政 및 독립운동 정당들의 강령 속에 가끔 언급된다. 臨政을 비롯한 제 단체들이 주장한 지방자치제론은 식민지시대라는 제한된 상황과 자료의 부족으로 그 구체적인 내용을 파악하기에는 상당한 어려움이 따른다. 그러나 대체로 애국계몽운동기의 지방자치제론이 공화정부 수립운동과 같은 政體論의 측면에서 논의된 것에 비해, 독립운동 시기의 그것은 민족국가 수립운동의 일환이었다고 볼 수 있다.

우선 臨政의 지방자치제론을 살펴보자. 臨政은 1919년 4월에 채택한 <大韓民國 臨時憲章>에서 <대한민국의 인민으로 공민 자격이 있는 자는 선거권 및 피선거권이 있음>을 규정하여[19] 보통선거제를 명시하는 등 정치적 자유권을 보장하였다. 그리고 1925년 3월에 개정된 <大韓民國 臨時憲法> 제28조에는 <광복운동자는 지방의회를 조직하여 임시의정원 의원을 선거하며 임시정부 및 임시의정원에 청원함을 득함>[20]이라고 하여 지방의회 설립을 헌법으로 보장하고 있다. 물론 이 헌법은 대한민국의 주권이 전체 국민에게 있다는 것이 아니라 광복운동자가 전국민을 대신한다는 과도기적 성격을 갖고 있지만, 지방의회에서 임시의정원 의원을 천거할 수 있었다는 것은 독립운동자들에게 국한된 것이긴 하지만 자치적 기능을 인정한 것이라 하겠다.

한편 臨政은 1920년 3월에 <거류민단제>를 발표하였다. <거류민단제>에 의하면 <거류민단은 법인으로 하여 관의 감독하에서 법령 또는 관례에 의하여 거류민단에 속한 공공사무를 처리함>, <거류민은 거류민단의 선거 및 피선거의 권리를 가지고 거류민단의 명예직을 담

---

[19] 李康勳, 『大韓民國臨時政府史』(서울 : 瑞文堂, 1975), 23쪽.
[20] 같은 책, 153쪽.

임하는 의무를 짐> 등을 규정하여21 臨政은 교포사회에 있어서 자치제 실시를 추진하였다. 이와 같이 臨政이 <거류민단제>를 법령으로 제정한 목적은 국외에 거주하는 교포들에 대한 계획적이고 조직적인 통치를 위해 필요한 것이었겠지만, 臨政이 <거류민단제>를 채택한 것은 교포사회의 자치능력을 提高하겠다는 의지가 나타난 것으로 보아야 할 것이다.

臨政側의 지방자치제론이 훨씬 구체적으로 나타나는 것은 1941년에 발표된 <大韓民國建國綱領>이다. 이 강령에 의하면,

>……普通選擧制度가 拘束없이 完全히 實施되어 全國 各里·洞·村과 面·邑과 島·郡·府와 道의 自治組織과 行政組織과 民衆團體와 民衆組織이 完備되어 三均制度와 配合實施되고 京鄕各層의 極貧階級의 物質과 精神上 生活程度와 文化水準이 提高保障되는 過程을 建國의 第2期라 함.22

이라고 하여 三均主義를 토대로 한 지방의 균형적인 발전을 꾀하고 있다. 그리고 각 지방에는 중앙정부와는 별도로 道政府를 비롯하여 府·郡·島政府를 두고 道·府·郡·島議會를 설치한다고23 하여 지방자치제 실시를 분명히 하였다. 각 지방정부의 구성과 기능을 명시하지 않았기 때문에 지방정부의 성격이 다소 불분명하지만, 지방민의 의사를 최대로 수렴하여 민족국가를 건립하겠다는 것만은 확연하다고 하겠다. 더욱 중요한 것은 각 지방의 인구·교통·문화·경제 등의 형편에 따라 일정한 비율로 교육기관을 설치할 것을 주장한 점이다.24 이것은 정치·경제·교육의 균등을 실현하고자 하는 臨政의 건국이념을 짐작하

---

21 같은 책, 65쪽.
22 『素昻先生文集』上(서울 : 횃불사, 1979), 151쪽.
23 같은 책, 152쪽.
24 같은 책, 153쪽.

게 하는 것으로서, 교육기관의 균형적인 발전이 지방자치제운영에 관건이 된다는 점에서 매우 중요하다.

다음으로, 중국에서의 모든 독립운동 정당, 단체를 통합하여 1935년에 결성된 民族革命黨도 강령에서 <1部를 단위로 하는 지방자치제를 실시한다>, <봉건세력과 일체 반혁명세력을 숙청하고 民主集權의 정권을 수립한다>, <民衆武裝을 실시한다>25 등의 조항을 채택하고 있다. 民族革命黨 강령 가운데에는 보통선거제 및 자유권의 보장도 규정되어 있지만, 특히 민주제도의 기초인 지방자치제 실시 조항은 중요한 의미를 갖는다. <1部>는 1郡의 誤記로 생각되며, 1郡을 지방자치의 단위로 책정한 것은 지역·인구 등을 감안한 것으로 여겨진다. 그리고 <民主集權>이란 의사를 결정하기 전에는 철저하게 자유·민주적으로 하되 일단 결정이 되면 그 범위 안에서 신속하게 집행한다는 뜻이므로,26 이것도 지방자치제와 관계가 있다고 보여진다. <民衆武裝을 실시한다>는 조항이 國防軍의 편성을 의미하는지에 대해서는 구체적으로 알 수 없으나 지방경찰의 성격을 아울러 갖는 것이 아닌가 한다. <勞農運動의 자유를 보장한다>27는 조항은 국민의 기본권으로서뿐만 아니라 당시 절대 다수를 차지하고 있던 농민과 노동자의 권익이 반영될 수 있고 지방자치제 실시를 뒷받침할 수 있는 각종 이익단체의 활성화를 도모한다는 점에서도 매우 중요하다고 하겠다. 民族革命黨과 대립하면서 臨政의 여당 구실을 한 韓國獨立黨도 역시 지방자치제를 실시하여 국민의 정치능률을 높이고 중앙과 지방의 均權制를 실시하고자 하였다.28

---

25 金正明編, 『朝鮮獨立運動』 II (東京 : 原書房, 1967), 540~541쪽.
26 『素昻先生文集』 上, 227쪽.
27 註 25)
28 國史編纂委員會編, 『韓國獨立運動史』 資料3 「臨政篇 III」 (서울 : 探求堂, 1973), 436쪽.

이처럼 臨政을 비롯한 정당, 단체들이 한결같이 지방자치제를 주장한 사실은 지방자치제가 단순히 민주제도의 기초로만 이해된 것이 아니라 민족국가 건설을 위한 정치·사회·경제적 토대라는 의미에서 파악되고 있었음을 보여준다.

5. 맺음말

지방자치제에 대한 논의는 공화주의운동과 같은 政體論의 일환으로 대두되었으며, 특히 애국계몽운동기의 신지식인들은 독립국가의 보전을 위해서 지방자치제의 필요성을 어느 정도 인식하고 있었다. 신지식인들은 지방자치제를 국가 발전을 위한 정치제도로서 인식하였으며, 지방민의 정치에 참여함으로써 그들의 실질적 이익이 보장된다는 본질적인 문제에 대해서는 비교적 소홀한 감이 없지 않다. 애국계몽운동기의 지방자치제론은 보호국체제라는 제한된 상황에서 적극적인 정치운동이 불가능해짐으로써 그 논의가 확산되지 못하고 마침내 한일합방으로 좌절되었다.

일제는 한반도를 식민지체제로 재편성하는 과정에서 府制, 面制, 道地方費制를 실시하여 비록 자문기관에 불과하였지만 지방의회를 설치하였다. 1930년 말에는 <지방제도 개정방침>을 발표하고 형식적이나마 자문기관을 의결기관으로 바꿔었다. 일제가 일련의 '지방자치제'를 실시한 목적은 다음과 같다. 첫째 온건한 항일세력을 회유하고, 나아가 식민지 지배권력의 비호를 필요로 하는 지주, 자본가 및 지방유력자들을 체제 안으로 흡수함으로써 식민지체제를 뒷받침하는 광범한 친일세력을 형성하는 데 있었다. 둘째는 각종 지방세를 징수함으로써 식민통치를 위한 재정을 확보하고 경제적 수탈을 일층 강화함에 있었다. 이와 같이 일제가 실시한 '지방자치'에는 절대 다수인 농민의 참여가 사실상 배제됨으로써 그들의 사회·경제적인 권익이 봉쇄되고, 농촌사회의 자생적 발전 자체가 저해되었다. 요컨대 일제하 지방자치제는 식민모국의 이익을 위한 단순한 행정편제에 지나지 않았다.

臨政을 비롯한 독립운동 정당들이 지방자치제를 주장한 것은 민족국가 수립운동의 일환이었다. 특히 臨政은 三均主義 이념을 실현하기 위해 지방자치제를 실시해야 한다고 보았다. 즉 국민의 정치의식을 提高하고 각 지방의 균형적인 산업발달과 교육의 균등을 이루기 위해서는 법률로써 지방자치를 보장해야 한다고 하였다. 그리고 民族革命黨은 지방자치제 실시 조항뿐만 아니라 勞農運動의 보장을 규정하고 있는데, 이는 지방자치제가 올바로 시행되기 위해서는 각종 이익단체들의 활동이 보장되어야 한다는 논리에서 본다면 당연한 것이다.

이제까지 독립운동시기의 지방자치제론을 간략히 고찰하였는데, 특히 주목되는 것은 재정자립도와 같은 선결조건이 갖추어져야만 지방자치제가 가능하다는 것이 아니라, 오히려 지방자치가 실시됨으로써 지방의 균형적인 산업, 교육의 육성과 그를 통한 사회적 발전을 이룩할 수 있고 국민의 정치의식을 높여 줄 수 있다는 이론에 근거하고 있는 점이다.

이 글은 전체 독립운동과정에서의 지방자치론에 대한 하나의 시론에 불과하다. 좀 더 본격적인 연구는 다음 기회로 미루고자 한다.

Ⅲ. 민족해방운동의 사상적 지향

1. 왜 민족해방운동을 잘 알아야 하는가

19세기에 우리 민족에게 주어진 역사적 과제는 근대 민족국가를 수립하는 일이었다. 민족국가의 수립은 봉건사회를 타파하고 각 방면에서 근대화를 이룩함으로써 달성되며, 이는 또한 침략세력으로부터 자주권을 확보할 때 가능하다. 반제반봉건을 슬로건으로 내건 이 시기의 민족운동이 민족국가 수립에 실패함으로써 한반도는 일본제국주의의 식민지로 전락했다. 근대 민족국가를 수립하느냐, 식민지로 전락하느냐의 갈림길에서 우리 역사는 후자의 길로 들어서고 말았다.

식민지시기 민족해방운동은 민족국가 수립의 선결과제인 반제반봉건을 내용으로 할 수밖에 없다. 특히 식민지의 완전한 해방은 독점자본주의를 본질로 하는 제국주의의 타도 아래서만 이뤄질 수 있다. 때문에 식민지의 민족해방운동은 단순한 반침략운동의 성격을 벗어나 반자본주의적 성격을 띠는 동시에 사회주의가 민족해방운동에 접목되는 경향을 보인다. 우리 민족해방운동사의 경우도 결코 예외는 아니다.

'독립운동', '민족운동' 등으로 불리우는 식민지시기의 운동을 '민족해방운동'으로 지칭하게 된 것은 대체로 1980년대부터이다. 그간 민족해방운동이란 용어가 '금기시'된 것은 역사연구자들이 개념을 명확히 정의하지 않고 사용한 데에도 원인이 있지만, 민족해방운동사를 객관적으로 연구할 수 없었던 학문외적 여건도 무시 못할 요인으로 작용했다. 독립운동, 민족운동 등이 항일운동의 측면을 강하게 내포하거나 사회운동과 대비되는 용어인 반면, 민족해방운동은 식민지시기 우리 민족이 지향한 총체적 사회변혁을 설명하는 과학적 개념을 담고 있는 용어라고 할 수 있다.

왜 우리에게 민족해방운동사의 객관적 이해가 필요할까? 자주적 민족국가를 수립하는 일은 19세기에서 현재에 이르기까지 가장 중요한 역사적 과제였다. 식민지시기 민족해방운동의 가장 중요한 과제도 '민족해방'의 쟁취와 함께 사상적 대립을 승화시킨 민족국가 건설이었음은 두말할 나위가 없다. 역사는 끊임없이 이어지는 것이기 때문에 8·15 이후의 우리 현대사도 식민지시기 민족해방운동의 연장선상에서 이해될 필요가 있다. 나아가 우리는 올바른 민족해방운동사 인식을 통해 분단의 내재적 요인을 밝혀낼 수 있을 뿐 아니라 분단체제하 지배권력의 형성과정과 자주적 통일민족국가 수립을 위한 민족민주운동의 역사적 뿌리를 찾을 수 있다는 점에 주목해야 한다. 통일운동시대에 살고 있는 우리들의 역사인식, 현실의식 정립을 위해서도 객관적 민족해방운동사 인식은 필수적이라 할 수 있다.

민족해방운동을 펼친 각 세력은 그 이념, 곧 사상적 지향이 다양했다. 이에 따라 민족해방운동세력은 민족주의와 사회주의, 민족주의 좌파와 우파, 우익과 좌익, 부르조아민족주의와 민중적 민족주의 등으로 나뉜다. 민족해방운동세력의 이념적 분류는 단지 표방한 정치이념뿐 아니라 실천적 운동도 함께 고려되어야 하나, 이 점에서는 아직 미흡한 상태에 있다. 흔히 국내 민족주의세력을 타협적 민족주의세력과 비타협적 민족주의세력으로 나누는 경우가 있는데, 과연 타협적 민족주의세력을 민족주의세력에 포함시키는 것이 타당한 것인지도 따져볼 필요가 있을 것이다. 아울러 국내외 민족해방운동세력을 같은 준거에서 구분할 수 있는 객관적 잣대를 마련하는 것도 시급한 과제로 남아있다.

민족해방운동의 사상적 지향을 올바로 인식하는 것은 자주적 통일민족국가 건설운동의 방향과 한국현대사 이해에 실마리를 제공한다. 주지하다시피 1920년을 전후하여 사회주의사상이 수용되면서 민족해방운동전선에서는 사상적 분화가 일어난다. 이러한 사상적 지향성은 민족해방운동의 질적 변화를 가져오면서 다양한 민족해방운동론과 국가건설론으로 표출되었다. 우리는 민족해방운동세력이 내건 국가건설론을 통해 '해방' 후 국가체제의 방향을 전망할 수 있다.

그럼에도 불구하고 분단체제의 성립, 냉전적 역사인식 등으로 말미암아 남북한의 민족해방운동사 인식은 서로 다른 것이 저간의 실정이다. 남한의 경우 임시정부 중심의 민족해방운동사 인식이 주류를 형성해온 반면, 북한은 항일무장투쟁을 중심으로 민족해방운동을 인식하고 있다. 1980년대부터 남한 역사학계에서 민족해방운동사 연구가 활성화하면서 실천적 관점에서 민족해방운동을 검토·평가하는 작업이 이루어지고 있지만, 아직도 만족할 만한 수준에는 이르지 못했다고 보여진다.

민족해방운동의 사상적 지향을 구체적으로 밝히기 위해서는 운동을 뒷받침한 사상의 본질적 내용을 다루어야 한다. 여기서는 민족해방운동세력을 사회주의세력, 민족주의세력, 중간파세력으로 나누어 그들이 내건 국가건설론에 초점을 맞춰 민족해방운동의 사상적 지향을 살펴보려고 한다. 이를 통해 우리는 분단현실을 정확히 인식하고 앞으로의 변혁 방도를 전망하면서 통일국가의 체제구상을 위한 역사적 안목을 제공받을 수 있을 것이다.

2. 사회주의세력의 국가건설론

3·1운동을 전후한 시기에 사회주의는 두 갈래로 수용되기 시작했다. 1917년의 러시아혁명은 노령의 조선 이주민들과 독립운동가들에게 영향을 미쳐 민족해방운동전선에서 사회주의운동이 일어나는 계기가 되었다. 또한 일본 유학생을 통해 수용된 국내의 사회주의운동도 비록

써클 수준의 운동에서 출발했지만 점차 세력을 확대해 나갔다. 새롭게 대두한 사회주의세력은 노동·농민운동 등 대중운동에 영향을 미치면서 점차 그 영역을 넓혀 나갔다.

1918년 4월 노령 하바로프스크에서 조직된 한인사회당은 우리 역사상 최초의 사회주의 정당인 셈이다. 李東輝·朴鎭淳 등이 한인사회당을 조직한 직접적 동기가 민족해방운동을 위해 소련정부의 지원을 얻는데 있었다고 하더라도 그들은 이미 사회주의이념을 수용하고 있었다. 한때 이동휘를 공산주의자로 볼 것이냐, 민족주의자로 볼 것이냐 하는 견해가 있었지만, 일도양단의 평가는 적절치 않다.

한인사회당은 約法에서 "사회주의적 국가를 조직한다", "토지 및 일체의 생산업을 공유한다", "의식주 일체는 공설기관에서 분급한다" 등의 사회주의적 정책을 채택했다. 약법에 명기된 조항에 따르면 한인사회당세력이 지향한 민족국가의 방향은 사회주의국가의 건설이었다. 민족국가건설론이 우리의 역사발전단계를 고려하고 사회현실에 토대한 적실성을 가져야 한다면, 한인사회당의 국가건설론은 소박하면서도 이상적인 것이라 할 수 있다.

이동휘·金立 등이 임시정부에 참여함에 따라 한인사회당은 본부를 상해로 옮겨 활동했다. 한인사회당세력은 이동휘의 임시정부 활동을 도우면서 적극적으로 사회주의운동을 펴나갔다. 이때 제국주의국가들에 의해 주도된 국제회의를 통해서는 민족해방을 이루기 어렵다는 사실을 인식하고 올바른 노선을 모색하던 민족해방운동가들은 사회주의노선에 적극적인 관심을 보였고, 그 결과 사회주의세력은 확대되었다.

1921년 5월에 한인사회당의 확대·개편으로 이른바 상해파 고려공산당이 성립되었다. 이들은 선언에서 "민족적 해방운동은 사회혁명의 한 단계일 뿐이며 결코 목적은 아니며, 현사회의 모든 계급을 철저히 타파하고 소비에트정부를 수립할 것"을 밝혔다. 또 강령에서는 모든 기업의 국유화, 국비교육제 실시, 노동의 의무화, 여성해방을 위한 제도개선, 자본가의 재산 몰수 등을 채택했다. 이처럼 고려공산당의 국가건설론은 한인사회당의 '사회주의적 국가건설론'에서 '프롤레타리아 독재'에 의한 소비에트정부수립론으로 바뀌었다.

고려공산당이 강령에서 민족해방문제와 관련하여 "현하의 모든 혁명단체에 대해서는 大成에 도달하는 단계로서의 우리의 주장과 부합하는 범위에 한하여 이를 찬조한다"면서 제휴단체의 범위를 국한시킨 것은 그들이 내건 국가건설론과 궤를 같이한다고 보여진다. 고려공산당의 국가건설론과 운동노선은 한인사회당시기의 그것에 비해 좌경화했음을 알 수 있다. 全露고려공산단체 중앙위원회의 주도로 성립된 이른바 이르쿠츠크 고려공산당도 운동노선에 있어서는 상해파 고려공산당과 차이가 있었지만 역시 소비에트정부수립론을 견지했다.

초기 조선사회주의운동은 국외에 기반을 둔 고려공산당에 의해 주도되었지만, 상해파 고려공산당과 이르쿠츠크 고려공산당의 대립이 계속되자 코민테른의 지시에 따라 두 고려공산당은 해체되었다. 이후 사회주의운동의 중심은 국내로 옮겨졌고, 1925년에 이르러 조선공산당이 조직되었다. 조선공산당의 성립은 사회주의운동이 한층 조직적으로 발전할 수 있는 계기를 마련했다. 그러나 일제의 탄압과 검거, 코민테른의 지시 등에 의해 조선공산당은 1928년 말에 해체되었다. 조선공산당의 민족국가건설론은 제1차, 제2차 조선공산당(1925.4~1926.8)과 제3차, 제4차 조선공산당(1926.9~1928.10)의 두 시기로 나누어 볼 수 있다.

조선공산당도 창당 당시에 마련한 강령에서 "민주공화국을 건설한다. 국가의 최고 및 일체의 권력은 국민에 의해 조직된 직접·비밀·보통 및 평등 선거로 성립된 입법부에 있다"고 하여 '해방' 후 수립할 민족국가의 대강을 밝혔다. 이는 정치체제 면에서 입법부를 최고 권력기관으로 하는 민주공화국의 수립을 내세운 것이었다. 민주공화국수립론은 부르조아계급의 정권 참여를 인정하고 있다는 점에서 앞서 언급한 고려공산당의 소비에트정부수립론과 차이를 보인다. 경제체제에서는 대토지소유자·회사·은행이 점유한 토지를 몰수하여 국가 소유의 토지와 함께 농민에게 내어주며, 소작료의 인하를 전제로 하는 지주제도 허용할 것 등을 내세웠다. 조선공산당은 경제체제의 골간을 이루는 토지제도에서 기본적으로 토지국유제를 채택하면서도, 부르조아계급의 정권 참여가 가능하도록 일정기간 소작료를 3할 이내로 한정하는 지주제의 존속을 허용했다.

한편 조선공산당은 민족해방을 쟁취하기 위해 노농계급과 소자본가·지식인은 물론 반일 부르조아지와의 연대하에 민족해방운동을 전개할 것이라 했다. 이처럼 통일전선의 범위를 넓게 설정한 것은 코민테른의 방침과도 관련이 있지만 국내의 현실을 반영한 것이었다. 일제의 탄압으로 활동공간을 확보하기가 매우 어려웠던 상황에서 부르조아세력과의 연대는 시급한 과제가 아닐 수 없었을 것이다.

사회주의세력과 민족주의세력의 연합으로 신간회가 창립되면서 조선공산당의 민주공화국건설론은 인민공화국건설론으로 바뀐다. <국제공산당에 보고하는 국내정세>란 문건에서 조선공산당은 독립운동의 결과 '소비에트정부'나 '시민적 공화국'을 수립하는 것은 불가능하다고 인식하면서 노동대중에 기초한 '인민공화국'의 건설을 주장했다. 조선공산당은 인민공화국의 건설을 지향하면서 경제체제와 관련하여 농민적 토지소유를 실현할 것과 비록 일본인의 소유에 한정시키기는 했지만 생산기관의 국유화 등을 주장함으로써 민주공화국을 지향하던 시기와 입장을 달리했다. 1928년 3월에 채택한 <민족해방운동에 관한 논

강>에서도 조선공산당은 "조선에서 소비에트공화국을 건설하려는 것은 좌익소아병적 견해이며 부르조아공화국을 건설하려는 것은 우경적 견해이다"면서 조선사회의 정세에 기초한 '혁명적 인민공화국'의 건설을 강조했다.

조선공산당의 국가건설론이 민주공화국건설론에서 인민공화국건설론으로 바뀐 까닭은 자치운동세력에 대응하면서 효율적인 민족해방운동을 전개하기 위해 신간회가 발족되자 '협동전선'의 주도권, 나아가 '해방' 후 수립될 정권의 주도권을 상정한데 있었던 것으로 보인다. 게다가 코민테른의 통일전선방침이 바뀌고 중국의 제1차 국공합작이 균열을 드러내기 시작했던 정세변화도 인민공화국 건설을 지향한 요인으로 작용했을 것이다.

조선공산당이 해체된 이후 국내외의 공산주의자들은 '해방'될 때까지 실현하지는 못했지만 여러 갈래로 당재건활동을 전개했다. 코민테른은 <12월테제>에서 파벌투쟁을 배격하고 소수 지식인층이나 학생층이 아닌 노동자·농민을 토대로 한 당재건을 제시했다. 조선인 공산주의자들도 당재건의 기본방침으로서 대중적 실천투쟁을 통해 생산현장 안에 당의 기초를 뿌리내려야 한다는 점을 강조했다. 코민테른의 노선과 조선공산당시기의 문제점을 인식한 가운데서 전개된 당재건운동, 특히 1930년대 전반기의 당재건 활동과정에서 노농소비에트건설론이 제기된다.

서울파 공산당의 중요 인물인 李雲赫이 기초한 <재건이론>에서는 노농민주독재의 실현, 노력농민에의 무상토지의 분여, 일체 대생산기관 및 독점기업의 국유화 등을 표방하면서 노농소비에트정부의 건설을 주장했다. 대중투쟁이 전개되는 과정에서도 노동자·농민이 주인인 사회를 건설하자!, 토지는 밭갈이하는 농민에게로! 등의 슬로건이 나타나기 시작했고 프롤레타리아 헤게모니 및 빈농우위 원칙문제[1] 등이 실천적인 수준에서 강조되었다. 대체로 이 시기 사회주의세력의 국가건설론은 고양된 노농운동, 코민테른의 노선변경, 중국공산당의 '극좌주의' 노선에 영향받으면서 노농소비에트건설론으로 나타났다. 앞에서 언급했듯이 일제의 지배정책에 따른 국내정세의 변화, 코민테른의 통일전선방침의 변화는 사회주의세력의 민족해방운동론에 적지 않은 영향을 끼쳤다. 따라서 조선공산당시기와 당재건운동시기 사회주의세력이 지향한 정치체제는 민주공화국건설론, 인민공화국건설론, 소비에트공화국건설론 등으로 바뀌었다. 비록 사회주의세력이 지향한 정치체제가 시기에 따라 변화하고, 경제체제와 관련하여 토지변혁의 방도가 차이점을 보인다 하더라도 그들은 일관되게 사회주의이념의 토대 위에서 민족해방운동을 전개했다.

일본제국주의가 파쇼화하면서 본격적으로 대륙침략을 감행하자 우리 민족해방운동전선에서도 항일투쟁의 열기가 한층 높아져 통일전선운동이 본격적으로 전개되었다. 만주지역의 사회주의세력이 중심이 되어 1936년 6월 통일전선적 조직으로 재만한인조국광복회가 성립되었다. 조국광복회는 민족국가 건설의 대강을 명시한 '10대강령'을 채택했는데, 정치체제 면에서 '진정한 조선인민정부'의 수립을 내세웠다. '진정한 조선인민정부'의 성격이 어떤 것이냐 하는 문제는 좀 더 따져볼 필요가 있지만, 소비에트정부와는 의미가 다른 것이었다.

조국광복회는 경제체제와 관련하여 일본국가 및 일본인 소유의 모든 기업·철도·은행·선박·농장·수리기관은 물론 매국적 친일분자의 전체 재산과 토지를 몰수하여 독립운동 경비에 충당하며 일부는 빈곤

---

[1] 혁명적 농민조합운동과정에서 운동주체들이 정치노선, 조직노선, 투쟁노선 등에서 빈농들의 계급적 요구나 이익을 우선적으로 관철하려는 노선이자 노농동맹의 실천과정에서 중시했던 원칙.

한 인민을 구제하는데 사용할 것과 민족적 공·농·상업을 장애없이 발전시킬 것을 강령에 명시했다. 이러한 조국광복회의 입장은 민족주의세력과의 통일전선 결성 의지를 담고 있는 것이다. 또 노예노동과 노예교육의 철폐, 의무적인 면비교육의 실시 등을 표방했는데, 이러한 조항들은 통일전선운동기 민족주의세력의 그것과 거의 일치한다.

한편 1942년 7월 화북조선청년연합회가 확대·개편된 화북조선독립동맹은 강령을 통해 '민주공화국'의 수립을 지향한다는 점을 천명하면서 보통선거제에 의한 민주정권의 건립을 내세웠다. 사회경제면에서는 일본인이 조선에서 소유하고 있는 일체의 자산과 토지를 몰수하며 일제와 밀접한 관계를 가진 대기업을 국영화하고 토지분배를 시행한다고 했다. 아울러 인권 존중의 사회제도를 실현할 것, 8시간노동제를 실시하고 사회노동을 보장할 것, 국민의무교육제도의 실시 등을 강령에 포함시켰다. 조선독립동맹의 강령은 이 시기 한국독립당을 비롯한 여타 민족해방운동세력의 그것과 별다른 차이점을 보이지 않는다.

조선독립동맹이 민주공화국의 건립과 비교적 사회주의적 색채가 약한 강령을 채택한 배경이 무엇일까? 먼저 조선독립동맹의 강령은 통일전선체로서의 역할과 기능을 확대하기 위해 부르조아민족주의세력도 수용할 수 있는 민족해방운동의 공약수를 정리한 것으로 이해될 수 있을 것이다. 또한 중국공산당의 노선, 곧 毛澤東의 '신민주주의론'과 '연합정부론'[2]은 조선독립동맹의 민족해방운동론에 적지 않은 영향을 끼쳤다. 조선독립동맹이 민주공화국의 수립을 지향한 것도 '해방' 후 부르조아세력과의 연합정권을 상정한 것이 아닌가 한다.

---

2 인민민주주의로도 불리우는 신민주주의는 부르조아민주주의와 달리 사회주의단계로의 발전 가능성을 내포하는 통일전선적 정치노선이며, 연합정부론은 신민주주의의 실현을 위해 프롤레타리아계급을 지도세력으로 하되 농민·소시민·민족자본가 등 모든 민주세력을 망라한 과도정부수립론이다.

민족해방투쟁기 사회주의세력의 민족국가건설론은 시기에 따라 변화하고, 때로는 혼선을 빚기도 했지만 1930년대 후반 통일전선운동이 진전되면서 부르조아민족주의세력의 그것과 합일점을 찾아갔다. 조국광복회의 경우 '진정한 조선인민정부'의 수립을 표방하여 정치체제를 구체적으로 제시하지 않았으나 조선독립동맹은 민주공화국의 건립을 분명하게 내세웠다. 사회주의세력의 민족국가건설론이 민족주의세력의 그것과 합일점을 찾고 있었다는 사실은 통일전선 구축이란 당면과제를 실현하기 위해서, '해방' 후 자주적 통일민족국가 수립을 위해서도 필요한 것이었다. 설령 사회주의세력이 민주공화국을 표방했다 하더라도 궁극적 지향은 역시 사회주의사회의 실현이었다.

3. 민족주의세력의 국가건설론

민족주의세력이 견지한 민족해방운동의 사상적 기반 내지 민족국가건설론의 구체적 내용은 무엇일까? 국내 민족주의세력은 3·1운동 이후 일제가 문화정치를 표방하자 타협적 세력과 비타협적 세력으로 나뉘어져 갔다. 앞에서 언급했듯이 실천적 관점에서 보면, '타협적' 세력을 민족주의세력의 범주에 포함시키는 것은 문제가 없지 않다. 하지만 민족주의세력의 분화와 '운동론'의 실체를 파악한다는 의미에서 타협적 민족주의세력을 먼저 살펴보자.

민족개량주의세력 또는 부르조아민족주의 우파로 불리우는 타협적 민족주의세력의 정치사상과 운동론은 '자강운동론'에서 출발하여 1910년대에 선실력양성 후독립론으로 나타났다. 그들은 실력양성론에 근거하여 신교육의 보급, 구관습 개혁을 통한 신문화의 건설, 산업발전을 통한 민족자본의 양성 등을 실천과제로 설정했다. 실력양성론은 조선사회의 '근대화'란 측면에서 한정적 의미를 지닌다고도 볼 수 있으나, 민족해방운동론의 측면에서는 독립을 부차적 과제로 설정함으로써 1920년대 초반 이후 일제 식민지 지배권력에 대해 타협적이며 개량주의적인 문화운동으로 나타날 수밖에 없었다. 타협적 민족주의세력은 1920년대 중반부터 독립을 포기하는 자치운동론을 내세움으로써 민족해방운동 대열에서 탈락하고 말았다. 결국 그들은 '독립'이라는 역사적 과제를 완전히 포기하고 일제의 황민화정책에 추종하면서 종속적인 자본주의 발전을 지향하는 노선을 걷게 되었다.

흔히 비타협적 민족주의세력으로 규정하는 국내 민족주의세력의 민족해방운동론과 그 사상적 지향을 대표적 '이론가'로 볼 수 있는 安在鴻의 정세인식과 운동론을 통해 살펴보자. 비타협 민족주의세력은 일제하 조선사회를 봉건적인 경제구조가 강화되고 자본주의적 성장이 저지된 상태로 인식하여 민족자본·민족경제의 보전을 중시했다. 그리고 세계체제의 기본구도를 자본주의진영과 사회주의진영의 대립구도로 파악하는 한편, 제국주의에 저항하는 계급운동과 약소민족의 저항운동을 세계사적 보편현상으로 인식했다.

비타협적 민족주의세력은 역사발전의 주체를 민족으로 설정하였지만, 그들의 민족주의는 국가주의적, 자강론적 성격을 띠고 있다. 자강론적 민족주의는 부르조아적 근대민족의 성장을 전제한 것이나, 대지주·대자본가가 제국주의에 타협하게 마련인 식민지하 부르조아적 발전의 특수성과 관련하여 소부르조아지를 근대민족의 중심세력으로 삼았다. 하지만 민족해방운동의 중심세력으로서 소부르조아지 또는 민족부르조아지가 충분한 계급적 성장을 이룰 수 없었기 때문에 그들에게는 다른 계급과의 연대가 필요했다. 따라서 그들은 반일세력을 망라한 협동전선을 모색하였고, 그 결과 사회주의세력과의 제휴로 신간회를 발족시켰다. 신간회가 해소된 이후 비타협적 민족주의세력은 일제의 탄압 등으로 인해 조직운동을 전개하지 못했지만, 그들은 부르조아민주주의이념의 토대 위에서 민주공화국의 건설을 지향했다고 볼 수 있을 것이다.

민족주의세력이 지향한 국가건설론은 국내보다 국외에서 활동한 민족해방운동세력에서 한층 분명하게 나타난다. 대표적인 예로 중국관내에서 활동한 한국독립당을 꼽을 수 있다. 한국독립당은 1930년 1월에 李東寧·安昌浩·金九 등을 비롯한 민족주의자들에 의해 종래의 파벌투쟁을 청산하고 임시정부를 뒷받침할 정당을 마련하기 위해 조직되었다. 한국독립당은 중국관내에서 활동하던 민족주의계 인사들을 망라한 민족해방운동 정당이었으나, 당원들은 대개 이동녕·김구 등의 임정옹호파와 안창호의 흥사단계가 주류를 이루었다.

한국독립당은 민족해방운동론과 민족국가 건설방향을 담은 黨義·당강·당책 등을 채택했는데, 이는 삼균주의에 토대를 두었다. 삼균주의는 1927~1928년경 민족주의자들이 민족해방운동의 이념적 기반을 모색하던 시기에 민족주의진영의 대표적 이론가인 趙素昻에 의해 정립되었다. 조소앙이 내세운 '삼균'은 세로로는 개인과 개인 간의 균등, 민족과 민족 간의 균등, 국가와 국가 간의 균등을 의미하며, 가로로는 정치적 균등, 경제적 균등, 교육의 균등을 뜻하는 이원적 틀을 갖추고 있다. 이러한 삼균주의는 한국독립당뿐 아니라 임시정부의 사상적 기초가 되었다.

한국독립당은 기본노선을 밝힌 당의에서 민족자존을 획득하고 세계공영을 도모하기 위해서는 자주적 독립국가의 실현이 선행되어야 한다는 점을 강조했다. 아울러 한국독립당이 추구하는 이상과 그것을 실현하는 방법을 제시했다. 그 하나는 '혁명적 수단' 즉 비타협적 방법으로 완전한 자주독립국가를 수립하는 것이었고, 다른 하나는 삼균주의에 기초한 신민주국을 건설하여 안으로 국민의 균등생활을 보장하고 밖으로는 국가 간의 평등을 실현하는 것이었다. 이러한 당의 기본노선은 몇 차례의 조직변천을 겪으면서도 바뀌지 않았다.

한국독립당은 당강에서 보통선거제의 실시, 토지와 대생산기관의 국유화, 국비의무교육의 실시 등을 골자로 하는 민족국가 건설방향을 밝혔다. 정치체제 면에서 보통선거제를 통한 '신민주국' 곧 민주공화국의 건설을 내세운 것은 임시정부가 수립 당시에 채택한 <대한민국 임시헌장>에도 규정되어 있다. 토지와 대생산기관의 국유화와 국비교육제의 실시를 채택한 것은 삼균주의의 균등사상이 반영된 것으로 볼 수 있으나, 민족주의세력인 한국독립당이 토지국유제를 주장한 점은 주목된다. 물론 한국독립당의 토지국유제론은 논거를 '우리 역사의 전통적 정책'이라는 역사성에 둠으로써 사회주의세력의 토지변혁론과는 입론을 달리한다. 그러나 토지문제의 농민적 해결을 민족국가 건설의 선결과제로 인식했다는 점에서 중요한 의미를 지닌다.

1935년에 단일당운동으로 민족혁명당이 결성되었으나 한국독립당의 핵심세력인 김구계는 불참하고 그해 11월 따로이 한국국민당을 조직했다. 한국국민당은 창당선언문에서 당의 목표가 삼균주의에 기초한 '민주공화국'의 건설에 있음을 분명하게 밝혔지만, 국가건설론과 관련되는 조항은 한국독립당의 그것과 같다. 다만, '독립운동에 대한 사이비 불순적 이론과 행동을 배격할 것', '임시정부를 옹호 진전시킬 것' 등을 당강에 추가했는데, 이것은 정치이념을 달리하는 민족해방운동세력과의 제휴에 부정적인 입장을 드러낸 것이다.

이러한 한국국민당의 반통일전선적 태도는 중일전쟁 이후 민족해방운동전선에서 통일전선운동이 추진되면서 달라졌다. 김구 중심의 한국국민당은 조소앙 중심의 이른바 재건 한국독립당, 지청천 중심의 조선혁명당과 한국광복운동단체연합회를 결성하였고, 나아가 민족혁명당, 사회주의적 민족해방운동단체와의 단일당 결성에 노력했다. 비록 단일당운동은 성공을 거두지 못했지만, 1940년에 한국광복운동단체연합회 산하 3당은 통합하여 새로운 한국독립당을 성립시켰다.

한국독립당의 당강·당책은 옛 한국독립당·한국국민당의 당강과 비교할 때, 민족해방운동 노선에 있어서는 보다 선명한 입장을 드러내고 있지만 앞으로 수립될 민족국가체제를 전망한 정치노선에 있어서는 별로 달라진 것이 없다. 한국독립당은 토지와 대생산기관의 국유화, 국비교육제를 명시한 조항 외에 고유문화와 역사의 발양, 의무병역제의 실시 등을 추가로 채택했으나 정치노선상의 변화를 보여주는 것은 아니다. 하지만 '전면적 혈전을 적극 전개할 것'을 내세우고 한국광복군을 창설하는 등, 종전과는 달리 뚜렷한 무장독립노선을 택했다.

앞에서 살펴본 것처럼 한국독립당은 강령에서 민족국가건설론의 대강을 제시하고 있을 뿐이다. 그러나 한국독립당이 지향한 국가건설론은 사실상 한국독립당의 국가건설론으로 보아도 무방한 <대한민국 건국강령>을 통해 한층 구체적으로 나타난다. 건국강령은 당강에 비해 각종 기본권을 구체적으로 명시하고 있을 뿐 아니라 자유권의 보장과 선거권 및 피선거권까지 규정했다. 또 일제에 附和한 자와 독립운동을 방해한 자는 선거와 피선거권이 없음을 못박았는데, 이는 친일파·민족반역자는 '해방' 후 수립될 민족국가 건설에 참여할 수 없다는 단호한 입장을 보여주는 것이다. 한편 주민자치의 실현과 의회민주주의의 초석을 다지기 위해 지방자치제 실시를 내세운 점도 중요한 의미를 지닌다.

건국강령에서는 국내 자산에 대한 국유화정책의 범위가 더욱 넓어졌을 뿐만 아니라 그 내용도 한층 구체화되어 있다. 토지와 대생산기관의 국유화는 물론 독점기업과 기간산업까지도 국유화할 것을 명시하고 있으며, 다만 중소기업은 私營으로 한다고 했다. 그리고 일본인 소유의 모든 토지와 자산은 물론 친일파·민족반역자의 소유도 몰수하여 국유로 할 것을 규정했다. 게다가 토지의 매매, 상속 등을 금지하고 두레농장, 국영공장 등의 조직 확대를 내세움으로써 경제부문, 특히 농업부문에서의 사회주의적 정책을 구체적으로 제시했다.

삼균주의의 한 부분을 이루고 있는 교육균등과 관련하여 건국강령에서는 6살부터 12살까지의 초등교육과 12살 이상의 고등교육에 따른 일체 비용은 국가가 부담하는 국비의무교육제 실시를 강조했다. 또 그간 교육을 받지 못한 사람들에게도 무료로 補習교육을 시행할 것과 교과서도 무료로 할 것을 내세웠다. 아울러 각 지역의 형편을 고려하여 각급 학교를 설치한다고 명시했는데, 이는 지방자치제 실시 조항과 관련 있는 것으로 보인다.

요컨대 한국독립당은 정치체제에 있어서는 의회민주주의에 토대한 민주공화국을 지향하였고, 사회경제체제와 관련하여 토지와 대생산기관의 국유화, 국비의무교육의 실시 등 사회주의적 정책을 내세웠다. 한국독립당은 삼균주의에 기초한 '사회민주주의'적 민족국가건설론을 표방함으로써 이 시기 여타 민족해방운동세력의 민족국가건설론과 거의 같아진다. 민족주의세력은 본질적으로 부르조아민주주의이념에 토대한 민주공화국의 건설을 지향할 수밖에 없다고 하더라도, 식민지시기 민족주의세력의 국가건설론은 사회주의세력의 그것과 점차 근접하고 있었다.

4. 중간파세력의 국가건설론

'해방' 이후에는 좌우익세력의 정치노선과 달리하는 중간파세력을 범주화할 수 있지만, 민족해방운동세력 가운데서 중간파세력을 추출하고 범주화한다는 것은 쉬운 일이 아니다. 그러나 민족해방운동과정에서 '민족적 사회주의', '사회주의적 민족주의'를 주장하거나 이러한 관점에서 활동한 세력과 개인이 존재했던 만큼 그들의 민족해방운동론과 사상적 지향을 밝히는 것은 매우 중요하다. 왜냐하면 이념적 대립을 승화시킨 민족해방운동의 줄기를 찾을 수 있을 뿐더러 8·15 이후 통일국가 수립세력의 前史를 밝힐 수 있기 때문이다.

1935년 7월에 중국관내에서 통일전선적 민족해방운동 정당으로 출범한 민족혁명3은 사회주의, '좌익민족주의' 내지 사회민주주의, 부르조아민주주의 등 다양한 이념적 지향성을 가진 당원들로 구성되었다. 때문에 통일전선체로서의 민족혁명당을 중간파세력으로 규정하는 데에 이의를 달 수도 있다. 하지만 민족혁명당에 참여한 한국독립당계가 몇 달 만에 탈당한데다가, 조선혁명당계마저 1937년에 탈당함으로써 우익세력은 민족혁명당에서 거의 이탈했다. 이듬해에는 崔昌益을 비롯한 일부 사회주의세력도 당 노선에 불만을 품고 이탈함으로써 민족혁명당의 통일전선적 성격은 약화되었다. 결성 당시에도 총서기 김원봉을 중심한 의열단계가 주류세력이었지만, 이후 민족혁명당은 사실상 김원봉을 비롯한 중간파세력에 의해 주도되었다.

민족혁명당은 창립대표대회선언에서 자주독립의 완성과 함께 봉건제도와 일체 반혁명세력을 숙청하고 진정한 민주공화국을 건립하는 것

---

3 민족혁명당은 편의에 따라 당명 앞에 '한국', '조선', '고려'의 명칭을 붙여 사용하기로 했으나 우익세력이 이탈한 1937년부터 당명을 조선민족혁명당으로 확정했다가, 1947년 6월에 인민공화당으로 개칭되었다.

이 당의 기본 목표임을 분명히 밝혔다. 민족혁명당이 채택한 당의에도 삼균주의에 기초한 민주공화국의 건설을 명시했는데, 삼균주의가 반영된 것은 조소앙이 규칙제정위원으로 선임되었기 때문일 것이다. 민족혁명당이 지향한 국가건설론의 구체적 내용은 강령을 통해 파악할 수 있다.

민족혁명당의 강령에 제시된 민족국가 건설방향을 살펴보자. 정치면에서 "봉건세력과 일체 반혁명세력을 숙청하고 民主集權의 정권을 수립한다"고 명시했는데, 봉건세력과 반혁명세력까지 투쟁대상으로 삼은 점은 민족국가 수립의 이데올로기와 관련하여 중요하다. '민주집권'이란 議事를 민주적 절차에 따라 결정하되 결의된 사항에 대해서는 신속하면서도 강력한 집행권을 갖는 것을 뜻하지만, '민주집권의 정권'은 관점에 따라 해석을 달리할 수도 있다. 경제체제와 관련하여 토지국유제와 대생산기관 및 독점기업의 국영화를 내세운데다가 일체의 경제활동을 국가의 계획하에 통제할 것을 주장한 점이 주목된다. 사회면에서는 국비교육제의 실시는 물론, 사회보장제도의 일환으로 養老·育嬰·救濟 등의 공공기관을 설립할 것과 누진율의 稅則을 실시할 것 등의 조항을 채택했다.

한편 민족혁명당의 민족해방운동 노선은 무장독립론과 통일전선론으로 집약된다. 무장독립론은 무장부대를 조직하고 국외 무장부대를 확대 강화하여 항일투쟁을 전개하려는 것이고, 통일전선론은 국내의 혁명대중을 중심으로 하고 해외에 있는 우리 민족의 총단결로써 전민족적 혁명전선을 결성하고자 한 것이다. 민족혁명당은 1936년에 두 차례에 걸쳐 화북·만주·상해·국내 등지에서 선전활동과 군사 활동을 펼쳤고, 1938년에는 조선의용대를 창설하는 등 무장독립론을 실행해 나갔다. 통일전선운동과정에서 민족혁명당은 다른 민족해방운동세력에 비해 적극적인 입장과 태도를 보였다.

　1943년에 채택된 민족혁명당의 강령은 전체적으로 보아 1935년에 발표된 강령의 내용과 비슷하나, "국민 일체의 경제적 활동은 국가의 계획하에 통제한다"와 같은 조항이 빠짐으로써 사회주의적 색채가 다소 약화된다. 노동운동의 자유권 보장은 노동시간의 단축, 노동에 관한 각종 사회보험제도의 실시, 童工制의 금지 등으로 더 상세히 규정되었다. 특히 이 강령에는 반파시스트 인민의 기업경영을 보호할 것을 명시하고 있는데, 이는 민주공화국 수립을 표방한 민족혁명당이 부르조아 계급의 정권 참여를 한층 분명히 한 것으로 보인다.

　요컨대 민족혁명당은 정치체제로서 민주공화국을, 정권형태로는 '민주집권의 정권'을 수립할 것을 일관되게 내세웠다. 경제체제에서는 애초에 채택한 '계획경제의 실시' 조항이 삭제되긴 했지만 토지국유제와 대생산기관의 국영화 등 사회주의적 정책을 고수하고 있다. 국비교육제의 실시뿐 아니라 사회면에서 철저한 사회보장제도의 실시를 명시한 점이 주목된다. 이처럼 민족혁명당의 국가건설론은 중국관내 양대세력의 하나인 한국독립당의 그것과 거의 합일점에 다다르고 있었다.

　민족혁명당이 어떤 성격의 민족국가를 건설하고자 했는가는 강령을 통해 짐작할 수 있다. 민족혁명당은 그들이 지향하는 국가는 사회주의국가나 영국·미국식의 자산계급적 국가가 아닌, 노동자·농민·소자산계급을 적극적으로 보호하는 '최신식 최진보적 자본주의 민주주의 국가'라고 밝혔다. 이런 점을 종합해 볼 때, 민족혁명당은 대체로 '사회민주주의'를 지향한 것으로 이해된다.

　한편 민족해방투쟁기, 특히 1930년대 이후 중간파로 분류할 수 있는 인물들이 다수 존재하고 있었지만, 그들의 국가건설론과 사상적 지향을 구체적으로 확인할 자료가 거의 없는 실정이다. '민족적 사회주의'

또는 '사회주의적 민족주의'를 지향했던 대표적 인물로는 呂運亨·曹奉岩·高景欽·裵成龍·金燦 등을 꼽을 수 있다. 간략하나마 중간파 인물들의 이념적 바탕과 현실인식을 살펴보자.

여운형은 일제 법정에서 공산주의에 대한 의견을 묻는 검사의 질문에 "공산주의의 경제방면의 문제에 대해서는 공명하지만, 유물론으로 모든 문제를 해결하려 하는데 대해서는 반대한다. 나 개인으로서의 주의는 맑스주의자다. 그러나 조선독립운동에 대해서는 민족주의적 행동을 하였다."라고 대답했다. 다양한 사상적 갈래를 경험한 여운형은 적극적으로 사회주의를 수용하면서도 강한 민족주의적 성향을 가진 인물로 평가된다. 배성룡의 경우도 여운형의 사상적 지향과 별다른 차이점을 보이지 않는다. 그의 사상은 민족주의에 대한 총체적 부정의 형태가 아니라 자유주의적 민족주의에 대한 비판적 계승의 형태를 취했고, 마르크스주의에 대해서도 비판적 수용태도를 견지함으로써 마르크스주의를 전면적으로 수용한 사회주의자들과는 달랐다.

식민지시기 중간파가 지향한 민족국가건설론의 구체적 내용을 확인할 수 없으나 앞서 살펴본 민족혁명당의 국가건설론에서 크게 벗어나지 않을 것으로 생각된다. 하지만 정치체제와 관련한 중간파 인물들의 입장은 다소 차이가 있지 않았나 한다. '진보적 민족주의자'로도 규정되는 중간파는 대체로 '사회민주주의'를 지향한 것으로 볼 수 있을 것이다. 물론 우리 근현대사에서 포착되는 사회민주주의가 내용과 성격 면에서 서구 사회민주주의와 같다고는 할 수 없다. 중간파의 사상적 지향은 '해방' 후 좌우익의 편향노선을 비판하면서 좌우연합을 주장하는 정치노선으로 이어진다.

5. 민족해방운동세력은 어떤 국가를 세우려 했는가

사회주의운동의 확대·발전은 민족해방운동의 질적 발전에 큰 영향을 끼쳤지만, 이로 말미암은 사상적 분화가 민족해방운동세력의 분열과 대립의 한 요인으로 작용했던 것도 사실이다. 외교독립론·실력양성론·무장독립론 등을 둘러싼 독립운동방법론의 차이 외에, 출신지역에 따른 파쟁도 내분과 대립의 중요한 요인이었다. 초기에는 독립운동방법론의 차이, 地緣 등을 주된 요인으로 볼 수 있으나, 1920년대 후반기부터는 이념적 대립이 민족해방운동세력간의 대립을 초래한 결정적 요인으로 작용했다.

이념과 노선을 달리하는 민족해방운동세력을 결집시켜 효율적인 항일투쟁을 전개하는 것이 민족해방운동전선의 당면과제였기 때문에 통일전선 문제가 대두할 수밖에 없었다. 통일전선이란 "하나 이상의 계급이나 계층 또는 정치적 당파가 계급적 이해관계나 정치적 견해의 차이 및 세계관의 차이를 가지면서도 공동의 목표를 위해 혹은 공동의 적과 싸우기 위해 만드는 공동전선"을 말한다. 다시 말해 통일전선은 이념과 노선을 달리하는 세력이 공동의 목적을 이루기 위한 전술·전략인 셈이다.

민족해방운동사에서 통일전선운동이 갖는 의미는 무엇일까? 설령 민족구성원의 계급적 기반이 다르다고 하더라도 식민지 민족에게 주어진 일차적 과제는 '해방'이라는 민족모순의 해결이다. 통일전선의 형성 여부는 민족해방운동의 성패를 좌우하기 때문에 민족해방운동전선의 중심과제가 될 수밖에 없다. 우리 민족해방운동전선에서도 일제를 몰아내고 민족해방을 쟁취하기 위한 통일전선운동이 끊임없이 모색되었다.

하지만 통일전선을 이루기 위해서는 현실적으로 공동의 목표 설정이 일제로부터의 '해방'이란 수준을 넘어서야 했다. 진정한 해방은 식민지체제를 청산하고 자주적 민족국가를 수립하여야 비로소 완성되기 때문이다. 더구나 민족해방운동세력의 궁극적 목적도 그들의 사상적 지향을 완수할 수 있는 민족국가의 수립에 있었다. 따라서 민족해방운동세력은 통일전선운동의 경험이 축적되어 가는 동안 차츰 각자의 사상적 지향에서 공감대를 확대해가면서 '해방' 후 세울 민족국가의 내용에 대해서도 상당한 정도로 합의를 보기에 이른다.

3·1운동을 계기로 국내외의 독립운동가들은 지속적인 민족해방운동, 전체 운동의 통일적 영도, 외교활동의 효과적 수행을 위해 임시정부 수립운동을 전개했다. 임시정부가 비슷한 시기에 노령, 상해, 국내 등 세 곳에서 수립됨에 따라 모든 민족해방운동세력을 결집시킬 수 있는 단일정부 수립운동이 일어난 것은 당연한 일이었다. 결국 상해정부가 중심이 되어 노령에서 수립된 대한국민의회의 일부 세력을 끌어들이고 한성정부의 각료명단을 채택함으로써 '단일정부'로서의 대한민국 임시정부를 성립시켰다.

임시정부는 민족해방운동의 통일적 지도기관으로서의 기능과 역할이 기대되었으나 정치이념, 노선의 차이 등에 의한 내분으로 주어진 임무를 수행하기가 어려웠다. 특히 만주지역에서는 봉오동전투, 청산리전투 등 수많은 대일 무장투쟁이 전개되었지만 임시정부는 무장투쟁을 통일적으로 지휘할 수 없었다. 이에 따라 1921년에 접어들면서 민족해방운동의 통일방안을 논의하기 위한 국민대표회 소집 요구가 곳곳에서 광범하게 제기되었다. 1923년 1월에야 개최된 국민대표회의는 순조롭게 진행되었으나 임시정부 문제를 논의하면서 의견대립을 보였다. 결국 국민대표회는 새로운 지도기관의 수립을 주장한 창조파와 임시정부의 개선을 내세운 개조파의 대립으로 민족해방운동을 주도할 지도기관 수립에 실패하여 고립분산적인 운동을 청산하지 못했다.

국민대표회가 결렬된 이후 민족해방운동은 전반적으로 침체상태에 빠졌고, 더욱이 민족해방운동의 이념적·방법론적 차이와 대립은 한층 심화되었다. 이러한 국면을 타개하고 민족해방운동을 활성화하기 위한 노력은 민족유일당운동으로 나타난다. 1920년대 후반기에 전개된 국내의 신간회운동, 중국관내에서의 유일독립당운동, 만주에서의 3부 통합운동 등은 좌우합작적 통일전선운동의 성격을 지닌 것이었다. 국내운동은 사회주의세력과 민족주의세력의 연합으로 신간회를 성립시켰지만 국외운동은 실패하고 말았다.

1920년대 후반기까지의 통일전선운동은 효율적이고 조직적인 민족해방운동에 초점이 맞추어졌을 뿐 민족국가건설문제까지 고려하지는 못했다. 그나마 각 민족해방운동세력은 통일전선문제를 정확히 이해하지 못하였거나, 이해하였다고 해도 운동의 주도권에 지나치게 집착하고 있었다. 이러한 까닭에 이 시기의 통일전선운동은 뒷 시기 통일전선운동 발전의 발판을 마련한 것 이상의 큰 의미는 가질 수 없었다.

민족유일당운동이 좌절된 이후 중국지역 민족해방운동세력은 대체로 정당을 결성하여 민족해방운동을 전개해 나갔다. 민족유일당 결성을 추진하는 과정에서 드러난 이념과 노선의 차이는 민족해방운동 정당의 결성배경이 되었다. 1930년을 전후한 시기에 성립된 민족해방운동 정당은 항일운동뿐 아니라 민족해방운동의 이념을 표방하고 '해방' 후 수립될 민족국가 건설방향을 제시하고 있는 점에서 중요한 의미를 지닌다. 하지만 민족해방운동 정당의 분립으로 통일전선 형성의 필요성은 더욱 커질 수밖에 없었다.

만주사변(1931)과 상해사변(1932) 등 일제의 대륙침략이 본격화하자, 특히 중국지역 민족해방운동세력은 효율적인 항일투쟁을 위해 통일전선을 모색했다. 한국광복동지회 대표 김규식은 한독당의 李裕弼과 협의한 결과 기존 단체를 통일하여 한중합작을 꾀하기로 하였고, 이 계획을 조선혁명당의 崔東旿, 의열단의 韓一來에게 알려 그들의 찬동을 얻었다. 곧이어 한국독립당 · 조선혁명당 · 한국혁명당 · 의열단 · 한국광복동지회 등 중국지역의 유력한 민족해방운동 정당 · 단체 대표들은 협의기관으로서의 한국대일전선통일동맹을 결성했다. '통일동맹'은 1932년 11월에 발표한 창립선언문에서 중국지역 민족해방운동전선의 연합전선체임을 밝히면서 나아가 국내외의 모든 민족해방운동 단체를 망라한 '통일전선'을 이루기 위해 결성되었음을 밝혔다.

하지만 협의체적 성격의 '통일동맹'으로서는 통일적, 계획적인 항일투쟁을 전개하기가 어려웠다. 따라서 민족해방운동전선에서의 이념적 차이, 조직 확대에 따른 부작용을 해소하고 과거의 고립분산적인 운동을 지양하기 위한 단일당 결성의 필요성이 제기되었다. 단일당운동은 '통일동맹' 산하 5개 정당, 단체가 해소하면서 통일전선체로서의 민족혁명당을 성립시켰지만, 김구 등 한국독립당의 핵심인물들은 단일당에 불참하고 따로이 한국국민당을 결성했다. 민족혁명당과 한국국민당은 1930년대 중반기 중국관내의 양대 민족해방운동세력을 형성하면서 활동을 전개했다.

1930년대 전반기 민족해방운동세력의 국가건설론은 사상적 기반에 따라 차이를 보인다. 정치체제에서 사회주의세력이 소비에트국가를, 민족주의세력이 민주공화국의 건설을 내세운데 비해, 중간파세력은 민주공화국 내지 인민공화국 건설을 지향한 것으로 볼 수 있다. 사회경제체제에서는 모든 민족해방운동세력이 토지와 대생산기관의 국유화를 표방했지만, 토지국유제를 주장한 논거는 달랐다. 그리고 사회주의세력이 철저한 사회보장제도와 부문운동의 보장 등을 제시하고 있으나, 민족주의세력은 사회제도와 관련하여 뚜렷한 입장을 밝히지 못했다.

국비교육제 실시를 공통으로 주장하고 있는데, 이는 신분사회에서 교육의 불균등과 일제의 황민화교육의 폐단은 물론 민족국가의 발전에 교육이 더없이 중요하다는 점을 인식했기 때문이다.

우리 민족해방운동전선의 통일전선운동은 1930년대 후반기부터 본격적으로 전개되어 1940년대에 접어들면서 한 단계 진전되는데, 이러한 양상은 민족해방운동의 노선변화란 측면에서 이해될 필요가 있다. 통일전선운동이 활발하게 추진된 배경은 먼저 일제의 파쇼체제가 중일전쟁으로 본격화하자 민족해방운동세력이 1920년대의 국민대표회, 민족유일당운동, 1930년대 전반기의 한국대일전선통일동맹, 단일당운동 등의 역사적 경험과 교훈을 발전적으로 계승하고자 했던 점에서 찾을 수 있다. 그리고 코민테른이 제7차 대회에서 '아래로부터의 통일전선'을 강조한 종전의 방침을 바꿔 모든 반파시즘세력을 망라한 통일전선 방침을 제시한 것도 반제통일전선운동을 강화시킨 요인으로 작용했다. 게다가 중국이 코민테른 노선을 채택하여 제2차 국공합작을 실현한 것도 우리 민족해방운동전선에 적지 않은 영향을 끼쳤다. 이러한 배경하에서 확대·발전된 통일전선운동은 크게 네 갈래로 추진되었다.

첫째, 임시정부 중심의 통일전선 형성을 들 수 있다. 중국관내의 경우, 1930년대 후반기에 우익세력은 한국국민당을 중심으로 한국광복운동단체연합회를 결성하였고, '좌익 민족주의'세력은 민족혁명당을 중심으로 조선민족전선연맹을 결성했다. 나아가 두 단체는 전국연합진선협회를 성립시켰으나 실질적인 활동을 전개하지는 못했다. 여태까지 임시정부와는 별도로 활동하던 조선민족전선연맹에 소속된 단체도 1942년부터 임시정부에 참여하기 시작했고 산하 군사조직인 조선의용대는 광복군에 合編되었다. 마침내 한국독립당 일색이던 임시정부는 여러 민족해방운동 정당·단체가 참여함으로써 통일전선내각을 구성하기에 이르렀다.

둘째, 만주지역 민족해방운동전선은 '만주국'의 성립으로 무장투쟁을 전개하기가 어려워졌는데, 1930년대 중반까지 유지된 민족주의세력의 무장투쟁은 사실상 끝나고 그 세력의 일부는 중국관내로 옮겨갔다. 하지만 만주지역 민족해방운동세력도 통일전선운동이 고조되자 사회주의세력을 중심으로 1936년에 재만한인조국광복회를 조직했다. 조국광복회는 선언문에서 "전 조선민족은 일치단결하여 원수 일본제국주의 침략자들과 싸워 조국을 광복하고 진정한 조선인민정부를 수립할 것"을 밝혀 통일전선노선을 분명히 했다. 통일전선체로서의 조국광복회는 산하군사조직으로 동북항일연군 한인부대를 두면서 민족해방운동을 전개했다.

셋째, 중국공산당 지역에서 활동하던 민족해방운동세력도 통일전선 형성에 진력했다. 산서성 태항산太行山에서 조직된 화북조선청년연합회는 1942년에 金枓奉을 주석으로 하는 화북조선독립동맹으로 확대·개편되었다. 정치단체화한 지역통일전선체로 출범한 조선독립동맹은 강령에서 반일통일전선을 확대·강화시키기 위해 노력한다는 점을 명시했을 뿐더러 "대한민국 임시정부의 영웅적 투쟁을 적극적으로 지지한다"면서 통일전선 형성에 대해 적극적인 입장을 취했다. 조선독립동맹은 군사조직으로 조선의용군을 두었고, 국내외 민족해방운동세력과의 제휴를 모색했다.

넷째, 1930년대 이후 국내에서는 일제의 침략정책과 탄압으로 민족해방운동 '지도부'의 수립·유지가 어려운 실정이었다. 일제의 패망이 임박하자 여운형을 중심한 민족해방운동가들은 일제 패망을 가속화하고 해방정국에 대비할 목적으로 조선건국동맹이란 비밀결사를 조직했다. 조선건국독맹도 "각인 각파를 대동단결하여 거국일치로 일본제국주의 제세력을 구축하고 조선민족의 자유와 독립을 회복할 일"을 강령으로 채택하여 '해방'을 위한 통일전선의 필요성을 강조했다. 통일전선 형성을 당면과제로 설정한 조선건국동맹은 국내 인사를 중심으로 세력 확충에 노력하는 한편 국외세력과의 연대를 위해 노력했다.

  통일전선운동이 진전되던 시기에 각 민족해방운동세력은 이념적 토대를 달리하면서도 민족국가건설론에 있어서는 거의 합일점에 도달하고 있었다. 그 까닭은 식민지지배가 장기화하면서 민족해방운동가들의 사회경제적 조건이 같아진데다가 민족세력과 반민족세력이 확연히 나누어질 수밖에 없었던 데 있었다. 더욱이 민족해방운동세력들이 '민족해방'과 자주적 통일민족국가를 위해서도 이념적 대립을 승화시킨 민족국가건설론의 창출은 절실한 것이었다.

  통일전선형성기 민족해방운동세력의 국가건설론은 어떤 방향으로 모아졌을까? 정치체제에서는 대체로 민주제도를 토대로 하는 민주공화국을 수립하되, 정권형태에서는 이념을 달리하는 모든 민족해방운동세력이 참여하는 연합정권을 상정한 것으로 보인다. 아울러 정부조직과 운영 면에서는 식민잔재를 청산하고 민족국가의 터전을 다지기 위해 민주집중제의 원칙을 수용하고 있었다. 사회경제체제에서는 토지와 대생산기관의 국유화, 국비교육제의 실시 등을 포함하여 사회주의적 정책을 적극적으로 수용했다. 이와 관련하여 민족주의세력의 강령은 사회주의적 성격이 강화되는 반면, 사회주의세력의 경우 다소 사회주의적 색채가 약화된다.

  사상적 기반은 다르다 하더라도 각 민족해방운동세력이 '해방' 후 '사회민주주의'체제의 민족국가를 수립하려는 점에서는 일치한다. 이것은 첫째, 친일파와 반민족세력을 제외한 모든 민족구성원의 정권 참여를 고려한 점, 둘째로 식민지지배하의 극도로 열악한 상태에 있던 민중들의 권익 보호를 적극적으로 고려한 결과, 셋째로 자주적 민족국가의 실현을 완수하기 위한 민족해방운동세력의 결집된 의지, 넷째 세계사의 흐름이 인간의 해방을 실현하는 방향으로 나아감을 인식한 결과 등으로 설명할 수 있을 것이다.

민족해방운동전선에서 민족국가건설론이 합일점을 찾아갔던 것처럼 각 지역의 통일전선체도 전민족적 통일전선을 위해 다각도의 노력을 기울였다. 예컨대 임시정부는 국무위원 張建相을 조선독립동맹에 파견하여 두 단체의 통일전선 형성에 합의했고, 조선독립동맹과 조선건국동맹도 제휴를 모색하여 延安에서 '전조선민족대회'를 개최하기로 합의했으나 8·15로 실현되지 못했다. 8·15 이전에 국내외 민족해방운동세력을 아우르는 전민족적 통일전선을 형성하지 못함으로써 한반도에 대한 외세의 영향력은 커질 수밖에 없었고, 자주적 통일민족국가를 이루기 위한 통일전선운동의 발전적 계승은 해방공간 정치세력들의 몫으로 남게 되었다.

자료

1. 한국독립당 당강(1930.1)
   1) 대중에 대하여 혁명의식을 환기하고 민족적 혁명역량을 총집중할 것.
   2) 엄밀한 조직하에 민중적 반항과 무력적 파괴를 적극적으로 진행할 것.
   3) 세계피압박민족의 혁명단체와 연락을 취할 것.
   4) 보선제를 실시하고 국민의 참정권을 평등하게 하는 기본권리를 보장할 것.
   5) 토지와 대생산기관을 국유로 하여 국민의 생활권을 평등하게 할 것.
   6) 생활상 기본지식과 필요기능을 보급함에 충분한 의무교육을 공비(公費)로써 실시하고 국민의 수학권(修學權)을 평등하게 할 것.
   7) 민족자결과 국제평등을 실현시킬 것.
   8) 세계일가의 조성에 노력할 것.

2. 민족혁명당 강령(1935.7)
   1) 구적(仇敵) 일본의 침탈세력을 박멸하고 우리 민족의 자주독립을 완성한다.
   2) 봉건세력과 일체 반혁명세력을 숙청하고 민주집권의 정권을 수립한다.
   3) 소수인이 다수인을 박삭(剝削)하는 경제제도를 소멸하고 국민생활상 평등의 제도를 확립한다.
   4) 1군(郡)를 단위로 하는 지방자치제를 실시한다.
   5) 민중무장을 실시한다.
   6) 국민은 일체의 선거권 및 피선거권을 가진다.
   7) 국민은 언론·집회·출판·결사·신앙의 자유가 있다.
   8) 여자는 남자의 권리와 일체 동등으로 한다.
   9) 토지는 국유로 하여 농민에게 분급한다.
   10) 대규모의 생산기관 및 독점적 기업을 국영으로 한다.

11) 국민 일체의 경제적 활동은 국가의 계획하에 통제한다.
12) 노농운동의 자유를 보장한다.
13) 누진율의 세칙을 실시한다.
14) 의무교육과 직업교육은 국정의 경비로써 실시한다.
15) 양로·육영·구제 등 공공기관을 설립한다.
16) 국적(國賊)의 일체의 재산과 국내에 있는 적(敵) 일본의 공사유재산은 몰수한다.
17) 자유·평등·호조(互助)의 원칙에 기초하여 전세계피압박민족해방운동과 연락 협조한다.

3. 조국광복회 10대강령(1936.6)

1) 조선민족의 총동원으로 광범한 반일통일전선을 실현함으로써 강도 일본제국주의의 통치를 전복하고 진정한 조선인민정부를 수립할 것.
2) 재만 조선인들은 조중민족의 친밀한 연합으로써 일본 및 그 주구 '만주국'을 전복하고 중국영토내에 거주하는 조선인의 진정한 민족자치를 실행할 것.
3) 일본 군대·헌병·경찰 및 그 주구들의 무장을 해제하고 조선의 독립을 위해 진정하게 싸울 수 있는 혁명군대를 조직할 것.
4) 일본국가 및 일본인 소유의 모든 기업소, 철도, 은행, 선박, 농장, 수리기관 및 매국적 친일분자의 전체 재산과 토지를 몰수하여 독립운동의 경비에 충당하며 일부로는 빈곤한 인민을 구제할 것.
5) 일본 및 그 주구들의 인민에 대한 채권, 각종세금, 전매제도를 취소하고 대중생활을 개선하며 민족적 공·농·상업을 장애없이 발전시킬 것.
6) 언론·출판·집회·결사의 자유를 전취하고 왜놈의 공포정책실현과 봉건사상장려를 반대하며 일체 정치범을 석방할 것.
7) 양반, 상민 기타 불평등을 배제하고 남녀, 민족, 종교 등 차별없는 인류적 평등과 부녀의 사회상 대우를 제고하고 여자의 인격을 존중할 것.

8) 노예노동과 노예교육의 철폐, 강제적 군사복무 및 청소년에 대한 군사교육을 반대하며 우리 말과 글로써 교육하며 의무적인 면비교육을 실시할 것.

9) 8시간노동제 실시, 노동조건의 개선, 임금의 인상, 노동법안의 확정, 국가기관으로부터 각종 노동자의 보험법을 실시하며 실업하고 있는 근로대중을 구제할 것.

10) 조선민족에 대하여 평등하게 대우하는 민족 및 국가와 친밀히 연합하며 우리 민족해 방운동에 대해 선의와 중립을 표시하는 나라 및 민족과 동지적 친선을 유지할 것.

4. 화북조선독립동맹 강령(1942.7)

一) 본 동맹은 일본제국주의의 조선에서의 지배를 전복하고 독립, 자유의 조선민주공화국을 건립함을 목적으로 하며, 아래의 임무를 실현하기 위하여 싸운다.

1) 전 국민의 보통선거에 의한 민주정권의 건립.
2) 언론·출판·집회·결사·신앙·사상·태업의 자유 확보.
3) 국민인권존중의 사회제도를 실현함.
4) 법률상, 사회상, 생활상 남녀평등의 실현.
5) 자주원칙 아래 세계 각국 및 각 민족과 우호관계를 건립함.
6) 일본제국주의자의 조선에서의 일체의 자산 및 토지를 몰수하고 일본제국주의와 밀접 한 관계를 가진 대기업을 국영으로 귀속시키고 토지분배를 실행함.
7) 8시간노동제를 실시하고 사회노동을 보장함.
8) 인민에 대한 부역 및 잡세를 폐지하고 통일누진세제도를 설립함.
9) 국민의무교육제도를 실시하고 그 경비는 국가가 부담하는 것으로 함.
10) 조선문화를 향상시키고 국민문화를 보급함.

二) 본 동맹은 조선독립을 쟁취하기 위한 하나의 지방단체로서 조선혁명운동에 적극 참가하고, 아래 기술한 임무를 실현하기 위하여 분투한다.
1) 대중의 생활개선과 혁명역량을 증가시키기 위하여 대중의 일상투쟁에 적극적으로 참가하고, 이를 지도한다.
2) 대중혁명을 위하여 훈련과 조직의 발전에 노력한다.
3) 중국, 특히 화북 각지에 거주하는 조선동포를 위하여 정치, 경제, 문화 등 각 면에서 분투한다.
4) 전 조선민족의 반일통일전선을 확대, 강화시키기 위해 노력한다.
5) 전 조선민중의 반일투쟁을 전개시키기 위하여 혁명무장대의 건립에 노력한다.
6) 일본제국주의 파시스트의 중국 침략에 반대하고 중국항일전쟁에 적극적으로 참가한다.
7) 동방 각 피압박민족운동 및 일본인민의 반전운동에 협조하고, 세계 파시스트에 반대하는 정의의 전쟁을 지지한다.

Ⅳ. 중국관내 조선인의 민족해방운동과 중국국민당

1. 머리말

'한일합방'으로 한반도가 일제의 완전한 식민지로 전락하자 국권을 회복하고 자주적 독립국가를 건설하기 위한 민족해방운동이 국내외에서 본격적으로 일어났다. 독립운동가들이 국외에서 활발한 민족해방운동을 전개한 곳은 주로 중국관내[1]·만주·노령·미주 등이었다. 중국관내 지역은 교포사회의 인적·물적 기반이 취약했지만, 역사적 상황의 유사성, 외교상의 이점 등으로 조선 독립운동가들로부터 1910년대 이후 민족해방운동 근거지로서 주목을 받았다.

중국관내 지역에서는 3·1운동 직후 대한민국임시정부(이하 임시정부)의 수립이 있었고, 1920년대에는 민족해방운동의 통일적 중심을 마련하기 위한 국민대표회운동과 민족유일당운동 등이 전개되었다. 1930년대 이후 중국관내 우리 민족해방운동전선에서는 통일전선운동이 추진되었으며, 1940년대에 이르러서는 임시정부를 중심으로 제한적이나마 통일전선이 이루어졌고, 다른 지역에 비해 '해방'될 때까지 지속적인 운동이 전개되었다. 더욱이 1930년대 이후 국내에서는 민족해방운동의 통일적 지도부가 형성되기 어려운 실정이었다는 점을 감안할 때, 중국관내의 민족해방운동은 전체 운동전선에서 중요한 위치를 차지한다.

국외 민족해방운동의 경우, 각지의 주객관적 조건이 항일민족운동의 전개양상이나 성격에 일정한 영향을 미치게 마련이다. 중국관내의 민

---

[1] 중국사에서 關內란 용어는 函谷關·山海關·唐의 행정구역 등을 기준으로 다양하게 사용된다. 山海關을 기준할 경우 關外는 遼寧·吉林·黑龍江 3省을, 關內는 山海關 以西地域과 만리장성 안쪽을 가리킨다. 漢語大詞典編輯委員會 漢語大詞典編纂處, 『漢語大詞典』(北京 : 漢語大詞典出版社, 1994), 156~157쪽. 우리 민족해방운동과 관련하여 중국관내란 만주·연해주와 구별되는 중국본토를 지칭한다.

족해방운동도 세계정세와 중국정세의 변화라는 객관적 조건의 변화를 고려하면서 전개되었다. 예컨대 北洋軍閥과 廣東 護法政府와의 관계, 1927년의 北伐과 국공분열, 만주사변(1931)·중일전쟁(1937)·태평양전쟁(1941) 등은 커다란 객관적 조건으로 작용하였다. 하지만 주객관적 조건의 변화에 비해 중국관내 민족해방운동의 성격은 크게 바뀌지 않았다고 볼 수 있다.2

민족해방운동사 연구가 축적되면서 중국관내에서 전개된 민족해방운동의 실체적 구명은 상당히 이루어졌으나 중국국민당 또는 중국공산당과의 관계를 고려하면서 중국관내 우리 민족해방운동사의 전체상을 살핀 연구는 거의 없는 실정이다. 한편 중국 쪽 연구자들은 대개 중국적 관점이나 입장에서 조선인의 민족해방운동을 다루고 있다.3 역사연구자들의 自國史 중심의 편향된 인식은 종종 역사적 사실을 왜곡시킬 뿐더러 올바른 역사인식의 정립에도 저해요인으로 작용한다.

여기서는 우리 민족해방운동사에서 중요한 위치를 차지하고 있는 중국관내 조선인의 민족해방운동을 민족해방운동세력이 지향한 정치이념, 무장독립군의 조직과 확대과정, 민족통일전선운동의 진전, 임시정부 승인문제 등을 살펴보되, 특히 중국국민당 내지 중국국민정부가 우리 민족해방운동의 전개에 미친 영향과 연관성을 중점적으로 밝히려고 한다. 그리하여 중국관내에서 전개된 민족해방운동의 실상과 성격, 나아가 이 시기 한중관계의 전개양상과 그것이 갖는 역사적 의미를 살펴보고자 한다.

---

2 趙東杰,「中國 關內地方에서 전개된 韓國獨立運動」,『亞細亞文化硏究』第一輯(北京 : 民族出版社, 1996.12), 201쪽.
3 대표적 연구성과로는 胡春惠,『韓國獨立運動在中國』(臺北: 中華民國史料硏究中心, 1976); 楊昭全·李輔溫,『朝鮮義勇軍抗日戰史』(高句麗, 1995) 등을 꼽을 수 있다.

2. 민족해방운동세력의 정치이념

1) 삼균주의와 삼민주의

중국관내 민족해방운동전선에서는 다른 지역에 비해 이념적 지향의 갈래가 다양했다. 그 가운데서 민족해방운동세력, 특히 우파 민족주의 세력의 이념적 지향에 큰 영향을 끼친 것은 趙素昻의 삼균주의였다. 삼균주의는 국내외에서 민족유일당운동이 전개되던 1927~1928년경 민족주의 인사들이 민족해방운동의 이념적 기반을 모색하는 과정에서 정립되었다.

삼균주의 창안의 사상적 배경으로는 먼저 민족·민권·민생을 내용으로 하는 孫文의 삼민주의와 역사적 기초를 동양사회에 두면서 봉건적 모순을 제거하고 민권의식을 강조한 康有爲의 대동사상을 들 수 있다. 사회주의 사상도 삼균주의 정립에 적지 않은 영향을 미친 것으로 볼 수 있는데, 이는 소련의 현실적 지원에 대한 기대, 민족해방운동의 질적 변화 등이 반영된 것이기도 하다. 아울러 대종교를 비롯한 기성종교도 삼균주의 정립에 일정한 영향을 미친 것으로 보인다.[4]

조소앙이 내세운 '삼균'은 개인과 개인 간의 균등, 민족과 민족 간의 균등, 국가와 국가 간의 균등을 의미하며, 개인과 개인 간의 균등을 위해서는 보통선거제를 통한 정치균등화, 국유제 실시에 의한 경제적 균등화, 국비의무학제를 통한 교육의 균등화가 이루어져야 한다고 주장했다. 민족과 민족 간의 균등은 민족자결원칙에 입각한 소수민족과 약소민족의 해방을 의미하며, 국가와 국가 간의 균등은 식민정책과 자본제국주의를 타도함으로써 각국이 국제사회에서 완전히 평등한 지위를 보장받는 것을 의미했다.[5] 따라서 삼균주의는 세로로는 개인과 개인 간

---

[4] 조소앙의 사상적 배경은 洪善憙, 『趙素昻思想』(太極出版社, 1975), 42~58쪽 참조.

의 균등, 민족과 민족 간의 균등, 국가와 국가 간의 균등, 가로로는 정치·경제·교육의 균등을 뜻하는 이원적 틀을 갖추고 있다.

이처럼 삼균주의는 독창적인 이론체계를 갖추고 있으나 중국 쪽의 연구성과나 일제 쪽 정보자료에서는 삼균주의를 삼민주의의 '모방' 또는 '변형'으로 간주한다.[6] 삼균주의와 삼민주의의 차이점을 요약하면, 첫째 삼민주의의 민족주의가 중국민족의 해방과 독립을 염두에 두고 있는 데 비해, 삼균주의의 민족주의론은 전 세계 민족의 평등을 추구하고 있다. 둘째, 삼민주의의 민생주의와 삼균주의의 경제적 균등이 모두 반자본주의적 성격을 띠고 있으나[7] 민생주의가 국민의 생활권보장에 목적을 두고 있는 반면, 삼균주의의 경제적 균등은 富의 균등화에 목적을 두고 있다.[8] 셋째, 삼균주의에서는 교육의 불균등이 역사발전의 저해요인으로 작용한 점과 민족문화의 발전을 고려하여 교육의 균등을 주요한 축으로 설정한 점이다. 넷째, 삼균주의의 입론이 우리 역사성에 토대를 두고 있음도 하나의 특징으로 꼽을 수 있다.

민족해방운동 과정에서 정립된 삼균주의는 한국독립당·한국국민당의 강령, 임시정부가 채택한 「대한민국 건국강령」의 이념적 토대가

---

[5] 三均學會 編, 「韓國獨立黨之近像」, 『素昻先生文集』 上(횃불사, 1979), 108쪽.

[6] 胡春惠, 앞의 책, 245쪽에서 삼균주의는 손문의 삼민주의학설을 모방하여 성립된 것으로, 교육 균등이 민족주의와 대체되어 있을 뿐 정치균등과 민권주의, 경제균등과 민생주의는 비슷하거나 같은 것이라고 서술되어 있다. 그리고 1930년 8월 12일 조선총독부 경무국장이 일본외무성 아세아국장에게 통보한 「安昌浩 一派의 韓國國民黨 組織 其後의 行動에 관한 件」이란 정보문건에는 "안창호 주창하에 대체로 중국국민당의 主義精神에 따라 한국국민의 혁명 완성을 도모할 목적하에 한국국민당(한국독립당 : 필자)을 조직 결성한 것 같다"고 하여 한국독립당의 지향이념을 삼민주의로 파악하고 있다. 大韓民國國會圖書館, 『韓國民族運動史料』 <中國篇>(1976), 644~646쪽.

[7] 손문은 "민생이란 것은 인민의 생활, 사회의 생존, 국민의 생계, 대중의 생명이라"면서 민생주의란 사회주의 또는 공산주의로도 불리워지는 대동주의라고 정의했다. 孫文(李聖根 譯), 『三民主義』 下(明知大學 出版部, 1975), 127쪽.

[8] 金容新, 「趙素昻 三均主義의 歷史的 位置」, 『史叢』 第23輯(高麗大學校 史學會, 1979), 46~47쪽.

되었을 뿐만 아니라 여타 독립운동정당의 강령에도 적지 않은 영향을 미쳤다. 게다가 사회민주주의적 요소를 내포하고 있는 삼균주의는 우파 민족주의세력이 내놓을 수 있는 '최선'의 이념이란 면에서, 민족통일전선의 정치이념으로 접목될 수도 있다는 면에서 역사적 의미를 지닌다.9

2) 독립운동정당과 중국국민당의 정강

민족유일당운동이 무산된 이후 관내 지역의 민족해방운동은 대체로 정당결성을 통해 이루어졌다. 민족유일당 건설을 추진하는 과정에서 드러난 이념과 노선의 차이는 독립운동정당 결성의 배경이 되었다. 독립운동가들은 정당을 바탕으로 민족해방운동을 전개했는데, 이는 종래 활동과는 달리 비록 민족해방운동전선 안에서이기는 하지만 정치운동으로서의 성격이 한층 강화되었음을 의미한다. 독립운동정당은 항일투쟁뿐 아니라 민족해방운동의 이념을 표방하고 앞으로 수립될 국가체제의 대강을 명시한 정강·정책을 채택했다.

1930년대 이후 양대 독립운동정당으로는 한국독립당과 민족혁명당을 들 수 있다. 한국독립당은 1930년 1월 창당 당시에 "普選制를 실시하고 국민의 참정권을 평등하게 하는 기본권리를 보장할 것", "토지와 대생산기관을 국유로 하여 국민의 생활권을 평등하게 할 것", "생활상 기본지식과 필요기능을 보급함에 충분한 의무교육을 公費로써 실시하고 국민의 修學權을 평등하게 할 것"10 등 삼균주의에 토대한 당강을 채택

---

9 姜萬吉은 「民族運動·三均主義·趙素昻」, 『趙素昻』(한길사, 1982), 332쪽에서 "임시정부의 건국강령은 우익연합전선이 마지막으로 제시한 민족국가 건설계획이며 그것은 바로 삼균주의 원칙을 채택한 것이었다", "삼균주의는 일제시대의 민족독립운동전선에 나타난 좌우익 노선의 대립을 지양하고 민족운동의 새로운 방향을 수립하게 한 이론이었다"라고 삼균주의의 역사적 의미를 규정했다.

했다. 1935년 7월에 조직된 민족혁명당은 훨씬 구체적인 내용의 정강을 마련했는데, 주요한 조항은 "봉건세력과 일체 반혁명세력을 숙청하고 民主集權의 정권을 수립한다", "소수인이 다수인을 剝削하는 경제제도를 소멸하고 국민생활상 평등의 제도를 확립한다", "토지는 국유로 하고 농민에게 분급한다", "대규모의 생산기관 및 독점적 기업을 국영으로 한다", "의무교육과 직업교육은 國定의 경비로써 실시한다"11 등이다.

한국독립당과 민족혁명당의 강령은 다소간의 차이점이 있었으나 통일전선형성기에 접어들면서 거의 같아진다. 독립운동정당은 민족국가건설론과 관련하여 정치면에서 진정한 민주공화국의 건설을 내세웠고, 사회경제면에서는 토지와 대생산기관의 국유화, 국비의무교육제와 사회보장제도의 실시 등 사회주의적 정책을 채택함으로써 '사회민주주의'를 지향했다.12

한편 중국국민당은 제1차 국공합작이 실현되기 직전, 1923년 1월에 채택한 정강에서 보통선거제의 실행과 자산을 기준으로 삼는 계급선거의 廢除, 개인의 토지소유권은 법정한도를 초과할 수 없음, 鐵路·광산·삼림 등과 대규모 工商業의 국영화, 교육보급과 민족문화의 증진, 노동자·농민의 생활보장 등을 내세웠다.13 1935년 11월의 중국국민당 정강에서는 均權制度의 실시, 토지행정제도의 확립, 의무노동의 제창, 의무교육의 추진 등을 명시하고 있으나 앞 시기의 그것에 비해 사회주의적 조항이 거의 삭제되었다.14

---

10 金正柱 編, 『朝鮮統治史料』 第10卷(東京 : 韓國史料研究所, 1971), 696쪽.
11 金正明 編, 『朝鮮獨立運動』 II(東京 : 原書房, 1967), 540~541쪽.
12 盧景彩, 「日帝下 獨立運動政黨의 性格—民族革命黨과 韓國國民黨을 中心으로—」, 『韓國史硏究』 47(1984), 146~153쪽.
13 蕭繼宗 主編, 『中國國民黨黨章政綱集』(中國國民黨 中央委員會 黨史委員會, 1976), 347~348쪽.
14 같은 책, 355~356쪽.

독립운동정당과 중국국민당이 보통선거제에 의한 민주공화국의 건설, 민중생활권의 보장, 의무교육의 실시 등을 내세운 점에서는 일치한다. 하지만 독립운동정당이 토지와 대생산기관의 국유화, 국비의무교육제 실시 등에서 선명하면서도 일관된 입장을 견지한 반면, 국공합작이 와해된 이후의 중국국민당 정강은 우익노선으로 바뀌었다. 이런 점에서 독립운동정당과 중국국민당의 정강은 차별성을 지닐 뿐더러 중국국민당의 정치이념이 중국관내 우리 민족해방운동전선에 지속적으로 영향을 미치지는 못했다. 독립운동정당이 채택한 사회주의적 정책은 식민지 민족해방운동의 반자본주의적 성격이 반영된 측면도 없지 않지만, 독립운동정당의 이념적 지향은 자주적 민족국가 건설을 위한 우리 민족해방운동의 정체성을 보여준다고 하겠다.

3. 무장독립군의 조직과 중국국민당의 '지원'

1) '한인군관학교'의 설립

1930년대 초기 중국지역 우리 민족해방운동은 만보산사건(1931)·만주사변 등으로 매우 어려운 처지에 놓여 있었다. 이 시기 관내 지역에서 실질적인 항일투쟁을 전개했던 단체는 한인애국단과 조선의열단 정도였다. 만주지역의 독립군 간부들이 관내로 이동하기 이전부터 무장독립군을 양성하기 위한 노력은 조선의열단 단장인 金元鳳쪽과 임시정부 국무위원이자 한인애국단의 책임자인 金九쪽에 의해 두 갈래로 추진되었다.

김원봉은 의열단을 통해 개인폭력투쟁을 주도했으나 조직적 무장투쟁의 필요성을 절감하고 군사지식과 지도력을 갖춘 간부양성이 시급한 과제라고 인식했다. 그는 황포군관학교 제4기 동기생인 三民主義力行社 서기 滕傑 등과 교섭하여 중국국민정부 군사위원회(이하 중국군사위원회)로부터 '한인군관학교' 설립허가를 받았다.15 따라서 1932년 10월 조선혁명군사정치간부학교(중국군사위원회 간부훈련반 제6대)가 설립되었고, 운영은 교장 김원봉을 중심으로 의열단 지도부가 담당했다.16

조선혁명군사정치간부학교의 설립목표는 '조선의 절대독립'과 '만주국의 탈환'이었다. 졸업생들의 활동방침으로는, 日滿要人의 암살, 국내 노동자·농민 속에서 혁명조직 준비공작, 재만 반일단체와의 제휴, 위조지폐 남발을 통한 만주국의 경제 교란, 테러활동에 의한 물자의 확보 등을 계획했다.17 의열단은 1935년 9월까지 3년여 동안 조선혁명군사정치간부학교의 운영을 통해 1기생 26명, 2기생 55명, 3기생 44명 등의 졸업생을 배출했다.18

김구는 중국국민당 조직부장 陳果夫의 주선으로 1933년 봄 남경중앙군관학교에서 중국국민정부 주석 蔣介石과 회담을 가졌고, 두 사람은 한중합작으로 항일공동투쟁을 전개하는 것이 바람직하다는 데에 합의했다. 특히 장개석은 독립전쟁을 수행할 수 있는 조선인 군사교육에 협조할 것을 약속하면서 우선 河南省 洛陽에 위치한 중국육군중앙군관학교 제7분교에 독립군 간부양성을 위한 '한인군관학교'를 설치하기로 했다.19 중국국민정부의 지원방침과 낙양분교 교장 祝紹周의 협조로 1933년 12월 한인특별반(중국육군중앙군관학교 낙양분교 제2총대 제4대대 육군군관훈련반 제17대)이 설치되었다.

---

15 韓國精神文化研究院, 『韓國獨立運動史資料集』(博英社, 1983), 64~65쪽.
16 교관은 3명의 중국인 장교를 포함하여 약 20명이었고, 정치학·경제학·군사학 등을 가르쳤다. 金正明 編, 앞의 책, 553~555쪽.
17 高等法院 檢事局 思想部, 「義烈團經營의 南京軍官學校의 全貌」, 『思想彙報』 第4號(1935.9), 130쪽.
18 한상도, 『韓國獨立運動과 中國軍官學校』(문학과지성사, 1994), 255~262쪽.
19 김구(도진순 주해), 『백범일지』(돌베개, 1997), 355~357쪽; 金正明 編, 앞의 책, 521~522쪽.

한인특별반의 교육목표는 "일본제국주의의 속박에서 벗어나 완전한 독립국가를 건설하기 위해 노동자·농민을 지휘할 수 있는, 조선혁명에 필요한 간부를 양성하는"[20] 것이었다. 한편 한인특별반의 교육내용과 관련하여 조선인 교관과 축소주 교장 사이에 의견차이가 있었다. 축소주가 중국국민당의 기본이념인 삼민주의에 토대한 정치교육을 중시한 반면, 조선인 교관들은 조선인 민족해방운동에 필요한 독자적인 군사교육을 강조했다. 결국 군사교육과 정치교육은 조선인 교관이 담당하고 중국 쪽은 운영경비를 지원하기로 합의했다.[21] 한인특별반은 1934년 2월부터 李靑天·李範奭 등의 지도 아래 교육을 실시했지만, 일본정부가 중국국민정부에 강력히 항의함으로써 1935년 4월 1기생 62명을 배출하고 군사교육을 중지할 수밖에 없었다.

'한인군관학교'의 설립·운영은 중국국민정부의 적극적 지원과 협조로 가능했기 때문에 중국국민정부의 사정변화에 따라 계속 유지될 수 없었다. 졸업생들은 한때 국내·만주 등지에 파견되어 조직 확충과 특무공작 등의 활동을 벌였다. 군사교육을 받은 '항일투사'들이 곧바로 무장대오를 갖춰 독립전쟁을 수행할 단계에는 미치지 못했으나, 이후 성립되는 조선의용대와 한국광복군의 주요한 인적 기반이 되었다.

2) 조선의용대의 창설

중일전쟁 발발에 따른 정세변화와 더불어 중국관내 우리 민족해방운동전선에서도 對日抗戰을 효율적으로 수행하기 위한 무장부대의 조직은 시급한 과제의 하나였다. 투쟁역량을 결집시킬 수 있는 무장대오의

---

20 金正柱 編, 『朝鮮統治史料』 第8卷(東京 : 韓國史料研究所, 1971), 495~496쪽.
21 한상도, 앞의 책, 311~312쪽.

조직에 가장 능동적인 움직임을 보인 민족해방운동세력은 김원봉 중심의 민족혁명당이었다. 김원봉은 1938년 7월 무장부대 건설계획안을 중국군사위원회 정치부에 제출했다. 중국군사위원회는 모든 조선인이 참가한다는 전제하에 무장부대 건설을 승인했다. 중국군사위원회가 승인한 조선인부대는 전투부대가 아닌, 중국의 항일작전을 보조하는 부대였고, 운용에서도 중국군사위원회의 지도와 감독을 받게끔 되어 있었다.[22]

1938년 10월 10일 좌파 민족해방운동세력의 통일전선체인 조선민족전선연맹 산하 무장조직으로서 조선의용대가 창설되었다. 조선의용대는 군관학교 졸업생 100여 명을 중심으로 總隊部(隊本部)와 2개 區隊로 짜여졌는데, 제1구대는 민족혁명당 당원들로, 제2구대는 조선청년전위동맹원 및 여타 단체의 소속원으로 구성되었다.[23] 1939년 말에는 제1구대의 일부 인원과 신입대원을 합쳐 제3구대를 두었고, 대원수도 300여 명으로 늘어났다.

조선의용대는 군사 활동 노선으로 戰線工作・敵後工作・東北進出 등을 설정하였으나, 중국군사위원회의 방침에 따라 각 戰區에 배치되었다. 조선의용대원들은 일본의 제반 사정에 비교적 밝았고, 일본어를 능숙하게 구사할 줄 알았기 때문에 선전공작・정보수집 등의 활동을 벌였다. 아울러 조선의용대는 중국군과의 합동작전을 통해 일본군의 군사시설을 파괴하고 對敵戰鬪를 감행했다. 조선의용대는 중국군의 지원부대로서 제한적 위상을 지녔지만 일본군과의 전투에서 적지 않은 전과를 거두었다.

이 시기 김원봉을 비롯한 지도부는 김구 중심의 한국국민당 등과의 단일당 결성에 주력했으나 조선의용대원 사이에서 화북에 진출하여 실

---

22 金榮範,「朝鮮義勇隊 硏究」,『한국독립운동사연구』제2집(독립기념관 한국독립운동사연구소, 1988), 469~478쪽.
23 高等法院 檢事局 思想部,「在支朝鮮義勇隊の情勢」,『思想彙報』第22號(1940.3), 161~163쪽 참조.

질적인 항일투쟁을 전개하자는 논의가 확산되었다. 이 와중에 만주로 이동할 것을 주장한 崔昌益은 18명의 대원과 함께 西安으로 떠나버렸다. 마침내 1940년 11월에 열린 조선의용대 확대간부회의에서는 수십만 조선 군중을 동원하고 유격전쟁을 수행하기 위해 적후방 사업을 하자는 방침이 확정되었다. 조선의용대는 확대간부회의의 결의에 따라 화중·화남에 흩어져 있던 대원들을 집결시켜 북상항일을 준비했다.24

1941년 초부터 朴孝三을 비롯한 대부분의 대원들이 화북으로 이동하여 조선의용대 화북지대를 편성하고 八路軍과 연대하에 독자적인 활동을 전개하자 중국국민당 지역에 남아 있던 김원봉세력은 급격히 약화되었다. 더욱이 중국국민정부의 지원정책이 광복군과 임시정부를 지원하는 '일원화정책'으로 바뀌자 重慶의 조선의용대 본부는 매우 어려운 입장에 놓였다. 중국군사위원회 정치부에 소속되어 있던 조선의용대는 1942년 5월 한국광복군에로 개편할 것을 지시받았다. 마침내 조선의용대는 그해 7월 '조선의용대 개편선언'을 발표하고 광복군 제1지대로 合編되었고, 조선의용대 화북지대도 조선의용군으로 개편되었다.

3) 한국광복군과 '행동준승'

중일전쟁이 일어나자 임시정부는 군무부 산하에 군사위원회를 설치하고 군사계획을 수립·작성하도록 하였으나 광복군 창설의 선결과제는 중국국민정부의 지원을 획득하는 것이었다. 하지만 중국군사위원회가 광복군의 창설을 지연시키는 한편, 광복군을 중국군사위원회에 예속시키려 하자 임시정부는 애초의 방침을 바꿔 독자적으로 광복군의

---

24 염인호, 『김원봉연구』(창작과비평사, 1993), 224~234쪽.

창설을 추진했다. 그리하여 임시정부는 1940년 9월 17일 한국광복군총사령부의 창립을 대내외에 공포했다.

중국군사위원회는 임시정부 산하조직으로 창설된 광복군을 인정하지 않았다. 중국군사위원회의 광복군에 대한 인준 여부는 광복군의 활동뿐 아니라 재정 면에서 매우 중요한 문제였기 때문에 임시정부는 승인교섭을 적극적으로 추진할 수밖에 없었다. 반면, 중국군사위원회는 1941년 11월 한국광복군을 통할지휘한다는 기본원칙하에 "한국광복군은 我國의 항일작전 기간에는 本會에 直隷하여 참모총장이 장악 운용함", "한국광복군은 본회에서 통할지휘하되 아국이 항전을 계속하는 기간 및 한국독립당·임시정부가 한국국경내로 推進하기 전에는 아국 最高統帥部의 軍令만을 접수할 뿐이고 기타의 군령이나 혹은 기타 정치적 견제를 접수하지 못함"25 등 광복군의 활동을 규정한 '韓國光復軍行動9個準繩'(이하 '행동준승')을 일방적으로 통보했다.

임시정부는 '행동준승'이 광복군의 활동을 제약하는 부당한 것이었지만 현실적 여건을 고려하여 이를 받아들였다. 하지만 1942년 10월부터 '행동준승' 취소 또는 修改問題가 공식적으로 거론되었고, 임시정부는 '행동준승'을 폐지하고 새로운 군사협정을 체결할 것을 중국국민정부에 요구했다. 이에 대해 중국국민정부는 '임정이 정식으로 승인된 후에야 가능할 것', '광복군의 구성요소가 복잡하고 사상적으로 통일되지 않고 있다'는 이유로 냉담한 반응을 보였다.26

1944년 8월 23일에야 중국군사위원회 참모총장 何應欽은 임시정부 주석 김구에게 "從今 이후로는 한국광복군이 宜當히 한국정부에 直隷됨에 의하여, 前者에 중국군사위원회에서 정한 한국광복군행동준승9

---

25 大韓民國國會圖書館 編,『大韓民國臨時政府議政院文書』(大韓公論社, 1974), 763~764쪽; 秋憲樹 編,『資料 韓國獨立運動』3(延世大學校出版部, 1973), 250~251쪽.
26 독립운동사편찬위원회,『독립운동사』6(1975), 298쪽.

항은 수에 需要되지 않으므로 此를 卽히 취소한다"[27]는 공함을 보내왔다. 이로써 '행동준승'은 취소되었으나 새로운 군사협정이 마련되지 않았기 때문에 광복군의 활동은 사실상 '규제'될 수밖에 없었다. 일제의 패망이 임박한 1945년 5월부터 '援助韓國光復軍辦法'이 시행됨으로써 광복군은 뒤늦게나마 독립성을 되찾았다.[28]

광복군은 처음부터 무장조직으로 편성된 것은 아니었지만, 실제적인 전투부대로서의 면모를 갖추는 지대의 개편작업을 계속하면서 초모공작·교육훈련·선전활동 등을 전개했다. 하지만 광복군은 연합군의 일원으로서 자격을 얻지 못했을 뿐더러 일본군과의 직접전투를 수행하지 못함으로써 무장독립군으로서 일정한 한계를 지닌다. 광복군이 민족해방 戰取의 주력군으로서 역할을 다하지 못한 일차적 원인은 우리 민족해방운동세력의 군사역량의 미숙성에 있지만, '행동준승'도 광복군의 역할을 제약한 적지 않은 요인으로 작용했다.

4. 민족통일전선운동의 진전과 중국국민당의 입장

1) 민족유일당운동의 좌절

중국관내의 민족유일당운동은 만주의 3府 통합운동, 국내의 신간회 결성운동과 더불어 거의 같은 시기에 일어났다. 1925년 하반기부터 전개된 민족유일당운동은 국민대표회운동 이후 중국관내의 민족해방운동이 침체상태에 빠져 있었고, 더욱이 민족해방운동의 이념적·방법론적 대립과 차이가 크게 드러난 시기에 추진되었다는 점에서 중요한 의

---

27 大韓民國國會圖書館 編, 앞의 책, 850쪽.
28 韓詩俊, 『韓國光復軍硏究』(一潮閣, 1993), 124~138쪽 참조.

미를 지닌다. 이러한 상황에서 전개된 민족유일당운동은 1920년대 전반기에 제기된 '독립당'건설론에 바탕을 둔 정당수립운동의 일환이면서도 이념과 노선을 달리하는 민족해방운동 단체들이 연합하여 민족해방을 쟁취하려는 통일전선운동의 성격을 갖는다.

중국관내 민족해방운동세력이 민족유일당을 결성하고자 한 동기나 목적은 지역적·이념적 기반에 따라 각기 달랐지만,[29] 이념과 노선에 따라 분산된 민족운동전선을 하나로 결집하기 위한 민족유일당의 필요성에 대해서는 공감했다. 때문에 이를 실현하기 위한 운동이 빠르게 진전되었다. '유일당'의 필요성을 역설해온 安昌浩는 1926년 8~9월경 당시 북경에서 활동하던 元世勳 등과 민족유일당 건설을 위해 먼저 각 지역 촉성회를 조직할 것에 합의했다. 그해 10월 조직된 대독립당조직북경촉성회는 '당적 결합'을 촉구하는 내용의 선언서를 발표하고『獨立黨促成報』를 발행하는 등의 활동을 전개했다.[30]

북경에서 촉성회가 발족한 이후 상해에서도 1927년 4월 10일 洪震·洪南杓의 이름으로 전민족적 독립당 결성을 위한 선언문이 발표되었고, 다음날에는 촉성회 창립총회를 개최하여 한국유일독립당상해촉성회를 조직했다. 민족유일당운동이 한층 고조되자 광동·南京·武漢에서도 촉성회가 잇따라 결성되었다. 각지 촉성회 대표들은 1927년 11월 상해에 모여 한국독립당관내촉성회연합회를 결성하고 창당을 위한 구체적 활동에 들어갔다.

하지만 민족유일당운동은 추진과정에서 사회주의자들과 민족주의자들이 유일당의 성격·목적에 대해 서로 다른 입장을 드러냄으로써

---

29 임시정부계 인사들이 민족유일당을 결성하고 以黨治國 원리를 채용하여 임시정부를 강화시키고자 했던 반면, 사회주의자들은 반제통일전선 노선을 수용하여 민족유일당을 조직한 뒤 혁명정당으로의 轉化를 전망했다.
30 慶尙北道警察部,『高等警察要史』(1934), 109~111쪽.

1928년부터 점차 분열의 조짐을 보이기 시작했다. 마침내 1929년 상해 촉성회의 해체를 계기로 각지 촉성회도 해체됨에 따라 당의 형식으로 민족통일전선을 구축하려는 중국관내 민족유일당운동은 좌절되고 말았다. 민족유일당운동이 실패한 가장 큰 요인은 사회주의세력과 민족주의세력이 유일당의 지도노선을 수립하지 못한 데 있었다. 게다가 '12월테제'를 통해 조선공산주의운동에 나타난 분파투쟁을 청산하고 노동자·농민에 기초한 당 재건을 제시한 코민테른의 방침은 반제통일전선을 추구해온 사회주의자들의 운동노선에 영향을 미쳐 유일당운동의 저해요인으로 작용했다. 중국의 제1차 국공합작의 와해도 유일당운동의 발전에 불리한 여건으로 작용했다. 좌우합작의 선례가 되었던 제1차 국공합작은 1927년 4월에 무너졌고, 이는 관내 지역에서 일어났던 유일당운동이 결렬된 현실적 배경이 되었다.31

민족유일당운동이 좌절된 뒤 민족해방운동세력은 이념과 노선에 따라 각기 독립운동정당을 결성하여 활동을 전개했다. 사회주의세력은 具然欽·曺奉岩 등의 지도자들이 일제 관헌에 검거된 데다가, 중국국민정부가 1930년 11월부터 계속적인 掃共戰을 펼치게 됨에 따라 중국국민당 관할지역에서는 활동상의 제한을 받게 되었다. 따라서 국제노선을 따르지 않은 일부 사회주의자들은 민족주의자들과 함께 민족운동전선에 잔류하면서 활동을 계속했다.

2) 민족혁명당의 결성

만주사변·상해사변(1932)을 계기로 중국관내 민족운동전선에서는 침

---

31 노경채, 『한국독립당연구』(신서원, 1996), 39~41쪽.

체된 민족해방운동을 활성화하기 위해 다시 통일전선 결성운동이 일어났다. 그 결과 조선의열단·한국독립당·조선혁명당·학국혁명당·한국광복동지회 등은 1932년 11월 한국대일전선통일동맹(이하 통일동맹)을 결성하고 전선통일의 필요성을 역설했다. 통일동맹은 중국지역 민족해방운동전선의 연합전선체임을 밝히면서 나아가 국내외의 모든 민족해방운동 단체를 망라한 전선통일을 이루기 위해 결성되었음을 천명했다.

통일동맹은 조직역량의 확대를 꾀하면서 중국국민정부와 제휴하여 항일투쟁을 전개하고자 했지만, 협의체적 조직이었기 때문에 민족해방운동전선의 고립분산적 활동을 극복하지 못했다. 따라서 1934년부터 실질적인 민족해방투쟁을 펴기 위해, 통일동맹을 단일당 조직으로 발전시키려는 운동이 전개되었다. 마침내 중국관내 독립운동 정당·단체뿐 아니라 미주지역 단체까지 참석한 1935년 6월의 각 혁명단체대표대회에서는 기존의 정당·단체를 해소하고 단일당으로서의 민족혁명당 조직을 결의했다.[32]

1935년 7월에 성립된 민족혁명당은 한국독립당 안의 김구세력이 불참했으나 다양한 이념적 스펙트럼의 민족해방운동세력이 참여했다는 점에서 통일전선정당의 성격을 갖는다. 더욱이 민족혁명당의 결성은 통일동맹으로 결속된 중국관내 우리 민족해방운동전선이 한층 강력한 통일전선을 이루었음을 의미한다. 민족혁명당의 조직체계는 민주집중제 원칙을 준용했으며, 실질적인 당 중앙인 중앙집행위원회는 김원봉·金枓奉·金奎植·이청천·조소앙 등 중국관내 민족해방운동세력을 대표할 수 있는 인물들로 구성되었다.[33]

---

[32] 社會問題資料硏究會 編, 「民族革命黨創立經過に關する新韓獨立黨の通告」, 『思想情勢視察報告集』 2(京都 : 東洋文化社, 1976), 83~85쪽.
[33] 강만길, 『조선민족혁명당과 통일전선』(和平社, 1991), 72~80쪽 참조.

민족혁명당은 식민지로부터 벗어나는 '민족해방'을 민족해방투쟁의 일의적 과제로 설정했다. 민족혁명당의 창당주역인 김원봉은 민족해방투쟁을 혁명으로 이해하면서도 그 기본은 계급운동이 아닌 민족운동이라고 인식했다. 또다른 주역의 한 사람인 김두봉도 '한국혁명'은 '산업 또는 사회제도 등의 혁명'이 아니라 일제식민지로부터의 해방을 일차적 과제로 하는 '민족혁명'이어야 하며, 민중과 함께 하는 무력혁명이어야 한다는 점을 피력했다. 또한 민족혁명당은 민족국가건설론과 관련하여 정치체제로서 민주공화국을, 정권형태로는 '민주집권의 정권'을 수립할 것을 일관되게 내세웠다. 경제체제에서는 애초에 채택한 '계획경제의 실시' 조항이 삭제되긴 했지만 토지국유제와 대생산기관의 국영화 등 사회주의적 정책을 채택했다. 이러한 민족혁명당의 운동노선과 정강·정책은 통일전선정당의 이념과 노선으로서의 독자성과 정체성을 지니고 있으며, 이후 성립되는 한국국민당·화북조선독립동맹 등의 운동노선과 정강·정책에 적지 않은 영향을 미쳤다.[34]

민족혁명당의 성립으로 한국독립당은 해체되었지만, 김구세력은 단일당에 불참하고 1935년 11월 따로 한국국민당을 조직했다. 통일전선정당으로 출범한 민족혁명당은 창당 직후 조소앙계가 이탈한데다가 1937년 4월 이청천 중심세력도 탈당함에 따라 통일전선체의 성격이 약화되었다. 하지만 민족혁명당은 한국국민당 내지 한국독립당과 더불어 '해방'될 때까지 중국관내 민족해방운동전선의 양대세력을 이루면서 활동을 전개했다.

---

[34] 姜萬吉, 「朝鮮民族革命黨의 成立과 그 歷史性」, 『한국독립운동사연구』 제4집(독립기념관 한국독립운동사연구소, 1990), 360~370쪽.

3) 임시정부 통일전선내각의 성립

1919년 4월에 수립된 임시정부는 모든 민족해방운동세력을 포괄하진 못했지만, 李東輝 중심의 한인사회당세력이 참여함에 따라 좌우연립정부의 성격을 띠게 되었다. 하지만 임시정부는 수립 후 얼마 되지 않아 독립운동방법론의 차이, 출신지역을 둘러싼 파쟁, 이념적 대립으로 내분에 휩싸였다. 게다가 임시정부는 만주·노령에서 활동하던 무장부대를 통일적으로 지휘하지 못함으로써 민족해방운동의 지도기관으로서 역할과 기능을 수행할 수 없었다. 1921년 2월 국민대표회 소집요구가 제기된 이후 태평양전쟁 발발 직전까지 임시정부는 임정옹호파에 의해 겨우 명맥이 유지되는 형편이었다.

한편 민족혁명당과 한국국민당은 대립적인 입장에서 독자적인 활동을 해왔으며, '임정존폐론'을 둘러싸고 날카로운 대립을 보였다. 그러나 중일전쟁 발발을 전후하여 민족해방운동전선에서는 효과적인 항일투쟁을 위해 통일전선운동이 활기를 띠기 시작했다. 1937년 8월 한국국민당을 중심으로 조선혁명당·한국독립당 등은 한국광복운동단체연합회를 결성하여 우파세력의 연합을 이루었다. 민족혁명당도 같은 해 12월 조선민족해방동맹·조선혁명자연맹을 규합하여 좌파세력의 연합체로서 조선민족전선연맹을 결성했다. 이로써 중국관내 우리 민족해방운동전선은 한국광복운동단체연합회와 조선민족전선연맹으로 양립되었다.

김구 주도의 한국광복운동단체연합회와 김원봉 주도의 조선민족전선연맹은 민족해방운동전선에서 전선통일의 요구가 한층 높아진데다가 중국국민정부도 두 진영의 통일을 적극 권유함에 따라 통일전선을 모색했다. 특히 중국 쪽은 중국국민당 간부 진과부·陳誠 등을 내세워 양쪽의 통일을 종용한 결과 1938년 11월 김구의 동의를 얻었고, 1939년

1월에는 김원봉의 동의도 얻었다.35 중국관내 우리 민족해방운동세력에 대한 중국국민정부의 통일 요구는 통일전선운동을 진척시킨 현실적 조건으로 작용한 것도 사실이지만, 장차 한반도에 대한 영향력을 증대하려는 정치적 의도가 깔린 것이었다.

통일전선운동이 진전됨에 따라 김구·김원봉은 1939년 5월 '동지동포 제군에게 드리는 공개통신'을 발표하고, 그해 7월 전국연합진선협회를 결성했다. 또 두 사람은 小黨 분립은 전투역량의 분산과 상호대립을 초래한다는 이유로 단일당 결성을 역설했다. 그리하여 전국연합진선협회에 참가한 7당36은 단일당 결성을 위한 통일회의를 개최했으나 조직형태·당원자격·정치노선 등에서 합의점을 찾지 못한 채 결렬되었고, 전국연합진선협회도 흐지부지되고 말았다. 이후 한국광복운동단체연합회 산하 3당은 통합을 추진하여 1940년 5월 새로운 한국독립당을 발족시켰다.

태평양전쟁의 발발로 일제의 패망이 예상되고, 중국국민정부의 임시정부에 대한 '지원'정책이 강화되어37 임정의 위치가 제고되자 중국관내 민족해방운동 정당·단체들은 임시정부를 축으로 연합전선을 모색했다. 1942년 10월에 열린 제34회 임시의정원회의에서는 민족혁명당·조선혁명자연맹·조선민족해방동맹 등에 소속된 인사들이 의원으로 선출됨으로써38 종래 한국독립당 일색의 감을 보이던 임시의정원은 새

---

35 李庭植(편집부 譯), 『韓國民族主義의 政治學』(한밭출판사, 1982), 68~269쪽.
36 조선청년전위동맹은 1938년 7월 조선민족전선연맹에 합류했다. 따라서 7당은 한국광복운동단체연합회 산하 3당과 조선민족전선연맹 산하 4당이다.
37 중국국민정부 내부에서는 김구쪽과 김원봉쪽을 함께 지원해야 한다는 주장도 적지 않았으나, 중국국민당 안의 반공적 입장이 강화됨으로써 한국독립당·임시정부를 집중적으로 지원하는 '일원화정책'을 채택했다고 한다. 林能士, 「國民黨派系의 정치와 한국의 독립운동」, 『竹堂李炫熙敎授華甲紀念韓國史學論叢』(東方圖書, 1997), 808~811쪽.
38 새로 선출된 23명의 의원은 한국독립당 6명, 민족혁명당 6명, 조선혁명자연맹·조선민족해방동맹·통일동지회 소속 5명 등이었다.

로운 모습을 갖추었다. 1944년 4월에 개최된 제36회 임시의정원회의에서는 곡절 끝에 한국독립당의 김구를 주석, 민족혁명당의 김규식을 부주석으로 선임하고, 국무위원으로 한국독립당 8명, 민족혁명당 4명, 조선혁명자연맹 1명, 조선민족해방동맹 1명을 선출함으로써 통일전선내각을 구성했다. 이로써 중국국민당 지역에서 활동하던 민족해방운동 정당·단체는 제한적이나마 임시정부를 축으로 통일전선을 형성했다.39

5. 임시정부 승인문제와 중국국민당

1) 호법정부의 임시정부 승인

임시정부는 초기에 중국에 대한 외교를 적극적으로 전개하지 못했다. 그 까닭은 중국 자신이 반식민지 상태에 놓여 있었던 데다가, 손문을 중심한 광동의 호법정부와 북양군벌을 중심한 북경정부가 서로 대립하고 있었기 때문에 조선인의 민족해방운동을 도와줄 처지가 못 된 데 있었다. 더욱이 임시정부로서는 민족해방운동의 방향과 중국지역에 거주하는 조선인의 입지를 고려하여 對中外交에 신중할 수밖에 없었다.

하지만 호법정부나 북경정부는 모두 일본제국주의의 침략에 효과적으로 대항하기 위해 임시정부와 공동전선을 형성할 필요성을 느끼고 있었다. 특히 호법정부는 비슷한 정치이념을 지향하던 임시정부와 협력체제를 구축하기 위해 유대강화를 모색했다. 임시정부도 지속적인 활동을 위해서 중국 쪽의 지원과 협력이 필요했기 때문에 호법정부와의 외교교섭에 적극적 입장을 보였다.40

---

39 강만길, 앞의 책, 259~271쪽.
40 독립운동사편찬위원회 編, 『독립운동사』 제4권 <임시정부사>(1972), 378쪽.

1921년 9월 임시정부는 국무총리 대리 겸 외무총장을 맡고 있던 申圭植을 전권대사로 광동에 파견했다. 그는 호법정부의 인사들과 다각도로 접촉하면서 같은 해 11월 ① 대한민국임시정부는 호법정부를 중국 정통의 정부로 승인하며 아울러 그 元首와 국권을 존중함, ② 대중화민국 호법정부가 대한민국임시정부를 승인할 것을 요청함, ③ 한국 학생의 중화민국 군관학교에의 수용을 허가하기를 요청함, ④ 차관 5백만원을 요청함, ⑤ 租借地帶를 허가하여 한국독립군 양성에 도움이 되게 하기를 요청함 등 5개 조항을 호법정부에 제시했다. 손문은 租地와 차관은 호법정부의 여건을 들어 북벌 이후 협력하기로 하고 나머지 조항에 대해서는 동의했다.[41]

이로써 임시정부는 1922년 2월 朴贊翊을 광동주재 대표로 파견하고 호법정부와의 관계유지에 힘썼다. 이때 광동지역에서는 중한협회를 조직하여 조선인의 민족해방운동을 지원하고자 했다. 중경·漢口 등지에서도 중국국민당 인사들의 영향하에 한중합작 조직을 성립시켜 조선인 민족해방운동을 성원했다. 임시정부는 호법정부로부터 외교적으로 승인을 받았으나 호법정부의 내부적 어려움 때문에 실질적인 도움은 얻지 못했다.

2) 중국국민정부의 임시정부에 대한 정책

중국국민정부의 對韓政策의 목표는 어떤 형태로든 한반도를 중국의 압도적인 영향력 아래 두면서, 특히 소련의 팽창적 영향력을 배제하는 것이었다. 이런 점에서 조선의 즉시독립은 바람직하지 못했다. 하지만

---

41 閔弼鎬編, 「韓·中外交史話」, 『韓國魂』(普信閣, 1971), 87~88쪽; 胡春惠, 앞의 책, 40~41쪽.

한반도가 소련의 영향권하에 놓일 것을 우려한 중국국민정부는 차선책, 곧 중국국민정부가 지원하는 임시정부가 주도권을 확보한 가운데 조선이 독립하는 것을 기대했다.42

중국국민정부의 임시정부에 대한 정책은 임시정부 승인문제로 귀결될 수밖에 없었고, 임시정부도 '해방' 후의 입지를 고려하여 임시정부 승인을 4강대국에게 강력히 요구했다. 이러한 요구는 미국·소련·중국·영국 등 열강의 한반도에 대한 이해가 각기 달랐던 데다가 미국정부의 철저한 외면으로 아무런 성과도 거두지 못했다. 다만 중국국민정부는 자신들이 지원하고 있는 임시정부의 승인을 긍정적으로 고려하는 태도를 보였으나 임시정부에 대한 '비판적' 시각도 갖고 있었다.

중국국민정부는 임시정부 승인문제와 관련하여 이중적 입장을 보이면서 끝내 임시정부를 정치적으로 승인하지 않았다. 임시정부 불승인의 원인과 배경은 몇 가지 관점에서 지적될 수 있을 것이다. '해방'될 때까지 임시정부가 국제적 승인을 받지 못한 일차적 원인은 전체 민족해방운동 과정에서 임시정부가 갖는 제한적 위상에 있다고 하겠다.

둘째, 중국국민정부와 미국정부는 전후 동아시아문제와 관련하여 소련의 팽창의도를 우려하였고, 소련 영내에 적어도 2개 사단의 조선인부대가 있는 것으로 알고 있었다. 따라서 미국·중국의 임시정부 승인은 소련을 자극하여 독자적인 조선인정부의 조직을 촉진시킬 수도 있는 것이었다. 더욱이 미국은 소련을 대일전쟁에 끌어들이고자 노력하고 있었던 만큼 한반도문제로 소련과 대립하는 것을 원하지 않았다. 때문에 중국국민정부가 설령 임시정부를 승인할 의사를 가지고 있었다고 하더라도, 전후 한반도에 대한 신탁통치 방침을 굳혀가던 미국의 입장을 거스리면서까지 독자적으로 임시정부를 승인하기는 사실상 어려웠다.43

---

42 구대열, 『한국 국제관계사 연구 2』(역사비평사, 1995), 128~131쪽.

셋째, 중국국민정부와 일본이 '아시아연대론'을 매개로 막후접촉을 벌였을 가능성도 있다는 것이다. 곧 중국국민정부는 일본과의 타협에 의해 전쟁을 빠른 시일 안에 종결함으로써 소련의 대일전 참전과 중국공산당의 공동작전에 의한 전중국의 적화를 막고자 하는 의도가 있었기 때문에 임시정부의 정치적 승인을 미루었다는 것이다.44

넷째, 중국국민정부의 임시정부 불승인은 임시정부 통제정책의 일환으로 볼 수 있을 것이다. 이를테면 임시정부를 승인할 경우 임시정부의 독자적 활동을 제어하는 것은 쉬운 일이 아니다. 더군다나 임시정부가 중국공산당 지역에서 활동하던 화북조선독립동맹과 통일전선을 형성할 가능성을 배제할 수 없었던 상황이었기 때문에, 중국국민정부는 임시정부 견제의 방편으로 임시정부를 승인하지 않은 것으로 보인다.

중국국민정부가 태평양전쟁 발발 이후 임시정부를 집중적으로 지원한 것은 사실이지만, 이는 중국관내에서 임시정부를 중심으로 민족통일전선이 형성되고 있었던 점과 결코 무관하지 않은 것이다. 중국국민정부의 대한정책은 안보적·방어적 고려에서 출발한 것이라고 하더라도 전후 한반도에 대한 자신들의 영향력을 확대하려는 정치적 의도가 내재된 것이었고, 임시정부에 대한 정책도 예외는 아니었다.

6. 맺음말

중국관내 우리 민족해방운동은 중국의 내외정세에 따라 일정한 영향

---

43 高珽烋, 「미주지역 독립운동에 관한 연구의 회고와 전망」, 『韓國史論』 26(國史編纂委員會, 1996), 553~558쪽.
44 方善柱, 「임정의 광복활동과 미주 한인의 독립운동-제2차대전 종반기 국제정세와 관련하여-」, 『白凡 金九와 民族獨立·統一運動』(백범김구선생기념사업협회 주최 국제학술대회 발표논문집, 1997.10), 47~51쪽.

을 받을 수밖에 없었을 뿐더러 중국의 '지원'이 없었다면 그 활동은 사실상 불가능한 것이었다. 중국국민당은 재정·군사 면에서 조선인의 민족해방운동에 적지 않은 지원을 했는데, '지원'정책은 만주사변 이전의 제1단계, 중일전쟁까지의 제2단계, 중일전쟁 이후의 제3단계 등 세 시기로 나눠볼 수 있다. 제1단계의 민간단체적 지원은 만주사변·윤봉길의거 이후 중국국민당의 '전면적' 지원으로 바뀐다. 중국국민당의 '지원'정책은 중일전쟁 이후 공개적·구체적 '지원'정책으로 전환했고, 태평양전쟁이 발발한 이후부터 여러 독립운동정당을 개별적으로 지원하는 '多黨運用原則'에서 점차 한국독립당 내지 임시정부를 지원대상으로 삼는 '일원화정책'으로 바뀌었다.[45]

중국관내 민족해방운동사 연구에서 중국 쪽의 협조와 지원을 간과하거나 폄하하는 것은 올바른 연구자적 입장이 아니다. 반면, 중국 쪽 연구 성과에서 주로 드러나는 경향이긴 하나 조선인 민족해방투쟁이 중국인의 도움으로 가능했다는, '중국인 역할설'을 강조하는 것도 역사적 관점이 아니다. 중국국민당의 협조와 지원은 일차적으로 식민지·반식민지 민족의 반제항일투쟁을 위한 '공동전선' 구축이란 관점에서 이해될 필요가 있을 것이다. 게다가 종전 후 국제사회에서의 입지강화와 한반도에 대한 영향력을 확보하려는 중국국민정부의 외교정책적 측면을 간과해서도 안된다.

중국관내에서의 민족해방운동은 이념적 지향, 구체적 활동상, 민족통일전선운동의 확대·발전 등을 미루어볼 때 우리 민족해방운동사에서 중요한 위치를 차지한다. 그럼에도 중국관내의 민족해방운동은 미소냉전체제의 노골화와 이에 편승한 분단정권의 성립으로 올바른 자리매김이 이뤄지지 않고 있다. 식민지시기 민족해방운동의 최대목표도,

---

[45] 胡春惠, 앞의 책, 38~57쪽, 121쪽.

'해방' 이후의 역사적 과제도 자주적 통일민족국가를 건설하는 것이다. 이런 점에서 중국관내에서 전개된 민족해방운동, 특히 '미완'의 통일전선운동은 아직도 유효한 역사적 경험과 교훈으로 남아 있다. 민족통합에 기초한 한반도의 통일은 우리 민족의 삶의 질을 높여줄 뿐 아니라 동북아시아 내지 세계의 평화에 크게 기여할 것이다.

3장
역대 대통령의 역사 점수

Ⅰ. 역대 대통령의 '역사' 점수

1. 대통령은 어떤 자리인가

　대통령은 국가와 국민을 대표하는 국가원수이다. 그리고 국가경영의 책임을 지는 행정수반이며 군통수권자이기도 하다. 따라서 그의 지도적 기능은 정치영역과 행정영역에 걸쳐 폭넓게 이루어진다. 가끔 대통령 자리가 왕조시대 임금의 자리와 비견되기도 하지만, 권력의 생성과정과 행사방식에서 민주적 절차를 준수해야 하는 대통령의 권한은 무소불위의 권력을 상징하는 왕권과 본질적으로 다르다.
　우리 사회의 최고지도자는 대통령이다. 지도자가 사명을 다하기 위해서는 무엇보다 역사적 과제를 해결할 비전과 지도력을 갖추어야 한다. 우리 현대사의 과제는 자주적으로 통일국가를 수립하고 사회민주화를 이루는 것이다. 때문에 변혁욕구를 폭넓게 수용하여 민주주의를 실현하고 사상적 대립을 승화시켜 민족분단을 극복하는 일이 곧 지도자에게 요구되는 시대적 사명이다.

우리 현대사에서 대통령직은 '범상한' 자리가 아니었다. 흔히 통용되는 '대권大權'이라든지 '용龍'이라는 말이 우리 뇌리에 각인된 대통령의 막강한 권력을 시사한다. 우리는 '해방' 후 50여 년 동안 '제왕적' 대통령의 통치 속에 살아왔기 때문이다. 권력을 잡은 대통령은 국가나 민족의 참된 지도자로서보다 강력한 통치자로 군림하려고 했던 것이다.

'해방' 이후 국민의 뜻에 따른 정부, 존경받는 대통령이 없었다는 것은 우리 현대사가 질곡의 역사임을 반증한다. 그럼에도 대통령이 우리 역사에 끼친 영향이 워낙 크기 때문에 역대 대통령에 대한 객관적 평가는 우리 정치사 내지 현대사 이해의 관건이랄 수 있다. 하지만 내각책임제하에서 대통령을 지낸 윤보선과 과도정권기에 대통령직을 맡은 최규하의 경우 통치권을 갖지 못했으므로 평가대상에서 제외한다.

역사상의 인물을 평가하는 것은 매우 어려운 일이다. 그렇지만 역대 대통령에 대해 냉엄하고 공정한 평가가 제때에 이뤄져야 앞으로의 시대에 밝은 전망을 가질 수 있다. 역대 대통령에 대한 평가 곧 '역사' 점수는 올바른 대통령 선출의 잣대뿐 아니라 우리 현대사에 대한 올바른 평가준거를 제공할 수 있을 것이다.

2. 분단국가의 초대 대통령 – 이승만

1912년에 미국으로 망명한 이승만은 교육과 선교활동에 주력하다가 3·1운동 직전 조선의 국제위임통치안을 골자로 한 독립청원서를 윌슨 미국 대통령에게 제출했다. 독립운동가들은 이를 "이완용은 그나마 있는 나라를 팔아먹었지만 이승만은 없는 나라를 팔아먹으려 한다"고 비판하였다. 그럼에도 3·1운동 직후 대한민국 임시정부의 집정관총재에 선임된 이승만은 '대통령' 명칭을 고집하여 결국 헌법을 고치면서까지 자기 뜻을 관철시켰다.

1925년 3월 탄핵당해 대통령직에서 쫓겨난 이승만은 식민지시기의 대부분을 미국에서 보내면서 외교활동을 벌였다. 그의 외교활동은 민족해방운동의 중요한 바탕이 되어야 할 무장투쟁을 배격한 채 식민지를 거느린 제국주의 국가 미국을 대상으로 전개되었다. 그의 이러한 지극히 비현실인 활동에는 독립 후의 정권획득이 고려된 측면이 적지 않았다.

8·15 이후 귀국한 이승만이 먼저 '대동단결론'을 내세운 것은 실상 친일파·민족반역자의 처벌을 유보하려는 의도에서 나온 것이었다. 나아가 모스크바 3상협정을 둘러싸고 찬탁·반탁의 소용돌이가 치던 1946년 6월 그는 '정읍발언'을 통해 남한만의 단정수립론을 피력하였다. 통일정부가 수립될 경우 정권을 장악할 가능성이 적은 까닭에 통일민족국가 수립세력을 용공세력으로 매도하면서 반민족세력과 미군정을 업고 단독정부 수립에 주력했던 것이다.

이승만 정권은 유엔 결의에 순응하여 북한만의 자유선거를 실시하고 그 대표를 국회에 파견할 것을 요구했으나, 통일정책의 주조는 미국마저 우려한 북진통일론이었다. 북진통일론은 한국전쟁기에 무력통일론으로 구체화되었다. 오늘날 상식이 돼버린 평화통일론은 "북진통일 이룩하자"는 구호에 묻혀 누구도 제기할 수 없었다.

이승만의 정치형태는 독선적 권위주의로 나타났다. 게다가 그는 자신에게 도전하는 인물을 가차 없이 제거하는 '뛰어난' 책략과 용인술을 발휘하였다. 태종의 장남 양녕대군의 17대손인 이승만은 왕족의식에 사로잡혀 대통령 재임시에 "과인이 덕이 없어"라는 말을 사용할 정도였다.

반일주의와 반공주의는 이승만 정권의 지배이데올로기라 할 수 있다. 하지만 이승만은 법에 따라 구성된 반민족행위특별조사위원회를 불법적으로 해체시키는 데서 그치지 않고 친일파를 권력유지의 한 기둥으로 이용했다. 또 그는 냉전체제의 산물인 반공주의를 민주주의의 동의어로 간주하여 건설적인 비판마저 봉쇄하면서 독재체제 유지를 위한 수단으로 삼았다. 이 과정에서 친일파는 그들의 '친일성'을 '반공' 이데올로기로 가리고 권력자의 정권유지에 헌신했다.

그가 집권한 시기 경제 상황은 어떠했는가? 식민지시기부터 여러 민족해방운동세력이 한결같이 주장해온 토지개혁을 실현하지 못한 채 대지주의 토지소유가 온존되고, 적산敵産 처리과정에는 허다하게 관권이 개입하였다. 미국의 원조에 따른 원조경제체제가 확립되고 국제수지가 엄청난 적자를 기록하면서 대외의존도는 점차 커졌다. 결국 우리 경제는 관권경제·대외의존경제로 귀착됨으로써 민족경제 내지 자립경제의 길이 막히고 말았다.

이러한 상황에서 자행된 이승만의 독재정치로 민주사회의 건설은 요원해지고 사회적 혼란만 가중되었다. 그는 '백골단'·'땃벌대' 등 폭력조직까지 동원한 발췌개헌을 통해 다시 대통령에 당선되었고, 해괴한 숫자놀음인 사사오입법을 통해 종신집권의 길을 터놓았다. 제4대 대통령선거에서는 '3인조'·'9인조' 등의 공개투표를 감행하였다. 그러나 민주화를 갈망하는 민중의 저항으로 그는 더 이상 권력을 유지할 수 없었다. 불법적 개헌과 부정선거 등의 책임이 그의 측근들에 있다고 강변하는 이도 있으나, 이승만이 정부의 최고책임자로서 이를 막지 못한 책임을 면할 수는 없다.

이처럼 이승만의 독립운동과 정치활동은 많은 문제점을 지니고 있다. 그를 '독립운동의 영웅', '건국의 아버지'로 규정하는 것은 결코 객관적인 평가가 아니다. 대통령으로서 민주사회의 건설과 자주적 통일이라는 시대적 과제에 역행했기 때문이다. 따라서 이승만은 분단국가의 초대 대통령으로 취임한 뒤 종신집권을 획책하다가 4·19로 권좌에서 물러난 극우독재자의 상징으로 남아 있다.

3. 개발독재자의 표상 – 박정희

우리 현대사의 3분의 1이 넘는 18년 동안 통치자로 군림한 박정희. 가끔 검은 썬글라스를 끼고 소주도 즐겨 마신 박정희. 적지 않은 이들이 그를 '경제를 살린 대통령', '강력한 지도자'로 평가하기도 하고 정치판에서는 박정희 '유령'을 선거선략으로 이용하는 작태를 서슴지 않고 있다. 이같은 그에 대한 '칭송'은 우리들의 역사 건망증이 심한 탓도 없지 않다.

박정희는 식민지시기에 사범학교를 졸업하고 교사생활을 하다가 만주군관학교를 수석으로 졸업한 뒤 다시 일본 육군사관학교를 마치고 관동군의 일선 지휘자로 근무하였다. 그는 다카기 마사오(高木正雄)·오카모도 미로노(岡木實) 등의 일본 이름을 사용하면서 '해방'될 때까지 1년 6개월 동안 약 110회에 걸쳐 한인유격대를 포함한 항일게릴라 토벌작전에 나섰다. 많은 우국청년들이 독립군으로 피흘리는 동안 그는 항일군을 토벌하는 '황국의 간성'으로 활약했던 것이다.

8·15 뒤 귀국한 박정희는 간부후보생으로 장교훈련과정을 마치고 대위로 임관되어 1958년에는 소장으로 승진했다. 이 시기 군부는 냉전체제 아래 조직이 비대해져 점차 하나의 정치적 변수로 성장하고 있었다. 이승만과 자유당은 정실에 치우친 군 인사정책을 시행하고 군 장성

들에게 정치자금 조달을 위한 금전상납과 부정선거를 강요하기도 했다.

박정희와 육사 8기생들을 주축으로 한 일부 군부세력은 4·19 무렵부터 쿠테타계획을 구체화하면서 군부 안의 여러 세력을 결집하여, 사회적 혼란과 장면정권의 무능 등을 빌미로 군사쿠테타를 감행했다. 박정희의 치밀한 사전계획과 포섭공작, 민정 이양을 약속하고도 지키지 않은 점 등은 권력 장악이 5·16쿠테타의 주요 동인임을 말해준다. 쿠테타정권은 선거절차를 밟아 민간정부로 변신했지만 정권의 본원적 실체가 군부였기 때문에 민간정부의 외형을 갖춘 군부지배체제의 성격을 벗어날 수 없었다. 군부지배체제는 군부엘리트가 권력을 장악하고 전문관료 및 자본가계급과 지배블럭을 형성함으로써 구성되었다. 이 체제의 이념적 특성은 극우보수적이며 민중배제적이란 점에 있다.

박정희의 권력욕도 이승만에 못지않았다. 그는 3선개헌안 날치기 통과, 지역감정과 부정에 편승한 제7대 대통령 당선, 영구집권을 위한 유신체제의 단행 등 비민주적 정치를 자행했다. 독재체제 유지를 위해 학생과 노동자, 비판적 지식인들을 중앙정보부를 통한 정치공작으로 가혹하게 탄압하였다. 박 정권 시기에 내려진 계엄령이 4회, 위수령 2회, 비상조치 1회, 긴급조치가 9회였다. 유신헌법은 그의 종신집권을 위한 것이었고 야당탄압과 언론통제도 그의 정권안보를 위한 것이었다. 그럼에도 박정희의 독재를 합리화할 수 있겠는가?

박정희는 조국근대화와 경제건설을 지도이념으로 설정하고 "하면 된다"는 군대식 구호 아래 국민을 일터로 동원하였다. 그 결과 우리 사회가 얼마간의 경제성장을 이룬 것은 사실이다. 하지만 중요한 점은 이러한 성과가 기술관료·기업인·노동자·지식인을 포함한 사회구성원 모두의 노력으로 이루어졌다는 데에 있다. 또한 박정희가 수단의 윤리성과 형평의 원리를 무시하고 추진한 개발독재의 역기능을 간과해서는 안된다. 역기능은 경제적인 대외종속과 도농간의 격차 심화, 분배구조의 악화와 도시빈민층의 증가, 국가와 자본계급간의 정경유착, 독점자본의 비대, 노사갈등의 심화 등으로 구체화되어 우리 사회의 주요 모순으로 남아 있다.

　박 정권 또한 이승만 정권과 같이 반공을 국시로 내걸고 평화통일에 대한 민간 차원의 논의 자체를 봉쇄한 채 '선건설 후통일'을 표방하였다. 1972년 박 정권은 7·4남북공동성명을 발표하여 국민들에게 통일에의 희망을 안겨주었으나, 머지않아 이는 장기집권체제를 위한 명석 깔기에 불과했다는 사실이 밝혀졌다. 한마디로 박 정권의 통일정책은 분단고착화 내지 현상유지 정책이었다.

　우리 사회에 '결과만능주의' 내지 군사문화가 정착한 데에는 박 정권의 책임이 매우 크다. 목표달성의 당위성과 결과에 치중한 나머지 '초전박살'·'속전속결' 등으로 표현되는 군대문화가 우리 사회에 뿌리내렸고, 수단과 방법의 적법성이 무시된 결과 사회 전반에 걸쳐 준법정신이 옅어지고 부정부패와 부실不實이 일반화하였다. 게다가 분단국가주의적 사고 속에 쇼비니즘적 역사해석마저 팽배하여 올바른 역사의식은 자리잡기 힘들었다.

　박정희가 내세운 '민족적 민주주의', '한국적 민주주의'는 민주주의의 본질과 큰 거리가 있었다. 엄격히 말해 그는 군국주의적 부국강병론자였다. 오늘날 우리가 직면한 경제 문제의 연원도 박 정권이 부르짖던 근대화지상론에 있다고 볼 수 있다. 결국 박정희는 민족중흥이란 미명 아래 종신집권을 꾀하다가, 믿었던 중앙정보부장의 총격으로 숨진, 우리 사회에 적지 않은 모순을 잉태시킨 유신독재자요, 상징적 개발독재자로 평가된다.

4. 군사정권의 두 후예 – 전두환·노태우

1979년 10·26사건이 일어나자 국민들은 유신체제가 한꺼번에 무너지고 민주화가 실현될 것으로 기대했다. 하지만 보안사령관이자 합동수사본부장이던 전두환과 그의 추종세력은 12·12군사반란을 일으켜 계엄사령관을 체포하고 계엄권을 찬탈함으로써 실권세력으로 부상했다. 이른바 신군부세력은 1980년 '서울의 봄'을 맞아 김대중·김영삼·김종필 등 3김세력이 정권을 잡기 위한 각축전을 벌이던 와중에 5·17비상조치를 취하여 모든 정치활동을 규제했다. 신군부는 5·18민중항쟁을 무력으로 진압한 뒤 국가보위비상대책위원회를 발족시켜 3권을 장악했으며, 전두환은 이듬해 '장충체육관 선거'로 불리는 간선제를 통해 12대 대통령에 취임했다.

전두환은 학군단 교관으로 복무할 당시 5·16쿠테타가 일어나자 육사 생도들의 '혁명' 지지 시가행진을 주도하여 박정희로부터 두터운 신뢰를 받았다. 나아가 그는 정치지향성이 강한 군부엘리트를 중심으로 '하나회'를 조직하여 군부 안의 인맥을 형성했다. 이 인맥은 그의 권력 충동 배경이 되었을 뿐만 아니라 전두환 정권과 노태우 정권 시기 지배세력의 중심축을 이루었다.

전두환 정권은 '민주복지국가의 건설'을 국정의 최고과제로 설정하고, 이를 힘의 논리로 추진했다. '저돌적 해결사형'인 전두환은 삼청교육, 언론사통폐합, 비판적 교수·지식인들의 해직 등 강압적인 사회정책을 펼쳤다. 그가 지도이념으로 제시한 '사회정화'의 실제 목적은 여기서 보듯이 부도덕한 정권의 명분찾기와 정권기반의 공고화에 있었다.

흔히 전두환 정권의 치적으로 물가안정을 비롯한 경제정책을 꼽는다. 전 정권 시기 우리 경제가 비교적 높은 성장률 속에 소비자물가가 안정되고 국제수지도 흑자로 반전됐던 것은 사실이다. IMF사태 이래의 대량 실업 및 기업 도산 사태와 대비되기는 하나, 이는 세계경제의 호황 속에서 이룰 수 있었다는 점, 더욱이 자립경제 내지 민족경제의 실현과정과 거리가 멀었다는 사실 등을 간과해서는 안된다.

전 정권은 보안사·안기부 등의 물리적 폭력기구를 통해 국민을 지배하고 반공과 안보를 내세워 진보세력과 민주세력을 불순세력으로 매도하였다. 한편 국민윤리교육을 강화시켜 지배이데올로기의 국민적 확산을 도모하고자 했다. 이로부터 군사문화의 사회 침투가 한층 심해져, 인간해방과 사회민주화의 열망이 더욱 높아진 80년대의 시대적 상황에서 민주주의의 퇴행을 초래했다. 그의 '통치철학'은 군국주의의 회생이나 다름 없었다. 전두환이 물가안정 등 경제정책 면에서 어느 정도 성과를 거두었음에도 결국 6월항쟁에 무릎을 꿇어야 했던 원인은 바로 여기에 있다.

노태우는 전두환과 육사 11기 동기생으로 12·12군사반란의 또다른 주역이었다. 그는 전두환 정권의 2인자이자 집권당인 민주정의당 대표로서 국민들의 민주화 요구에 떠밀려 6·29선언을 발표하였다. 이어서 직선제 개헌이 이루어져 그가 대통령에 당선됨으로써 이른바 제6공화국이 성립되긴 했으나, 정치이념과 정치주도세력 면에서 전두환 정권과 다를 바가 없었다.

우리 사회의 민주화를 향한 욕구가 폭발적으로 분출하자 노태우는 '권위주의의 청산', '위대한 보통사람들의 시대' 등의 슬로건을 내걸고 문민적 권위로의 변신을 모색했다. 그러나 전두환 정권의 후계정권이란 태생적 한계를 극복하기가 쉽지 않았다. '물태우'라는 조소를 받으면서까지 방어적 자세로 일관하던 그는 문익환 목사 등의 방북사건 이후 민주화와 공안문제 등에 강경한 입장으로 선회했다.

노태우는 집권 전반기의 여소야대 정국 속에 5공청산문제가 시급한 과제로 떠오르자 이를 타개하기 위해 정당정치의 틀을 무너뜨리면서까지 정계개편을 추진하여 통일민주당·신민주공화당과의 3당합당을 이루었다. 그러나 거대 여당의 독주 속에 차기 대권을 노린 당내 파벌투쟁으로 말미암아 끝내 지도역량을 강화하지는 못하였다. 이처럼 보수대연합을 구축한 뒤로는 민주화와 민생문제에 관한 개혁의지도 점차 퇴색했다. 노 정권은 물가안정, 농어촌문제, 빈부격차 등을 해소하지 못했을 뿐더러 정경유착을 심화시켰다. '수서택지 특혜분양', '이동통신 특혜의혹', '차세대 전투기 선정의혹' 등은 경제정책이 권력자의 정치자금 마련과 관련되었음을 시사한다. 더구나 사회기강마저 흐트러져 인신매매, 가정파괴, 유괴살인 등 비인간적 범죄들이 부쩍 늘어나, 1990년 가을에는 역사상 처음으로 '범죄와의 전쟁'을 선포해야 했다.

반면, 노 정권은 소련과의 국교수립, 동구 사회주의 국가와의 관계개선, 남북한 총리회담 개최 등의 성과를 거두기도 했다. 특히 노 정권이 제시한 '한민족공동체 통일방안'(1989.9)은 제한적 교류협력을 통한 국가연합 방식의 통일론으로, 남북한의 상호체제 인정을 전제한다는 점에서 종전보다 진일보한 방안이었다. 하지만 이 통일방안은 민의를 수렴하지 못했고 남북의 군사적 대결구도 청산에 관한 구체적 안을 담지 못했다는 점에서 한계가 있었다. 이러한 약점은 내외정세의 변화에 따라 통일정책이 '흡수통일론'으로 귀결되는 원인으로 작용하고 말았다.

전두환의 저돌성은 한때 일도양단의 효과를 나타내는 듯했지만 결국 부메랑의 역기능을 유발하였다. 군사반란으로 정권을 장악한 그는 시대정신에 역행하며 민주주의를 압살한 군국주의적 통치자였다. 반면에 노태우는 때때로 민주적 문제해결 방식을 시도했으나 이는 '제한적 민주화'였을 뿐이며, 3당합당 이후 망국적인 지역대립의 골은 더욱 깊어졌다. 노태우는 지도력을 갖추지 못한 기회주의적 대통령으로 남아 있다. 이러한 차이에 관계없이 전두환은 비자금 등과 관련되어, 노태우는 정경유착의 본보기로서 각각 옥살이를 겪게 된 전직 대통령이 되고 말았다.

5. 파산한 '개혁호'의 선장 - 김영삼

김영삼은 26살에 국회에 진출한 뒤 8선의원에 총재 3번을 역임한 화려한 경력의 정치인이다. '용기와 결단의 정치인', '감感의 정치인' 등 세간의 호칭처럼 그는 정치적 위기 때마다 빼어난 승부사적 기질로 돌파구를 마련해 왔다. 이러한 기질은 그가 대통령이 되는 과정에서도 적절히 발휘되었다.

제13대 국회의원 선거에서 통일민주당이 제1야당의 자리를 확보하지 못하자 그는 차기 대권의 가능성이 줄어들 것을 우려했다. 그리하여 그는 '군정종식'을 외치며 노태우 정권을 비판하던 자세에서 표변하여, 집권당인 민주정의당 및 유신본당을 자처해온 신민주공화당과 3당합당을 이루었다. 그럼에도 당시 김영삼은 민의를 무시한 채 성사시킨 3당야합을 '구국의 결단'이라고 강변하였다.

3당합당으로 새로 탄생한 민주자유당의 김영삼후보가 곡절 끝에 대통령에 당선됨으로써 이른바 '문민정부'가 출범했으나, 김영삼 정권은 3당합당에서 말미암은 한계를 극복하기 어려웠다. 군사정권의 잔재를 척결하고 참된 민주정부가 되기에는 태생적인 약점이 있었던 것이다. 하지만 대다수 국민들은 민간인 출신의 대통령이 부패와 비리의 사슬을 끊고 역사의 물줄기를 제대로 잡아줄 것을 기대했다.

김영삼은 대통령 취임 직후 "앞으로 정치자금은 한푼도 받지 않겠다"고 선언하여 정경유착의 고리를 완전히 차단할 것을 약속했다. 게다가 공직자재산등록 및 금융실명제 실시, 정치관계법 개정 등 일련의 개혁조치를 단행하자 국민들은 다소간의 경기침체를 감내하면서 갈채를 보냈다. 김영삼은 이로써 강화된 정당성과 도덕성을 바탕으로 수구부패 세력을 응징함으로써 대중적 지지를 확보할 수 있었다. 하지만 그는 "인사人事가 만사萬事"라던 평소의 소신에도 불구하고 인사정책에서 지도자의 면모를 보여주지 못하고 '측근정치' 내지 '문민독재'의 가능성을 내비쳤다.

이러한 문제점이 점차 가시화되는 가운데 김영삼 정권의 개혁의지도 약화되었고, 집권당의 다수당으로서의 오만과 횡포로 민주정치의 활성화도 진전되지 못했다. 그 동안 추진한 금융실명제·농어촌구조조정사업·경부고속전철 등의 주요 정책도 실효를 거두지 못했거나 실패하였다. 뿐만 아니라 그토록 '세계화'를 내세웠으면서도 세계경제체제의 변화에 능동적으로 대처하지 못해, 급기야 IMF체제라는 초유의 경제적 난국을 맞고 말았다. 김영삼 정권의 '3단계 3기조 통일방안'과 통일정책도 노태우 정권 때에 비해 뚜렷한 변화나 진척을 보이지 못했다.

김영삼이 추진한 '문민개혁'이 실패한 까닭은 "머리는 빌릴 수 있다"는 그의 지론이 무색할 정도로 빈약한 지도이념과 지도역량에서 비롯된 것이다. 더욱이 국민의 뜻을 충분히 담아내지 못한 졸속한 개혁조치로는 독단적 조치에 따른 폐해를 극복할 수 없었다. 따라서 개혁의 실패 책임은 그가 떠맡을 수밖에 없다. 설령 그는 한푼의 정치자금도 받지 않았더라도 그의 측근과 아들이 각종 비리를 저지른 것에 대해 최고통치권자로서의 책임 또한 면하기 어렵다.

국민의 전폭적 지지에도 불구하고 김영삼은 정권기반의 이해관계에 얽매여 주춤거리면서 개혁의지를 관철하지 못해 무능한 지도자가 되고 말았다. 1997년 어느 대학에서 실시한 설문조사에 따르면, 복제해선 안

될 인물 1위가 현직 대통령이었다. "닭의 목을 비틀어도 새벽은 온다"고 외쳤던 김영삼은 아이러니컬하게도 문민독재자로, '개혁호'를 표류시킨 선장으로 평가되고 있다.

6. '통일' 대통령을 기대하며

대통령의 공과에 대한 평가는 결코 쉬운 일이 아니다. 한 정권에 대한 평가는 최고통치권자뿐 아니라 권력주체들 그리고 그 정권이 집행한 모든 정책이 총체적으로 평가돼야 하기 때문이다. 대통령이 재임했던 시기가 현재에 가까울수록 확정적 평가를 내리기 어려운 것 또한 사실이다. 그러나 '객관성'을 유지할 경우 오히려 실체적 평가가 가능할 것이다.

우리의 역대 대통령의 '역사' 점수는 낮은 편이다. 대통령이 시행한 제반 정책에 과過만 있고 공功은 없는 것은 아니지만, 독단에 따른 파행적인 정치형태는 역사적 과제의 해결은커녕 많은 부작용을 낳아, 민주적 정치제도가 뿌리내리지 못하고 지역적 갈등마저 조장되었다. 정경유착과 사회부조리는 어느 정도의 경제성장에도 불구하고 경제적 불평등을 야기시켰고, 가치관의 혼란을 초래했다. 또 통일정책이 한낱 구두선口頭禪에 불과한 경우가 많았고, 때로는 민족문제를 권력유지에 이용하는 경우도 더러 있었다.

역대 정권은 정통성을 제대로 확보하지 못하였으며, 대통령은 권력자로서의 통치행위에 주력하였다. 하지만 "위대한 지도자는 위대한 국민이 탄생시킨다"는 명제를 전제할 때 존경받는 대통령을 갖지 못한 책임은 우리에게도 없지 않다. 식민지배하에서 민주주의를 갈고 닦을 기회가 없었고, 분단체제하에서 반공이란 칼날 앞에 서 있던 우리의 의사는 왜곡되어 나타나기 마련이었다. 결국 민주주의 부재는 군림하는 대통령을, 군림하는 대통령은 다시 민주주의 부재를 낳는 악순환이 반복되었다. 민의를 수렴하고 시대적 과제를 해결할 민족지도자를 뽑는 것은 지혜와 결단을 통한 지속적인 민주주의 영역의 확대를 통해서만 가능할 것이다.

우리 사회에서 '제왕적' 통치자는 바람직하지 않을 뿐더러 더 이상 통용되지도 않을 것이다. 지난 대통령선거 이전에 실시한 어느 일간지의 설문조사를 보면, 대통령에게 필요한 '덕목'은 지도력, 도덕성, 경제적 비전, 지역갈등 해소, 민주개혁 의지, 합리적 의사결정, 통일비전, 대중적 이미지 등의 순으로 나타났다. 여기에다 취임사를 스스로 작성할 수 있는 대통령, 퇴임 뒤 혼자 공원을 산책할 수 있는 대통령 등 소박한 바램을 덧붙이고 싶다.

우리는 지난번 대통령선거에서 '준비된 대통령'을 강조한 새정치국민회의의 김대중후보를 선택했다. 새 대통령에 주어진 당면과제가 칠흑같이 어두운 IMF터널을 벗어나는 것이라는 데에 이론의 여지가 없을 것이다. 하지만 민주화의 실현을 경제의 종속변수로 인식하면 또 다른 권위주의가 출현할 가능성이 높다는 점을 유의해야 한다. 우리시대는 '경제'대통령 못지않게 '통일'대통령을 필요로 한다. 민족의 앞날과 인간해방을 위해 통일을 실현한 대통령, 최소한 통일의 터전을 닦은 대통령을 기대한다.

1998. 5. 27, 와우리 연구실에서

Ⅱ. 이승만과 박정희의 역사적 평가

'이승만과 박정희의 역사적 평가'에서는 종합적으로 이승만과 박정희에 대한 평가를 해달라는 주문이었습니다. 그래서 5강에서는 가급적이면 앞의 강의에서 논의된 구체적·실증적인 문제는 접어두고, 되도록 종합적인 입장에서 평가를 내리고자 합니다. 하지만 이승만과 박정희라는 인물에 초점을 맞추었기 때문에 내용상의 중복은 어떤 면에서는 피할 수 없으리라고 생각됩니다. 그 점을 먼저 양해를 해주시기 바랍니다. 강의는 주로 講義案을 중심으로 여러분들께 하나씩 설명하는 형식으로 진행할까 합니다.

먼저 『조선일보』를 비롯한 일부 언론과 정치세력들이 왜, 하필 '이승만과 나라세우기', '박정희와 나라살리기' 문제를 강조하는가, 즉 그들은 이러한 것을 상조함으로써 무엇을 노리는가 하는 점을 큰 눈으로 살펴볼 필요가 있다고 생각됩니다. 그 이유를 서너 가지 관점에서 살펴볼 수 있으리라 생각됩니다. 크게 보면 국내외 정세변화와 수구세력의 대응에서 찾을 수 있죠. 우선 국내외 정세변화를 볼 것 같으면, 우리가 익히 알고 있듯이 1990년대에 들어와서 東구라파나, 옛 소련 등 이른바 현실사회주의권이 붕괴했지요. 그리고 다소간의 문제가 없는 것은 아니지만 김영삼 정권의 성립으로 이른바 문민정부가 수립되었다는 사실은 국내외의 정세변화로 인식할 수 있습니다.

이와 같은 국내외 정세변화에 상응해서 앞서 말씀드린 이승만과 박정희가 다시 부각되는 것은 냉전체제가 와해되면서 이에 편승한 보수세력들이 그들의 정통성을 확립하기 위한 하나의 방편으로 이승만과 박정희의 긍정적인 평가를 강조하고 있다고 보입니다. 또 하나의 배경은 김영삼 정권의 개혁을 봉쇄하기 위한, 다시 말하면 김영삼 정권의 이른바 개혁을 봉쇄하고 기득권을 유지하기 위한 수구세력의 몸부림이라고 볼 수 있습니다.

　최근에도 집권당 내부에서 민정계와 민주계가 여러 가지 문제, 특히 개혁문제를 둘러싸고 자기네들끼리 이전구투하는 모습을 우리는 지켜보고 있습니다. 그래서 두 번째 문제와 세 번째 문제는 한마디로 이야기해서 수구세력이 그들의 기득권을 확보하면서 정통성을 확립하기 위해 '이승만과 나라세우기', '박정희와 나라살리기'를 강조하고 있다고 볼 수 있습니다. 그러나 문제는 수구세력이 내세우는 주장이 결과론적인 역사해석이라는 거죠. 결과론적인 역사해석은 위험한 발상이자 아주 위험한 논리입니다.

　이와 더불어 간과할 수 없는 사실은, 흡수통일의 폐해는 서독이 동독을 흡수통일하는 과정에서 우리가 눈여겨 보아왔음에도 불구하고 수구세력들은 흡수통일을 전망하고 흡수통일을 실현하기 위해 지난 역사를 합리화하기 위한 의도로 이승만과 박정희의 역사를 강조하고 있다고 생각됩니다. 이제 우리는 과연 이승만과 박정희를 통해서 무엇을 노리고 있는가 하는 점에 대해 전체적인 윤곽은 이해되었으리라 생각됩니다.

　우리는 우리 현대사에 대한 올바른 이해를 할 필요가 있습니다. 우리 현대사에 대한 올바른 이해를 위해서는 먼저 '해방'이라는 용어가 지닌 올바른 개념, 좀 더 사회과학적인 의미를 알아야 합니다. 요즘 정부, 관변단체는 거의 광복 50주년, 기타 학술단체는 해방 50주년이란 말을 많이 사용합니다. 이미 여러분들께서도 알고 계시리라 생각됩니다만 '해방'이라는 것은 일시적인 어떤 현상을 의미하는 그런 개념이 아니지요. 정확히 말하면 '해방'이라는 것은 억압의 사슬, 억압의 체제에서 풀려나는 것은 물론 새로운 질서, 새로운 가치를 창조하는 역동적인 개념입니다. 그러면 1945년 8월 15일에 日帝의 식민지통치로부터 벗어났다는 사실은 분명 해방입니다. 그러나 그 자체가 해방의 모든 것은 아니지요.

일제식민지 잔재를 청산하고 통일민족국가를 건설하는 작업까지 완료되었을 경우에 우리는 진정한 의미에서의 해방이라 부를 수 있는 겁니다. 따라서 올바른 의미에서 '해방'은 지나간 50년 이전에 사용된 말이 아니라, 우리가 단순히 50주년을 기념하는 의미에서 해방을 사용할 것이 아니라 아직도 지속되고 있는 부분이라고 정리하고 싶습니다. 따라서 일단 우리 현대사를 분단 50년의 역사로 정의해 봅시다. 분단 50년의 역사로 이해할 경우, 우리의 역사적 과제, 여러 가지 사회적인 문제 등이 한층 분명하게 머릿속에 각인되리라 생각됩니다.

다음, 우리 현대사에 대한 올바른 이해를 위해서는 굴절, 왜곡된 우리 현대사 제대로 보기가 무엇보다 필요합니다. 사실 그간 우리 현대사는 이념적인 대립으로 남북한에 각기 단독정부가 수립되면서 정권안보 차원에서 우리 현대사를 제대로 볼 수도 없었습니다. 물론 제대로 볼 수 없는 상황논리에 추수한 학자·연구자들이 자기의 책임을 다 했다라고는 보지 않습니다. 하여튼 우리 현대사 연구는 그간 금기시되거나 굴절되어 왔던 것이 저간의 실정이었습니다. 우리 역사, 특히 현대사를 제대로 봐야 된다는 견해는 1970년대 말에 이미 제기됐지만, 우리 현대사에 대한 본격적인 연구작업은 1980년대 후반에 와서야 비로소 시작되었다고 해도 과언이 아니지요. <한국역사특강>을 개최하고 있는 「한국역사연구회」가 바로 이런 작업에 가장 선도적인 역할을 한 역사연구단체입니다. 1980년대 후반부터 우리 현대사를 제대로 보려는 노력이 이루어졌음에도 불구하고 지금 우리 현대사가 제대로 정리된 것은 아닙니다. 아직도 꾸준한 연구작업, 또는 올바른 인식을 위해 노력해야 된다고 생각됩니다.

세 번째, 우리 현대사의 올바른 이해를 위해서는 이승만과 박정희의 역사를 아는 것은 필수불가결한 일이지요. 제가 이번 특강을 위해 기간을 따져보았습니다. 이승만의 집권기간이 1948년 8월 15일에서 1960년 4월 26일 하야할 때까지 대략 11년 8개월 정도입니다. 그리고 박정희의 통치기간이 18년 5개월입니다. 도합 30년 1개월이에요. 30년 1개월은 우리 현대사의 5분의 3에 해당됩니다. 따라서 이승만, 박정희의 정치활동에 대한 객관적인 이해, 올바른 평가는 우리 현대사 50년의 역사를 올바로 평가하는 하나의 실마리를 제공한다고 봅니다. 시간적으로 따지더라도 5분의 3이상을 차지하니까요.

이와 같은 대전제 아래 역사 속에서 인물을 다룰 때 어려움은 무엇이며, 또 그 의미는 무엇인가 하는 문제를 '역사와 인물'이라는 소주제로 한 번 살펴보지요. 왜 우리는 역사 속의 인물에 관심을 갖게 되는가 하는 문제입니다. 흔히 하는 말로 역사의 단계높임에 뚜렷한 족적을 남긴 역사적 인물은 물론이요, 반역사적인 인물에도 관심을 기울이는 까닭은 그들의 사상과 활동상을 통해 당시의 시대적 성격, 역사적 성격, 역사적 과제를 보다 쉽게 이해할 수 있다는 강점을 가지고 있기 때문입니다. 뿐만 아니라 그들로부터 역사적 교훈을 얻을 수 있기 때문입니다. 특히 우리 역사를 한 단계 끌어올린 역사적 인물에 대한 올바른 평가는 우리들의 삶을 역사적 삶으로 끌어올리는 추동력을 제공할 수 있기 때문에 우리는 역사적 인물에 특히 관심을 기울이게 되는 겁니다. 반드시 위인전을 보고 위인이 되는 것은 아니지만 역사적 인물을 통해 우리는 많은 것을 배울 수 있으리라 생각됩니다.

우리가 역사 속의 인물에 관심을 갖는 중요한 까닭이 있음에도 불구하고 인물평가에는 상당한 어려움이 있습니다. 예컨대 우리는 역사 속의 인물 가운데서도 그 인물이 존재했던 시기가 오늘날에 가까우면 가까울수록 관심이 아주 큽니다. 관심이 큰 반면, 최근까지 생존했던 사람들에 대한 평가는 더더욱 어렵다고 볼 수가 있습니다. 일제시기에 살았던 사람, 또는 8·15 해방 이후에 활동했던 사람들에 대해 역사적 평가를 하는 것은 매우 힘든 일입니다. 저도 한국현대사를 전공하지만, 특히 인물평가는 어렵습니다. 예를 들면, 자기 할아버지나 아버지가 친일을 했으면 친일파라고 하면 가만히 있으면 됩니다. 그런데 굳이 친일을 한 적이 없다라고 우겨댑니다. 아마 경로사상에 매여 있는 것 같아요. 그래서 저는 속된 말로 가만히 있으면 50점은 될 터인데, 아버지가 친일을 했으니까 가만히 있으면 속죄하는 의미에서 50점은 될 터인데 굳이 아니했다고 우기는 것은 바뀌어야 된다고 생각합니다. <한국역사특강>을 듣는 여러분들께 특별히 부탁드리면, 혹 여러분들과 관련되는 현대사 인물에 대한 부정적인 평가가 있더라도 절대 토를 달아서는 안된다는 겁니다. 반감을 가질 필요가 없습니다. 그 자체가 우리의 역사입니다.

다음, 평가대상이 되는 인물이 최근까지 활동한 경우, 확정적인 평가가 결코 쉽지 않습니다. 예컨대 앞의 4강까지를 통해 이승만·박정희에 대한 다각도의 심층적인 강의를 들었습니다만, 어쩌면 이승만에 대한 평가보다는 박정희에 대한 평가가 더 어렵습니다. 그 까닭은 최근에 활동한 역사적 인물에 대한 확정적인 평가가 결코 쉬운 일이 아니라는 반증이죠. 그렇지만 우리는 쉽지 않다고 해서 그냥 넘어가서는 안 됩니다. 역사학자·역사연구자들이 어렵다고 하면 전부 쉬운 것만 합니까? 어려운 것을 해야지요. 이처럼 확정적 평가가 결코 쉽지 않지만 그 인물에 대한 역사적 평가를 통해서 우리는 그와 유대적이었던 개인이나 세력에 대한 간접적인 평가도 가능합니다. 예컨대 박정희 평가를 통해서 유신본당을 자처하는 개인이나 정치세력에 대한 간접적인 평가가 가능합니다. 그렇게 강조해도 표가 나올 때는 다 나오니까 문제는 있습니다.

저는 오늘 강의를 통해서 이승만 정권이나 박정희 정권 전체를 다루려고 하지는 않습니다. 왜냐하면 한 정권에 대한 평가는 그 지도자나 그

정권을 담당한 주체세력, 권력주체 그들에 대한 분석뿐 아니라 그 정권이 실행한 모든 정책을 종합적으로 분석한 바탕 위에서 비로소 그 정권에 대한 총체적인 평가를 할 수 있기 때문입니다. 그래서 저는 정권에 관한 평가도 들어있지만 가급적이면 이승만·박정희의 개인적인 문제에 좀 더 초점을 맞출까 합니다. 하지만 정권문제와 완연히 구별되는 것은 아니지요. 公人의 활동이 결국은 정권적인 차원에서의 평가와 유관한 것은 사실입니다.

다음, 대통령의 권한과 역할이 어느 정도인가 하는 문제입니다. 이것은 상당한 논란을 일으킬 부분이기도 합니다만 저는 이런 생각을 해보았습니다. 전근대사회의 임금, 왕의 권한은 무한하지 않습니까? 그러면 오늘날 대통령의 권한은 왕의 권한의 1/10밖에 안될까 이런 생각을 해 보았습니다. 보는 각도에 따라, 어쩌면 전근대사회의 왕의 권한 못지않게 대통령의 권한이 막강하지 않은가 하는 생각이 들었습니다. 대통령과 왕이 지닌 권한의 성격과 질은 다르겠지만 여러분들도 그런 문제를 한번 생각해 볼 필요가 있습니다. 그러니까 모두 大權을 잡으려고 하지 않습니까? 대권이 뭔지 저는 잘 모르겠습니다만 정치판에서 대권하니까 스포츠에서도 대권, 모든 분야에서 대권이에요. 우리나라는 소권은 없는 나라입니다.

이승만과 박정희에 대한 역사적 평가에 있어, 가급적이면 연속선상에서 그들을 평가할까 합니다. 왜냐하면 두 사람이 정권을 잡고 있건 시기는 객관적인 조건이나 권력주체, 통치구조, 국민의식 등에서 상당한 차이가 있는 것은 사실입니다. 그럼에도 불구하고 큰 줄기에 있어서는 같다고 보아도 무방합니다. 이를테면 박정희는 언제 사람입니까? 이승만 정권 하에서 잉태된 하나의 정치군인입니다. 박정희 주도하에 군사쿠데타가 1961년에 일어났지만 1950년 초에도 이미 군사쿠데타 음모설이 누차에 걸쳐 있었습니다. 그 뿐입니까? 박 정권 때 실시된 경제개혁도 언제 입안이 된 겁니까. 그 이전에 입안이 된 것입니다. 이러한 제반 사실로 보건대 이승만과 박정희를 연속선상에서 보는 것은 무리가 아니죠. 그래야지 우리 현대사가 제대로 큰 줄기로 이해될 수 있을 것입니다.

그러면 이승만·박정희 평가의 잣대는 무엇을 가지고 할 것인가 하는 문제지요. 평가의 기준은 첫째, 식민지시기의 행적 즉 그들이 과연 식민지시기에 무엇을 했는가 하는 점, 둘째, 8·15 이후 정치활동이 과연 자주적 민족국가 건설이라는 역사적 과제에 얼마만큼 충실했는가 하는 점을 잣대로 삼고자 합니다. 역사적인 평가를 할 때에 역사적 과제를 평가의 잣대로 삼게 되면 매우 분명하게, 명쾌하게, 객관적으로 평가할 수가 있습니다. 예컨대 오늘날의 역사적 과제는 무엇이겠습니까. 분단극복이지요. 민주화와 분단극복이 역사적 과제 아닙니까. 그러면 오늘날 살고 있는 여러분들이나 나를 우리의 후손들이, 역사가들이 평가할 때에는 얼마만큼 분단극복에 충실했는가 하는 역사적 잣대를 가지고 우리들을 평가할 것은 자명한 일이지요. 또 일제시대의 역사적 과제는 민족해방이지요. 그래서 식민지시대에 민족해방투쟁을 적극적으로 펼친 사람을 높이 평가하지요. 친일파를 평가하는 사람 있습니까. 안하지요. 그럼에도 우리들은 역사적 과제를 소홀히 합니다. 그렇다고 머리에 항시 띠를 매고 구호를 외치며 다니라는 얘기는 아닙니다. 그러나 우리들이 역사적 평가, 역사적 소임을 다하기 위해서는 역사적 과제에 걸맞는 우리의 삶을 살아야 된다는 거죠. 따라서 이승만과 박정희에 대한 평가의 잣대는 얼마만큼 역사적 과제에 충실했는가 하는 것을 가지고 평가할까 합니다.

물론 평가태도는 엄격해야지요. 평가의 엄격성이 요구됨에도 불구하고 적지 않은 사람들은 죽은 사람에 대해 상당히 후합니다. '포용력'에 따옴표를 했는데, 따옴표는 좋은 의미로 사용하는 적이 없습니다. 포용력이 문제예요. 죽고 나면 후하게 평가한단 말입니다. 좀 더 냉철하게 엄격하게 평가할 필요가 있는 겁니다.

우리가 잣대를 가지고 역사적 평가를 함에 있어 흔히 동기론적인 평가를 하는 경우가 있고, 결과론적인 평가를 하는 경우가 있습니다. 개인의 역사적 활동을 평가하는 데는 결과론적인 평가를 많이 합니다. 동기론적인 평가보다는 결과론적인 평가를 하는 것이 오늘날 역사학자들뿐 아니라 많은 연구자들의 일반적인 방법입니다. 이에 대해 저는 다른 생각을 갖고 있습니다. 동기론적인 평가를 잘하게 되면 결과론적인 평가와 별 차이가 없다고 봅니다. 하나의 보기를 들어보면, 우익세력이 대체로 반탁을 주장했는데 이승만 추종세력·한민당이 반탁을 주장한 동기와 김구세력이 반탁을 주장한 동기는 다릅니다. 이승만 추종세력이나 한민당은 남한만의 단독정부를 내다보면서, 한마디로 말하면 정략적인 차원에서 반탁을 주장했습니다. 반면에 김구세력의 반탁동기는 무엇입니까. 36년간 일제의 식민지통치를 받았는데 5년이 웬 말이냐는 것이지요. 다시 말하면 반탁을 제2의 독립운동으로 간주를 한 것입니다. 동기가 달랐기 때문에 남북한에 각기 단독정부가 수립될 즈음 이승만이나 한민당 세력은 단독정부 수립세력이 되지요. 김구세력은 어디로 갑니까. 남북한에 단독정부가 수립되려고 하니까 통일정부 수립운동으로 갑니다. 그래서 혹자는 동기론적인 평가냐, 결과론적인 평가냐 하는데 저는 동기론적인 평가를 잘하게 되면 결과론적인 평가와 다르지 않다고 봅니다. 동기론적인 평가와 결과론적인 평가가 서로 다른 것은 결코 우리가 역사를 잘못 인식하고 있기 때문이지, 천착해 보면 결코 다른 내용이 아닐 것이라고 생각합니다.

이제 이승만은 구체적으로 무엇을 했는가를 살펴보죠. 우선 경력을 한번 봅시다. 1875년 황해도 평산 출생, 1904년 미국 유학, 1919년 임시정부의 임시대통령, 1925년 임시대통령직 상실, 1941년 임정 구미위원회 위원장, 1945년 독촉 의장, 1946년 민주의원 의장, 1948년 초대 대통령, 1960년 3월 제4대 대통령, 1965년 하와이에서 세상을 떠남. 굵직한 경력만 제가 몇 가지 적어 보았습니다.

그러면 '이승만 되살리기'의 논거가 무엇일까. 이승만의 외교독립론이 식민지시대 항일민족운동을 주도했다는 것, 이승만의 用美論이 국익에 도움을 주었다는 것, 이승만의 단정수립론은 건국의 받침돌이 되었다는 것, 그리고 3·15 부정선거를 비롯한 불법개헌과 부정선거는 이승만 개인의 잘못이 아니라 주위에 있던 부하들, 측근들이 부정과 불법을 저질렀다는 것입니다. 때문에 이승만은 독립운동의 영웅이요, 건국의 아버지라는 겁니다. 과연 이승만이 독립운동의 영웅인가, 건국의 아버지인가 '이승만 되살리기'의 논거를 하나하나 따져봅시다.

먼저 이승만의 성격은 흔히 과신에 차 있고, 자기중심적, 독선적 권위주의, 완고성, 뛰어난 용인술 등으로 규정합니다. 사실 뛰어난 용병술이란 제2인자를 용납하지 않는 교묘한 비민주적 인사를 뜻하는 것입니다. 둘째, 이승만의 외교독립론이 식민지시대 항일민족해방운동을 주도했다고 했는데 한 번 봅시다. 외교독립론이란 표현은 잘못된 것입니다. 이승만의 외교독립론을 언급할 때는 반드시 따옴표를 하세요. 왜냐하면 식민지시대 민족해방운동을 어떠한 방법으로 할 것인가 하는, 독립방법론은 크게 3가지로 나눌 수 있습니다. 즉, 무장투쟁론, 실력양성론, 외교독립론 등입니다. 1980년대 후반 한창 민주화 열기가 드높을 때 학교에서 강의를 하면서 학생들에게 물어봅니다. 3가지 가운데 1920, 1930년대에 학생들이 활동했다면 어떠한 방법론을 채택했을까 하게 되면

너나할 것 없이 무장투쟁론에 손을 듭니다. 그런데 요즘에는 예상 외로 실력양성론·외교독립론이 꽤 많아요. '아! 역사인식이 잘못되어 있구나' 저는 그런 생각을 했습니다. 왜냐하면 외교독립론이 나쁜 것은 아닙니다. 외교독립론 자체가 나쁜 것이 아니에요. 다시 말하면, 무장투쟁론자들이 무장투쟁만 하자고 하는 것이 아닙니다. 무장투쟁을 함으로써 외교활동의 성과도 높일 수 있다는 것이 무장독립론입니다. 이승만이 주장하는 외교독립론은 외교를 통해서만 오로지 독립을, 조국의 해방을 쟁취할 수 있다는 논리이기 때문에 엄격히 말해 그것은 外交至上主義, 外交第一主義입니다. 때문에 외교독립론은 조국의 해방을 쟁취할 수 있는 올바른 민족해방운동노선이 아니라는 겁니다. 그랬더니 독립운동을 전공하는 사람이 왜 이승만과 같이 당시에 많이 배운 사람이 그것도 모르고 외교독립론을 주장했을까 저한테 묻더군요. 많이 배운 사람들이 좋은 일도 많이 하지만 나쁜 생각을 또 많이 가지고 있거든요. 사실, 그것은 이승만이 장차 정권까지도 염두에 두면서 상황논리에 빠져 있었기 때문이죠. 그래서 외교독립론은 현실적인 바탕에 근거한 독립운동노선이 아니라 상황론적인 논리입니다. 최남선이 기초한 기미독립선언서, 고등학교 책에 나오지요. 너무 어려워서 선언서의 의미는 없다고 생각합니다. 이천만 동포를 상대로 한 선언서가 그렇게 한문 투성이의 선언서가 돼서야 진정한 의미에서의 독립선언서가 될 수 있었겠습니까.

오히려 <공약 3장>이 한결 돋보입니다. 만해 한용운 선생이 기초한 <공약 3장>에 보면, '최후의 1인까지 최후의 일각까지 싸우자' 이렇게 되어 있습니다. 그런데 누가 이렇게 이야기했습니다. 막판까지 마지막 한 사람이 남아있을 때까지 싸우다가 다 죽어버리면 독립된들 무슨 소용이 있겠느냐고 말하더군요. 심각하게 묻기에 저도 심각하게 대답했습니다. 그것은 끝까지 싸우자는 이야기지 다 죽을 때까지 싸우자는 얘기가 아니다. 당신의 생각은 현실론적인 것이 아니라 상황론에 바탕을 둔 것이라고 했더니 수긍을 하더군요. 따라서 이승만의 외교독립론이 외교지상주의일 뿐 결코 올바른 민족해방운동노선이 아니라고 강조하고 싶습니다.

이승만과 박용만에 대해 잠시 언급할까 합니다. 박용만과 이승만은 원래 독립협회 활동을 같이했던 사람입니다. 나이는 박용만이 이승만보다 한두 살 아래입니다. 독립협회운동을 하다가 서대문형무소에서 함께 옥살이를 하면서 의형제를 맺었습니다. 이승만이 형, 박용만이 아우이죠. 미국 망명은 박용만이 먼저 했습니다. 이승만이 미국에 건너갈 때에 박용만의 도움을 많이 받았습니다. 그런데 머지않아 박용만 세력과 이승만 세력은 아주 지독한 싸움을 하지요. 그 기록은 김원용이 쓴 『재미한인50년사』에 자세히 나와 있는데, 이승만의 독재정치를 예견할 수 있는 대목이 수없이 나옵니다. 책을 쓴 김원용이 박용만 계열의 사람이라고 하더라도 그 책은 이승만에 대한 객관적인 이해를 하는데 도움을 줄 수 있는 책입니다. 저는 권하고 싶습니다. 그런 책을.

셋째, 이승만이 1919년 수립된 임시정부의 임시대통령이 되었는데 과연 임시정부를 실질적으로 이끌었는가 하는 문제예요. 임시정부 대통령이 된 이후에도 이승만은 외교활동을 핑계로 워싱턴에서 활동을 계속했습니다. 상해에 와서 대통령직을 수행한 것은 6개월에 불과하죠. 1920년 12월 8일에 와서 이듬해 5월말에 다시 하와이로 떠나지요. 일본 정보문건에 따르면 도망쳤다고 했는데, 도망쳤을 리는 없고 그냥 슬쩍 가버린 것만은 사실이지요. 이승만이 임시대통령직을 수행하기 위해 상해에 도착했을 당시 중국지역의 많은 민족해방운동가들은 이승만 환영식을 베풀었습니다. 그런데 이승만은 환영회 석상에서 "오늘 내가 이

곳에 온 것은 많은 금전이나 큰 정략을 가지고 온 것이 아니라 재미동포의 이곳에서 일하시는 여러분들께 고맙다는 소식을 가지고 왔다."고 했습니다. 한마디로 중국지역의 민족해방운동가들은 이승만에 대한 기대가 일시에 실망으로 바뀌어버렸습니다. 6개월가량 이승만이 임시정부 대통령직을 수행하면서 오히려 분규가, 내분이 격화됐습니다. 그러자 이승만은 6개월 후 다시 하와이로 떠나버립니다. 이 사실을 통해 이승만의 외교독립론은 결코 항일민족운동을 주도한 것이 아니요, 그가 실질적으로 민족해방운동을 이끈 사실도 우리는 발견할 수 없습니다. 다른 구체적인 사실이 많습니다만 앞 강의에서 충분히 이야기가 되었으리라 생각돼 생략합니다.

넷째, 이승만의 용미론이 국익에 도움을 주었는가 살펴봅시다. 그의 傳記作家 R. T 올리버에 따르면, 이승만은 미국의 뜻을 어기면서까지 미국의 이익을 위해 앞장선 인물이라고 꼬집었습니다. 과연 이승만의 용미론이 국익에 도움을 주었다고 생각하십니까.

다섯째, 8·15해방을 맞이하자 이승만은 10월에 귀국합니다. 귀국해서 第一聲이 대동단결론입니다. 뭉치자, 무조건 뭉치자, 뭉쳐야 산다는 거죠. 이승만이 내건 대동단결론의 의도가 무엇인가. '무조건 뭉쳐라' 하는 의미는 친일파·민족반역자의 처벌을 유보하기 위한 하나의 슬로건입니다. 당시의 좌우정치세력들은 날카롭게 대립했습니다. 주요한 이슈의 하나는 민족반역자·친일파를 어떻게 할 것인가 하는 문제에요. 한쪽에서는 친일파를 처단하자고 했습니다. 또 한쪽에서는 친일파·민족반역자를 새로이 건설된 독립국가에서 제외시키자라고 했습니다. 그것이 다른 말입니까. 독립국가에서 제외시키게 되면 곧바로 처단하고 연결되지요. 처단하나 제외시키나 별다른 의미의 차이는 없습니다. 문제는 배제시키자는 주장에 깔려있는 속뜻이 그들을 이용해서 정권을 잡아보겠다는 저의가 있었기 때문에 잘못된 겁니다. 우리는 말에 현혹돼서는 안 되지요. 그리고 이승만은 정권을 장악한 이후 친일파를 권력 유지의 한 기둥으로 이용했다는 사실을 우리는 익히 알고 있습니다.

여섯째, 이승만은 건국의 받침돌이라고 했는데 따져봅시다. 이승만은 1946년 6월 3일 '정읍발언'을 통해 단독정부 수립의 필요성을 피력했습니다. 이승만이 남한만의 단독정부 수립을 주장하자 이승만 추종세력이나 한민당을 제외한 여타의 모든 정치세력은 비판했습니다. 지지한 정치세력은 하나도 없습니다. 결국 이승만은 통일민족국가 수립세력을 용공세력으로 매도하면서 반민족세력과 미군정을 업고 단정 수립에 주력합니다. 단정 수립이 구체화되면서 단독정부, 분단국가를 극복하는 문제는 아직도 우리의 역사적 과제, 숙제로 남아있지요. 그래도 이승만의 단정수립론을 건국의 받침돌이라고 이야기할 수 있겠는가. 냉철하게 생각해 봅시다.

일곱째, 부정선거·불법적인 개헌은 이승만 개인의 잘못이 아니라 그의 부하들이 저지른 잘못이라고 강변하는데, 그러면 부정선거의 잘못은 누가 져야 합니까. 정부의 최고책임자가 지지 않으면 그 책임을 누가 집니까. 이 못된 버릇이 요즘도 남아 있는 것 같아요. 문제가 발생하면 중간급 한두 사람에게 대충 책임을 지우고 진짜 책임져야 할 사람은 면피하고 말이죠. 설령 대통령이 직접 지시를 하지 않았다 하더라도 부정선거·불법개헌의 책임은 당연히 정권의 최고담당자가 져야 하는 것은 지극히 당연한 사실 아닙니까. 때문에 '이승만 되살리기'의 논거는 잘못된 것이지요.

마지막으로 하나 더 살펴보지요. 이승만은 반공주의를 민주주의와 동의어로 간주했습니다. 이승만이 반공주의를 민주주의와 동의어로 간주하니까 친일파들은 잘됐다 이거지요. 친일파들은 그들이 가지고 있는 친일성을 반공이라는 새로운 허울을 뒤집어쓰고 이승만독재정권에 이바지하게 됩니다. 구체적인 통계수치를 한 번 들어보죠. 4·19 직후인 1960년 5월 7일자로 기억됩니다.『동아일보』기사를 보면, 경찰관 가운데 총경급은 70%가 일제시대 경찰 출신입니다. 독립운동가 때려 잡고 민중들 수탈한 그네들이 그대로 눌러앉아 총경의 70%를 차지했습니다. 경감은 40%가, 경위급은 15%가 일제시대 경찰 출신이에요. 다음, 흔히 형사라고 불리는 사복경찰은 20%가, 정복경찰은 10%가 일제시대 경찰 출신입니다. 하나의 예로 경찰을 들었습니다만, 친일파들이 얼마만큼 이승만 정권에 이바지했는가 하는 것은 분명히 이해할 수 있을 겁니다.

그리고 이승만의 통일론은 한마디로 북진통일론이지요. 제가 국민학교 다닐 때만하더라도 모든 책 뒤에 보면 다 들어 있었습니다. 미국마저 우려한 북진통일론을 유일무이한 통일론으로 간주했습니다. 그래서 1958년 진보당사건, 당시 진보당 위원장이 조봉암이었는데 진보당의 정강·정책에서 평화통일을 주장했다가 사형 당하게 됩니다. 그런데 역사는 정직한 것 같아요. 1958년에 평화통일을 이야기하다가 사형 당했는데, 30년이 지난 이후에는 평화통일을 반대하고 북진통일을 주장하면 정신병 환자로 취급받지요. 역사는 정말 정직하다는 것을 절감하고 있습니다.

그래서 저는 이승만의 8·15 이전의 행적과 8·15 이후의 정치활동을 통해서 그는 결코 독립운동의 영웅도 아니요, 그렇다고 건국의 아버지는 더군다나 아니다 라는 결론을 얻게 됩니다.

4장으로 넘어가서 박정희는 무엇을 했는가 하는 문제를 살펴보겠습니다. 먼저 박정희의 경력을 봅시다. 1917년 경북 선산 출생, 1940년 만주군관학교 입학, 1942년 일본육사 입학, 이 시기에 박정희는 오까모도 미노루 등 일본 이름 사용, 1944년 일본군 소위로 임관, 1946년 육사 교관, 1960년 2군 부사령관, 1961년 쿠데타 주도, 1963년 제5대 대통령, 1972년 10월 유신, 1978년 제9대 대통령, 1979년 10월 사망.

그러면 '박정희 나라살리기'의 논거는 무엇일까. 제가 정리해 보면, 4·19계승론—5·16쿠데타는 미완의 4·19혁명 즉 4·19를 계승, 무능·부패 등 구악의 일소, 철저한 민족주의자, 경제개발 '신화'의 주역, 국가안보의 확립, 7·4공동성명은 남북통일방안의 실마리 제공, 강력한 리더쉽. 이러한 논거로 박정희를 조국근대화나 민족중흥의 기수라고 주장하거나 이해하고 있는 사람들이 적지 않습니다.

하나하나 박정희 나라살리기의 논거에 대한 반박을 해보겠습니다. 먼저 성격은 과신, 위압적, 결단력, 집념, 뛰어난 용인술 등. 여기서 결단력이라든지 집념은 지도자가 가져야할 하나의 덕목입니다. 그것까지 나쁘게 평가할 필요는 없습니다. 먼저 4·19계승론은 설득력이 없고, 5·16은 강한 정권욕에서 비롯된 것이라는 비판은 이미 「5·16쿠데타」에서 충분히 논의되었을 걸로 생각하고 넘어가겠습니다.

둘째, 무능·부패 등 구악을 일소하기 위해 5·16을 일으켰다고 했는데, 구악을 일소하는 것보다는 오히려 5·16쿠데타 이후 그들은 정권 확보를 위해 이른바 신악을 창출합니다. 대표적인 예가 4대 의혹사건 아닙니까. 이는 당시 군사정권의 하나의 변형으로서의 민정을 창출하는 시기에 여당(민주공화당)을 만드는 과정에서 정치자금이 필요했지요. 정치자금을 마련하기 위해 증권 파동, 워커힐 사건, 빠징고 사건, 일본의 새나라자동차 수입사건 등 4대 신악을 만듭니다. 그들은 구악을 일소한다는 명분으로 신악을 창조한 겁니다.

셋째, 박정희를 민족주의자라고 하는데 박정희 민족주의의 허상을 한 번 봅시다. 박 정권시기에 민족적 민주주의 또는 한국적 민주주의를 슬로건으로 내세웠습니다. 대체로 민주주의나 민족주의의 앞에 관형어·형용사가 붙으면 그것은 진정한 민족주의도, 진정한 민주주의도 아니라고 보면 틀림없습니다. 예컨대 제3세계의 많은 독재자들도 민족주의나 민주주의 앞에 거의 수식어를 붙였습니다. 수식어 붙은 민주주의치고 독재 아닌 것을 못 봤어요. 당시 어용학자들이 한국적 민족주의를 이야기하면서 세계 역사에서 그러했지만 한국적 민주주의야말로 정말 새로운 민주주의의 전형을 보여주는 것이라 했는데, 그게 사실이 아닌 것으로 드러났지요. 한편 박정희를 민족주의자라고 하는 견해는 상당히 단편적인, 감상적인 인식의 소산이라고 생각됩니다. 이를테면 5·16이라든가 제3공화국을 다룬 다큐멘터리를 간혹 시청한 적이 있을 겁니다. 거기에 보면 5·16쿠데타 이후 박정희가 미군장교와 회담하면서 자기 뜻대로 안되면 돌아서서 '양키놈들' 하고 인상을 쓰지요. 그걸 보면서 우리는 무의식중에 '아! 참 대단한 민족주의자구나' 이렇게 인식합니다. 그러나 제가 볼 때에는 박정희를 민족주의자라고 인식하는 것은 지나치게 단편적인, 감상적인 인식이라고 봅니다. 박정희 민족주의의 허상은 정확하게 말하면 박정희는 군국주의적인 부국강병론자로 보는 것이 타당하다고 생각합니다.

넷째, 경제개발 신화의 주역이라고 했는데 종합적으로 살펴보지요. 경제개발의 실상을 봅시다. 박 정권 시기 평균 경제성장률이 8.4%이니까 고도의 경제성장이지요. 문제는 경제성장과 함께 경제적 불균등을 초래한 것입니다. 그렇지요. 또 성장제일주의에 따른 개발독재로 인해 총체적인 사회발전은 기대할 수 없었습니다. 즉 개발독재를 실행하는 과정에서 국민의 기본권을 침해하고 제한한 하나의 확실한 근거를 제가 썼습니다. 계엄령이 4번, 위수령이 2번, 비상조치 1번, 긴급조치 9번. 이것은 개발독재의 명분 아래 저질러진 국민의 기본권 침해이자 국민의 생활권을 제약한 것이라고 보고 있습니다.

다섯째, 박정희의 통일론은 선건설 후통일론입니다. 통일에 대비한 건설을 한 뒤에 통일을 이루자는 내용이지요. 이와 같은 박정희의 건설론은 체제경쟁을 보다 첨예화시켰다고 볼 수 있겠죠. 아울러 통일운동을 원천적으로 봉쇄했습니다. 그러다가 정부 주도하에 7·4공동성명이 발표되었지요. 7·4공동성명이 발표될 때에 대부분의 국민들은 조만간에 통일이 이루어질 것으로 큰 기대를 했습니다. 그러나 머지않아 7·4공동성명은 통일운동의 초석이 아니라 정권안보를 위한 멍석깔기에 불과했다는 것이 백일하에 드러났습니다.

여섯째, 올해가 한일협정 30주년이 되는 해입니다. 한일협정 타결로 일본으로부터 5억 달러의 원조는 경제개발의 밑바탕이 되었다는 겁니다. 자! 한 번 따져봅시다. 당시 5억 달러를 원조 받았지만 3억 달러는 무상입니다만, 2억 달러는 차관의 형태로 들어온 것입니다. 그런데 전체로 본다면 굴욕적인 대일외교를 통해 구걸한 것이라고도 볼 수 있습니다. 한일국교를 정상화하는 것은 국제적, 국가적 차원에서 필요하다고 하더라도 굴욕적인 대일외교를 통해서 우리는 아직도 원폭피해자 문제라든가 정신대 문제 등등 미제가 수두룩 남아 있습니다. 한일협정은 졸속한 외교정책의 결과일 따름입니다.

일곱째, 지역갈등 구도의 창출이라고 이름 붙였습니다만, 특히 박정희의 통치기간동안 불균등한 산업화 전략과 편중된 인사정책으로 말미암아 지역갈등의 골은 한층 심화됐습니다. 1971년 대통령 선거 당시 국회의장이었던 李孝祥은 '경상도 대통령론'을 주장했습니다. 경상도 대통령론 등은 지역갈등 구도를 한층 구조적으로 심화시켰다고 볼 수 있습니다. 구체적으로 장·차관급 인사 가운데 경상도 출신이 몇 퍼센트인가에 대해서는 이야기 안하겠습니다. 퍼센티지를 보면, 호남 출신도

몇몇 기용을 했습니다. 그런데 한결같이 － 요즘은 사정이 다릅니다만 － 대충 한직이라고 할 수 있는 교통부니, 건설부장관 이런 자리만 몇 석 주고 중요한 내무부, 국방부, 법무부 장관 같은 것은 T.K 세력들이 독점했지 않습니까, 그렇죠. 요즘은 좀 달라졌습니까? 모르겠습니다. 또 지역갈등 구도를 창출하는 과정에서 재벌들도 상당수가 영남 출신으로 충원됩니다. 정치판에서 독식했지요, 재벌들도 영남 출신으로 채웠지요, 그러니까 필연적으로 어느 길로 가겠습니까? 정경유착으로 갑니다. 정경유착이 한층 구조화될 수밖에 없습니다.

여덟째, 박정희 정권의 하나의 큰 역사적 빚을 남긴 것은 군사문화의 팽배입니다. 군사문화는 군대문화가 사회 일반화하면서 사회 전반에 침투했다는 거지요. 예를 들면 초전박살, 속전속결 등. 초전박살, 속전속결 좋아하다가 삼풍이니 성수대교니 우르르했지요. 아마 아직도 각성 못했을 거예요. 삼풍사고 직후에 텔레비젼 뉴스에서 콘크리트 방면의 제일가는 전문가, 세계적인 권위자라는 러시아 한인이 삼풍 무너진 것을 보고 콘크리트를 만지더니 육안으로도 强度를 정확하게 맞추었습니다. 이것은 보통 200 이상 되어야 하는데 130 밖에 안 된다고, 저것은 150 이라고. 기자가 '러시아에서는 이런 경우에 어떻게 하냐'고 물으니까 '처형이오'라고 했습니다. 기자가 '처형이 뭐요' 하니 '죽이오' 하더군요. 사형시킨다는 이야기입니다. 그런 부실공사를 하게 되면. 그런데 우리 사회는 제대로 책임지는 사람이 없습니다(까).

실패원인만 강의해서 미안합니다. 실패원인만을 쭉 강의한다고 해서 나쁠 것은 없습니다. 잘못된 역사가 성공하기보다는 올바른 역사가 실패하더라도 훨씬 역사적 의미를 지니고 있죠. 이승만과 박정희의 역사성이라고 쓰고 싶었지만 부득불 反歷史性이라고 쓴 것을 양해해 주십시오. 이승만과 박정희의 반역사성에서 첫 번째로 들 수 있는 것은 비민주성입니다. 비민주성이라고 규정할 수 있는 근거를 봅시다. 먼저 사사오입, 발췌개헌, 10월 유신 등 탈법적인 개헌을 통한 장기 집권은 명백하게 비민주성이라고 이야기할 수 있겠죠. 두 번째 근거는 극우반공 이데올로기 반공을 국시로, 아마 반공을 국시로 삼은 나라는 별로 없을 겁니다. 세 번째 근거는 反정당론, 1·5정당제, 의회를 경시하거나 민주적 절차를 도외시했습니다. 이승만은 정당불필요론을 주장했어요. 나중에는 자유당을 만듭니다만 반정당론자예요. 1·5정당제는 의회 내에 항시 집권 여당이 3분의 1을 차지해야 한다는 논리에서, 특히 박정희 정권 때 유정회 기억하시죠. 1·5정당제 등도 역시 비민주성의 근거가 되는 겁니다. 똑같이 비민주적 통치를 했는데 이승만과 박정희를 비교해 보면, 박 정권은 한 단계 높은 수준의 독재체제였다고 볼 수 있습니다. 예를 들면, 대체적으로 박 정권 때는 안기부의 전신인 중앙정보부를 설립한다던가 해서 이승만 정권에 비해 한층 체계적인 독재체제 장치를 마련합니다.

둘째, 반민족성을 지적하고자 합니다. 이승만의 경우 8·15 해방 이전, 식민지시기에 무엇을 했습니까. 아까 지적한대로 1921년에 임시정부 대통령에 선임됐다가 1925년에 대통령직을 상실하게 되지요. 그러다가 1941년 구미위원회 위원장을 맡았는데, 그간에 별로 한 일이 없습니다. 그렇다고 이승만이 친일파는 아닙니다. 다만 실천적인 민족해방운동가는 아니었다는 이야기입니다. 이에 비해 박정희는 1940년 만주군관학교에 들어가지요. 일본육사 졸업하지요. 관동군에 소속되어 당시 독립운동가 토벌에 나섭니다. 다시 말하면 박정희는 식민지 시대에 '황국의 간성'으로 활동했습니다. 그러면 8·15 이후 정권은 누가 잡아야 하는가 이런 이야기지요. 독립국가의 정권은 당연히 실천적인 독립운동을 한 사람, 비교적 수준 높은 독립운동을 한 사람이 잡는 것은 지극히 당연한 일이지요. 해방공간의 민족구성원들도 대개 그렇게 생각했습니다. 우리 역사를 보면 이승만이 정권을 장악하고 박정희가 장기집권을 하는, 친일 행적을 했거나 비교적 수준 낮은 민족해방운동을 한 사람이 정권을 잡았다는 것은 비극이라면 비극입니다. 반민족성의 두 번째 문제는 통일론입니다. 이승만의 북진통일론, 박정희의 선건설 후 통일론은 같은 맥락으로 보아도 틀림없다 이런 이야기지요. 차이가 있다면 이승만의 북진통일론은 멸공통일론이고, 박정희의 통일론은 승공통일론입니다. 제가 말머리에 이승만·박정희 강조하는 사람, 세력들이 무엇을 노리는가에서 언급했듯이 흡수통일론의 元祖라는 거죠.

반역사성의 세 번째는 이승만이나 박정희의 경우 모두 근대화 지상론자로 볼 수 있죠. 이 정권 시기의 원조경제, 박 정권 시기의 차관경제에서 우리는 민족경제로 발돋움하지 못했습니다. 특히 앞선 강의에서 많은 토론이 이루어졌을 것으로 생각됩니다만 박정희의 경제개발 성과를 긍정적으로 평가하는 입장도 있습니다. 그런데 개발의 성과라는 것은 외부 충격에 대한 대응력이 미미한, 아주 약한 불안정한 것이라는 것을 우리는 익히 아는 사실입니다. 근대화 지상론의 또 하나의 문제는 그들의 통치기간을 통해서 물신주의, 황금만능주의가 만연했다는 것입니다. 여기서 우리가 한번 깊이 생각해 볼 문제는 물질의 발달과 역사의 진보가 반드시 일치하는가 하는 문제입니다.

네 번째 반역사성으로 비자주성을 들 수 있겠습니다. 대체로 이승만은 친미적인 데에 비해, 박정희는 친일적인 성향을 띄고 있었다고 볼 수 있겠습니다. 또 달리 보면 이승만은 상당한 반일주의자입니다. 하지만 그의 반일주의는 다분히 외교적, 정책적 반일주의라고 하겠습니다. 이에 비해 박정희의 반미는 군정을 연장한다든가 유신체제의 유지와 관련된 정권안보 때문에 빚어진 한미간의 갈등에서 찾는 것이 오히려 객관적인 입장일 것입니다. 비자주성은 다른 말로 하면 타율성입니다. 문제는 타율적인 역사가 우리 역사를 끌어올리는 역사는 없습니다. 물론 자율적인 역사라고 해서 반드시 우리 역사를 끌어올리는 것은 아니에요. 비자주성 문제 역시 반역사성의 논거로 제시할 수 있겠습니다.

제가 이승만과 박정희의 반역사성을 말씀드리니까 혹시 강의를 들으시면서 여러분들은 상당한 의심을 가질 겁니다. 어떻게 강사는 이승만, 박정희에 대해서 잘한 점은 하나도 이야기하지 않고 비판적인 입장에서 반역사성만 강조하는가 궁금증을 가질 겁니다. 그 부분에 대해서는 간단하게 대답하겠습니다. 이승만과 박정희의 경우, 인간적인 면모에서 장점이 없는 것은 아닙니다. 또 그들의 통치기간에 실행한 정책 하나하나만을 가지고 따지면 긍정적인 효과를 거두거나 우리 역사에 이바지한 정책이 결코 없는 것은 아니라는 것이죠. 그러나 그들을 총체적으로, 역사적으로 평가할 때에는 역시 반역사성을 지적할 수밖에 없습니다.

이승만이나 박정희의 반역사성이 두드러짐에도 불구하고 지금도 그들을 미화하거나 찬양하는 세력들이 적지 않습니다. "이 박사는 해방 뒤에 남북이 분단될 것을 미리 알고 서둘러서 맨손으로 나라를 세운 건국의 아버지이며, 6·25 때도 유엔군을 끌어들여 반쪽이라도 지킨 분인데 개발시대의 투쟁논리에 젖어서 이 박사를 잘못 평가하고 있다."(김종필 / 1995.2) 그리고 정확한 수치는 까먹었습니다만 역대 대통령 가운데서 박정희를 가장 후한 점수로 매기고 있습니다. 가끔 신문에 보도되지요. 하기야 비슷비슷하니까 후한 점수이건 낮은 점수이건 별 의미가 없겠습니다만, 하여튼 박정희가 역대 대통령 가운데서 가장 높은 지지를 받고 있다는 것도 올바른 역사인식의 소산은 아니라고 판단됩니다. 이승만과 박정희에 대한 역사적 평가를 통해서 오늘날 우리들이 올바른 역사인식과 현실의식을 갖는데 다소나마 도움이 되었을는지 모르겠습니다. 마지막 줄은 제가 그냥 써 본 것에 불과합니다. 강의는 이 정도로 끝을 내겠습니다.

■ **질의응답**

질 지금 이승만과 박정희를 전체적으로 종합하는 시간이 되겠습니다. 그래서 우선 커다란 관점에서 하나의 보충적 질의를 할까 하는데 지금 반역사성, 역사성 이른바 이승만도 반역사성, 박정희도 반역사성 그렇게 이야기하는데 저는 두 대통령이 내세운 논리는 공통적으로 반공이라고 하는 구호, 어떻게 보면 허울 좋은 구호를 내세웠는데, 가볍게 들으면 역사성이라는 것은 일종의 공산주의와 비슷한 공산주의, 그런 오해를 사지 않을까 그런 생각이 드는데 지금 우리가 두 분 다 역사적인 대통령이 되지 못한다 그렇게 이야기하고 박정희 대통령의 경우 그나마 인기가 더 높다고 그러는데 우리가 가지고 있는 일곱 명의 대통령들 중에 선생님께서 생각하는 역사적인 대통령은 누구라고 생각됩니까, 만일 없다고 한다면 기존의 한국 역사에서 역사적 인물은 누구라고 생각합니까?

답 제1강에서 비슷한 논지의 질문을 하셨던 것으로 기억됩니다. 그러면 대한민국의 대통령 가운데서 누가 가장 역사적 대통령이냐는 질문으로 파악됩니다. 솔직히 저는 역사적인 대통령이라고 자신 있게 이야기할 만한 사람이 떠오르지 않습니다. 또 하나의 질문은 이승만·박정희의 반공노선을 반역사성이라고 규정하면 용공으로 보일 수도 있다는 질문이죠. 식민지 시기 민족해방운동전에는 사회주의 세력, 민족주의 세력 등 여러 갈래의 세력이 있었습니다. 8·15 직전까지 이념 면에서 차이가 있었지만, 장차 어떠한 국가를 세울 것인가 하는 문제에서는 상당히 접근했습니다. 임시정부의 건국강령, 조국광복회의 강령, 건국동맹의 강령뿐만 아니라 여타 세력의 민족국가건설론을 보면 별다른 차이가 없습니다. 그러니까 다른 정치이념과 노선을 가졌다고 하더라도 새로운 민족국가, 독립국가를 세울 경우에 어떠한 골격을 가지고 세울 것인가 하는 것은 거의 합의되어 갔습니다. 그런데 8·15 이후 미국과 소련이 38선을 경계로 분할점령함으로써 외세에 편승한 세력이 정권을 잡음으로써 결국 분단국가로 간 거지요. 따라서 통일민족국가 수립을 위해 노력한 세력이나 개인이 민족세력, 역사적인 인물입니다.

질 그리고 다른 질문을 하나 하겠습니다. 초전박살, 속전속결의 결과는 결국 삼풍사태가 일어났다 이런 문제에 대해서 러시아 건축전문가 그런 예에 대해서는 당연히 처형을 한다 이렇게 말씀하셨는데 구체적으로 러시아의 건축가에게 묻고 그 점에 대해서 러시아 건축가의 입장에서 대답을 해 주십시오. 그런 경우에 처형을 할 때에 누구를 해야 되느냐, 삼풍백화점의 주인 이준을 처형해야 되느냐, 구청장을 처형해야 되느냐, 건설부 장관을 처형해야 되느냐, 당시 6공의 거두까지 올라가야 되느냐. (중단)

답 우리 사회는 사회적인 잘못이나 모든 부분의 잘못에 대해 반드시 책임져야 할 사람이 책임을 전가하고 회피하게 때문에 삼풍사태를 하나의 예로 들었습니다. 이를테면 삼풍문제도 법적으로 책임져야 할 사람이 분명히 있을 겁니다. 시공에 문제가 있다면 시공회사의 대표가 우선 책임져야 하겠지요. 운영·관리상의 문제가 드러나면 백화점 운영자가 책임져야 할 테지요. 제가 드린 말씀은 모든 문제가 발생할 때 그

것을 책임지려고 하는 사회가 아니라는 것을 지적하는 하나의 예로 든 겁니다.

질 강의는 참 잘 들었습니다. 이승만의 반역사성 중의 하나에서 반쪽 정부를 수립한 것에 대해서는 문제점으로 많이 제기를 해 주셨는데 그러면 그 시절에 과연 우리가 북한하고 계속해서 협상이나 그런 것을 통해 가지고 남북한이 통일된 정부를 계속해서 협상을 했으면 수립될 수 있었다고 보는 견해이십니까?

답 저는 통일정부 수립에 힘을 모았다면 수립될 수 있었다고 봅니다. 그리고 역사적인 평가라는 것은 반드시 가능성만을 기준으로 평가하는 것이 아닙니다. 역사적 평가에서 주요한 기준의 하나는 당위성입니다. 그러면 외세에 편승해서 분단국가를 수립하는 것이 자주적인 통일민족국가를 수립하는 것보다 더 쉽다고 해서 쉬운 일을 택하는 것이 역사적입니까. 아니겠지요. 더욱 힘들고 어렵더라도 우리는 역사적인 길로 가야 합니다.

질 그렇지만 그 시절에 계속해서 우리가 남한만이라도 단독정부 수립을 못했을 경우에 계속해서 시간이 더 끌려가고 그랬을 때 과연 북한이나 이런 사람들한테 어떤 그 휘말려 가지고 우리가 전체적으로 다 공산화가 된다든지 이런 일은 없었을까요?

답 자주적인 통일국가가 이루어졌을 경우, 어떤 체제가 채택되었을까 하는 문제는 조심스럽게 진단할 수밖에 없습니다. 이를테면 남북한을 통틀어서 하나의 통일국가가 이루어졌을 경우에 어떠한 국가체제를 지향했을까 하는 문제는 앞서 제가 말씀 드린대로 8·15 해방 직전에 대개의 민족해방운동 세력들이 합의점에 도달한 그런 형태의 국가체제가 되었을 것으로 보입니다. 아마 社民主義體制의 연합정권으로 되었을 가능성이 제일 크지 않았나 생각됩니다.

질 지금 이야기되는 것에 제 소감 좀 말씀을 드리고 질문을 하나 해보고 싶은데요, 해방공간에서 자꾸만 좌익이냐 우익이냐 둘 중의 양자택일의 문제로 이야기가 진행되고 있는데 제가 생각하기에는 그런 것, 일본 같은 경우에도 45년 이후에 좌익과 우익의 대립이 굉장히 극심했지만 그렇다고 해서 공산당도 서고, 사회당도 서고, 보수정당도 있지만 역시 나라가 분열되는 방식으로 정리되지는 않는 것 같습니다. 그러니까 한 나라에서 좌익도 있을 수 있고 우익도 있을 수 있고 그런 건전한 관계 속에서 진정한 민족독립국가를 건설하는 것이 그 시기의 과제이지, 거기서 좌익만의 국가, 우익만의 국가로 하는 그 자체, 그러한 발상 자체가 저는 좀 잘못된 것이 아닌가 그런 식으로 저는 입장을 정리하면서 제가 결석을 해서 박정희 정권에 대해 못 들었지만 오늘 강의에서도 박정희 정권을 이야기하면서 물론 그런 측면이 있습니다만 계속 경제성장이 되면서 그 성장이 한편에 있어서는 지역적 편중성이라든지 소수 가진 자에게 집중되는 현상, 그리고 대외 의존성 이런 문제가 자주 지적이 되는데 다른 제3세계 국가에서 시도했던 것과는 좀 다르게 대체산업을 육성하려고 할 때 희한하게 남한에서는 어느 정도 종속경제이면서도 대체산업이 어느 정도 성공을 하게 되고 그런 부분들이 한편으로 박정희 정권에 대해 평가해 줄 수 있는 부분이 아니겠는가 하는 것이 ****** 그런 부분에 대해서 어떻게 생각하고 계신지 알고 싶습니다.

답 지난 4강에서도 그런 질문이 나왔던 것으로 생각되지만, 이 부분에 관해서는 4강을 강의하신 최영묵 선생께서 좀 답변하십시오. 원래 마지막 날은 강의하신 모든 선생님들이 나오시게 되어 있습니다. 구체적·실증적인 대답 이외의 종합적인 문제는 제가 답하겠습니다.

(최) 사실 저는 지난 시간에 말씀드렸습니다만 종속 가운데서도 자립적 지향의 종속이 있고 南美로 대표되는 퇴행적 종속이 있다고 말씀드렸습니다. 한국이 가지는 위치상으로 보았을 때 자립적 지향의 종속을 일정하게 받으면서 자립적으로 성장해 나가는 그런 과정에 있다고 말씀드린 바가 있습니다. 그런데 제가 생각하기에도 분명하게 남미의 경제발전과정과 우리나라의 발전과정은 상당히 다른 면이 있고 또 다른 면을 결과한 과정이라든가 요소라든가 하는 부분은 분명히 다른 바가 있다 이렇게 말씀드렸습니다. 그래서 제 생각도 역시 그렇고 한국의 경제발전과정 자체가 선생님도 그렇고 그 동안에 반민족성, 반민주성, 반민중성 또 덧붙여서 반통일성에 주로 규정이 되는데 역시 박정희의 경제개발정책을 봤을 때에는 성장이라고 하는 측면, 이런 것들이 민주적인 측면과는 정반대되지만 권위주의적인 과정을 통해서 경제성장을 일으키는 과정은 우리가 절실하게 봐야 될 필요가 있다. 그리고 그것이 동시에 결과였던 부의 유산들 이런 것들도 역시 도시에 봐야 한다는 것이 올바른 평가가 아니겠는가 이렇게 생각하고 있습니다. 질문의 요지를 제가 잘 듣지 못했어요. 아까 동기론, 결과론 말씀하셨는데요, 제 생각은 많이 다른 면이 있는데요. 예를 들어 아까 반민족성을 이야기할 때 그쪽 항목에 있는 것은 이승만이가 좀 수준 낮은 민족해방운동가라고 하지만 그것이 반민족성의 항목에 들어갈 부분은 아니거든요. 그리고 박정희의 경우에도 일제시기에 황군의 간성이었지만 박정희 전체를 두

고 봤을 때 그것이 일관적으로 지향되었는가 그리고 반민족성을 지향했다라고 맨 처음에 고정휴 선생께서 말씀하셨지만 극단적인 최상의 규정을 하는 것은 제가 위험하다고 했는데, 사실은 최상의 규정을 하고 있단 말입니다. 반민족성은 대단히 가치지향적인 평가인데요 그랬을 때 그것이 성립되려면 동기부터 결과까지 일관되게 반민족을 지향했거나 아니면 그런 과정을 거쳐 반민족적인 결과까지 일관되게 산출해 냈다 하는 것을 검증할 수 있어야 하는데 경제개발정책의 동기라든가 그것이 내외조건 속에서 수정되면서 실제적으로 수출지향 공업화로 가는 그런 과정, 그것이 산출한 경제성장의 결과 이것은 두 가지 양면이지요. 부정과 긍정, 이런 것을 봤을 때 이승만과 특히 박정희 같은 경우를 일관되게 반민족주의자라고 하는 커다란 규정적인 개념으로 위치될 수 있겠는가 이런 것에 대해서는 우리는 아직까지 박정희 정권이 끝난 지가 얼마 안 되고 현대사 자체가 아주 짧기 때문에 그것을 일정하게 유보하고 우리가 좀 더 많은 논의를 같이 해야 되지 않겠는가 이러한 생각이 제 생각으로 있습니다. 이 정도로 마치겠습니다.

▶ 제13회 한국역사특강/1995.8.2.(금)/대우빌딩

4장
통일시대 우리 역사학의 책무

Ⅰ. 8·15 해방의 민족사적 성격

1. 머리말

　　1945년 8월 15일 일본이 연합국 측에 무조건 항복을 선언함으로써 한국은 일제 식민지 통치에서 해방되었다. 대다수의 한국 민중은 해방이 곧바로 자주적인 민족국가 수립으로 연결될 것으로 생각하였다. 그러나 金九가 西安에서 광복군의 훈련상황을 시찰한 직후 일제가 항복하였다는 소식을 듣고 "우리가 이번 전쟁에 한 일이 없기 때문에 장래에 국제간에 발언권이 박약하리라는 것이다"[1]라고 지적한 것처럼 통일민족국가 건설이라는 민족적 과제를 달성함에 있어 내·외적으로 상당한 어려움이 따를 것이 예견되었다.

1　金九, 『白凡逸志』(서울 : 白凡金九先生記念事業協會, 1969), 348쪽.

일제로부터의 해방이 연합국의 승리라는 타율적인 힘에 의해서만 얻어진 것이 아니라 하더라도 미·소 양군의 한반도 점령은 민족국가 건설문제를 국내문제로만 다룰 수 없게 하는 외부적 여건을 조성하였다. 그리고 해방 직전의 국내 상황과 국외 독립운동진영에서는 민족의 내적인 역량을 보다 집중시켜서 민족 독립국가를 세울 수 있을 만큼 충분한 준비가 이루어졌다고는 볼 수 없다. 더욱이 해방 직후 표출된 정치세력간의 대립은 통일 민족국가 수립을 더욱 어렵게 만들었다.

이러한 내외적 요인이 복합적으로 작용하여 결국 통일민족국가를 수립하는 데 실패하고 민족분단을 가져오게 되었다. 8·15 해방의 민족사적 성격은 통일민족국가 수립운동이 실패하고 민족분단을 가져온 정확한 원인을 규명함으로써 그 성격이 한층 분명해질 것이다.

2. 좌우대립의 노정

1919년 이후 국내 민족운동은 커다란 변화를 가져오게 된다. 급진적 민족주의 운동 안에서 점차 사회주의적 경향이 나타나게 되었다.

국내의 사회주의사상은 일본 유학생을 통해 수용되었다. 이들은 북풍회, 화요회, 토요회 등 사회주의 단체를 조직하여 활동하였으며, 1925년 4월 17일에는 金在鳳을 책임비서로 하는 조선공산당을 결성하였다. 다음날에는 조선공산당의 산하조직으로서 화요회계 중심으로 고려공산청년회를 조직하였다. 고려공산청년회는 朴憲永을 책임비서로 선정하여, 지방조직을 확대하는 등 활발한 활동을 전개하였다.[2]

국외 독립운동 진영에서도 러시아 혁명의 영향을 받게 되었다. 李東

---

[2] 金俊燁·金昌順,『韓國共産主義運動史』第2卷(서울:高麗大出版部, 1972), 285~328쪽.

輝는 러시아의 하바로브스크에서 1918년 한인사회당을 조직하고 1919년 8월 30일에는 臨政의 국무총리로 임명되어 上海에 오게 되었다. 상해에서 이동휘는 1921년 1월에 朴鎭淳 등과 함께 고려공산당을 조직함으로써 국외 독립운동진영에서는 점차 민족·공산계의 대립을 보이게 되었다.3

3·1운동 이후 일제는 보다 효율적인 식민통치를 위하여 무단통치를 '문화정치'로 바꾸었다. 일제가 '문화정치'를 실시한 목적은 비타협적인 항일노선을 고립시키고 온건한 항일노선을 그들의 체제 안으로 끌어들이기 위한 통치술책이었다. 이에 따라 '민족주의 우파'는 이러한 일제의 지배술책에 동화되었다. 대표적인 예로, 李光洙는 1924년 1월 2일~5일자 『동아일보』 사설 <민족의 경륜>을 발표하면서 자치론으로 기울게 되고 점차 친일노선을 걷게 됨으로써 민족운동에서의 그 위치를 상실케 되었다.4

한국 독립운동 내지 민족운동의 차원에서 볼 때, '민족주의 우파'는 독립운동대열에서 탈락하고, 대립을 보였던 민족·공산계는 효과적인 민족운동을 전개하기 위하여 1926년 이후 민족 유일당운동을 전개하게 되었다.

그 결과 국내에서는 민족주의 좌파와 사회주의자들에 의해 1927년 2월 신간회가 결성되었으며, 신간회는 한국 민족운동사에 있어 최초의 좌우합작이었다는 점에서 역사적으로 중요한 의미를 갖는다. 신간회는 창립대회에서 다음과 같은 강령을 발표하였다.

> 1. 우리는 정치, 경제적 각성을 촉진한다.
> 2. 우리는 단결을 공고히 한다.
> 3. 우리는 기회주의를 일체 부인한다.5

---

3 金俊燁·金昌順, 같은 책, 第1卷, 183~187쪽.
4 朴鍾國, 『日帝侵略과 親日派』(서울:靑史, 1982), 93~102쪽 참조.

위의 강령에서는 진정한 민족운동을 하기 위해 단결한 것을 천명하였으며, '기회주의를 일체 부인한다'고 한데서 보이듯이 당시 '민족주의 우파'의 자치론에 대한 철저한 부정적 입장을 나타냈다. 신간회는 1928년 말에는 전국에 143개 지회와 약 3만 명의 회원을 확보하는 등 적극적인 활동을 하였으나, 일제의 탄압, 내부의 분열, 공산주의지들의 전술 변경 등으로 1931년 5월 해체되고 말았다.[6]

비타협적인 노선을 걷고 있던 민족주의 좌파는 신간회가 해체됨에 따라 '합법적'인 조직을 통한 대중적 기반을 상실하였으며, 노동운동을 주도한 사회주의 세력도 1931년 이후에는 모두 지하로 잠적하게 되었다. 따라서 1931년 이후의 국내 민족운동은 일제의 침략전쟁으로 더욱 위축되어 민족역량을 결집시킬 만한 중심세력으로 성장하지 못하였다.

국외에서 특히 중국에서의 민족 유일당운동은 1929년 安昌浩와 당시 北京에 있던 元世勳에 의해 구체화되었으며, 같은 해 10월에는 張建相, 원세훈, 趙成煥 등에 의해 한국독립유일당 북경촉성회가 조직되었다. 이에 자극받아 상해, 南京, 廣東에서도 촉성회가 결성되었다.[7] 그러나 민족 유일당운동은 1928년에 들어서자 분열의 조짐을 보이기 시작하여, 1929년 10월에는 상해촉성회가 해체되고 안창호, 李東寧, 李始榮, 김구, 趙素昻 등 민족계 인사만으로 한국독립당이 조직된다. 이에 맞서 촉성회의 좌파 인사들은 한국독립운동자동맹을 결성하여 한국독립당에 대항하게 되어 대립 양상을 띠게 되었다.[8]

이와 같이 국내외의 독립운동 진영이 1930년대에 이르기까지 독립운동방법론이나 이념적인 차이로 인해 연합·대립을 반보하면서 상당

---

5 慶北警察局, 『高等警察要史』, 49쪽.
6 金明久, 「코민테른의 對韓政策과 新幹會, 1927~1931」, 『新幹會研究』(서울 : 동녘, 1983), 242~245쪽.
7 『高等警察要史』, 105~110쪽.
8 坪江汕二, 『朝鮮民族獨立運動秘史』(東京:巖南堂書店, 1966), 91쪽.

한 혼선을 빚어왔던 것이다.

그러나 1930년대 이후 국외 독립운동 진영에서는 다시 민족연합전선운동을 추진하게 된다. 민족연합전선은 중일전쟁(1937년) 이후 세계대전의 조짐이 보이고 미국이 태평양전쟁에 참가하여 일본의 패망이 예견됨으로써 가속화되었다. 이때의 연합전선은 임정을 중심으로 이루어졌다. 그리하여 김구 세력과는 다른 노선에서 독립운동을 펴왔던 金元鳳의 민족혁명당도 1942년에는 민족연합전선의 일환으로 임정에 참여하였으며, 민족혁명당의 산하 군사조직인 조선의용대는 임정 산하 광복군의 제1지대로 편입되었다.9 그러나 연합전선이 전체 독립운동 진영으로 확산되지 못한 상태에서 해방을 맞게 되었으며 더욱이 광복군과 같은 무장부대가 국내 진공작전을 준비하는 단계에서 일제가 패망함으로써, 연합전선을 통하여 통일민족국가 수립을 지향하던 독립운동 세력은 명분에 비해 국내적 기반을 갖지 못하는 결과가 되었다.

8·15 이전의 이러한 국내외 상황을 통하여 해방 직후 나타난 정치세력을 살펴 보면, 남한에는 金性洙·宋鎭禹 등을 중심으로 한 토착세력, 呂運亨을 중심한 사회주의 경향의 세력, 재건파 박헌영을 중심한 공산주의 그룹, 그리고 李承晩계, 안창호계 등 기독교 세력으로 나눌 수 있다.10 여기에 북한지역과 국외정치세력을 포함한다면 김구의 임정 세력, 延安에서 활동하던 金枓奉·武亭의 조선독립동맹, 그리고 金日成 세력 등을 들 수 있다.11

그러나 이러한 제 세력은 통일된 민족국가 수립을 위하여 이념적 대립을 극복하지 못하고 오히려 미·소 등의 외세에 편승하여 분단의 길로 들어선 것이다.

---

9 독립운동사편찬위원회편, 『독립운동사』 4, 임시정부사, 928쪽, 963~964쪽.
10 宋建鎬, 「解放의 民族史의 認識」, 『解放前後史의 認識』(서울 : 한길사, 1980), 15쪽.
11 김광식, 「제3세계 민족주의자로서의 여운형」, 『제3세계연구』 2(서울 : 한길사, 1985), 319쪽.

3. <탁치>문제를 둘러싼 좌우대립의 격화

미국은 1945년 8월 6일과 8일, 일본의 히로시마와 나가사끼에 원자탄을 투하하고, 소련도 8월 9일부터 對日 참전을 하게 되자, 전세는 연합국 측에 결정적으로 유리하게 작용하였다. 마침내 일본은 8월 10일 항복의사를 표시하고 14일 무조건 항복을 선언하였다. 이에 따라 당시 태평양지역 연합군최고사령관인 맥아더는 9월 2일 일본 항복의 공식서명과 함께 <일반명령 제1호>를 포고, 한반도에 있어서 38도선 이북의 일본군 항복은 소련이, 이남의 일본군 항복은 미국이 접수한다고 규정했다.[12] 그러나 많은 사람들이 미·소 양군을 해방군으로 인정했던 것과는 달리, 이들은 한국을 일본 영토의 일부분으로 간주하여 점령군의 성격으로 한반도에 진입한 것이었다.

논의 방향을 비꾸어 전후 한반도 처리에 내한 강대국의 정책수립과정을 살펴보자. 한국문제가 연합국 측에서 최초로 논의된 것은 1943년 3월 미·영 수뇌가 워싱턴에서 가졌던 회담이었다. 이 회담에서는 만주, 한국, 대만, 인도네시아 등에 관한 전후의 정책이 논의되었다. 여기에서 양국 수뇌는 만주와 대만은 중국에 반환되어야 하며, 한국은 중국, 미국, 그리고 한 둘의 연합국에 의한 국제신탁통치에 놓여져야 한다는 것에 합의하였다.[13]

1943년 12월 1일에 발표된 카이로 성명에서는 전후 한반도 처리 방안이 좀 더 구체적으로 표현되었으며, 미·영·중 대표들은 한국을 '적당한 시기에' 독립시키기로 한다는 내용을 밝혔다. 특히 미국과 영국은 그들의 국가이익 때문에 조속한 독립에 매우 소극적인 태도를 견지하고 있었다.[14]

---

12 金學俊,「분단의 배경과 고정화 과정」,『解放前後史의 認識』, 69~71쪽.
13 趙淳昇,『한국분단사』(서울 : 形成社, 1983), 23쪽.

연합국은 1945년 2월 4일에 개최된 얄타 회담에서 한반도의 신탁통치를 결정하였으며, 전후문제를 토의하기 위한 모스크바 3상회의에서는 한반도의 신탁통치안을 공개하였다. 1945년 12월 28일에 발표된 모스크바 협정의 내용은, 1) 독립국가를 건설하기 위한 임시 조선민주주의 정부를 수립할 것, 2) 임시정부 수립을 원조하기 위해 미소공동위원회를 설치하며, 3) 미·영·중·소 등 4개국 정부가 공동관리하는 최고 5년 기한의 신탁통치를 실시할 것, 4) 2주일 이내에 미·소 양군 사령부 대표로서 회의를 소집할 것 등이었다.[15]

이러한 모스크바 협정이 국내에 전해지자, 우익 세력을 중심으로 즉각적인 반탁운동이 전개되었다. 가장 강력한 반탁을 표명한 측은 임정 세력이었다. 미군정으로부터 인정을 받지 못하고 개인 자격으로 귀국한 임정 요인들에게는 신탁통치야말로 다시없는 민족적 굴욕으로 느껴졌을 것이다. 임정은 긴급 국무회의를 열어 반탁결의문을 4개국의 원수에게 보내고 곧바로 신탁통치반대 국민총동원위원회를 결성하였다.[16] 여기에서 짚고 넘어가야 할 문제는 김구의 임정계가 반탁의 선봉에 선 것은 일제하에서 독립을 위해 투쟁한 그들로서는 당연한 귀결이었지만, 과연 반탁 이후에 전개될 국내외적 정치상황을 객관적 정세에 맞춰 충분히 고려한 것이었느냐는 점이다.

한민당이나 공산당도 반탁 의사를 표명했으나 당의 공식적 입장에서 반탁을 주장하지는 않았으며, 사태의 추이를 좀 더 관망하는 태도를 취하였다. 김구의 임정계가 강력한 반탁운동을 전개한 것과는 달리 이승만은 소극적인 태도를 견지하였다. 미군정과 일정한 관계를 맺고 있던

---

14 宋建鎬, 「탁치안의 제의와 찬반탁 논쟁」, 『분단시대와 한국사회』(서울 : 까치, 1985), 39~40쪽 참조.
15 趙淳昇, 앞의 책, 94쪽.
16 宋建鎬, 앞의 논문, 41~42쪽.

한민당 및 이승만이 신탁통치안에 대해 적극적인 의사를 표명하지 않은 것은 미군정의 입장을 고려한 것으로 보여진다. 임정계가 자주적인 입장에서 신탁통치안에 대해 즉각적인 반응을 보인 것에 비해, 한민당, 이승만, 공산당 등은 이 문제를 정략적으로 고려하고 있었다고 볼 수 있다.17

인민위원회를 비롯한 좌익의 각 외곽단체에서 반탁운동을 하는 동안에 애매한 태도를 취했던 공산당을 비롯한 좌익정당들은 1946년 1월 3일에 일제히 모스크바 결정의 수락을 선언하였다. 당시 조선인민공화국 중앙인민위원회가 발표한 모스크바 3상회의 결의 지지결정서에서는 다음과 같이 지지 이유를 밝혔다.

> ……완전 독립을 하루라도 속히 달성하는 유일최선의 방도는 무모한 반탁운동이나 연합국 배적이나 독선, 전제나 테러, 폭행이 아니다. 그것은 국제정세의 몽매에서 기인하는 민족자멸책이다. 우리는 도리어 모스크바 회담의 결정을 전적으로 지지하고 공동위원회 기타 제기관에 호의적으로 협력하고 민주주의 임시정부 수립에 적극적으로 참가하는 것이야말로 독립을 촉진하는 유일최선의 방법이라고 생각한다.18

위와 같이 좌익 측은 모스크바 협정을 받아들이는 것이 국제정세에 적절히 대처하면서 독립을 추진하는 유일최선의 방책이라고 주장하였다. 반면에 우익 측의 반탁 주장은 신탁통치가 또 다른 식민지 지배를 의미한다는 논리에서, 반탁을 독립운동의 연장선상에서 파악한 것이다. 섣불리 좌우익의 찬·반탁 논리를 평가하는 것은 매우 곤란한 문제라고 생각된다. 그러나 자주적 민족국가 건설을 위해 국내외적 상황을 고려하여 찬·반탁 이후의 문제점들을 철저히 분석하면서 모스크바 협

---

17 같은 논문, 44~51쪽.
18 같은 논문, 58쪽에서 재인용.

정에 효율적으로 대처하지 못했던 것은 역사적인 과제로 남는다고 해야겠다. 어쨌든 신탁통치안을 계기로 하여 좌·우익 세력은 잠재적 대립을 구체적으로 심화시킴으로써 자주적인 민족국가 수립의 길에서 점점 멀어져가고 있었다.

모스크바 협정에 명시된 대로 제1차 미소공동위원회가 1946년 3월 20일 덕수궁에서 개최되었다. 공동위원회에 임하는 양국의 입장은 한국민의 여론에 구애되지 않고 모스크바 협정을 실행하는 것이었다. 즉 공동위원회의 구체적 사업은, 첫째 조선의 정당, 사회단체와의 협의에 의한 임시정부수립, 둘째 수립된 임시정부 참여하의 4개국 신탁통치 협약의 작성이었다. 그러나 공동위원회가 협의의 대상으로 할 정당, 사회단체를 어떻게 선택하느냐 하는 것부터 난관에 부딪쳤다.[19] 협의의 대상이 될 정당, 사회단체는 장차 구성될 임시정부의 중심세력이 될 뿐만 아니라 미·소 양국의 국가적 이익과도 밀접한 관련이 있기 때문에 그 선택은 매우 중요한 문제였다.

미소공동위원회가 4월 18일 발표한 공동성명 제5호에 의하면, 협의의 대상이 될 정당, 사회단체는 모스크바 협정을 수락한다는 내용의 선언서에 서명을 해야 한다고 하였다. 이미 찬탁을 표명한 좌익진영은 별다른 문제가 없었으나, 종래 반탁운동을 계속하여 온 우익진영에게는 공동위원회 참가가 어렵게 되었다. 미국 측은 반탁의 진의를 이해하면서도 모스크바 협정을 준수해야 하는 어려운 입장에 놓이게 되었다. 결국 미국 측은 4월 27일 "서명을 한다고 해서 그 정당이나 사회단체가 신탁을 찬성한다든가 혹은 신탁 지지에 언질을 준다는 표시는 無함"이라고 하여 우익진영의 공동위원회 참가를 종용하였다.[20] 한편 소련 측은

---

19 『大韓民國政黨史』(中央選擧管理委員會, 1968), 137쪽.
20 같은 책, 137~138쪽.

반탁운동을 하는 정당, 사회단체는 협의 대상에서 제외할 것을 고집함으로써 제1차 미소공동위원회는 아무런 해결도 보지 못하고 5월 8일 무기휴회로 들어가고 말았다. 1947년 5월 21일에 제2차 미소공동위원회가 열렸으나 1차 회담 때와 같은 논쟁이 되풀이되다가 8월 12일 결렬되었다. 한국문제에 관한 모스크바 협정이 미소공동위원회에서 해결을 보지 못하자, 미국은 1947년 9월 17일 한국문제를 자국의 입김이 강한 유엔에 이관하기로 결정하였다. 한국문제가 유엔에 상정되었지만 미·소 양국의 대립으로 해결의 실마리를 찾지 못하고 1948년 2월 26일에 미국의 결의안이 채택되어 남한만의 총선거가 결정되었다.[21]

제1차 미소공동위원회가 결렬된 직후의 정국을 보면, 남한만의 단독정부 수립을 주장하는 이승만계, 반탁을 고수하면서 통일정부를 주장해 온 김구의 임정계, 좌우합작을 꾀하는 여운형, 金奎植 등의 중간파, 반미노선을 걷게 되는 박헌영의 좌익세력 등으로 심각한 대립양상을 낳게 되었다.[22]

미·소의 분할점령에 편승하여 국내 정치세력간의 대립이 심화된 것은 통일민족국가가 수립의 결정적인 장애 요인으로 작용하였다. 더욱이 독립운동과정을 미루어 볼 때, 비교적 민중적 기반이 약한 정치세력이 미·소 양극체제에 편승함으로써 민족분단은 더욱 현실적인 것이 되고 말았다.

4. 통일 민족국가 수립운동의 좌절

해방 직전의 국내외 상황을 보면, 국외에서는 임정을 중심으로 어느

---

21 韓貞一, 「分斷 前後의 政治史的 理解」, 『分斷現實과 統一運動』(서울 : 民衆社, 1984), 53~54쪽.
22 『大韓民國政黨史』, 138~139쪽.

정도 독립운동 세력이 집결하고 있었지만 국내에서는 독립을 맞을 만한 중심세력이 미약했다고 볼 수 있다. 이러한 가운데서도 일제의 패망이 임박해지고 있음을 직시하고, 건국 준비작업에 착수한 사람이 여운형이었다. 여운형은 앞날에 대비하기 위해 1944년 8월 12일 경운동 玄又玄의 집에서 비밀결사조직인 조선건국동맹을 결성하였다. 건국동맹은 여운형을 위원장으로 하고, 趙東祐·현우현·黃雲·李錫玖·金鎭宇 등 독립운동자들이 중심이 된 단체였으며, 이들은 不信, 不文, 不名의 3대 철칙을 엄수할 것을 결의하였다. 그 후 전국적으로 맹원을 확대한 결과 1945년 여름경에는 약 1만 명의 맹원을 헤아리게 되었다고 한다.23

여운형은 해방이 되자 즉시 安在鴻과 더불어 건국동맹원들을 중심으로 조선건국준비위원회를 결성하였다. 건국준비위원회는 여운형을 위원장, 안재홍을 부위원장으로 선출하였으며, 8월 25일에는 다음과 같은 강령을 채택하였다.

> 1. 우리는 완전한 독립국가의 건설을 기함.
> 2. 우리는 전민족의 정치적·사회적 기본요구를 실현할 수 있는 민주정권의 수립을 기함.
> 3. 우리는 일시적 과도기에 있어서 국내질서를 자주적으로 유지하며 대중생활의 확보를 기함.24

당시 건국준비위원회는 국외 독립운동자들이 돌아오지 않았음을 이유로 불참한 송진우계열을 제외하고 여운형 등의 중간파, 안재홍 등의 우익, 李康國·崔容達과 같은 좌익의 연합체로 발족하여 전체 국민의 지지를 받으면서 국내정치와 치안을 담당했다.25 그러나 유력한 우익세

---

23 李東華, 「8·15를 전후한 呂運亨의 정치활동」, 『解放前後史의 認識』, 335~336쪽.
24 같은 논문, 348쪽에서 재인용.

력인 송진우 계열이 참가하지 않음으로써 건준 내부는 좌익 측의 비중이 커지게 되었다. 좌익 측이 주도권을 잡게 되자 건준은 9월 6일 <전국인민대표자대회>를 개최하고 조선인민공화국을 선포함으로써 해체되었다. 그러나 9월 8일 진주한 미군은 조선인민공화국은 물론 임정까지도 인정하지 않고 직접 군정을 실시하였다.

건국동맹을 모체로 하여 결성된 건국준비위원회는 해방 직후의 과도적 조직체로서 건국 방침을 수립하고 혼란한 상황에 신속하게 대처함으로써 통일 민족국가 수립을 위한 중심적 역할을 담당하였다. 이러한 건국준비위원회의 통일 민족국가 수립계획은 일부 우익세력의 불참과 좌익세력의 주도에 의한 인민공화국의 선포로 말미암아, 미국의 인정을 받지 못함으로써 일단 좌절되었다.

이후의 통일 민족국가 수립운동은 여운형·김규식 등 중간파에 의한 좌우합작운동으로 나타난다. 좌우합작운동은 미·소의 냉전에 편승하지 않고 외적인 환경의 제약을 내적인 결속으로 극복하면서 진정한 독립을 획득하기 위해 추진되었다. 한편 미국 측의 입장은 소련과의 협상 재개를 위해 가능한 한 미군이 점령하고 있는 남한에서 소련 측이 호감을 가질 수 있는 세력을 등장시키기 위해 극우, 극좌세력을 배제하고 중간파를 지원하는 것이었다.[26] 미국은 정책적 의도에서 좌우합작운동을 지원하게 되는데, 그 중심 인물은 당시 하지 사령관의 정치고문이었던 버어치 중위였다.[27]

좌우합작을 위한 최초의 모임은 1946년 5월 25일 버어치의 자택에서 우 측을 대표하여 김규식·원세훈, 좌 측을 대표하여 여운형·黃鎭南

---

[25] 姜萬吉, 『韓國現代史』(서울 : 創作과 批評社, 1984), 197쪽.
[26] 姜萬吉, 「左右合作運動의 경위와 그 性格」, 『韓國民族主義論 II』(서울 : 創作과 批評社, 1983), 68~71쪽 참조.
[27] 李庭植, 『金奎植의 生涯』(서울 : 新丘文化社, 1974), 137~139쪽 참조.

이 참석한 가운데 이루어졌다. 그리고 원세훈은 5월 28일 개인 자격으로 가진 신문기자회견에서 회의 사실을 발표하였다.28 이 회합에 이어 5월 30일에는 같은 장소에서 원세훈과 민전의장단의 일원인 許憲 사이에 제2차 회합이 있게 됨에 따라 좌우합작운동은 진전되었다. 그리고 6월 14일에는 여운형·김규식·허헌 등이 회합을 갖고 좌우합작을 위한 구체적 문제를 논의함으로써 좌우합작운동은 활기를 띠기 시작했다.

좌·우 측의 교섭대표 각 5명으로 성립된 좌우합작위원회는 7월 25일 제1차 회담을 개최하였으나 좌익 측의 민주주의 민족전선에서 좌우합작 5개 원칙을 제출함으로써 이 회담은 별다른 진전을 보지 못하였다. 한편 우익 측에서도 좌익 측의 5개 원칙에 맞서 합작대책 8원칙을 제시하였다. 좌익 측 5개 원칙의 주요 내용은 모스크바 협정을 지지할 것, 토지개혁(무상몰수, 무상분여) 및 중요산업의 국유화, 친일세력 및 민족반역자의 제거 등이었다. 이에 비해 우익 측 8원칙의 골자는 신탁통치문제는 임시정부 수립 이후로 미룰 것, 친일파와 민족반역자도 임시정부 수립 후 처벌할 것 등이었다.29 좌·우익 측에서 제시한 합작원칙을 보면, 미소공동위원회 속개를 통한 임정수립에는 모두 찬동하고 있었지만, 신탁문제에 있어서는 좌익 측은 모스크바 협정 지지를, 우익 측은 임정 수립 후로 미룰 것을 각각 주장하였다. 그리고 좌익 측에서 주장한 토지개혁 및 중요산업의 국유화 문제에 대해 우익 측은 분명한 태도를 취하지 않음으로써 양 측의 기본적 입장은 상당한 차이가 있었다.

그러나 좌우합작위원회에서는 10월 7일 양 측의 입장을 절충한 좌우합작 7원칙을 발표하였다. 7원칙은 토지개혁에 있어서는 좌우의 입장을 절충한 것이었으나, 신탁통치문제에 대해서는 분명한 언급이 없었

---

28 같은 책, 143~144쪽.
29 姜萬吉, 앞의 논문, 76~78쪽.

으므로 이 문제를 둘러싼 논쟁의 소지는 여전히 남아 있었다.30 7원칙이 발표된 이후에도 좌·우익은 신탁통치, 토지개혁, 친일파 처벌문제에서 근본적인 합의를 보지 못함으로써 좌우합작운동을 통한 민족국가 수립운동은 일단 좌절되었다.

좌우합작이 실패하고 한국문제가 유엔으로 이관된 후, 미국과 이승만계는 단독정부 수립을 추진하였다. 이러한 상황에서 김구·김규식은 민족분단을 막고 통일 민족국가 수립을 위한 최후의 노력으로 남북협상을 시도하였다. 김구·김규식 양인의 노력은 이승만 등에 의해 단정 수립이 추진되고 있는 매우 어려운 여건 속에서 진행되었다. 김구는 1948년 2월 10일 발표한 성명에서 단정 반대의 이유를 다음과 같이 천명하였다.

> 독립이 원칙인 이상 독립이 희망 없다고 자치를 주장할 수 없는 것을 왜정하에서 충분히 인식한 것과 같이 우리는 통일정부가 가망없다고 단독정부를 주장할 수 없는 것이다. 단독정부를 중앙정부라고 명명하여 위안을 받으려 하는 것은 군정청을 남조선 과도정부라고 하는 것이나 다름이 없는 것이다.31

한편, 미군정 당국은 1948년 2월 26일 유엔 소총회에서 결의된 '가능한 지역만에서의 총선'을 지지하였다. 이에 유엔韓委는 선거를 5월 10일 실시하기로 결정하였다. 이처럼 단정 수립이 급박한 현실로 다가옴에 따라, 김구·김규식 일행은 남북협상을 위해 北行을 단행하였다. 이들의 북행에 대해서는 미군정 당국의 반대뿐만 아니라 이승만계, 한만당 등 단독선거를 지지하는 세력들도 반대하였다. 평양에 도착한 김구·

---

30 7원칙에서는 "조선의 민주독립을 보장한 3상회의 결정에 의하여 남북을 통한 좌우합작으로 민주주의 임시정부를 수립할 것"이라고 하여 신탁통치안에 대한 명확한 입장은 밝히지 않고 있다.
31 宋建鎬 編, 『金九』(서울 : 한길사, 1980), 292쪽, <삼천만 동포에게 읍고함>.

김규식은 북 측의 김일성·김두봉과 4金회담을 가졌으며, 5월 1일에는 협상을 결산하는 공동성명서가 발표되었다.32

　김구·김규식이 서울로 돌아온 지 얼마 되지 않아 단정 수립을 위한 5·10선거가 실시되었다. 물론 김구의 임정계와 김규식의 민족자주연맹은 5·10선거에 참가하지 않고 통일국가 수립운동을 펴나갔다. 이에 북 측은 제2차 남북협상 개최를 제의하면서도, 한편으로는 북한만의 단정 수립을 계획대로 추진하고 있었다. 결국 통일국가 수립을 위한 최후의 노력도 무산되고 남한과 북한에서 각각 단독정부가 수립되어 민족분단은 확정되었다.

5. 맺음말

　1930년대 이후 국내 민족운동은 일제 당국의 철저한 탄압으로 위축되어 해방 후 민족 역량을 결집시킬 만한 진정한 민족주의 세력으로 성장하지 못하였다. 한편 국외 독립운동 진영은 민족연합전선을 형성하면서 통일 민족국가 수립을 지향하고 있었으나 국내 기반을 갖지 못한 상황에서 해방을 맞게 되었다.

　2차대전 후 나타난 미·소 냉전체제는 통일 민족국가 수립의 불리한 여건으로 작용하였다. 즉 미·소 양국의 국가적 이익이 상충되는 한, 민족국가 건설문제는 그만큼 외세에 의한 제약을 받을 수밖에 없었다. 당시의 민족지도자들은 이러한 외적 상황을 민족적 차원에서 극복하지 못하였으며, 신탁통치안을 계기로 좌우익의 대립이 격화됨으로써, 오히려 민중적 기반이 비교적 약한 세력이 미·소 양극체제에 편승하여

---

32 金學俊,「歷史는 흐른다」,『조선일보』1985년 5월 17일자, 5월 31일자.

현실 정치세력으로 등장하여 분단이라는 역사적 비극을 가져오게 되었다.

그러나 이러한 분단화 움직임에 대항하여 통일민족국가 수립을 위한 노력도 병존하였다. 이를테면 여운형·김규식 등 중간세력에 의한 좌우합작운동이나 김구·김규식 등에 의한 남북협상의 시도가 그것이다. 이러한 통일 민족국가 수립운동은, 미·소 냉전체제가 통일민족국가 수립에 불리한 여건으로 작용하고 이에 편승하여 주체적 역량이 결집되지 못한 채 실패하고 말았다.

8·15 해방의 역사적 성격은 일제의 식민지 지배로부터 해방되었다는 측면과 아울러 민족분단이라는 또 다른 민족사의 과제를 남겨 놓은 것이다.

Ⅱ. 4·19혁명의 민족사적 성격
— 민주주의의 실현 위한 자주적·실천적 운동

1. 민족운동을 보는 시각

4·19革命이 갖는 민족사적 성격을 논하기 위해서는 한국사에 있어서 민족운동 내지 민족주의운동을 어떻게 볼 것인가 하는 문제가 대두된다. 민족운동의 성격을 보는 시각은 여러 관점에서 시도될 수 있지만, 진정한 의미의 근대민족운동은 아무래도 1876년 개항 이후가 될 것이다. 또한 민족운동을 역사적 입장에서 평가할 때는 무엇보다도 그 운동이 얼마만큼 역사발전에 기여했는가 하는 점에서, 다시 말하면 그 시대의 역사적 당면과제에 얼마만큼 충실했는가 하는 것이 기준이 된 것이다.

개화기의 대표적 민족운동으로서는 흔히 동학농민혁명, 개화운동, 척사위정운동 등을 들 수 있다. 그러나 이들 운동은 근대적 민족국가 수립운동으로서 성공하지 못하였다. 근대적 민족국가를 수립하기 위해서는 근대적 의식과 반외세 즉 민족주의적 성격이 동시에 요구되었지만, 개화운동과 척사위정운동은 제각기 한계성을 지니고 있었으며, 비교적 두 가지 성격을 함께 갖고 있었다고 생각되는 동학농민혁명도 왕조정부와 일본군의 이중적 탄압으로 실패하고 말았다.

이처럼 안으로는 근대화를 이루지 못하고 밖으로는 철저한 반외세투쟁을 전개하지 못함으로써 일제 식민지화의 길을 열어주게 되었다. 1905년을 전후하여 시작된 애국계몽운동은 점차 공화제운동을 지향하였으나, 일제의 半식민지 상황에서 적극적인 민족운동으로 발전하지 못하고 '한일합방'으로 좌절되고 말았다.

일제의 식민지가 된 후 거의 10년 만에 일어난 3·1운동은 한국민족운동사에서 매우 중요한 의미를 갖는다. 특히, 3·1운동 직후 수립된 임시정부는 공화제를 채택함으로써 근대적 국민국가의 수립을 보게 된 것이다. 한편 1920년대부터 수용된 사회주의사상은 독립운동에도 영향을 미치게 됨으로써, 독립운동진영도 점차 분열, 대립하게 되었다. 1930년대 후반부터 사상적 대립을 민족적 차원에서 극복하고 효과적인 항일운동을 전개하기 위한 연합전선운동이 金九의 임시정부를 중심으로 추진되었으나, 1945년 8월 15일 일제의 무조건 항복으로 전민족적 역량을 결집시킬 만한 여유를 갖지 못하고 해방을 맞게 된 것이다.

2. 4·19혁명의 역사적 배경

일제가 연합국 측에 무조건 항복을 선언함으로써 한국은 일제 식민통치에서 해방되었다. 대다수의 한국 민중은 해방이 곧바로 자주적인 민족국가 수립으로 연결된 것으로 생각하였으나, 통일민족국가 건설이라는 민족적 과제를 달성함에 있어 내·외적으로 상당한 어려움이 따르게 된다. 일제로 부터의 해방이 연합국 측의 승리라는 타율적인 힘에 의해서 얻어진 것만은 아니라 하더라도 미·소 양군의 한반도 점령은 민족국가 건설문제를 국내문제로만 다룰 수 없게 하는 외부적 여건을 조성하였다. 즉 미·소 양국의 국민적 이익이 상충되는 한, 민족국가 건설문제는 그만큼 외세에 의한 제약을 받을 수밖에 없었다. 당시의 민족지도자들은 이러한 외적 상황을 민족적 차원에서 극복하지 못하고 신탁통치안을 계기로 좌우익의 대립이 격화됨으로써, 오히려 민중적 기반이 비교적 약한 세력이 미·소 양극체제에 편승하여 현실정치세력으로 등장하여 분단이라는 역사적 비극을 가져오게 되었다.

1948년 대한민국이 수립되면서 李承晩은 대통령에 선임되었다. 이승만은 독립운동가로서의 명망은 대단하였으나, 그를 지지하는 독립운동세력은 金九·金奎植세력에 비해서 오히려 열세에 있었다고 할 수 있다. 따라서 이승만은 전체 독립운동세력을 집결시킬 만한 역량이 없었으며 더욱이 이승만 정권은 독립운동세력을 수용하는데 있어서도 적극적이지를 못했다. 이승만은 친일파를 제거하는데 적극적인 태도를 취하지 않았으며, 오히려 독립국의 안정을 위한 기능과 효율을 꾀한다는 목적으로 친일관료와 친일지주들을 그의 세력기반으로 끌어들임으로써 독립국의 면모를 일신하는데 상당한 제약성을 초래하였다.

한편 자유당 정권은 그들이 내건 반공이데올로기를 진정한 민주주의의 실현이라는 차원에서가 아니라, 분단체제를 유지하고 그들의 정권을 연장하기 위해서 즉, 민주주의운동을 저지하기 위한 수단으로 사용하였다. 나아가 자유당정권은 1954년에 3선금지조항을 삭제하는 개헌안을 불법으로 통과시켰으며, 1960년 정·부통령 선거에서는 부정선거를 자행함으로써 정치적 위기를 자초하였다.

한편 해방 직후 당면한 경제문제 가운데 중요한 것은 토지개혁과 日人 소유의 재산처리문제였다. 일제는 그들의 식민지 경제정책으로 구한말부터 성장해 오던 농민적 토지소유를 일체 인정하지 않고 지주를 비호하면서, 한편으로는 일인 지주들을 창출하였다. 이러한 일제의 토지정책은 자영농민을 몰락시켜 소작인화함으로써 농촌의 자생적인 발전을 원천적으로 봉쇄하였다. 식민지하에서 누적된 경제적 모순은 독립국이 해결해야 할 일차적 과제였다. 그럼에도 불구하고 농민에게 토지를 분배하기 위한 토지개혁은 지주계층의 강력한 반발과 토지개혁법안이 농민들의 권익을 전제하지 않았기 때문에 실패하고 말았다.

그리고 日人 소유의 기업도 거의 친일매판기업인들에게 넘어가게 됨으로써 민족자본을 형성하여 자립경제로 성장시킬 수 있는 기회를 상실하고 말았다. 토지개혁의 실패와 자립경제를 구축할 수 있는 기회를 상실하게 됨에 따라 국민경제의 균형적 발전은 파괴되고 사회적 불안을 야기시켰다.

이상에서 간략히 살펴 본 바와 같이 4·19革命의 원인을 역사적인 맥락에서 한마디로 말한다면, 그것은 이승만 정권의 반역사성, 비민주성에 기인한다고 하겠다.

3. 4·19혁명의 역사적 의의

3·1운동 이후 한국 민족주의는 큰 사상적인 발전을 하게 된다. 즉 한국 민족주의는 정치적 민족주의뿐만 아니라, 경제적 민족주의도 함께 추구되었으며 정치적 측면에서 민주주의는 민족주의 기본원리가 되었다. 따라서 식민지시대의 독립운동정당·단체들은 민주공화제를 지향하면서 그들이 채택한 강령과 정책 속에 정치적 민주주의를 시행할 구체적 조항을 명시하였다.

민주주의를 실현하려는 해방된 민족의 이상은 이승만 정권의 장기독재체제로 말미암아 상당기간 유보되었다. 자유당정권의 장기집권 하에서 많은 이익을 보고 있던 일부 지배세력은 물론, 식민지상황에서 민주정치를 직접적으로 경험하지 못했던 대부분의 기성세대들이 침묵으로 일관하고 있던 때에, 독재정권에 항거한 주도세력은 학생들이었다.

학생운동은 일제하 민족독립운동에서도 많은 역할을 담당해 왔지만, 해방된 민족의 역사발전을 위해 또다시 선도적 역할을 수행하였다. 4·19革命은 학생이 중심이 된 것이기는 하지만 그것은 학생만으로 성취된 것은 아니며, 지식인·야당·근로자·농민 등 광범한 민주세력의 결속으로 달성된 것이었다.

4·19革命이 갖는 역사적 의의는 민족운동사 가운데 최초의 민주혁명이라는데 있다. 즉 진정한 민주제도의 확립이 없고서는 민족사의 발전을 기할 수 없다는 철저한 역사인식을 바탕으로 전개된 것이다. 한편 4·19革命은 민주주의라는 것이 제도적 장치만으로는 실현될 수 없으며, 민주주의를 실현하려는 자주적인 국민의지가 전개될 때만 가능하다는 교훈을 남겨 주었으며, 4·19革命은 자주적·실천적 운동이었다.

4·19革命은 민주주의를 추구한 긍정적 측면뿐만 아니라 한계성도 역시 지니고 있다고 하겠다. 다시 말하면 민주화의 의지는 확고하였으나 통일문제에 대해서는 구체적인 제안을 제시하지 못했다. 4·19革命 직후 나타난 통일논리를 보면 국제정세와 현실인식에 기초한 것이 아니라 지나치게 관념적이며 민족감정에 호소한 감이 없지 않다. 이러한 4·19革命은 통일문제에 대해서는 다소의 한계성을 갖고 있지만 민주화와 통일문제가 불가분의 관계에 있다는 역사적 과제를 인식하게 하고 그 이후 민족운동에 새로운 방향을 제시하였다는 측면에서 그 의의는 매우 크다고 하겠다.

4. 민족운동의 역사적 방향

민족운동을 역사적으로 평가함에 있어 그 성패 여부만을 따지게 되면 민족운동의 발전적 측면은 완전히 배제된다. 이러한 측면은 한국 민족운동뿐만 아니라 다른 나라의 경우도 마찬가지이다. 한국 민족운동은 대체로 구한말·일제시대·해방 이후의 민족주의운동으로 나누어 볼 수 있다. 구한말·일제식민지시대의 민족운동의 특성은 저항주의 중심의 민족주의운동이라 하겠다. 저항적 민족주의의 성격은 외세의 침략이나 식민통치를 경험한 민족의 민족주의운동에서 나타나는 일의적인 성격이기는 하지만, 저항주의 중심으로 민족주의운동을 체계화하면 민족운동의 내재적 발전은 사장될 우려가 없지 않다. 따라서 민족운동은 반외세적 성격뿐만 아니라 국민주의와 민주주의와의 연관 속에서 파악되어져야 할 것이다.

분단시대의 민족운동은 이 시대의 역사적 과제인 통일민족국가 수립에 얼마만큼 기여하는가 하는 점이 역사적 평가의 중요한 관건이 될 것이다. 민족통일문제에 소극적인 자세를 취하고 지나치게 정통론에 얽매이게 되면 소위 주체성론에 매달리게 되고 복고주의, 영웅주의, 폐쇄주의로 빠져들게 되며, 오히려 민주주의 발전의 저해요소로 작용하게 된다. 따라서 통일민족국가 수립운동은 분단국가주의를 지양하면서 평화적 민주적인 방법으로 추구되어야 할 것이다.

이러한 민족운동은 당연히 자주적이고도 개방적이며 인류해방을 제고하는 방향에서 진행되어야 할 것이며, 그렇게 됨으로써 민족사의 발전은 물론 세계사적 발전에 공헌하게 될 것이다.

Ⅲ. 더 이상 분단교과서여서는 안된다

지난 4월 3일 제주도에서는 '4·3사건'(1948년)으로 목숨을 잃은 수많은 영령들을 위로하기 위한 '4·3위령제'가 열렸다. 9천여 기의 위패를 모신 이 위령제에는 3천명 이상의 유족 뿐 아니라 제주도에 지역구를 둔 국회의원들과 도道관계자들도 참석했다.

지금까지 4·3사건은 국사교과서를 비롯한 여러 역사책에서 폭동 아니면 반란으로 규정됐다. 문민정부가 들어서면서 8·15 직후부터 한국전쟁에 이르는 시기에 억울하게 목숨을 잃었던 사람들을 위한 추모제가 열리는 한편, 각 지역의 관계자나 유족들에 의해 명예회복을 위한 움직임이 활발히 전개되고 있는 실정이다. 그러나 최근 국사교과서 개편 시안을 둘러싼 논쟁에서 4·3사건 희생자들은 또 한 번 난도질당하고 말았다.

1. 4·3사건 '폭동' '반란' 규정은 무리

몇몇 일간신문은 '폭동은 폭동이다'(「조선일보」 3월 20일자), '국사교과서 개정 문제 있다'(「서울신문」 3월 20일자) 등의 사설을 통해 4·3사건이 일부 공산주의자들에 의한 폭동이었다고 주장했고, 정신문화연구원의 아무개 교수 역시 같은 견해를 피력했다. 그렇다면 위령제에 세워진, 위패만 9천을 헤아린 제주사건의 희생자들이 모두 공산주의자였는가. 게다가 4·3사건의 희생자들을 추모하기 위해 참석한 인사들은 모두 반란 또는 폭동의 동조자란 말인가.

청와대 비서관을 지낸 김학준씨는 미국 라파이에트대학 법정학과의 메릴이 쓴 책(John Merrill, 1980, 『The Cheju-do Rebellion』, Journal of Korean

Studies №2)을 4·3사건에 대한 가장 객관적인 논문이라고 설명했다(『한국정치론사전』한길사, 1989, 328~329쪽). 메릴은 '제주도 반란이 남로당에 의해 준비된 것이 아니라는 점'을 강조하면서 오히려 남로당이 무장투쟁에 말려들었다고 보았다.

 4·3사건의 전개과정을 간략히 살펴보자. 4월 3일의 공격은 2월 하순 전라북도에서 일어났던 일련의 경찰서 습격사건과 같은 정도였고, 당시 제주도를 방문하고 있던 상급 경찰간부는 이러한 공격을 별로 중요시하지 않았다. 그래서 그는 자기의 다른 직무를 수행하기 위해 이틀날 예정대로 육지로 돌아가 버렸다. 이 사건은 2주 뒤에 열린 남북연석회의에서도 전연 언급되지 않았다(존 메릴,「제주도 반란」, 166쪽).

 경비대와 게릴라들은 4월 28일 협상을 통해 사태를 평화적으로 해결코자 했지만 분위기를 반전시켜 사태가 악화되도록 만든 것은 오히려 미군과 경찰이었다. 5월 1일 오라리 방화사건으로 평화협상은 결렬되었는데, 이 사건은 미군의 지시를 받은 청년단원의 소행이었다. 따라서 목숨을 건 항쟁과 일반 도민을 포함한 제주도 사람 모두를 폭도로 몰아 토벌하는 과정만이 남게 되었다(「제민일보」편, 『4·3은 말한다』1·2권, 전예원).

 당시 4·3사건의 진압에 참여했던 경비대 9연대장 김익렬대령은 유고에서 "미군정이 조속한 종결을 위해 '공산주의자들의 선동에 의한 반란으로 규정해야 한다'는 제의를 해왔다"고 증언했다.

 곧이어 미군정은 "해안선 5km 이상 떨어진 중산간 지대를 적성지역으로 간주해 토벌하라"는 초토화지시를 내려 결국 당시 제주도민의 8분의 1에 해당하는 3만 명이 죽임을 당하는 비극이 벌어졌다(「한겨레신문」3월 25일자).

 지금까지 밝혀진 사실만 보더라도 '미군철수' '단독선거 반대' '이승만 매국도당 타도' 등을 슬로건으로 내건 4·3사건을 폭동이나 반란으로 규정하는 것은 문제가 없지 않다.

2. 대통령도 인정한 '5·16군사쿠데타'

교과서 개편시안 논쟁에서 문제된 또 하나는 이른바 '대구폭동'에 대한 부분이다. 이 사건은 '9월 총파업'(1946년) 직후 대구에서 시작돼 경상북도 전체로 확산되고, 나중에는 삼남 지방의 대부분을 휩쓴 사건이었다. 미군정은 G-2(정보과) 보고서를 통해 이 사건의 확산과정을 날마다 소상히 본국에 보고할 정도로 이 사건을 매우 중요시했다.

애초 미군정은 이 사건을 조선공산당의 일부 선동가 및 북한에서 파견된 공작원들의 선전과 선동에 의해 발생한 폭동(Rebel) 또는 시민소요(civil disturbance)로 파악했다. 그러나 단순히 선전과 선동에 의해 일어난 '폭동'치고는 사태는 너무도 급격히 파급되었다. 이 사건이 거의 전국적인 호응을 얻자 미군정은 사건의 근본적인 원인을 파헤치지 않을 수 없었다.

당시 브라운(Albert E. Brown)소장이 미군사령관 하지에게 제출한 보고서(「Riots and Disorders 6th Infantry Division Area, Korea, 1946. 10. 1-10」, Civil Disturbances 2. Doc #27, pp.2~3)에는 대구폭동의 원인을 미군정의 미곡정책과 인사정책의 실패, 일반 대중들의 경찰과 미군정에 대한 광범위한 반발로 파악하고, 여기에 불을 붙인 것이 조선공산당의 선전이었다고 기록돼 있다.

미군정의 정책적 과오, 경찰의 횡포 등으로 인한 민심의 이반이라는 조건이 형성되어 있지 않았다면 아무리 선동을 한다고 해도 먹혀 들어갈 여지는 크지 않았다. 따라서 대구사건을 공산주의자들의 사주에 의한 '폭동'으로만 규정하는 것은 문제가 있다. 아울러 이 사건을 '대구'에만 한정해서 표현하는 것도 사실을 객관적으로 반영한 것은 아니라고 할 수 있다.

'5·16혁명'이나 '12·12사태'를 '쿠데타'로 용어를 바꾸는 데에는 재론할 필요가 없다고 생각한다. 문민정부의 수반이 두 사건을 쿠데타적 사건으로 규정했을 때 어느 누구도 이의를 제기하지 않았고, 5·16쿠데타의 주역이었던 집권여당 대표 역시 이 부분에 대해서는 어떠한 반론도 제기하지 않았다(「조선일보」 3월 22일자).

김학준(『한국정치론사전』 한길사, 1989), 양성철씨(1970년도 켄터키대학교 정치학 박사논문, 「Revolution and Change : A Comparative Study of April Student Revolution of 1960 and the May Military Coup d·Etat of 1961 in Korea」) 등도 4·19는 '혁명'으로, 5·16은 '군사쿠데타'로 규정했다. 가끔 4·19는 주체세력이 미약했다는 이유를 들어 '미완의 혁명'으로 표현되는데, 4·19를 미완으로 이끈 결정적인 계기는 바로 5·16이었다.

3. 학생에게 제대로 된 역사 가르쳐야

앞에서 최근 국사교과서 개편준거안을 둘러싸고 논란이 일어났던 몇 가지 용어들이 어떻게 올바르게 자리잡아야 하는가에 대해 살펴보았다. 국사교과서의 현대사 부분에 대한 논의가 여기에서 그쳐서는 안되며, 더욱 중요한 점은 국사교과서가 어떠한 관점에서 서술되어야 하는가 하는 문제이다.

가장 중요한 문제는 앞으로 개편될 교과서로 공부할 학생들이 국제화와 통일시대의 주역으로서 올바른 교육을 받도록 해야 한다는 점이다. 자유로운 선택을 통해 다양한 사실들을 섭렵하고 보다 성숙한 자세를 갖춰 미래에 대한 적극적인 대안을 제시할 수 있도록 국사교과서의 형식이 최소한 국정이 아닌 검인정으로 바뀌어야 한다. 지금 당장 국사교과서를 검인정으로 바꾸지는 못한다 할지라도 교과서가 분단을 뒷받침하거나 국수주의에 빠져 있는 구시대적인 관점에서 서술되어서는 안 된다.

　이제는 분단교과서가 아닌 통일교과서가 돼야 한다. 이를 위해서는 분단체제의 심화과정을 밟아온 한국현대사의 실상을 정확히 파악할 필요가 있다. 8·15 직후에 청산되었어야 할 친일잔재의 문제, 무분별한 외국문화의 수입으로 인한 우리 전통의 소멸문제, 다변화하면서도 수동적 자세를 보이고 있는 외교문제 등에 대한 정확한 진단이 현대사 부분에서 다뤄져야 한다. 이로써 우리 민족이 정체성을 가지면서 국제화·개방화에 능동적으로 대처할 수 있을 뿐만 아니라 평화적인 통일을 앞당길 수 있을 것이다.

　또한 밑으로부터 끊임없이 진행된 민주화의 통일운동도 객관적으로 서술해야 한다. 국민대중들은 정권을 장악한 세력들의 자세와 관계없이 민주화와 통일만이 민족생존권을 위한 길임을 제기했고, 통일을 더 이상 미룰 수 없는 오늘날의 과제로 만들었다. 아울러 한국전쟁 과정에서의 양민학살 피해자들에서부터 한국전쟁 이후 민주화운동 과정에서 희생당한 사람들에 대해서도 정당한 평가가 이뤄져야 한다.

　그리고 통일의 또 다른 주체인 북한에 대한 올바른 인식을 위한 전제가 교과서를 통해 반영돼야 한다. 1980년대까지의 철저한 북한사회에 대한 정보통제로 인해 북한에 관한 연구가 제약됐던 것이 그간의 실정이었다. 북한 역사를 '한국사'로 다룰 만큼 현실적 여건이 마련되지 않았더라도 분단체제를 극복하기 위한 방향으로 한 걸음 나아가기 위해서는 최소한 북한사회가 어떻게 운영되고 있고, 어떠한 변화를 겪어왔는가에 대한 객관적 서술은 필요하다.

국사교과서를 검인정으로 바꾸지 않으면서 더욱이 객관적 사실에 기초한 학문적 연구성과를 배제하고 국정교과서를 제정하는 것은 옳지 않다. 다시 말해 냉전 이데올로기에 사로잡힌 사람들에 의해 객관적인 역사, 새롭게 밝혀진 역사적 사실마저 교과서에 반영되지 못한다면 청소년들이 통일지향적인 역사의 방향과는 거리가 먼 분단국가주의적 역사인식을 갖게 된다는 점을 우려하지 않을 수 없다.

IV. 평양남북정상회담의 역사적 의미와 한국사학계의 과제

1. 통일시대의 역사성

평양남북정상회담에서 남과 북의 최고 지도자가 두 손을 맞잡고 자주적 평화통일 원칙에 합의한 것은 그야말로 역사적 사건이지, 결코 우연한 사건이 아니다. 이 만남이 우리에게 뭉클한 감동을 자아낸 것도 따지고 보면 대립과 반목으로 점철된 지난 55년 동안의 반역사성을 반증한다. 평양회담이 변혁과 통일을 지향하는 역사의 물줄기에 합류할 수 있는 전기를 마련한 것은 사실이지만, 이는 남북한 통일운동의 발전 위에서 이해되어야 할 것이다.

해방과 함께 38도선이 획정된 상황 아래서도 통일민족국가를 수립하려는 노력은 끊임없이 이어졌다. 그 가운데서 1948년 4월에 열린 남북협상은 단정수립 세력의 물리력에 밀려 분단국가 수립을 막는 데에는 실패했지만, 정치협상에 의한 평화통일 방식의 본보기를 보여준 것이었다. 그러나 남북한에 체제를 달리하는 두 정부가 수립되면서 평화통일론이 거론되기까지는 숱한 세월과 엄청난 대가를 지불해야만 했다.

알다시피 이승만 정권은 반공주의에 입각한 북진통일론 이외의 통일 논의를 허용하지 않았고, '남북 총선거에 의한 평화통일안'을 내세운 진보당의 조봉암을 간첩 혐의로 처형했다. 1960년 4월 항쟁으로 이승만 독재체제가 무너진 뒤, 학생층과 혁신세력을 중심으로 통일운동은 점차 활기를 띠기 시작했다. 혁신정당과 통일운동단체를 중심으로 민족자주통일평화협의회가 결성되면서 통일운동은 한층 고양되었지만, 이듬해 5·16군사쿠테타가 일어남으로써 모든 통일운동은 불법화되었다. 하지만 통일운동의 불씨는 장준하·문익환 등의 통일운동, 1980년대 후반의 통일운동으로 면면히 이어져 왔다. 특히 1987년 6월민주항쟁 이후 통일 논의가 증폭되면서 통일은 우리의 삶과 직결되는 현실적인 문제로 인식되었다.

남한의 통일정책은 민중들의 통일운동에 의해 추동된 측면이 없지 않다. 하지만 1989년 9월 노태우 정권이 제시한 '한민족공동체 통일방안'은 남북의 상호체제 인정을 전제한다는 점에서 종전보다 진일보한 방안이었다. 김영삼 정권에 이르러 남북정상회담이 합의되었으나 김일성 주석의 사망으로 성사되지 못했다. 뒤이어 성립된 김대중 정권은 대통령 취임사에서 남북정상회담을 제의할 만큼 통일문제에 적극적인 의지를 내비쳤고, 통일문제를 임기 안의 주요한 과제로 설정했다.

한편, 북한은 일찍이 남북연방제를 제시한 바 있지만, 1980년 제6차 조선로동당 대회에서 채택한 고려민주연방제를 완성된 통일방안으로 주장해 왔다. 그러나 김일성 주석은 1991년 신년사를 통해 "잠정적으로는 연방공화국의 지역 자치정부에 더 많은 권한을 부여하며, 장차로는 중앙정부의 기능을 더욱더 높여 나가는 방향에서 연방제 통일을 점차적으로 완성하는 문제도 협의할 용의가 있다"고 제안함으로써 단계적 연방제를 시사하는 변화를 보였다. 나아가 1993년 발표한 '전민족대단결 10대 강령'에서는 남북이 다 같이 승공이나 적화라는 위구를 버리고 서로 신뢰해야 하며 상대방을 흡수하려 해서도 안 된다고 했다. 이처럼 북한의 통일정책도 점차 탄력성을 지니는 방향으로 나아갔다.

1990년대 이후의 국제정세 또한 통일 논의의 지형을 변화시킨 주요한 배경으로 작용했다. 첫째, 경제의 세계화 곧 자본의 세계화가 확산되는 속에서 남북한 모두 국제경쟁력 또는 경제력을 높이기 위해 군사력을 앞세운 체제대결적 국면을 지양하는 방도를 찾게 되었다. 둘째, 남한과 중국, 북한과 미국의 관계가 증진되고 동북아시아 질서의 재편 가능성이 높아지는 가운데서 남북한은 민족자주권을 확보하기 위해서도 공조체제를 구축하거나 통일을 모색할 수밖에 없는 단계에 이르렀다. 셋째, 세계화시대를 맞아 우리 역사의 정체성 확립과 민족문화 계발의 필요성이 한층 커졌고, 이의 실현은 민족 통합의 토대 위에서 가능하다.

평양남북정상회담은 세계사적 변화에 조응하면서, 남북한을 관통하는 통일운동의 연장선 위에서 이루어진 것이다. 때문에 오늘날의 통일시대는 작위적인 것이 아니라 역사성을 지닌다. 그럼에도 우리 사회에는 '상봉'의 열기에 눌려 속내를 드러내지 않은 반통일 수구세력이 만만치 않음을 느낀다. 이회창 한나라당 총재의 "정부의 급진적 통일정책이 계층간 이념적 갈등의 심화로 국가 분열의 위기감마저 느끼게 하고 있다"는 발언도 수구세력을 고려한 데서 나온 것으로 보인다. 이제 우리는 특정 부분을 강조하는 체제적·정권적·정파적 시각에서 벗어나 역사적·민족적 관점에서 통일문제를 해결해야 할 것이다.

2. 남북정상회담의 의의

남북은 물밑접촉 끝에 지난 4월 8일 정상회담에 합의했고 4월 22일부터 판문점에서 준비접촉에 들어갔다. 다섯 차례의 회담을 거친 뒤, 5월 18일 실무절차 합의서를 마련했고 같은 달 31일에는 김대중 대통령 일행의 평양방문을 준비할 선발대가 파견되었다. 마침내 6월 13일 김대통령 일행이 김정일 국방위원장의 영접을 받으며 평양 순안공항에 도착함으로써 역사적인 남북정상회담이 이루어졌다.

종래 남북 당국자 사이의 회담은 밀사를 통한 비밀회담이었다. 지금까지 알려진 최초의 비밀회담은 1972년 5월 당시 이후락 중앙정보부장과 김영주 조선로동당 조직지도부장의 회담이다. 1980년대에도 장세동-허담, 박철언-한시해 라인이 비밀회담을 가지면서 남북정상회담,

경제협력방안 등을 논의했고, 그 결과 남북경협 개시 등 일정한 성과를 거두었다. 하지만 비밀회담은 정권안보나 통치권자의 '한건주의'를 위해 활용된 측면이 적지 않았다.

평양남북정상회담에 대한 평가는 북한의 전술에 말려들었다는 냉전적 견해, 햇볕정책의 승리로 파악하는 단선적 견해, 남북 지배계급의 연합이라는 비판적 견해 등 실로 다양하다. 하지만 평양회담을 이끌어낸 남북 두 지도자의 비전과 결단은 평가할 만하다. 앞으로 남북관계를 풀어나가는 데에는 수많은 어려움이 가로놓여 있다고 생각되지만, 이번 평양회담은 매우 큰 역사적 의미를 지닌다.

첫째, 두 정상의 공개적 만남은 남북 서로간의 신뢰를 구축하는 상징성뿐 아니라 분단 민족에게 동질감을 갖도록 하는 커다란 전기를 마련해 주었다. 이는 남북정상회담에서 가장 인상 깊었던 장면으로 김정일 국방위원장의 직접 공항 영접을 꼽았다는 여론조사에서도 드러난다. 그리고 김대통령의 방북이 가져온 파급효과를 감안할 때, 김위원장의 방남은 남북간의 신뢰를 더욱 증진시키고 대화·협력의 남북관계가 구조적으로 정착되는 계기가 될 것이다.

둘째, 그간의 남북관계 진전이 주로 외부적 조건에서 촉발된 소극적인 것이었던 반면, 이번 평양회담은 내재적 추동력에서 비롯되었다는 점이다. 이와 관련하여 김영남 최고인민회의 상임위원장도 6월 13일 만찬사에서 "이제 우리들은 자신들의 힘으로 통일과 번영의 21세기를 열어 나가야 합니다"라면서 우리 민족의 주체적 역량을 강조했다. 한반도를 둘러싼 열강의 추동에 의한 남북관계의 진전은 그들의 정책변화에 부수되어 지속성을 가지기 어려웠다. 그러나 한반도 내부의 추동력에 의해 이루어진 평양회담은 여러 형태의 '통일회담'으로 이어질 것으로 전망된다.

셋째, 남북이 상대방의 실체를 명시적으로 인정한 것도 이번 회담의 중요한 성과이다. 「남북기본합의서」에도 남북의 국호가 병기된 적이 있지만, 두 정상이 「6·15남북공동선언」에 '대한민국'과 '조선민주주의인민공화국'을 명기하고 서명한 것은 더욱 중요한 의미를 지닌다. 국호의 병기는 상대방의 실체를 인정한다는 점을 넘어서서 남북의 대등 통일 가능성을 함축하고 있다고 보여지기 때문이다.

넷째, 평양남북정상회담은 우리 사회를 '통일정국'으로 이끈 기폭제가 되었다. 이번 회담을 통해 남북에 온존하던 냉전적 사고와 서로간의 왜곡된 인식이 적잖게 허물어지기 시작했고, 분단 모순이 우리들 삶과 직결되어 있다는 점을 각인시켜 주었다. 따라서 통일의 당위성과 가능성에 대한 인식이 크게 높아졌다. 이처럼 평양회담은 그간 우리 사회에 팽배한 분단국가주의적 인식을 극복하고 통일 지향의 사회적 분위기를 조성한 결정적 계기가 되었다.

평양회담의 역사적 의미는 「6·15남북공동선언」에서도 분명하게 드러나 있다. 남북공동선언의 내용은 국내외의 회의적 예상을 무색하게 만들었고, 일반적인 기대를 훨씬 뛰어넘는 수준의 것이었다. 남북공동선언은 「7·4남북공동성명」과 「남북기본합의서」의 연장선 위에 있으며, 그 내용을 하나의 개념으로 정리하면 '자주적 평화통일'이라 할 수 있다.

합의한 5개 조항 가운데서 가장 주목되는 것은 "남과 북은 나라의 통일을 위한 남 측의 연합제 안과 북 측의 낮은 단계의 연방제 안이 서로 공통점이 있다고 인정하고 앞으로 이 방향에서 통일을 지향시켜 나가기로 하였다"는 2조의 내용이다. 이는 여태까지 남북이 통일방안을 두고 상대방의 흠집내기에 골몰했던 것과 달리, 서로 공통점을 찾고 차이점을 확대하지 않겠다는 발상의 전환을 의미한다. 그리고 국가연합 성격인 남북연합은 연방제를 하되 외교·군사권은 각각 갖자는, 북쪽의 수정된 고려연방제의 실질적 내용과 크게 다르지 않다고 볼 수 있다. 따라서 남북은 평화와 통일을 함께 지향하면서 '남북연합'에로 접점을 모색할 수 있을 것이다.

남북은 흩어진 가족, 친척방문단을 교환하며 비전향 장기수 문제 등 인도적 문제를 조속히 풀어나가고 경제협력을 통하여 민족경제를 균형적으로 발전시킬 것 등에 합의했다. 무엇보다 중요한 것은 합의사항을 하나씩, 그리고 꾸준히 실천하는 것이다. 8·15에 즈음하여 매우 제한적이긴 했지만 이산가족 상봉이 이루어졌고, 비전향 장기수도 곧 북송될 것으로 보인다. 이제 남북은 민족의 평화적 결합을 위한 토대 구축에 온 힘을 기울여야 할 때인 것이다.

평양회담 동안에 남북의 민족이 하나가 되어 열광적으로 보내준 성원을 통해 민중의 의지가 어디에 있는지를 모두가 확인할 수 있었다. 하지만 통일의 장도는 결코 순탄하지 만은 않을 것이다. 최근 김대중 대통령이 CNN방송과의 특별회견에서 "내 생애에 완전한 통일은 어렵고 20, 30년은 걸릴 것"이며 "내 임기 중에는 평화와 교류협력이 이뤄지도록 할 것"이라고 언급했듯이, 완전한 제도의 통일까지는 상당한 시간이 걸릴지도 모른다. 그렇지만 반통일 수구세력과 외세의 '우려'를 불식시키고 통일을 앞당기는 일은 우리 모두의 실천적 의지와 노력에 달려있다고 하겠다.

3. 한국사학계의 과제

평양남북정상회담은 학계에도 적잖은 영향을 미쳐, 새로운 학문 풍토와 방향을 모색하게 될 것이다. 먼저 분단체제에 안주하거나 편승했던 학문은 더 이상 버티기 어려울 것으로 보인다. 그리고 반공이데올로기로부터 탈피할 수 있는 객관적 여건이 조성되면서 개방적이고 자유로운 연구 활동 분위기가 형성될 것으로 전망된다.

분단 반세기를 넘겨 통일의 새로운 전기를 맞고 있는 지금, 여러 학문에서 통일을 위한 준비가 필요할 것이나, 가장 큰 노력을 기울여야 할 학문은 역사학이다. 통일의 당위성을 논의하는 단계는 벌써 지났고, 이제는 남북한 사회가 서로 이해하며 신뢰를 구축하고 이를 바탕으로 통일의 방법을 진지하게 모색할 때이다. 여기에 가장 큰 책무를 져야 하는 것이 역사학인 것이다.

남북한의 상호 이해와 신뢰는 같은 민족으로서의 오랜 공동 경험을 확인하고 민족의 정체성을 확보하는 데서 나올 것이다. 경험의 학문인 역사학은 민족사의 경험을 통해 통일의 타당성과 정당성을 찾아내고, 아울러 분단 상황에서 생겨난 서로간의 차이를 객관적으로 이해하면서, 이를 극복할 수 있는 방안을 모색해야 한다. 이처럼 한국사학계에 주어진 임무는 실로 막중하다. 그렇다면 통일시대 우리 역사학은 어떤 방향으로 나아가야 할 것인가?

첫째, 반공이데올로기의 벽을 넘어서서 통일 지향의 역사인식을 정립하여야 한다. 역사학은 지난 반세기 동안 북쪽에 대한 왜곡된 인식을 강요해온 온갖 제도와 기제들에 갇혀 통일을 향한 전망에 눈을 감고 있었다. 이제는 민족의 경험을 바탕으로 민족의 미래를 스스로 전망하고 추진하는 안목과 능력을 길러야 할 것이다. 물론 다른 민족의 분단과 통일 경험도 우리의 통일에 중요한 자산으로 삼을 수 있으나, 이는 참고자료에 불과할 뿐이다. 나아가 맹목적인 반북·반공의식을 주입해온 교육과정에 대한 근본적인 개편작업이 이루어져야 할 것이다.

둘째, 배타적·주관적 민족의식을 넘어서서 객관적·과학적 역사학을 수립해야 한다. 자기 민족의 우월성을 강조하는 폐쇄적 민족주의에 입각한 역사해석과 서술은 하루빨리 극복되어야 한다. 또 민족사를 전개해온 과정에서 특정 계급의 역할만을 강조하는 자세를 지양하고, 민족사의 체계를 객관적이고 과학적으로 정립한 가운데 각 계급의 역사적 공헌을 엄정하게 평가하는 것이 필요하다. 그래야만 민족의 통일이 단순한 물리적 통일을 넘어서서 화학적 통일로 나아갈 수 있을 것이다.

셋째, 이념과 사상의 다양성을 인정하는 바탕 위에서 민족과 인류의 미래를 모색하는 역사학이 되어야 한다. 이념은 어떤 것이든 그 자체가 강력한 구심력을 지니고 있다. 특히 반공이데올로기는 적극적인 미래 전망을 내포한 것이 아니라, 거꾸로 그것을 가로막으면서 구심력을 행사해 왔다. 이러한 까닭에 다양한 역사관에 기초한 연구 경향은 연구에 활력을 제공할 것이며, 다양한 연구 결과는 연구의 수준을 높일 수 있다. 특정 세력의 정치적 목적에 따른 역사해석은 철저하게 비판하되, 다양한 역사이론과 방법론이 공존하는 토양 위에서 민족과 인류의 미래에 대한 공감대를 가꾸고 키워갈 필요가 있다.

넷째, 21세기를 맞아 역사학이 사회적 임무를 다하기 위해서는 연구의 현실화를 도모해야 한다. 이를테면 학제간 연구를 통해 민족의 활로를 위한 '전략'을 개발하고 그 성과를 정당·사회단체 등에 제공할 수 있을 것이다. 이를 위한 팀 연구가 활성화되기 위해서는 전근대적인 도제관계와 학연주의를 탈피해야 한다.

요컨대 현단계 한국사학계의 가장 중요한 과제는 냉전적 역사인식을 극복하기 위해 통일 지향의 역사인식을 정립하는 데 있다고 하겠다. 그리고 오랜 민족적 경험과 유대를 바탕으로 새로이 민족 정체성을 확립하고 객관적·과학적 관점에서 우리 역사를 체계화해야 한다. 민족사의 올바른 정립을 위해서는 민족구성원과 인류의 공영에 이바지할 수 있는 새로운 차원의 민족주의와 다양한 전망을 담은 이념의 공존이 보장되는 토양을 갖추는 것도 중요하다.

4. 남북역사학의 교류를 위하여

통일시대 역사학의 책무는 남한 역사학계 단독으로 성취할 수 있는 것이 아니다. 특히 새로운 민족 정체성의 확립을 위해서는 북한 학계와의 협의와 토론이 무엇보다도 중요하다. 남북한의 역사학이 이념과 직접·간접으로 관련되어 있는 문제는 현실적으로 교류에서 중요한 장애가 아닐 수 없다. 그러나 어느 학문이고 연구자의 신념과 가치판단이 깔려있지 않은 경우는 없다. 오히려 역사학은 큰 범주의 인간 집단 즉 민족이나 인류 차원의 미래를 고민하는 포괄적인 학문이라는 점에서 정치 현실의 장애를 넘어설 수도 있다는 장점이 있다. 역사학은 협애한 정치적 목적과 관련된 단기간의 전망이 아니라, 민족 단위 이상의 규모에서 광활한 시야로 장기간의 전망을 가지면서 연구할 수 있는 학문이기 때문이다. 서로 다른 이념의 문제를 회피하기만 해서는 교류의 가능성은 넓어지겠지만, 통일에 이바지하는 교류로 길을 잡기는 어려울 수가 있다. 이런 점에서 인문사회계 학문 가운데 학술교류의 필요성과 가능성이 가장 높은 것이 역사학이라 할 수 있다.

그간 역사학 분야에서 남북교류가 전혀 없었던 것은 아니지만, '러시아 연해주 발해유적 공동발굴답사', '고구려문화 국제학술회의' 등 해외에서의 매우 제한된 범위의 교류에 불과했다. 또 남북 대학 간에 학술교류협정이 체결된 적이 있으나 뚜렷한 성과를 거두지 못하고 있는 실정이다. 이제 역사학이 시대적·민족적 요구에 부응하기 위해서는 남북 역사학계의 지속적인 교류가 필수적이다.

교류는 남북 역사학계가 쉽게 합의할 수 있고, 기본적으로 필요한 것부터 시작할 수밖에 없다. 이를테면 어느 한쪽만 가지고 있는 사료와 연구 성과의 교환, 이념의 차이에 따른 제약을 덜 받는 고고학·민속학 등 인접 학문과의 연계 속에 유적이나 비무장지대, 민속자료 등에 대한 공동 조사와 발굴 등이다. 그리고 공동의 관심사를 계발해 가면서 남북 간에 존재하는 이념의 차이를 극복할 수 있는 수준의 교류로 차츰 진전시켜야 한다. 공동 연구와 학술회의, 교환 교수제 등도 추진하는 방향으로 나아가야 할 것이다. 이로써 '통일사관'이 수립되고 참다운 통일교과서도 만들 수 있을 것이다.

제반 분야의 협력과 교류를 활성화할 것을 남북공동선언에 명시한 것으로 보아, 남북역사학의 교류문제가 언제 닥칠지 모를 일이다. 때문에 우리 역사학계는 남북역사학의 교류에 대비하여 지혜를 모으고 방안을 세우는 일을 서둘러야 할 때이다. 이 작업은 특정한 학술단체나 몇몇 연구자들의 노력만으로는 이루어질 수 없다. 그러므로 남북역사학 교류에 충실하게 대비하기 위해 역사 연구단체와 연구자를 아우를 수 있는 '협의기구'의 마련을 제안한다.

Ⅴ. 통일시대 우리 역사학의 책무

2000년 6월 평양에서 열린 '남북정상회담'은 통일을 갈구하는 우리 민족의 염원을 담아, 통일시대를 열어가겠다는 남북 지도자의 실천적 의지를 보여준 역사적 사건이었다. 평양회담을 이끌어낸 남북 두 지도자의 비전과 결단도 높이 평가되어야 하지만, 이는 자본의 세계화, 동북아시아 질서의 재편 가능성 등 세계사적 변화에 조응하면서, 남북한을 관통하는 통일운동의 연장선 위에서 이루어진 것이다. 그러므로 오늘날의 통일시대는 작위적인 것이 아니라 역사성을 지닌다.

평양회담을 통해 남북에 온존하던 냉전적 사고와 서로간의 왜곡된 인식이 적잖게 허물어지기 시작했고, 분단 모순이 우리들 삶과 직결되어 있다는 점을 각인시켜 주었다. 이로써 통일의 당위성과 가능성에 대한 인식도 크게 높아졌다. 하지만 통일의 장도는 결코 순탄하지 만은 않을 것이다. 때문에 반통일 수구세력과 외세의 '우려'를 불식시키고 통일을 앞당기는 일은 우리 모두의 몫이다.

평양남북정상회담은 학계에도 적잖은 영향을 미쳐, 새로운 학문 풍토와 방향을 모색하게 될 것이다. 먼저 분단체제에 안주하거나 편승했던 학문은 더 이상 버티기 어려울 것으로 보인다. 그리고 반공이데올로기로부터 탈피할 수 있는 객관적 여건이 조성되면서 개방적이고 자유로운 연구 활동 분위기가 형성될 것으로 전망된다.

분단 반세기를 넘겨 통일의 새로운 전기를 맞고 있는 지금, 여러 학문에서 통일을 위한 준비가 필요할 것이나, 가장 큰 노력을 기울여야 할 학문은 역사학이다. 역사학은 과거를 대상으로 하면서도 미래에 대한 전망을 담고 있어, 사회를 통합하고 유지하는 기능이 작지 않기 때문이다. 그렇다면 지난날 우리 역사학은 주어진 임무와 역할에 얼마나 충실했을까.

식민지시대 역사학이 민족해방을 위해 학문적으로 어떤 공헌을 했으며, 해방 후의 역사교육을 위해 어떤 준비를 했던가. 당시의 민족사학자들은 역사학이 독립을 이루는 데 가장 중요한 학문이라고 생각했다. 하지만 역사학이 민족의 진로를 내다보면서 '독립'을 위한 책무를 다하지는 못했다. 분단체제가 성립된 이후에도 일부 역사학계는 분단 국가권력의 정당성을 확보하고 선전하는 데 동원되거나 참여해 왔다. 이를 거울삼아 오늘날의 역사학이 통일시대를 위해 무엇을 어떻게 할 것인가를 고뇌하지 않는다면, 식민지시대의 역사학이나 분단체제 유지에 복무한 역사학과 뭐가 크게 다르랴.

이제 남북한 사회가 서로 이해하며 신뢰를 구축하고 이를 바탕으로 통일의 방법을 진지하게 모색할 때다. 남북의 상호 이해와 신뢰는 같은 민족으로서의 오랜 공동 경험을 확인하고 민족의 정체성을 확보하는 데서 나올 것이다. 경험의 학문인 역사학은 민족사의 경험을 통해 통일의 타당성과 정당성을 찾아내고, 아울러 분단 상황에서 생겨난 서로간의 차이를 객관적으로 이해하면서, 이를 극복할 수 있는 방안을 모색해야 한다. 이처럼 우리 역사학계에 주어진 임무는 실로 막중하다. 그렇다면 통일시대 우리 역사학은 어떤 방향으로 나아가야 할 것인가?

오늘날 우리 역사학계의 가장 중요한 과제는 냉전적 역사인식을 극복하기 위해 통일 지향의 역사인식을 정립하는 데 있다. 그리고 오랜 민족적 경험과 유대를 바탕으로 새로이 민족 정체성을 확립하고 객관적·과학적 관점에서 우리 역사를 체계화해야 한다. 민족사의 올바른 정립을 위해서는 민족구성원과 인류의 공영에 이바지할 수 있는 새로운 차원의 민족주의와 다양한 전망을 담은 이념의 공존이 보장되는 토양을 갖추는 것도 중요하다.

통일시대 역사학의 책무는 남한 역사학계 단독으로 성취할 수 있는 것이 아니다. 특히 새로운 민족 정체성의 확립을 위해서는 북한 학계와의 협의와 토론이 무엇보다도 중요하다. 남북한의 역사학이 이념과 직접·간접으로 관련되어 있는 문제는 현실적으로 교류에서 중요한 장애가 아닐 수 없다. 그러나 어느 학문이고 연구자의 신념과 가치판단이 깔려있지 않은 경우는 없다. 오히려 역사학은 큰 범주의 인간 집단 즉 민족이나 인류 차원의 미래를 고민하는 포괄적인 학문이라는 점에서 정치 현실의 장애를 넘어설 수도 있다는 장점이 있다. 역사학은 협애한 정치적 목적과 관련된 단기간의 전망이 아니라, 민족 단위 이상의 규모에서 광활한 시야로 장기간의 전망을 가지면서 연구할 수 있는 학문이기 때문이다. 서로 다른 이념의 문제를 회피하기만 해서는 교류의 가능성이야 넓어지겠지만, 통일에 이바지하는 교류로 길을 잡기는 어려울 수가 있다. 이런 점에서 인문사회계 학문 가운데 학술교류의 필요성과 가능성이 가장 높은 것이 역사학이라 할 수 있다.

 이제 역사학이 시대적·민족적 요구에 부응하기 위해서는 남북 역사학계의 지속적인 교류가 필수적이다. 교류는 남북 역사학계가 쉽게 합의할 수 있고, 기본적으로 필요한 것부터 시작할 수밖에 없다. 이를테면 어느 한쪽만 가지고 있는 사료와 연구 성과의 교환, 이념의 차이에 따른 제약을 덜 받는 고고학·민속학 등 인접 학문과의 연계 속에 유적이나 비무장지대, 민속자료 등에 대한 공동 조사와 발굴 등이다. 그리고 공동의 관심사를 계발해 가면서 남북 간에 존재하는 이념의 차이를 극복할 수 있는 수준의 교류로 차츰 진전시켜야 한다. 공동 연구와 학술회의, 교환 교수제 등도 추진하는 방향으로 나아가야 할 것이다. 이로써 물리적 통일을 넘어서서 화학적 통일로 나아가기 위한 '통일사관'이 수립되고 참다운 통일교과서도 만들 수 있을 것이다.

 제반 분야의 협력과 교류를 활성화할 것을 남북공동선언에 명시한 것으로 보아, 남북역사학의 교류문제가 언제 닥칠지 모를 일이다. 때문에 우리 역사학계는 남북역사학의 교류에 충실하게 대비하기 위해 지혜를 모으고 방안을 세우는 일을 서둘러야 할 때다. 그리고 '역사를 위한 역사학'이 되도록 모든 노력을 기울여야 할 때다.

2부

한국사회민주주의운동사

1장
한국 근현대 정치세력 분류론

1. 머리말

한국 근현대 정치세력[1]의 분류는 관점에 따라 실로 다양하다. 대체로 정치세력을 사회주의 세력과 민족주의 세력으로 나누거나, 또는 좌익과 우익으로 나누고 있는데, 그 구분의 잣대가 서로 다르다는 점에 큰 문제가 있다. 그리고 식민지 시기와 8·15 이후의 정치세력을 분절적으로 파악하여 같은 정치세력을 달리 분류하는 경우도 더러 있다.

이 글은 사회주의와 민족주의가 정치세력 분류의 대척적인 개념으로 사용됨으로써 다양한 갈래의 정치세력에 대한 객관적 평가와 이해에 어려움을 겪을 수밖에 없다는 데에 초점을 맞추었다. 한국 근현대 정치세력을 사회주의와 민족주의로 나누는 이분법적 사고는 사회주의 세력

---

[1] 식민지 시기의 민족해방운동도 넓은 의미의 정치운동이란 관점에서, 이념적 분화가 드러나는 1920년대 이후의 민족해방운동 세력까지 근현대 정치세력으로 포괄한다.

이 지니는 민족주의적 색채를 없애는 동시에, 비민족주의 세력 또는 반민족 세력까지 민족주의 세력에 끼어 넣을 여지를 낳기 때문이다. 이러한 왜곡된 인식은 분단체제의 성립과 더불어 더욱 심화되었다는 사실도 사회주의와 민족주의를 대척적인 개념으로 보는 관점에서 정치세력을 구분하는 것을 비판하는 주요 근거가 된다.

우리의 역사적 과제가 자주적 통일민족국가의 건설에 있는 만큼 민족주의가 갖는 비중은 결코 가볍지 않다. 그러나 민족주의 개념을 광범위하게 적용하여 남용하는 면도 없지 않다. 과연 '타협적 민족주의'도 민족주의의 범주에 속할까? 민족주의는 민족국가 건설과정에서 여타 이념에 비해 '상위'개념으로 작용하며, 시기에 따라 그 내용을 달리한다. 때문에 민족주의를 정형화된 이념으로 정의하고 그 세력을 하나의 정치세력으로 추출하는 것은 적잖은 문제점을 수반할 수밖에 없다.

식민지 시기에도 사회민주주의적 지향의 중간파 세력이 존재하고 있었다. 그럼에도 그것을 8·15 이후 정치운동의 소산물로 치부하는 견해들이 적지 않다. 식민지 시기의 중간파 세력이 8·15 이후의 그것에 비해 상대적으로 약했던 것은 사실이다. 그렇다고 해서 8·15 이후 중간파 정치세력의 역사적 연원을 무시하는 것은 엄연한 논리적 오류이다.

다양한 관점에서의 정치세력 분류는 이념적 갈등과 대립이 치열했던 우리 근현대사 이해를 풍부하게 할 수도 있다. 하지만 그릇된 잣대에 의한 정치세력 분류는 오히려 객관적 이해를 흩트린다. 따라서 기존의 정치세력 분류에서 나타나는 문제점을 짚어보고 올바른 분류를 위한 준거를 마련하는 일은 우리 근현대사의 체계적, 객관적 인식과 이해를 위해 매우 중요한 과제라고 하겠다.

2. 기존 분류론의 비판적 검토

정치세력에 대한 기존의 분류가 지니는 문제점은 여러 가지로 나타나고 있다. 그 가운데서 먼저 들어야 할 것이 민족주의와 사회주의를 대척적 개념으로 사용하고 있는 점이다. 현재까지 민족주의와 사회주의를 대척적으로 구분하는 관점이 정치세력 분류의 가장 중요한 준거가 되어 왔다. 그러나 이 같은 구분은 우리 민족해방운동의 전개과정과 이념적 발전과정을 제대로 반영한 것이라고 할 수 없다. 우리의 경우, 민족주의 이념과 사회주의 이념은 대립적 측면뿐 아니라 상보적 성격을 띠고 있었다는 점에 주목할 필요가 있다.

한국 민족주의가 근대 민족국가 건설을 지향한 점에서는 서구의 민족주의와 다를 바가 없다. 그렇지만 식민지의 민족주의가 반제국주의적 성격을 지닐 수밖에 없었다는 점에서는 서구의 민족주의와 분명한 차이가 있다. 근대적 노동계급의 성장이 충분히 이루어지지 않은 상태에서 수용된 우리의 사회주의 또한 하나의 목적이나 가치로서 추구되었다기보다는 조국의 독립과 민족의 해방을 이루기 위한 방편으로 수용되었다고 할 수 있다. 때문에 민족주의와 사회주의의 접목 가능성은 애초부터 열려 있었다.

민족주의의 이념성에 대한 논쟁은 어제 오늘의 일이 아니다. 이른바 민족주의 진영 내부에서조차 민족주의를 이론적 틀을 갖춘 하나의 이념으로 이해하는 견해와 아울러 공통의 '민족의식' 또는 '민족적 정서'로 파악하는 입장이 병존하고 있었다. 또한 민족주의의 이념성을 강조하는 쪽에서도 민족주의가 "과학적 체계를 세우지 못하고 조직적 이론을 내놓지 못한 것"을 인정한 바 있다.[2]

---

[2] 한 예로 김구를 비롯한 중국관내 우파 민족해방운동 세력이 1935년에 결성한 한국국민당의 '泉'이라는 당원은 "민족주의라는 것은 一片의 白紙와 같아서 민족운동자(사상불문)들이 그 위

민족주의는 자기 완결적 논리 구조를 갖추지 못하기 때문에 '2차적 이데올로기'로 불리기도 한다. 따라서 이념으로서의 민족주의는 여타의 사회 이데올로기와 결합되어 나타나기 마련이다. 요컨대 민족주의는 역사 조건에 따라 구체적 내용이 채워져야만 실체가 드러나는 추상개념으로서, 이념적 성격뿐 아니라 사회 변동을 주도하는 운동노선의 의미를 지닌다.[3]

민족주의가 민족해방운동의 매우 강력한 동력임에는 틀림없지만, 구체적인 운동전략이나 민족국가의 체제 등을 이론적으로 제시하는 데에는 결함이 있었다. 그 때문에 적잖은 민족주의자들이 사회주의적 정책을 수용하거나 사회주의자로 변모하게 되었다. 이념적 측면에서만 본다면, 민족주의와 사회주의는 상보적 관계였다고 볼 수 있다. 따라서 두 이념을 대척적 개념으로 파악하면서 정치세력 분류의 준거로 삼는 것은 옳지 않다.

둘째, 민족주의를 세분하여 정치세력의 분류에 적용하고 있는 문제이다. 이 문제는 민족주의가 원래 포괄적인 개념이라는 데서 발생한다. 예컨대 한말 이래의 '정치세력'을 그 계급적 입장에 따라 '부르주아적 민족주의'와 '민중적 민족주의'로 크게 나누고, 부르주아 민족주의는 3·1운동 이후 비타협적 민족주의와 타협적 민족주의 곧 민족개량주의로

에다가 붓칠을 하여 놓게 달린 것이다. 이러한 의미에서 민족운동에 있어서 사상적으로 명확한 선을 그어놓을 필요가 없는 것이다. 그것은 민족해방까지의 민족운동자들은 공통한 길을 걷고 있기 때문이다"라고 하여 민족주의의 '순수성'과 '상위'개념적 성격을 강조했다(泉, 「民族運動의 再認識」, 『韓靑』 제1권 제4기, 1936.11, 11쪽). 반면에 한국국민당 안에서도 극우논객으로 보이는 '夢巖'은 "민족주의가 애국주의에 근거한 것은 틀림이 없다. 그러나 氏는 애국심이 발달되어 이론의 형태를 갖추게 된 것이 민족주의(이)며 민족주의의 사회적 현상이 민족운동의 형식으로 나타나게 된다는 것을 알지 못하였다"면서 '泉'의 견해를 반박하고 민족주의를 이론 구조를 갖춘 하나의 이념으로 파악했다(夢巖, 「泉氏의 民族運動再認識論의 檢討」, 『韓靑』 제2권 제2기 1937.2, 26~30쪽).
3 한스 코온, 「민족주의」, 『정치학의 이데올로기』, 청하, 1983, 211~228쪽; 임지현, 『민족주의는 반역이다』, 소나무, 1999, 9~54쪽 참조.

분열되는 것으로 이해하는 견해를 들 수 있다. 더 나아가서 민중적 민족주의는 사회주의 사상의 영향을 받으면서 민족문제를 중시하는 '진보적 민족주의'와 계급문제를 중시한 '사회주의'로 분화했다는 것이다.[4] 식민지 시기의 민족해방운동에 복무한 정치세력에 대한 분류는 이처럼 민족주의를 여러 갈래로 나누어 적용하는 것이 일반적이다.

이러한 경향은 8·15 후의 정치세력에게도 마찬가지로 나타나고 있다. 8·15 직후의 비공산주의 정치세력을 민족주의의 범주 아래 여운형 주도의 조선인민당 계열을 좌파 민족주의, 김규식을 비롯한 민족자주연맹 계열을 중간파 민족주의, 김구를 중심한 임시정부 계열을 우파 민족주의 등으로 구분하기도 한다.[5] 나아가 8·15 후 좌우를 망라한 모든 정치사상과 정책을 민족주의의 범주에 넣어 분석하여 박헌영을 급진적 민족주의, 김규식을 중도적 민족주의, 김구를 이상적 민족주의 등으로 분류한 견해도 있다.[6]

민족주의는 공통된 강령이나 고유한 이론 구조를 가지고 있지 않은 까닭에 다른 이념과 쉽게 결합할 수 있다. 따라서 민족주의는 다양한 형태로 나타나며, 그 결과 여러 갈래로 분류될 소지를 지니고 있다. 바로 이러한 이유 때문에 정치세력을 민족주의의 범주에 넣어 분류할 경우, 각 정치세력이 지닌 다양한 이념적 지향과 정치세력의 실체를 제대로 포착할 수 없는 한계를 보이게 된다.

셋째, 국내 정치세력과 국외 정치세력의 분류 기준이 일치하지 않거나 같은 정치세력을 달리 분류하는 점을 들 수 있다. 이를테면 국외 세력의 경우 김구 중심의 한국독립당 등이 민족주의 우파로 분류되나, 국

---

4 박찬승, 「총론:식민지시기의 지성사와 민족해방운동」, 『역사와 현실』 제6호, 1991, 19~21쪽.
5 도진순, 『한국민족주의와 남북관계―이승만·김구 시대의 정치사』, 서울대학교출판부, 1997, 4~5쪽.
6 심지연, 『민족주의 논쟁과 통일정책』, 한울, 1985, 24~43쪽 참조.

내 세력으로는 송진우·김성수를 비롯한 한국민주당 세력이 민족주의 우파로 분류된다. 식민지 시기의 활동상, 정치노선 등을 고려할 때, 두 세력을 같은 범주의 정치세력으로 묶는 것은 적절하지 않다. 그리고 김원봉이 이끈 조선민족혁명당의 경우, 8·15 이후의 그것은 대체로 중간파에 포함시키나, 식민지 시기의 그것은 민족주의 좌파 또는 좌익 세력으로 분류한다. 때문에 모든 정치세력에게 객관적으로 적용할 수 있는 보다 엄밀한 기준이 필요하다.

넷째, 식민지 시기의 민족해방운동에 복무한 정치세력의 구분에 중간파를 하나의 세력으로 설정하려 들지 않는 문제이다. 당시의 민족해방운동 세력은 자본주의 사회를 지향한 우파와 비자본주의 사회를 지향한 좌파로 크게 분류하고 있다. 그런데 '사회민주주의'를 지향하는 세력이 실제로 존재했던 까닭에, 이들을 독자세력으로서의 '중간파'로 설정할 필요가 있다. 한국의 사회민주주의는 서유럽과의 관련 속에서 형성되었다기보다는 우리 역사의 발전과정에서 태동한 사상이며 이념이라는 점에 유념해야 한다. 따라서 우리의 사회민주주의는 서유럽의 그것과 유사성을 지님과 동시에 한국적 특성을 지닌 실체적 사상이라고 할 수 있다.

1920년대에 사회민주주의 지향의 민족해방운동가들이 점차 늘어났지만,[7] 이들이 세력화한 형태로 존속했다고 보기는 어렵다. 1930년대에야 국내에서는 조선중앙일보사의 여운형과 배성룡을 중심으로 사회민주주의자들이 느슨하게나마 결집되었고,[8] 중국관내의 조선민족혁명당도 통일전선 정당으로 출범했으나 좌우파 세력이 이탈하면서 점차 김원봉 중심의 중간파 세력에 의해 주도되었다. 이러한 사회민주주의 지

---

[7] 만주지역 민족해방운동 세력의 '민족적 사회주의' 곧 사회민주주의 지향에 대해서는 신주백, 『만주지역 한인의 민족운동사(1920~45)』, 아세아문화사, 1999, 22~23쪽 참조.
[8] 김기승, 「사회민주주의」, 『한국사 시민강좌』 제25집, 일조각, 1999, 160쪽.

향의 민족해방운동 세력은 8·15 이후 중간파 정치세력으로 이어졌다. 식민지시기에 태동한 중간파 세력을 추출하고 범주화함으로써 우리 근현대 정치사·사상사의 지형을 넓힐 수 있을 것이다.

끝으로, 정치세력의 분류에는 다양한 관점과 방법이 있을 수 있지만, 흔히 민족적 관점과 계급적 관점에 의해 나누고 있다. 민족적 관점에서는 민족세력과 반민족세력으로 나누며, 계급적 관점에서는 좌익과 우익, 중간파 등으로 구분한다. 그리고 두 가지 관점을 고려하여 해방공간의 주요 정치세력을 이승만세력·한국민주당, 임시정부세력·한국독립당, 조선인민당·남조선신민당, 조선공산당·남조선노동당 등 네 갈래로 나누기도 하지만, 유형화된 정치세력 사이의 차별성이 선명하게 드러나지 않는 한계를 지닌다.

3. 올바른 분류를 위한 모색

객관적인 정치세력 분류 기준을 마련하는 데에는 정치세력이 어떠한 이념을 지향했는가가 구분의 일차적 근거가 되어야 한다. 물론 이를 실현하기 위한 정치노선과 구체적 활동상도 함께 고려되어야 할 것이며, 각 정치세력이 지향한 정권의 성격 또는 형태 및 국가체제를 분석하는 것도 중요하다. 그리고 정치세력의 목표가 권력집단 배출에 있는 만큼, 어떠한 사회세력을 기반으로 하느냐에 따라 정치세력의 성격이 가늠된다는 점에 유념할 필요가 있다. 아울러 각 정치세력이 설정한 세력기반과 현실적 지지기반 사이에 괴리는 없는지도 함께 분석되어야 한다.

정치세력이 궁극적으로 어떠한 사회 건설을 지향하느냐가 분류의 큰 틀이 될 수밖에 없다. 따라서 정치세력은 민족적 관점과 계급적 관점을 함께 고려하되, 크게 사회주의 사회를 지향하는 좌파, 자본주의 사회를 지향하는 우파 및 사회민주주의적 국가건설을 지향하는 중간파로 구분된다.9 하지만 같은 사회를 지향하더라도 정치세력마다 그 실현을 위한 방법과 정치세력의 본질적 성격 등에서 적잖은 차이를 보인다. 따라서 정치세력 분류의 여러 요소들을 고려하여 다시 좌파는 극좌파와 온건좌파, 중간파는 중간좌파와 중간우파, 우파는 온건우파와 극우파로 나눌 수 있을 것이다.

좌파 세력은 지향 이념과 노선에 따라 극좌파와 온건좌파로 나눌 수 있다. 극좌파는 맑스―레닌주의에 입각하여 국제주의와 친소반미 노선을 견지하면서 프롤레타리아계급에 기초한 소비에트공화국 건설을 지향하는 정치세력을 가리킨다. 이에 비해, 사회주의 사회를 지향하되 민족해방운동과 통일국가 수립운동을 통해 비교적 적극적인 민족통일전선 노선을 견지하면서 프롤레타리아계급의 권익을 중시하되 다당제를 채용하는 인민공화국 지향 세력을 온건좌파로 범주화할 수 있을 것이다.

좌파 정치세력을 극좌파와 온건좌파로 명확히 가르는 것은 쉽지 않다. 그렇지만 1930년대 프롤레타리아 헤게모니 및 빈농 우위의 원칙을 견지하고 노농소비에트국가 건설을 지향한 엠엘파 계열의 사회주의자들, 그리고 중국공산당에 가입하여 반제운동에 참여한 사회주의자들은 극좌파로 분류할 수 있을 것이다. 반면에 중국관내에서 활동한 화북조선독립동맹이나 그 후신이라 할 수 있는 조선신민당 등은 온건좌파 세력으로 보아도 무방할 것이다. 김일성세력의 경우 식민지시기에 민족통일전선 노선을 수용하고 있었다는 점에서, 스스로 "공산주의자인 동

---

9 한국에서 '좌익'・'우익'이라는 말과 '좌파'・'우파'는 차이를 갖는데, 흔히 '좌익'・'우익'은 '좌파'・'우파'에 비해 넓은 개념으로 사용된다. 또 '좌익'・'우익'이 대립적・배타적 의미를 지니는 반면, '좌파'・'우파'는 중립적 어휘로서 온건하고 합리적인 이미지를 띠고 있다(고종석, 「국어의 풍경들 <26>」, 『한겨레』 1999년 3월 16일). 한편 '중도가'가 가치 지향적인 용어인 데 비해, '중간파'는 절충적인 의미를 내포하고 있다. 특히 해방공간에서 널리 사용된 '중간파'가 정치세력을 구분하는 의미에서는 더 적절한 용어로 생각된다.

시에 민족주의자이며 민족주의자인 동시에 공산주의자"라고 언급한 사실로 보아 극좌파로 단정하기는 어렵다.

중간파 세력도 사회민주주의를 지향한 중간좌파와 민주사회주의를 지향한 중간우파로 세분할 수 있다. 유럽의 정치운동 과정에서 나온 두 개념을 구별하려는 경향은 요즘 사라지고 있으나, 여기서는 차별성을 갖는 개념으로 정리하고자 한다. 사회민주주의는 프롤레타리아 계급독재에 기초한 급진적인 사회혁명보다는 의회주의 등 점진적인 사회개혁을 통해 사회주의 사회를 실현하려는 정치이념으로 정의할 수 있을 것이다.10 이에 견주어, 유럽 사회민주주의의 분열과정에서 대두한 민주사회주의는 "자본주의의 기본 구조와 논리를 원칙적으로 수용하고 있다"는 점에서 사회민주주의와 다르다고 하겠다.11

중간 좌파나 우파 모두 '진보적' 민족주의와 민족통일전선 노선을 견지하고, 좌우파 연립정부 또는 중간파 중심의 정부 수립을 추구한 점에서는 마찬가지이다. 그렇지만 중간좌파가 민족통일전선 문제에서는 중간우파보다 적극적인 태도를 취했으며, 중간우파는 연합정권보다 중간파정권에 무게를 두었던 것으로 보인다. 그리고 중간좌파가 국가체제와 관련하여 인민공화국과 민주공화국을 두고 탄력적인 입장을 보였던 반면, 중간우파는 대체로 민주공화국 건설을 지향하였다.

흔히 중간좌파로는 여운형과 그가 주도한 조선인민당·근로인민당을, 중간우파로는 김규식세력을 꼽지만, 중간파에 속하는 여타의 정치세력에 관한 분류는 명확하지 않다. 앞에서 언급한 기준에 따르면, 김원봉이 이끈 조선민족혁명당과 그 후신 조선인민공화당은 중간좌파로 분류된다. 그리고 조소앙의 삼균주의는 사회민주주의적 성격을 띠고 있

---

10 李錫台 編, 1948 『社會科學大辭典』, 文友印書館, 305~306쪽.
11 박호성 편역, 1991 『사회민주주의와 민주사회주의 - 이론과 현실』, 청람문화사, 5~20쪽.

으나, 그의 정치노선과 국가건설론에 '반공'이 내재되어 있기 때문에 조소앙 중심의 사회당은 중간우파로 분류된다.

안재홍의 경우, 그를 수정자본주의 내지 사회민주주의 입장을 취하면서 계급협조와 통일민족국가의 수립을 주장하는 중간우파로 규정하기도 한다. 안재홍이 내세운 사회체제가 형태로는 사회민주주의에 가까우면서도 이론적 기반은 너무나 굳은 반공과 소부르주아적 절충주의에 서 있었다. 게다가 그는 이승만의 단정노선을 승인한 채 특유의 '현실주의 노선'에 따라 남한정치에 참여했다.[12] 때문에 안재홍을 중간우파로 볼 것인지, 아니면 스스로 '순정우익'이라고 일컬었듯이 우파로 규정할 것인지는 좀 더 분석할 필요가 있다.

한편, 식민지 시기 아나키스트들도 자본주의와 공산주의를 비판하면서 독자적인 민족해방운동론을 전개했으며, 나름의 민족국가 건설방향을 제시하였다. 그러나 아나키즘 세력은 민족해방운동 과정에서 확대 발전하지 못하고 오히려 우파 진영에로 편입되는 양상을 보임으로써 독자적인 '제3의 사상'의 지위를 유지할 수 없었다.[13] 비록 쇠락하긴 했으나 8·15 이후에도 이어져온 아나키즘 세력을 우리 정치사에서 자리매김하는 것도 하나의 과제이다.

자본주의 사회를 지향하는 우파의 정치이념은 흔히 자유민주주의로 표현되지만, 우리 근현대사에서는 자유민주주의를 지향하는 세력과 '반공'자유주의를 견지한 세력으로 나눌 수 있다. '반공'자유주의를 견지하는 극우파와 구별하기 위해 전자를 온건우파로 지칭하면 어떨까 한다. 온건우파가 보수적 민족주의 노선을 견지하면서 소극적이나마 민족문제에 관심을 갖는 반면, 극우파는 배타적 민족주의 곧 쇼비니즘적 성격

---

12 박한용, 「안재홍의 민족주의론」, 『韓國史學報』 제9호, 2000, 100~128쪽.
13 이호룡, 『한국의 아나키즘-사상편-』, 지식산업사, 2001, 364쪽.

을 띠면서 철저하게 친미반소 노선을 걸어왔다. 우파 모두 민주공화국을 표방하나, 온건우파와 극우파가 실제로 추구하는 정권의 성격이나 정치의 행태는 사뭇 다르다. 요컨대 온건우파가 부르주아 민주정권을 추구하면서도 민주주의 절차를 준수한다면, 극우파는 부르주아 독재정권 또는 예속정권의 속성을 지닐 수밖에 없으며, 그 정치행태는 권위주의가 특징적이다.

온건우파 세력으로는 민족해방운동 시기부터 활동해 왔던 김구 중심의 한국독립당을 들 수 있으며, 이승만세력, 한민당 등은 극우파로 분류할 수 있다. 그러나 분단체제의 성립과 더불어 온건우파의 활동공간은 축소되었고, 자유민주주의란 이름 아래 반공주의로 도색된 '냉전자유주의'는 확산되었다. 극우파도 겉으로는 자유민주주의를 내세우기 때문에 온건우파와 구분하기 위해서는 보다 엄격한 잣대가 필요하다.

간략하나마 정치이념과 노선, 정권형태, 국가체제를 중심으로 정치세력을 분류해 보았다. 이를 <표>로 정리하면 다음과 같다.

정치세력	구분	정치이념	정치노선	정권형태	국가체제
좌파	극좌파	맑스-레닌주의	국제주의·친소반미	프롤레타리아독재정권	소비에트공화국
	온건좌파	사회주의	좌파 민족주의·민족통일전선	인민정권	인민공화국
중간파	중간좌파	사회민주주의	진보적 민족주의·민족통일전선	연합정권·중간파정권	인민공화국·민주공화국
	중간우파	민주사회주의	진보적 민족주의·민족통일전선	연합정권·중간파정권	민주공화국
우파	온건우파	자유민주주의	보수적 민족주의·'소극적' 민족통일전선	부르주아민주정권	민주공화국
	극우파	'반공'자유주의	배타적 민족주의·친미반소	부르주아독재정권·예속정권	민주공화국

4. 맺음말

시대 변천에 따라 정치세력의 평가가 달라질 수 있기 때문에 정치세력을 분류하는 절대적 기준은 없다고도 할 수 있다. 그러나 한 시대의 역사를 올바로 이해하기 위해 객관적 준거에 따른 정치세력의 분류는 필요하다. 민족해방운동전선에서도 이념적 대립과 갈등이 있었지만, 분단체제의 성립과 이로 말미암은 6·25전쟁을 거치면서 이념적 지향과 체제의 성격을 왜곡시키는 구조적 요인이 한층 심화되었다. 따라서 남한의 경우 보수주의자는 있으나 보수 이념은 없으며, 중도우파를 자처하는 정치세력은 있으나 그 실체는 뚜렷하지 않은 것이 저간의 실정이다. 이러한 문제는 본질적인 면에서 북한도 마찬가지이다.

정시세력 분류의 준거가 되는 지향 이념과 노선은 세계사적 흐름과 한국사의 특수성을 함께 고려해야 한다. 그럼에도 우리의 정치세력을 구분하는 기본틀은 민족주의와 사회주의의 이분법적 사고를 크게 벗어나지 못하고 있다. 이는 옛 소련이나 동유럽의 '현실사회주의' 체제가 무너지긴 했으나 이른바 좌파 세력이 서유럽의 적잖은 국가에서 집권세력이라는 점, 비록 자본주의가 확산되는 추세이긴 하나 그 자본주의는 끊임없이 사회주의의 요구를 받아들여 수정돼 왔다는 사실 등을 간과했기 때문이기도 하다.

이 글은 문제 제기 수준의 시론적 내용에 불과하다. 하지만 민족주의와 사회주의의 대척적 분류를 지양하고 정치세력 분류의 올바른 준거를 마련함으로써 우리 사회의 이념적 지형은 훨씬 다양해질 것이다. 더욱이 정치세력의 이념과 노선을 역사적으로 파악하고, 이에 기초하여 정치세력을 분류하는 것은 사회 통합과 민족 통일뿐 아니라 민족의 진로를 모색하는 데에 보탬이 되는 중요한 과제라 하겠다.

2장
민족해방운동기 사회민주주의 세력의 태동

1. 머리말

사회민주주의는 근현대 서유럽의 정치운동 과정에서 형성되고 체계화된 이념이다. 19세기 후반 사회민주주의는 자본주의 사회의 구조적 모순을 비판하는 사회주의와 같은 의미로 사용되었다. 그러다가 러시아에서 볼세비키혁명이 일어나고 1919년에 국제공산주의 조직인 코민테른이 출범하면서 사회민주주의는 마르크스-레닌주의 곧 공산주의와 구별되는 이념이 되었다.

사회민주주의는 이념적 원천과 색채가 나라마다 다르기 때문에, 논자에 따라 다양하게 정의된다. 하지만 사회민주주의 역사 속에서 일관되게 추구되고 있는 핵심적 가치는 민주주의와 사회주의 또는 정치적 자유와 사회경제적 평등이라고 볼 수 있다. 이러한 점에서 사회민주주의는 서유럽 사회에만 존재하는 이념이 아니라 보편성을 갖는 독자적인 사회주의의 한 형태이다.

한국과 서유럽 사회민주주의와의 교류가 1917년부터 있었으나, 그 관계는 지속되지 못했다. 그러므로 한국의 사회민주주의[1]는 서유럽과의 관련 속에서 형성되었다기보다는 우리 역사의 발전과정에서 태동한 사상이며 이념이라고 하겠다. 더욱이 한국 사회민주주의는 이념논쟁이나 이론투쟁 과정에서 생성된 것이 아니라 실천적 운동과정에서 형성된 측면이 크다. 따라서 우리의 사회민주주의는 서유럽의 그것과 유사성을 지님과 동시에 한국적 특성을 지닌 실체적 사상이라고 할 수 있다.

식민지 시기 민족해방운동전선에는 자본주의를 지향한 우파, 사회주의를 지향한 좌파뿐 아니라 사회민주주의 지향의 중간파 세력이 존재하고 있었다. 1920년대에 사회민주주의 지향의 민족해방운동가들이 점차 늘어났고, 1930년대에는 국내외에서 사회민주주의 세력이 느슨하게나마 결집되기 시작하였다. 이러한 사회민주주의 지향의 민족해방운동 세력은 8·15 이후 중간파 정치세력으로 이어졌다.

그럼에도 사회민주주의 지향의 중간파 세력을 8·15 이후 정치운동의 소산물로 치부하는 견해들이 적지 않다. 식민지 시기의 중간파 세력이 좌·우파 세력에 비해 상대적으로 약했던 것은 사실이다. 하지만 민족해방운동 과정에서 태동한 사회민주주의 세력을 추출하고 범주화하는 것은 객관적인 민족해방운동사 인식을 위해서도 중요한 과제다.

이 글의 목적은 한국 사회민주주의의 생성 및 그 세력의 태동과정을 살펴봄으로써 해방 후 통일국가 수립운동을 펼친 중간파 세력의 연원

---

[1] 사회민주주의는 프롤레타리아 계급독재에 기초한 급진적인 사회혁명보다는 의회주의 등 점진적인 사회개혁을 통해 사회주의 사회를 실현하려는 정치이념으로 정의할 수 있을 것이다. 이에 견주어, 민주사회주의는 자본주의의 기본 구조와 논리를 원칙적으로 수용하고 있다는 점에서 사회민주주의와 구별할 수 있다. 그러나 이 글에서 한국 사회민주주의는 민주사회주의를 포괄하는 개념으로 사용한다.

을 밝히는 데 있다. 이는 우리 근현대 정치사 · 사상사의 지형을 넓히는 데도 조그마한 보탬이 될 것이다.

2. 국내 민족해방운동과 사회민주주의

19세기 후반 한국 민족에게 주어진 과제는 근대민족국가를 수립하는 일이었다. 그러나 이 시기의 민족운동이 민족국가 수립에 실패함으로써 한반도는 일본제국주의의 식민지로 전락했다. 1910년 한일 '합방'을 전후하여 한국 사상계에는 제국주의 국가의 식민지 지배 논리로 기능하던 사회진화론을 극복해야 할 과제가 주어졌다. 이를 해결하는 과정에서 자유주의, 민족주의, 사회주의, 아나키즘 등 다양한 근대 사회사상이 민족해방운동의 이념으로 수용되었다.[2]

국내 민족해방운동에서 이념적 분화는 1923년 물산장려운동에 대한 찬반 논쟁을 계기로 드러나기 시작했다. 이후 사회주의자들은 사상단체를 조직하여 사회주의 사상의 확대 보급에 진력하였고, 1925년 4월에는 코민테른에서 파견된 金在鳳을 책임비서로 하는 朝鮮共産黨이 성립되기에 이르렀다. 당시 조선공산당이 대중운동을 주도했기 때문에 사회민주주의가 존립할 공간은 매우 좁았다.

조선공산당은 노농계급과 소자본가 · 지식인은 물론 반일부르주아지와 연대하여 민족해방운동을 전개할 것이라 했다. 이처럼 통일전선의 범위를 넓게 설정한 것은 코민테른의 방침과도 관련이 있지만, 일제의 탄압으로 활동공간을 확보하기 어려웠던 국내의 현실을 반영한 것이었다. 따라서 조선공산당은 민주공화국 건설을 내세우면서 부르주아

---

[2] 한국에도 중국이나 일본과 마찬가지로 1880년대부터 사회주의가 소개되어 개인적 차원에서 수용되기 시작하였다(이호룡, 『한국의 아나키즘—사상편—』, 지식산업사, 2001, 355~356쪽).

민족주의자들을 동맹세력으로 설정하였다.3

 제1차, 제2차 조선공산당(1925.4~1926.8)에 참여한 사회주의자들은 사회경제적 평등을 추구하면서도 자본주의 제도 자체를 총체적으로 부정하지는 않았다. 그리고 사회변혁론으로는 점진주의적 방법을 채택했다. 따라서 그들의 조직과 활동은 코민테른과의 연관 속에서 추진되었지만, 국가건설론 등에 나타난 이념은 공산주의의 프롤레타리아 독재론과 다른, 사회민주주의적 경향성을 보였다.

 그러나 제3차, 제4차 조선공산당(1926.9~1928.10)을 이끈, 흔히 엠엘(ML)파로 불리는 사회주의자들의 사상적 지향은 달랐다. 그들은 이론투쟁을 주도하면서 마르크스–레닌주의에 반하는 모든 요소의 척결에 주력했다. 그들은 노농대중에 기초한 당재건운동을 추진하면서 종래의 민주공화국 건설론을 폐기하고, 프롤레타리아 헤게모니 및 빈농 우위의 원칙을 견지하면서 노농소비에트국가 건설을 지향했다.

 조선공산당이 해체된 1930년대에 이르면, 사회민주주의 지향의 세력화를 포착할 수 있다. 呂運亨을 비롯한 비공산주의적 사회주의자들은 코민테른의 좌편향 노선을 추종했던 당재건운동 세력과 뚜렷하게 구별된다. 그들은 민족통일전선을 통한 민족문제의 해결 방안을 모색하면서 '합법적' 공간에서 사회주의적 계몽활동에 종사했다. 이들에 대해 당재건운동파들은 자본가와 타협한 '계급적 반역자'이며, 파시즘과 타협한 '사회민주주의자', 곧 '사회파시스트'에 불과하다고 비판했다. 이로써 공산주의자와 사회민주주의자의 차별은 한층 분명해졌다. 특히 1930년대에는 조선중앙일보사의 여운형과 裵成龍을 중심으로 사회민주주의자들이 느슨하게나마 결집되어 있는 현상이 확인된다.4

---

3 사회주의 세력의 국가건설론에 대해서는 노경채, 「민족해방운동의 사상적 지향」, 『한국사상사의 과학적 이해를 위하여』, 청년사, 1997, 170~178쪽 참조.
4 김기승, 「사회민주주의」, 『한국사 시민강좌』 제25집(1999.8), 일조각, 158~160쪽.

1930년대 이후 사회민주주의를 지향했던 대표적 인물로는 여운형·曺奉岩·高景欽·배성룡 등을 꼽을 수 있다. 하지만 그들의 국가건설론과 사상적 지향을 구체적으로 확인할 자료가 많지 않다. 여운형과 배성룡을 중심으로 간략하게나마 그들의 현실인식과 이념적 바탕을 살펴보자.

1920년대 중국에서 활동한 여운형은 사회주의 사상을 수용하면서도 계급혁명에 대해서는 부정적 입장을 지녔다. 그는 일제 법정에서 공산주의에 대한 의견을 묻는 검사의 질문에 "공산주의의 경제방면의 문제에 대해서는 공명하지만, 유물론으로 모든 문제를 해결하려 하는 데 대해서는 반대한다", "마르크스 이론에는 찬성하지만, 조선에서 특히 폭력을 가지고서 실행해야만 할 것은 아니라고 생각한다"[5]라고 대답했다. 여운형은 평등주의에 입각한 사회주의 사회를 지향하되, 그 실현은 계급혁명이 아니라 의회주의 원칙에 따라야 한다는 입장을 취했다. 따라서 그는 공산당운동에 관여한 적이 있지만, 사상적으로는 식민지 시기부터 사회민주주의적 지향성이 분명했던 것이다.

배성룡의 경우도 여운형의 사상적 지향과 별다른 차이점을 보이지 않는다. 그의 사상은 민족주의에 대한 총체적 부정의 형태가 아니라 자유주의적 민족주의에 대한 비판적 계승의 형태를 취했고, 마르크스주의에 대해서도 비판적 수용태도를 견지함으로써 마르크스주의를 전면적으로 수용한 사회주의자들과는 달랐다. 그의 신형민주주의 국가상은 정치적으로 다당주의에 입각한 의회민주주의를, 사회경제적으로는 사회주의의 평등주의 원칙에 의거하되 자본주의의 효율적 요소를 가미한 혼합경제 체제를 채택하고 있다. 이러한 점에서 신형민주주의는 사회민주주의 이념과 부합한다고 볼 수 있다.[6]

---

5 金俊燁·金昌順 編,「呂運亨調書(II)」,『韓國共産主義運動史』<資料Ⅰ>, 高麗大學校出版部, 1979, 308·349쪽.
6 배성룡의 지향 이념과 신형민주주의론의 구체적 내용은 김기승,『한국근현대 사회사상사 연

비공산주의적 사회주의자들의 사상적 지향은 여운형·배성룡 등의 그것과 크게 다르지 않을 것이다. 한편, 이들과 安在鴻의 지향 이념은 본질적인 면에서 차이를 보인다. 안재홍은 경쟁이 심화되어 독점자본주의화되는 것도 반대했지만, 노동자계급이 헤게모니를 쥐는 공산주의에로 이행하는 것도 차단하려고 했다. 그가 내세운 사회체제는 형태로는 사회민주주의에 가까우면서도 이론적 기반은 너무나 굳은 반공과 민족주의에 서 있었다.7 때문에 그의 정치노선은 사회민주주의 노선에서 크게 벗어날 수밖에 없었다.

여운형 등은 1944년 8월 전국적 통일전선체를 전망하면서 결성한 朝鮮建國同盟을 통해 한층 조직화하였고, 국내 인사를 중심으로 세력을 확충해 나갔다. 조선건국동맹은 당면 목표를 일제 패망을 가속화하고 해방정국에 대비하는 데에 두었지만, 여운형은 후일 정치활동이 본궤도에 오르면 조선건국동맹을 혁신적 정당으로 성장시킬 의도를 갖고 있었다.8 해방 직후에 발표된 것이긴 하지만, 조선건국동맹은 "원칙적으로 토지는 농민에게로, 주요 생산·교통·통신 기관은 국유로, 중요 기업 상업기관은 국영으로"9 할 것을 내세웠다. 이로써 조선건국동맹의 사회민주주의적 지향성을 어느 정도 엿볼 수 있다.

1930년대 이후 국내에서는 사회민주주의와 공산주의의 차별성이 점차 드러나기 시작하고 사회민주주의자들의 세력화가 모색되었다. 여운형 중심의 세력은 통일전선체로서 조선건국동맹을 결성하였고, 이 동맹은 사회민주주의를 지향한 朝鮮人民黨·勤勞人民黨으로 이어졌다. 뿐만 아니라 식민지 시기 사회민주주의 지향성을 지닌 인사들은 대체

구』, 신서원, 1994, 253~309쪽 참조.
7 박한용, 「안재홍의 민족주의론」, 『韓國史學報』 제9호(2000. 9), 127~128쪽.
8 呂運弘, 『夢陽 呂運亨』, 靑廈閣, 1967, 149쪽.
9 夢陽呂運亨先生全集發刊委員會 編, 『夢陽呂運亨全集』 1, 한울, 1991, 206~207쪽; 『自由新聞』 1945년 10월 31일.

로 해방공간에서 중간파 정치노선을 취하면서 통일국가 수립운동을 전개하였다.

3. 중국관내 민족해방운동 정당과 사회민주주의

3·1운동 전후 중국지역 우리 민족해방운동전선에서는 서유럽의 사회민주주의에 대한 관심도 있었다. 이를테면 1917년 가을 申圭植·趙素昻 등은 朝鮮社會黨 이름으로 서유럽 사회민주주의자들이 스웨덴 스톡홀름에서 개최한 만국사회당대회에 전문을 보냈고, 1919년 8월에는 조소앙이 스위스 루체른에서 개최된 만국사회당대회, 곧 제2인터내셔널 재건대회에 '한국독립승인결의안'을 제출했다.[10] 하지만 서유럽 사회민주주의와의 관계는 지속되지 못했으며,[11] 최초의 사회민주주의 정당이라 할 수 있는 조선사회당도 흐지부지되고 말았다.

한국과 서유럽 사회민주주의의 교류가 있었지만, 한국의 사회민주주의는 서유럽적 개념의 사회민주주의를 그대로 수용했다기보다는 민족해방운동의 이념적 발전과정에서 형성되었다고 하겠다. 특히 민족해방운동전선에서 사회민주주의적 지향성 또는 사상이 대두한 시기에 주목할 필요가 있다. 곧 한국의 사회민주주의는 민족주의 인사들이 민족해방운동의 이념적 기반을 모색하는 과정에서, 그리고 통일전선적 민족유일당운동이 전개되던 시기에 형성되기 시작하였다.

사회민주주의적 성격을 지닌 사상으로는 1927~1928년경에 정립된

---

10 「韓國獨立承認決議案」·「한국독립에 관한 결정서」,『三均主義硏究論集』8(1986.12), 193~204쪽.
11 한국과 서유럽 사회민주주의와의 교류가 재개된 것은 1960년대였다. 1961년 1월에 창당한 통일사회당이 그해 3월 사회주의 인터내셔널(SI)에 가입을 신청했지만, 1969년 6월에야 비로소 정회원이 되었다.

조소앙의 三均主義를 들 수 있다. 그가 내세운 '삼균'은 개인·민족·국가의 균등과 정치·경제·교육의 균등을 뜻하는 이원적 틀로 짜여져 있다. 결국 삼균주의가 실현하려는 균등사회는, 정치면에서 민주주의 원리에 기초하여 개인의 권리와 자유를 보장함으로써 정치적 평등을 이루는 것이다. 경제면에서는 토지와 대생산기관의 국유를 원칙으로 계획경제, 합리적 분배, 무산자의 생활보장 등을 통해 생활상의 평등을 실현하고자 했다. 사회면에서는 국비의무교육제를 실시하여 교육의 기회균등을 보장함으로써 사회평등의 터전을 마련하자는 것이다.[12] 삼균주의를 수정자본주의로 파악하는 견해도 있지만, 삼균주의는 사회민주주의적 요소를 내포하고 있다고 하겠다.

민족유일당운동이 지도노선의 미확립 등으로 좌절된 이후, 중국지역 우리 민족해방운동전선에서는 이념과 노선에 따라 여러 민족해방운동 정당이 결성되었다. 민족해방운동 정당은 항일운동뿐 아니라 민족국가를 전망한 정강·정책을 마련하고 있는 점에서 종래의 단체와는 차별성을 지닌다. 하지만 모든 민족해방운동 세력의 일차적 과제는 조국의 독립과 민족의 해방이었고, 이를 위한 선결과제는 바로 통일전선 문제였다. 때문에 민족해방운동 세력에게는 민족국가 건설을 전망하면서 좌·우파 세력의 이념적 대립을 극복할 수 있는 지도이념이 무엇보다 필요했다.

이러한 민족해방운동전선의 요망에 부합할 수 있는 지도이념으로서 삼균주의가 부각되었다. 그리하여 삼균주의는 우파 민족해방운동 정당인 韓國獨立黨·韓國國民黨의 이념적 토대가 되었을 뿐만 아니라 통일전선 정당인 民族革命黨의 黨義에도 반영되었다. 더욱이 삼균주의는 민족해방운동 과정에서 연합전선의 기초이론으로 채택되었다는 점에서

---

[12] 三均學會 編, 「韓國獨立黨之近像」, 『素昂先生文集』 上, 횃불사, 1979, 108쪽.

역사적 의미를 지닌다.13

한편, 金元鳳 등이 반일사상을 고취하고 폭력투쟁을 벌여 일제를 타도할 목적으로 조직한 義烈團은 1927년 무렵부터 사회주의적 성격이 짙은 민족해방운동 정당으로 변모하기 시작했다. 이듬해 10월에는 민주국가의 건설, 평등한 경제조직의 건립, 지방자치제의 실시, 대지주의 토지 몰수, 노농운동의 보장, 대생산기관의 국영화 등 20개 조항의 강령을 발표하였다. 이 시기의 의열단을 사회민주주의 단체로 규정하기는 어렵지만, 강령을 통한 의열단의 지향 이념은 일종의 사회민주주의에 가깝다고 할 수 있다.14

의열단은 새로운 조직체계와 강령을 채택했지만, 상해지부에서 "동단원은 主義的으로 분립하여 조직상의 통제는 사실상 불가능하게 되었다"는 이유로 해체성명서를 발표하기에 이르렀다. 의열단의 활동이 어렵게 되자 김원봉 등 지도부는 安光泉과 제휴하여 북경에서 조선공산당재건동맹을 조직하고 부설 교육기관으로 레닌주의정치학교를 설립하는 등 공산주의운동에도 참여했다.

만주사변(1931)과 상해사변(1932)을 계기로 항일투쟁의 열기가 고조되자 김원봉 등은 남경으로 옮겨와 의열단 활동을 다시 시작했다. 1930년대 전반기에 의열단은 중국국민정부의 지원 아래 남경 근처에 조선혁명간부학교를 창립하여 군사훈련에 힘썼고, 한편으로는 관내 지역 민족해방운동 정당, 단체의 통합운동에 주도적인 역할을 담당했다. 그 결과 의열단을 비롯한 민족해방운동 정당, 단체들은 1935년 7월 통일전선 정당으로서의 민족혁명당을 출범시켰다.

통일전선운동이 진척되면서 사회민주주의 지향의 민족해방운동가들

---

13 姜萬吉, 「民族運動·三均主義·趙素昻」, 『趙素昻』, 한길사, 1982, 332쪽.
14 의열단의 사회주의적 단체로의 변화과정은 강만길, 『조선민족혁명당과 통일전선』, 和平社, 1991, 30~46쪽 참조.

이 더욱 늘어난 것으로 보인다. 하지만 그들이 세력화 하거나 조직적 형태를 갖추지는 못했다. 이후 사회민주주의 지향의 중간파 세력은 민족혁명당을 중심으로 응집되기 시작했다고 볼 수 있다.

그렇다면 민족혁명당의 지향 이념을 살펴보자. 민족혁명당은 강령을 통해 정치체제로서 민주공화국을, 정권형태로는 '民主集權의 정권'을 수립할 것을 일관되게 내세웠다. 경제체제에서는 애초에 채택한 '계획경제의 실시' 조항이 삭제되긴 했지만 토지국유제와 대생산기관의 국영화 등 사회주의적 정책을 고수했다. 그리고 국비교육제와 철저한 사회보장제도의 실시를 명시한 점도 주목된다. 게다가 민족혁명당은 그들이 지향하는 국가는 사회주의 국가나 영국·미국식의 자산계급적 국가가 아닌, 노동자·농민·소자산계급을 적극적으로 보호하는 '최신식 최진보적 자본주의민주주의 국가'라고 밝혔다. 이런 점을 종합해 볼 때, 민족혁명당은 대체로 사회민주주의를 지향한 것으로 이해된다.[15]

통일전선적 민족해방운동 정당으로 출범한 민족혁명당은 사회주의, '좌익민족주의' 또는 사회민주주의, 부르주아 민주주의 등 다양한 이념적 지향성을 가진 당원들로 구성되었다. 때문에 통일전선체로서의 민족혁명당을 중간파 세력으로 규정할 수는 없다. 하지만 민족혁명당에 참여한 한국독립당계가 몇 달 만에 탈당한데다가, 조선혁명당계마저 1937년 4월에 탈당함으로써 우파 세력은 민족혁명당에서 거의 이탈했다. 이듬해에는 崔昌益을 비롯한 일부 사회주의 세력도 지도부의 노선에 불만을 품고 민족혁명당을 이탈했다. 이로써 민족혁명당의 통일전선적 성격은 약화되었고, 중간파적 성격이 강해졌다. 따라서 김원봉 중심의 세력이 명실상부하게 주도한 '조선민족혁명당'[16]은 사회민주주의

---

15 盧景彩, 「日帝下 獨立運動政黨의 性格」, 『韓國史硏究』 47, 1984, 150~153쪽.
16 민족혁명당은 편의에 따라 당명 앞에 '한국', '조선', '고려'를 붙여 사용하기로 했으나, 우파 세력이 이탈한 1937년에 당명을 조선민족혁명당으로 확정했다.

세력으로 규정될 수 있을 것이다.

　조선민족혁명당은 해방 후에도 민족통일전선 노선을 견지한 주요 정치세력으로 활동하였고, 1947년 6월에는 당명을 朝鮮人民共和黨으로 바꾸었다. 단독정부 수립이 현실화되는 과정에서 김원봉 등은 북한정권 수립에 참여하기도 했다. 조소앙의 경우, 단독정부가 수립된 이후 金九 주도의 한국독립당과 결별하고 社會黨을 창당하여 사회민주주의 지향의 정치활동을 전개하였다.

4. 만주지역 민족해방운동 정당의 사회민주주의적 지향

　만주지역에서도 1920년대 중반경부터 사회민주주의적 이념이 대두하였다. 곧 正義府와 國民府의 핵심적 인사들이 참여한 다물黨, 高麗革命黨, 朝鮮革命黨 등은 이른바 사회주의적 민족주의를 지향하였다. 사회주의적 민족주의는 비자본주의적 발전을 지향하면서도 무산계급의 독재와 완전한 사회적 소유를 반대하였고, 아울러 자본가계급의 착취도 반대하면서 자본주의체제에도 동의하지 않았다. 때문에 사회주의적 민족주의는 시기와 단체에 따라 사회주의적 색채의 농도가 조금씩 달랐지만, 사회민주주의 이념으로 보아도 무방할 것이다.[17]

　다물당은 1923년 겨울 南滿 흥경현에서 비밀결사로 조직된 다물청년당의 후신이다. 다물당은 1926년 2월 당시 유하현 등 19개 곳에 '原會議'를 두었고, 玄益哲이 중앙집행위원장을 맡았다. 그리고 당원은 500여 명에 달했으며, 기관지 『다물통신』을 발간하였다. 다물당은 "적을 구축하여 생활 평등의 신국가를 건설할 것", "제국주의와 자본제도를

---

[17] 신주백, 『만주지역 한인의 민족운동사(1920~45)』, 아세아문화사, 1999, 22~23쪽.

타도할 것", "약소민족 피압박 계급의 해방운동과 동일한 전선을 취할 것"을 강령으로 채택하였다. 아울러 "노농군중의 계급의식 촉진하여 혁명정신을 고취할 것" 등을 목적으로 내세웠다.[18]

요컨대 다물당은 우리 민족을 정치적으로 압박하고 경제적으로 착취하고 있는 일본제국주의를 박멸하고 자본제도를 타도하여 '민족 본위의 생활 평등의 新幸國家'를 건설하자고 주장하였다. 그들이 지향한 민족국가는 순수한 형태의 자본주의체제도 아니며, 노동자계급의 독재 아래 사적 소유를 부정하는 사회주의 국가도 아니었다. 다시 말해 다물당은 모든 사람이 평등한 민족 본위의 사회민주주의 국가 건설을 내세웠던 것이다.[19]

그리고 정의부의 후견인 역할을 하던 梁起鐸, 천도교연합회의 지도자 崔東曦 등은 대중의 통일적인 행동을 위해 정당이 필요하다는 판단 아래 1926년 3월 길림성 내에서 고려혁명당을 조직했다. 당의 위원장에는 양기탁, 책임비서에는 李東求가 선임되었다. 뒤이어 新民府의 金佐鎭, 정의부의 李靑天 등이 참여했고, 현익철을 비롯한 적잖은 다물당원이 합류함으로써 당원 수는 정당원과 준당원을 합쳐 1,500여 명에 이르렀다.[20]

고려혁명당은 강령에서 "우리들의 인간 실생활의 당면한 적인 모든 계급적 기성 제도와 현재 조직을 일체 파괴하고, 물질계와 정신계를 통해서 자유평등의 이성적 신사회를 건설하자", "제국주의와 자본주의에 대한 그 근본적인 반항, 우리들에게 공명하는 각 피압박 민족과 결합해서 동일전선에서 일치된 보조를 취하자"[21]고 하여 계급지배 자체를 반

---

18 같은 책, 111~112쪽;「高警第182號 大正15年9月30日 다물黨ノ近情ニ關スル件」,『情報①』, 655쪽.
19 신주백, 위의 책, 112쪽.
20 고려혁명당의 결성과정에 대해서는 신주백, 같은 책, 118~120쪽; 박환,『대륙으로 간 혁명가들』, 국학자료원, 2003, 104~110쪽 참조.

대하는 입장을 갖고 있었다. 그들은 제국주의와 자본주의를 물리치고 '계급 만능주의'가 사라진 계급 없는 새로운 사회, 곧 피압박 민중이 존엄과 권위를 갖는 사회 건설을 내세웠다.

다물당과 고려혁명당이 내세운 '평등'은 노동자계급의 헤게모니 아래 개인적인 소유가 부정되고 사회적 소유만 인정되는 사회주의 국가의 평등과 분명히 다른 것이었다. 그들이 말하는 평등은 민족적 관점에서 '均産'의 원리가 관철되는 반자본주의적이고 반제국주의적인 국가의 '평균주의'였다. 이처럼 다물당과 고려혁명당은 노동자계급의 독재뿐 아니라 자본가계급의 지배도 인정하지 않았는데, 그들이 세우려는 민족국가는 사회주의적 민족주의 국가, 곧 사회민주주의 국가였다고 할 수 있다.22

1929년 12월에는 국민부의 지주적 정당으로 조선혁명당이 결성되었는데, 그 중심인물은 현익철 · 崔東旿 · 高而虛 등이었다. 산하 군사조직으로 조선혁명군을 두었으며, 李辰卓이 총사령관, 梁世奉이 부사령관으로 활약했다. 그리고 조선혁명당은 "봉건세력 및 모든 반혁명세력을 숙정하여 민주집권제의 정권을 수립한다", "대규모의 생산기관 및 독점적 기업은 국영한다" 등 15개 조항의 강령을 채택했다.23 조선혁명당은 정치면에서 민주집권의 정권을 수립할 것, 사회경제면에서 토지국유제와 주요 산업의 국영화를 내세웠다. 아울러 국비교육제와 철저한 사회보장제도를 실시할 것을 명시했다. 따라서 조선혁명당은 사회민주주의 체제의 민족국가를 희구했던 것으로 이해된다.

조선혁명당은 다물당과 고려혁명당의 강령에 나타난 핵심적 내용을

---

21 박환, 같은 책, 107쪽; 『朝鮮の治安狀況 昭和2年版』, 171쪽.
22 신주백, 위의 책, 121~127쪽.
23 조선혁명당의 당강은 민족혁명당이 결성 당시에 채택한 17개 조항의 당강과 체제와 내용면에서 다르지 않다. 조선혁명당의 당강에 관한 구체적 내용은 신주백, 같은 책, 209~210쪽 참조.

계승하였다. 조선혁명당의 지향 이념을 '소자산계급 평균주의', '사회주의적인 요소를 가미한 의회민주주의' 등으로 규정하는 견해가 있으나, 하나의 개념으로 정리하면 사회민주주의로 정의할 수 있을 것이다. 더욱이 조선혁명당의 결성은 만주지역 민족해방운동 과정에서 사회민주주의 지향의 민족해방운동가들이 한층 강고하게 세력화한 것이라 하겠다.

만주사변 이후 조선혁명당의 지도부를 비롯한 적잖은 민족해방운동가들은 새로운 활동무대를 찾아 관내 지역으로 옮겨갔다. 조선혁명당은 관내 지역에서 추진된 통일전선운동에 적극적으로 참여하였고, 그 결과 성립된 민족혁명당에 합류했다. 만주사변을 계기로 사회민주주의 지향의 세력화는 확산되지 못했으나, 우리 민족해방운동사에서 갖는 의미는 매우 크다.

5. 맺음말

한국의 사회민주주의는 서유럽적 개념의 사회민주주의를 그대로 수용했다기보다는 민족해방운동의 이념적 발전과정에서 형성되었다고 하겠다. 따라서 우리의 사회민주주의는 서유럽의 그것과 유사성을 지님과 동시에 한국적 특성을 지닌 실체적 사상이라고 할 수 있다. 아울러 한국의 사회민주주의가 민족해방운동의 이념적 기반을 모색하는 과정에서, 그리고 통일전선적 민족유일당운동이 전개되던 시기에 형성되었던 점도 주목된다.

1920년대 중반부터 우리 민족해방운동전선에서 사회민주주의적 지향성이 드러나기 시작하였고, 통일전선의 필요성이 커지면서 사회민주주의 지향의 민족해방운동가들도 한층 늘어났다. 그리고 1930년대에는 사회민주주의적 성향의 집단 또는 세력이 형성되고 이념의 체계화 작업이 부분적으로 이루어졌다. 좀 더 체계적인 분석이 요구되지만, 이 시기에 태동한 사회민주주의 세력으로는 여운형 계열, 민족혁명당, 조선혁명당 등을 들 수 있다.

한국의 사회민주주의도 민주주의와 사회주의를 함께 추구하고 있는 점에서 서유럽의 그것과 다르지 않으며, 자본주의·공산주의와 더불어 우리 근현대사에 영향을 끼친 주요 정치이념의 하나이다. 더욱이 사회민주주의는 이념적 대립을 극복할 수 있는 수렴 이데올로기의 성격을 띠었고, 그 지향 세력은 민족해방을 쟁취하기 위한 통일전선운동에서 주도적 역할을 담당하였다. 그리고 해방 후 체제와 이념 대립이 노골화하는 협애한 정치환경 속에서도 사회민주주의 지향의 민족해방운동 세력은 통일국가 수립운동을 펼친 중간파 정치세력으로 이어졌다는 사실에 유념할 필요가 있을 것이다.

3장
8·15 후 여운형의 정치노선과 활동

1. 머리말

8·15는 식민지시기 우리 민족해방운동의 성과이기도 하지만, 그 직접적 계기는 제2차 세계대전에서 연합국의 승리와 일본의 패망에 따른 것이었다. 국제적 조건은 미국과 소련에 의한 한반도 분할점령으로 나타났고, 이는 자주적 민족국가 수립을 저해하는 요인으로 작용할 수 있는 소지를 안고 있었다.

해방공간의 역사적 과제는 식민지잔재를 청산하고 자주적 통일민족국가를 건설하는 것이었다. 그러나 8·15 이전 우리 민족해방운동 세력이 완전한 민족통일전선을 이루지 못한데다가, 미국과 소련을 축으로 한 체제대립이 점차 노골화함으로써 통일민족국가 수립에의 길이 밝은 것만은 아니었다. 하지만 해방공간은 민족통일전선을 형성하여 외세규정력을 최소화하면서 통일민족국가를 수립할 수 있는 가능성이 존재한 시기였다.

　이 시기 정치지도자가 선택할 수 있는 노선은 내외적 조건과 관련하여, 첫째 미·소의 대결노선에 따라 이들의 정책을 추수하는 길, 둘째 국제적 조건으로부터 이탈하여 독자적인 혁명과 건설을 추구하는 길, 셋째 미·소의 협력과 지원을 이끌어내면서 탈식민 개혁과 통일민족국가를 이루는 길이었다.[1] 결국 외세에 편승한 정치세력에 의해 분단국가가 수립되었으나 여운형 등이 추구한 세 번째의 길은 통일민족국가 수립을 위한 가장 현실적인 정치노선으로 평가된다.

　여운형 연구는 한국현대사의 단초를 해명하고 통일국가 수립운동의 역사적 위치를 가늠한다는 면에서 매우 중요하지만, 분단국가의 성립에 따른 학문외적인 여건 등으로 이루어지지 못했다. 여운형에 관한 전기류는 일찍이 간행된 바 있으나,[2] 그에 관한 본격적 연구는 1980년대 중반 이후 민족민주운동의 진척과 더불어 한국현대사, 특히 해방3년사에 대한 관심이 고조되면서 활기를 띠기 시작했다.[3] 그간의 연구를 통해 여운형의 정치노선과 다양한 정치활동에 관한 실체적 규명은 상당히 축적되었다.

---

[1] 최장집, 「한국민주주의·민족주의와 여운형」, 『夢陽呂運亨全集』 3(이하 『全集』 3), 한울, 1997, 147~148쪽.

[2] 대표적인 것으로는 여운형의 오랜 동지이자 사돈인 李萬珪가 쓴 『呂運亨鬪爭史』, 叢文閣, 1946; 그의 아우 呂運弘이 쓴 『夢陽 呂運亨』, 靑廈閣, 1967을 꼽을 수 있다. 이 외에 『東新日報』·『中外新報』 기자를 지낸 李基炯의 「몽양 여운형」, 실천문학사, 1984이 있으며, 다양한 자료를 활용한 평전으로는 정병준, 『몽양여운형평전』, 한울, 1995가 있다.

[3] 李東華가 발표한 「夢陽 呂運亨의 政治活動(上)·(下) —그 再評價를 위하여—」, 『創作과 批評』, 1978, 여름·가을호는 여운형 연구의 기폭제가 되었다고 볼 수 있다. 대표적인 논저로는 姜萬吉, 「左右合作運動의 경위와 그 성격」, 『韓國民族運動史論』, 한길사, 1985; 金光殖, 「해방직후 呂運亨의 정치활동과 '建準' '人共'의 형성과정」, 『한국현대사』 I, 열음사, 1985; 李庭植, 「呂運亨·金奎植의 左右合作」, 『現代史를 어떻게 볼 것인가』 1, 東亞日報社, 1990; 서중석, 『한국현대민족운동연구 —해방후 민족국가 건설운동과 통일전선—』, 역사비평사, 1991; 심지연, 『人民黨硏究』, 경남대학교출판부, 1991; 정병준, 「해방직후 夢陽 呂運亨의 노선과 활동」, 『한국현대사연구』 창간호, 한국정신문화연구원, 1998.7 등을 들 수 있다.

흔히 중간좌파로 분류되는 여운형의 이념적 지향에 대한 평가는 그의 활동폭 만큼 다양하나 크게 세 가지 견해로 나뉜다. 첫째는 여운형을 공산주의자로 규정하는 것인데, 이는 주로 韓國民主黨(이하 한민당)계 인사들의 주장에서 비롯되었으나4 반공이데올로기와 맞물려 1970년대까지 주류적 인식으로 강조되었다. 둘째, 여운형이 미·소 어느 편에도 치우치지 않고 민족의 이익을 우선시했다는 측면에서 그를 민족주의자로 파악하는 견해이다.5 셋째, 여운형의 지향이념을 넓은 의미의 사회민주주의 또는 민주사회주의로 규정하는 입장이다.6 이처럼 여운형에 대한 다양한 평가가 혼재하는 까닭은 정형화된 이념보다 현실과 실천을 중시한 그의 정치노선에서 연유한 것이지만, 근본적으로는 사회주의·자유주의·민주주의가 대립적 개념이 아니라는 점을 간과한 채 '주관적' 관점에서 평가한 데에 있다고 하겠다.

이 글의 목적은 여운형의 내외 정세인식, 정치노선 그리고 정치활동을 통일민족국가 수립운동의 관점에서 체계적으로 정리하는 데 있으며, 아울러 여운형의 정치노선과 활동이 한국현대사에서 어떠한 역사적 의미를 지니는가를 살피는 데에 있다.

---

4 김준연, 『독립노선』, 돌베개, 1984, 17~18쪽.
5 崔謹愚, 「잃어버린 巨星을 追慕한다 —夢陽 呂運亨—」, 『民族日報』 1961년 5월 12일; 宋建鎬, 「呂運亨」, 『韓國現代人物史論』, 한길사, 1984, 117~121쪽.
6 呂運弘, 앞의 책, 185쪽; 李東華, 앞의 논문, 358쪽에서는 여운형의 정치이념을 진정한 민주주의, 진보적 민주주의 또는 넓은 의미의 민주적 사회주의로 규정하고 있으나, 진보적 민주주의 내지 진정한 민주주의라는 용어는 공산주의자부터 중간좌파에 이르기까지 폭넓게 사용된 바, 정치이념을 구체적으로 나타내는 용어는 아니었다. 한편 金光殖은 앞의 논문, 224쪽에서 여운형의 정치사상은 완전히 공산주의를 수용한 것은 아니며 사회민주주의로 발전한 것도 아니었지만, 그의 정치활동과 정치사상을 검토할 때 사회민주주의자로 될 수 있는 개연성은 높다고 평가했다.

2. 정세인식

1) 국제정세관

제2차 세계대전의 성격은 누층적이다. 제2차 세계대전은 겉으로는 파시즘 진영과 반파시즘 진영 사이의 전쟁이었으나 그 속에는 자본주의체제와 사회주의체제의 대립, 제국주의 국가와 식민지·반식민지 민족해방운동 세력의 대립을 내포하고 있었다. 연합국의 승리로 파시즘과 반파시즘 진영의 대립은 해소되었지만, 미·소를 핵으로 하는 체제 대립과 제국주의 세력과 민족해방운동 세력의 대립은 점차 첨예화하였다. 한반도를 둘러싼 국제관계도 변화함으로써 한반도 문제의 규정요인은 복합성을 띠게 되었다.

여운형의 세계대전관은 1945년 7월 초순 그의 부탁으로 이동화가 작성한 「현하 국제정세에 대한 분석과 전망」이란 문건에서 어느 정도 확인된다.

> 이 전쟁이 자본주의 열강간의 전쟁으로서 개시되었다는 점에 착안한다면 그것은 일종의 제국주의 전쟁으로서 규정될 수도 없지 않겠지만 미·영·불 등 자본주의 진영과 독·이·일 등 국제 파시즘 진영간의 전쟁이라는 의미에서는 처음부터 반파시즘적 민주주의적 성격을 띠는 것이었으며, 특히 소련이 이 전쟁에 끌려 들어 미국과 함께 주동적 역할을 수행하게 됨으로써 진보적·해방전쟁적 성격은 한층 뚜렷해지지 않을 수 없었다.[7]

여운형은 제2차 세계대전을 파시즘세력과 반파시즘세력 사이의 전쟁으로 파악하되, 소련이 참전함으로써 진보적·해방적 성격을 띠게 된 것으로 인식했다. 또한 전쟁이 끝나면 "우리 한민족을 비롯한 많은 피압박 민족들은 식민주의적 억압에서 해방되어 자주적·민주적 발전

---
[7] 金學俊, 『李東華評傳』, 民音社, 1987, 125쪽.

의 길을 걷게 될 것"8으로 이해하면서 세계대전 이후의 국제정세가 자주적 민족국가 수립에 유리하게 작용할 것으로 낙관했다.

한편 8·15에 대한 여운형의 인식을 보면, "우리 땅안에 치안이 확립될 때까지 오늘날 독립은 40여 년 동안 우리의 선배, 우리의 동지들의 숭고한 의사와 용감한 투쟁의 결과이며 그네들의 흘린 피와 땀의 결정인 것은 물론이나 연합군의 승리라는 국제정세도 부인할 수 없는 시간적 요인임으로 우리는 그를 막지 않는다"9라고 하여 8·15를 우리 민족 해방운동의 성과인 동시에 연합국 승리의 소산물로 인식했다. 그는 외재적 조건에 따라 연합국, 특히 미국과 소련이 한반도에 주둔할 것으로 내다보았다.

여운형은 사회주의 진영과 자본주의 진영은 '민주적 조류의 덕택'으로 역사적·사회적 대변혁의 방향에서 점차 서로 접근할 것으로 파악했다.10 따라서 그는 연합군이 조선에 들어올 경우 연합군에 감사를 표시함과 동시에 우리의 권리를 내세우면서 자주적인 정권을 수립할 의도를 갖고 있었다.11 연합군에 대한 우리의 태도와 관련하여 "만났으니「하우두 유두」라 인사할 것이고, 둘째번에는「탱쿠」라고 감사의 뜻을 표해야 할 것이고 셋째로는「구드바이」가 있을 뿐이다"12라는 여운형의 언급은 연합군의 영향력을 배제하려는 의도가 내포된 면도 있지만, 소박한 정세인식의 단면을 보여준다. 미국과 소련의 타협의 산물인 한반도 분할점령은 다른 경우보다는 상대적으로 민족분단의 가능성을 내포하고 있는 것이다. 하지만 여운형은 1945년 10월 8일 學兵同盟에서

---

8 위와 같음.
9 「建國同盟」, 『夢陽呂運亨全集』 1(이하 『全集』 1), 한울, 1991, 206쪽.
10 金學俊, 앞의 책, 126쪽 참조.
11 李萬珪, 앞의 책, 186~187쪽.
12 「新朝鮮 建設의 大道」, 『朝鮮週報』 제1권 2호, 1945년 10월; 『全集』 1, 234쪽.

행한 강연에서 38선을 미·소 양국의 '단순한' 군사작전상의 문제로 인식했다.

> 대체 북위 38도가 문제된 것은 포스담회담에 올 것인데 소련의 참가로 전술상 조선을 38도로 경계하야 소련은 만주로부터 38도의 조선까지 이르고 미국은 沖繩 점령 후 일본본토 상륙을 함과 동시에 조선에도 38도선까지 한정하야 작전한다는 것에서 생긴 것이라고 합니다. 이것은 작전상 경계고 정치적으로 하등 관계는 없는 것이라고 합니다.13

미·소의 한반도 분할점령은 정치세력의 자율적인 활동과 자주적인 통일민족국가 수립에 걸림돌이 되었다. 연합국은 모스크바 3상협정에서 한반도에 대한 처리방안도 마련했지만, 이는 우리 민족구성원의 의사와는 무관한 것이었다. 더욱이 미·소 양국은 국내 정치세력의 동향을 주시하면서 자국의 이해를 전제한 한반도 정책을 추진하였다. 정권욕을 앞세운 정치세력의 경우 친미반소, 또는 친소반미 노선을 드러냄으로써 모스크바 3상협정에 토대한 임시정부 수립은 난관에 봉착할 수밖에 없었다.

여운형의 대외노선은 일관되게 친미친소적 입장에 서 있었다. 이와 관련하여 미국의 본질을 정확히 파악하지 못한 채 '진보적 민주주의국가'로 상정하면서 반제의 문제를 친일잔재 청산이라는 수준으로 해석하고 미군정의 협력을 통해 민족의 '완전한 독립'을 꾀했다는 비판적 견해도 있지만,14 여운형의 친미친소적 태도는 통일민족국가 수립을 위해 미·소 양국의 지지와 협력을 얻으려는 현실적 노선으로 평가된다.

---

13 呂運亨, 「우리나라의 政治的 進路」, 『學兵』 1권 1호, 1946년 1월, 7~8쪽.
14 유기철, 「해방정국과 여운형의 정치노선」, 『한국현대정치사』 1, 실천문학사, 1989, 382쪽.

2) 국내정세관

　　일제의 패망이 예상되었던 1945년 8월 초 여운형은 朝鮮建國同盟(이하 건국동맹)을 중심으로 건국준비 사업에 착수하는 한편, 조선총독부 당국이 정권이양을 교섭하자 5개 요구조항을 전제로 수락했다.15 그는 宋鎭禹 중심의 보수세력을 끌어들이지 못했으나, 정치세력을 망라하여 8월 16일 朝鮮建國準備委員會(이하 건준)를 조직했다. "새 정권이 수립되기까지의 일시적 과도기에 있어서 본위원회는 조선의 치안을 자주적으로 유지하며 한걸음 더 나아가 조선의 완전한 독립국가 조직을 실현하기 위하여 새 정권을 수립하는 한 개의 잠정적 임무를 다하려는 의도에서"16 결성된 건준은 치안유지와 건국준비에 박차를 가하면서 8월 말에는 전국에 걸쳐 145개소의 지부를 두었다.

　　여운형은 일본의 패망으로 총독부는 조선에서 일반행정과 치안에 간섭하지 않을 것으로 판단했고, 연합국 대표가 서울에 모여 한반도 문제를 처리할 것으로 파악했으며, 북한을 먼저 점령한 소련군과 마찬가지로 미군도 남한에서 모든 행정을 조선인에게 넘겨줄 것이라는 희망적 관측을 하고 있었다.17 이러한 정세인식을 바탕으로 그는 연합군이 서울에 들어오면 교섭할 4개 조건18을 구상했지만, 이는 국제정세의 변화와 미·소의 한반도 정책을 정확히 인식한 가운데서 나온 것은 아니었다.

---

15 총독부 당국의 교섭경위에 관한 다양한 주장은 홍인숙, 「건국준비위원회의 조직과 활동」, 『解放前後史의 認識』 2, 한길사, 1985, 62쪽, 註5 참조. 그리고 여운형이 5개항의 요구조건을 제시한 사실은 건국준비를 위한 나름의 대안을 갖고 있었다는 점에서 주목된다.
16 『每日新報』 1945년 9월 2일; 國史編纂委員會 編, 『資料大韓民國史』 1(이하 『資料大韓民國史』 1), 探求堂, 1970, 44쪽.
17 李萬珪, 앞의 책, 185쪽.
18 4개항은 연합군의 善戰에 감사를 표시하되 조선인의 피흘린 공이 큰 것을 인식시켜 우리의 권리를 주장할 것, 조선정권 수립에 내정간섭을 말고 엄정중립하여 방관을 취할 것, 조선 내 일본인 소유의 각 공장 시설은 조선인의 부담으로 성립된 것이므로 조선인의 재산이라는 것, 치안을 조선인에게 맡길 것 등이다(李萬珪, 위의 책, 186~187쪽).

한편 여운형은 "조선의 현단계에서는 뿌르조아지 민주주의혁명입니다. 민주주의혁명이 제일입니다. 우리의 큰 혁명은 장래에 있읍니다"[19]라고 하여 당시 조선사회를 부르아민주주의혁명 단계로 설정하였다. 그가 주도한 朝鮮人民黨(이하 인민당)의 선언에서도 "먼저 현단계의 역사적 사명인 민주주의혁명에 渾誠을 다하고저 하며 이것이 달성됨으로써 일보전진하여 전민족의 완전해방을 실현코저 勇躍邁進하려 하노니"[20] 하여 궁극적으로는 완전해방 곧 무계급사회의 건설을 지향한 것으로 볼 수도 있다. 하지만 이를 실현하기 위한 구체적 과정과 방법에 대해서는 명확한 언급을 하지 않았다.

여운형은 부르주아민주주의혁명의 요체라 할 수 있는 토지변혁 문제와 관련하여 "경제문제에 있어 현단계를 부르조아혁명이라고 규정하면 진보적 자본주의를 실시하기 위하여 봉건적 소작제 등은 일소할 것이고 또 토지는 농민에게 주어야 한다. 이 경제문제가 곧 좌·우익간에 대립되고 있는 이해관계이다"[21]라고 하여 토지문제를 좌·우익 대립의 주된 요인으로 파악하면서 소작제 철폐, 토지의 농민적 소유를 내세웠다. 그의 주장은 식민지시기 민족해방운동 세력이 지향한 토지정책과 별다른 차이점을 보이지 않는다. 여운형의 정치노선을 종합적으로 고려하면, 그의 '부르주아민주주의혁명론'은 프롤레타리아혁명 단계를 상정하고 있는 朴憲永 주도의 朝鮮共産黨의 그것과는 차이점을 보인다.

건준은 '진보적 민주주의'를 표방하고 친일파·민족반역자를 제외한 광범한 민족통일전선을 추구하면서 활발한 활동을 전개하다가 朝鮮人民共和國(이하 인공)의 성립으로 해소되었다. 여운형의 인공에 대한 인식은 어떠했을까. 그의 아우 여운홍은 "이것은 예정되었던 일도 아니며

---

19 呂運亨, 앞의 글, 5쪽.
20 民戰事務局 編纂, 『朝鮮解放年報』, 文友印書館, 1946, 144쪽.
21 「左右合作에서만 統一政府는 可能」, 『獨立新報』 1946년 6월 12일.

더우기 형님이 진심으로 마음 내키는 일도 아니었다. 이것은 순전히 소아병적인 극렬 공산당원들이 꾸며낸 하나의 연극이었다"[22]고 하여 여운형의 뜻에 반하여 인공이 수립되었다고 기술했다. 또한 여운형은 외교적 관계를 고려할 때, 건준을 존속시켜 외교활동을 전개하는 것이 유리할 것으로 생각했다고 한다.[23] 하지만 여운형은 1945년 10월 1일 기자회견에서 인공의 성립경위를 다음과 같이 피력했다.

> 대체 조선독립이 단순한 연합군의 선물이 아니다. 우리 동포는 과거 36년간 유혈의 투쟁을 계속하여 온 혁명으로 자주독립을 획득한 것이다. 그러므로 혁명에는 忌憚이 필요치 않다. 혁명가는 먼저 정부를 조직하고 인민의 승인을 받을 수 있다. 급격한 변화가 있을 때에 비상조치로 생긴 것이 인민공화국이다. 인민이 승인한다면 인민공화국과 정부는 그대로 될 수 있다. 당초에 연합국이 진주한다면 국권을 받아들일 수 있도록 준비한 것이 즉 인민공화국이다.[24]

위에서 볼 수 있듯이 여운형은 미군이 진주할 경우 '인민 총의의 집결체'가 필요하다는 점에서 인공 수립에는 반대하지 않은 것으로 보인다. 인공의 주도권이 박헌영 중심의 조선공산당으로 넘어가면서 인공은 좌편향적 노선으로 나아갔다. 더욱이 미군정이 남한의 모든 행정권을 접수하고 인공을 부인하는 성명을 발표한 뒤, 여운형은 인민당을 중심으로 활동했다.

여운형은 통일민족국가 수립을 위해 광범한 민족통일전선의 필요성을 강조했는데, 이러한 인식의 바탕 위에서 이념과 노선을 달리하는 정치세력에 대해 매우 유연한 입장과 태도를 보임과 동시에 이념적 대립 양상을 비판했다. 그의 공산주의(자)에 대한 인식을 보면, "노동자, 농민 및 일반대중을 위하는 것이 공산주의다. 만일 그렇다면 나는 공산주의

---

[22] 呂運弘, 앞의 책, 153쪽.
[23] 李萬珪, 앞의 책, 223쪽.
[24] 같은 책, 266쪽.

자도 되겠다. 근로대중을 위하여 여생을 바치겠다. 우익이 만일 반동적 탄압을 한다면 오히려 공산주의혁명을 촉진시킬 뿐이다. 나는 공산주의자를 겁내지 않는다. 그러나 급진적 좌익이론은 나는 정당하다고 보지 않는다"[25]고 하여 노농대중을 위한 공산주의의 지향에는 원칙적으로 찬동했다. 또 그는 급진적 좌익이론을 올바른 노선이 아닌 것으로 파악하면서도 민족국가 건설을 위해 공산주의자와 협력할 뜻을 내비쳤는데, 이러한 입장은 정치활동 과정에서 줄곧 유지되었다고 볼 수 있다.

송진우 중심의 우익세력이 '임정봉대론'을 내세우면서 임시정부 환영준비에 분주한 모습을 보이자, 여운형은 "임시정부는 성질로나, 구성으로나, 외교로나 自滅할 단체이다", "해외에는 美洲, 延安, 시베리아, 만주 등지에 혁명단체가 있다. 그 중에는 임시정부보다 몇 배나 크고 또 실력이 있고 또 맹활동한 혁명단체도 있는데 그네들에 안중에는 임시정부가 없다. 그럼에도 불구하고 임시정부를 환영하는 것은 해외 혁명단체의 합동을 방해하고 猜疑를 조장하는 죄과를 범하는 것이다"[26]라면서 '임정봉대론'을 날카롭게 비판했다. 임시정부에 대한 그의 비판적 입장은 임시정부의 제한적 위상에 기인하는 것이지만, 임정봉대를 통해 정치적 명분을 확보하려는 일부 우익세력의 저의를 겨냥한 것이었다. 그리고 '임정봉대론'이 민족통일전선 형성을 저해할 것이라는 주장은 당시의 내외정세를 정확히 인식한, 올바른 지적이었다.

한편 여운형은 金九·金性洙에 대한 무차별적 공격을 비판하면서 반탁진영을 갈라봐야 한다고 주장했듯이,[27] 그는 '반동세력'을 제외한 우익세력을 민족통일전선의 대상으로 삼았다. 아울러 당시의 정세 아래서 미군정과 대립하여서는 아무 일도 할 수 없을 것이라고 판단하였고,

---

[25] 같은 책, 268~269쪽.
[26] 같은 책, 225쪽.
[27] 정병준, 앞의 논문, 92쪽.

통치주체로서 미군정의 실체를 인정하였다. 여운형의 좌우익 정치세력 및 미군정에 대한 탄력적인 태도는 좌우합작운동과 좌우연립정권론의 토대가 되었다.

3. 정치노선

1) 선임정수립 후 '탁치' 해결론

여운형은 활발한 정치활동에도 불구하고 자신의 정치노선을 담은 체계적인 저작을 남기지 않았기 때문에, 그의 정치노선을 파악하기 위해서는 그의 단편적 언급과 정치활동뿐 아니라 그를 중심으로 한 정치세력 및 정치단체들의 노선을 검토할 수밖에 없다.

건준은 내부에 보다 많은 계급·계층의 대표와 민족지도자들을 망라해 건준을 민족통일전선체로 강화·발전시킨 뒤, 건준을 중심으로 전국적 인민대표회의에서 선출된 인민위원으로 진정한 민주주의의 실현을 위한 강력한 민주주의 정권을 수립하며, 이 정권에는 해외에서 조선해방운동에 헌신하여 온 혁명전사와 그 집결체를 적당한 방법으로 포용하는 것으로 정권수립 방향을 설정했다.[28] 이러한 정권수립론은 남한에 진주할 미군이 조선의 자주적·독립적 정권수립을 원조 내지 지원할 것이라는 전망과 미·소 양군이 일본군의 무장해제 즉시 철수하리라는 예상 위에 수립된 것이다. 하지만 미군정이 남한의 모든 행정권을 장악하고 인공을 포함한 일체의 정부를 인정하지 않는다고 밝힘으로써 '자주적' 민족국가 수립에의 길은 불투명해졌다.

1945년 10월 20일 미국무성 극동국장 빈센트(John Carter Vincent)는 조

---

28 『每日新報』1945년 9월 3일.

선에서 '신탁관리제'를 실시할 것이라고 발언했는데,[29] 여운형세력도 반탁입장을 보였다. 곧 "우리는 신탁관리를 절대 반대한다. 조선 3천만 총민의를 무시하고 국제 신의와 약속을 변화 개장하고 나온 배신적 신탁관리안을 절대 반대한다"[30]고 하여 반탁입장을 분명히 했다.

1945년 12월 28일 모스크바 3상협정이 발표되자 좌우익 정치세력은 크게 동요하기 시작했다. 3상협정 가운데 조선에 관한 조항을 요약하면, 첫째 임시조선민주주의정부를 수립할 것, 둘째 조선임시정부 구성을 원조할 목적으로 미소공동위원회를 설치할 것, 셋째 독립국가의 수립을 원조협력할 방안을 공동위원회가 수행하되 최고 5년 기한의 4개국 '신탁통치'를 협약할 것, 넷째 2주일 이내에 미·소 양군사령부 대표로서 회의를 소집할 것 등이다. 요컨대 3상협정의 핵심은 임시정부 수립이었지만, 정치세력 사이에 쟁점으로 떠오른 것은 탁치문제였다.

3상협정이 발표되자 우익세력을 중심으로 즉각적인 반탁투쟁이 전개되었다. 인민당 정치국장 李如星도 12월 29일 "민중운동을 일으켜 전면적으로 신탁관리제를 반대"[31]할 것을 주장했으며, 다음날에는 인민당 이름으로 반탁성명서를 발표하면서 조선의 즉시독립을 주장했다.[32] 이러한 인민당의 입장은 1946년에 접어들면서 바뀌기 시작했다. 인민당 위원장 여운형은 1월 14일 기자회견에서 탁치에는 반대의사를 표명하면서도 "幕府 3상회의 결정을 자세히 모르고 덮어놓고 피로써 싸운다는 것은 너무 경솔한 것으로 생각된다. 3상회의는 단순한 조선문제만이 아니고 전 세계적 전체 문제임으로 개중에서 지지할 점도 있고 배척할 점도 있다. 덮어놓고 지지한다는 것도 너무 지나친 줄 안다"[33]라고

---

29 『每日新報』 1945년 10월 23일; 『資料大韓民國史』 1, 279쪽.
30 『自由新聞』 1945년 10월 31일.
31 『서울신문』 1945년 12월 29일.
32 『自由新聞』 1945년 12월 30일; 『資料大韓民國史』 1, 710쪽.
33 「託治를 正視하라」, 『朝鮮人民報』 1946년 1월 16일.

하여 3상협정에 대해 신중한 태도를 보였다. 여운형과 인민당의 이같은 유보적 태도는 이른바 찬탁·반탁의 소용돌이 속에서 1월 말까지 계속되었다.

그러나 1946년 2월 16일 좌익 중심의 통일전선체로 성립된 民主主義民族戰線(이하 민전) 의장의 한사람으로 선출된 여운형은 "3상회의결정은 탁치도 아니고 위임통치도 아닌 동시에 조선의 독립은 이 길을 통하여야만 가능한 것을 알려주시기 바랍니다. 절대로 삼천만 민중을 불행하게 하는 것이 아니니 의심할 필요가 없읍니다"[34]고 하여 3상협정은 '최고권위'의 결정임을 강조했다. 또 "3상회의 결정을 반대하는 것은 논리상으로 따지면 임시정부를 세우지 않겠다는 말과 다름이 없으며, 이것이 임시정부를 수립할 수 있는 좋은 기회"[35]라고 하여 3상회의 결정이 예속에의 함몰이 아니라 통일에의 단초라는 차원에서 여운형은 3상협정을 총체적으로 지지했다.

이와 같이 여운형은 3상협정에 따른 임정수립에 초점을 두었고, 美蘇共同委員會(이하 미소공위)가 개최되자 인민당은 미소공위를 통한 우의적 해결에 기대를 갖고 있다는 성명을 발표했다.[36] 하지만 미소공위를 앞둔 시점에서 미국은 종래의 언질과는 달리, 한반도가 소련의 지배권에 들어가지 않도록 하는 것을 '주요 목적'으로 설정하고 조선의 독립을 부차적인 것으로 간주하였다.[37] 소련의 정책도 미소공위 개막연설에서 밝혔듯이 장차 수립될 조선정부는 '소련에 대한 공격의 기초가 되지 않는 진정한 민주국가'로 되게 하는데 있었다. 3상협정에도 불구하고 한반도에 대한 미·소 양국의 정책은 서로 달랐다.

---

34 金南植 編, 『南勞黨硏究資料集』 II, 고려대학교아세아문제연구소, 1974, 275~277쪽.
35 李基炯, 앞의 책, 231쪽.
36 『朝鮮人民報』 1946년 3월 22일.
37 브루스 커밍스(김자동 옮김), 『한국전쟁의 기원』, 일월서각, 1986, 310쪽.

미소공위가 진행되던 가운데 여운형은 1946년 4월 5일 발표한 담화를 통해 "조선의 건설은 조선인이 맡아야 된다. 不遠 수립될 新政府도 조선제(메이드 인 코리아)가 되어야지 외국제가 되어서는 안되겠다"[38]면서 자주적 정부수립을 강조하고 미·소의 원조를 받아들이되, 편향과 의존적 자세를 버릴 것을 역설했다. 아울러 그는 미소공위에 대한 낙관적 견해를 피력하는 동시에 비민주적 요소가 척결된 우익과 협력이 필요하다고 덧붙였다. 하지만 5월 8일부터 미소공위는 '협의대상' 문제를 둘러싸고 무기휴회로 들어갔다. 미·소의 국가적 이해와 정치세력의 이익이 맞물리면서 임정수립이 지연되자 여운형은 다음과 같이 선임정수립 후 '탁치'해결론을 논리적으로 피력했다.

> 민주주의 연합열국이 다같이 보장하여 주겠다는 조선의 독립을 왜 그리 의심해야만 되는가. 조선독립은 세계석으로 완전히 보장을 받고 있으니 우리는 그 보장받는 독립을 완수하기 위하여 돌진할 뿐이 아닌가. 우선 정부를 만드는 일에 주저 없이 나아가야 될 것이오, 정부를 만든 뒤에는 자주독립과 부강이익을 위하여 열국과 협조하면서 모든 문제를 얼마든지 해결할 수 있을 것이 아닌가. 호의적 국제협정을 호의로 맞자.[39]

그는 연합국이 보장한 독립을 완수하기 위해 분열과 국제고립을 초래할 행동은 삼가할 것과 미소공위를 통한 임정수립을 위해 정치세력 사이의 대립을 지양할 것을 재삼 강조했다. 그리고 "후견제를 식민지화나 침략이라고 전제한 반탁운동은 자연 해소되어야 할 것으로 본다"[40]라고 하여 탁치 조항을 전제로 3상협정을 거부하는 태도를 비판했다.

여운형의 선임정수립 노선은 勤勞人民黨(이하 근민당)시기에도 그대로 이어진다. 근민당은 강령에서 "정치면에서 모스크바 3상결정에 의한

---

[38] 『朝鮮人民報』 1946년 4월 6일.
[39] 『自由新聞』 1946년 5월 11일.
[40] 『現代日報』 1946년 7월 2일.

남북통일정부를 수립하되 민주주의 정당 및 사회단체는 자율적으로 임정을 구성하고 공위는 이에 협찬, 원조할 것을 주장한다"[41]고 하여 3상협정에 따른 임정수립을 정책으로 채택했다. 요컨대 여운형의 선임정수립 후 '탁치'해결론은 '최고권위'의 국제적 합의사항인 3상협정을 총체적으로 지지하여 먼저 임시정부를 수립한 뒤, 자주적인 노력으로 탁치는 받지 않도록 하자는 것이다. 이는 당시의 내외정세를 고려할 때 민족국가 수립을 위한 가장 현실적인 노선으로 평가된다.

2) 민족통일전선론

'통일전선'은 식민지·반식민지의 민족해방운동 과정에서 한층 광범위한 민족통일전선으로 발전되는데, 우리 민족해방운동사의 경우도 예외는 아니다. 민족해방운동 과정에서 민족통일전선 형성은 효율적인 항일투쟁과 민족해방을 쟁취하기 위한 선결과제로서 끊임없이 모색되었으며, 1930년대 후반부터 통일전선운동이 본격적으로 전개되었다. 1940년대에 접어들면서 통일전선운동은 한층 진전되었으며, 여운형을 중심으로 조직된 건국동맹도 유력한 통일전선체의 하나였다. 하지만 8·15 이전에 국내외 민족해방운동 세력을 아우르는 완전한 민족통일전선을 이루지 못함으로써 자주적 민족국가 수립을 위한 통일전선운동의 발전적 계승은 해방공간 정치세력의 몫으로 남게 되었다.

건준은 애초 다양한 이념적 스펙트럼의 정치세력으로 구성되었으나 3차에 걸친 조직개편에서 통일전선체적 성격이 약화되었고, 건준의 해소와 더불어 성립된 인공은 더욱 좌파적 색채를 띠었다. 미군정도 인공

---

41 宋南憲, 『解放 三年史 1945~1948』 Ⅰ, 까치, 1985, 183쪽.

을 인정하지 않은 상황에서 여운형은 인공 중심의 민족통일전선 형성은 어려울 것으로 판단하였고, 이는 인민당 결성의 주요한 동기의 하나였다.42 인민당의 민족통일전선 노선은 인민당의 선언에서 분명히 드러난다.

> 조선의 완전독립과 민주주의국가의 실현은 현단계 조선이 통과하지 안할 수 없는 엄숙한 요청이니 우리의 이 당면임무를 수행함에는 각층각계의 인민대중을 포섭 조직하야 완전한 통일전선을 전개하고 관념적 혹은 반동적인 경향을 극복타파함으로서만 완수될 것이다.
> 조선의 현하 정세는 생산의 파멸, 질서의 불안으로 근로대중은 실업 질병 기아에 직면하야 조속한 민주국가 성립과 생산의 부흥을 갈망하고 있으나 일부의 편협한 고집은 민족적 통일전선의 의의를 망각하고 내분을 是事하며 외압을 자초하야 독립국가의 실현을 지연시키고 민생의 困苦를 등한시하고 있으니 이 얼마나 개탄할 바이랴.43

여운형은 "우리 인민당은 전 근로대중을 중심으로 하는 것은 물론이오, 진보적이요 양심적인 자본가나 지주까지도 포섭하고 제휴해서 광범한 혁명적 민족전선을 지어 현단계에 적응한 가장 대중적인 정당으로써 긴급한 국내문제를 현실적으로 해결하려는 것입니다"44라고 하여 민족통일전선의 범위를 광범하게 설정하고 진보적·양심적 자본가나 지주까지 그 대상에 포함시켰다. 그러나 "과거의 일본제국주의와 봉건세력의 잔재인 일부 반동분자가 기 존명을 유지코저 암중에 교묘히 음모를 농하야 우리 민족통일에 커다란 지장이 되고 있는 것도 사실"45이라면서 민족통일전선을 저해하는 반동분자를 철저히 배격할 것을 강조했다.

인민당은 민족통일전선운동과 임시정부 수립의 주도적·전위적 역

---

42 서중석, 앞의 책, 249~250쪽.
43 民戰事務局 編纂, 앞의 책, 144쪽.
44 「人民黨의 信念」, 『朝鮮人民報』 1945년 12월 8일; 『全集』 1, 246~249쪽.
45 위와 같음.

할을 자부하면서 활동의 초점을 민족통일전선의 결성에 두었다. 여운형은 李承晩 중심의 獨立促成中央協議會의 반통일적 노선을 비판하고,46 우익 가운데 김구의 임정세력을 민족통일전선의 주요 대상으로 삼았다. 인민당의 이여성은 1945년 12월 17일 기자회견을 통해 인공과 임정이 서로 합작하여 과도정권 곧 좌우연립정권을 구성할 것을 주장했고,47 여운형도 '통일운동을 제2의 해방운동'으로 규정하면서 인공쪽에 인공과 임정을 모두 해소하고 연합위원회를 구성하여 과도정권을 수립할 것을 요구했다.48 인공이 임정쪽에 동시해체를 제의하자 인민당은 1946년 1월 2일 임정쪽에 권고문을 보내는 한편, 인공쪽에 감사문을 발송하고 양쪽의 통합을 지지했다.49

인공과 임정의 통합운동이 실패한 뒤 인민당은 정당통일운동을 추진했고, 1월 7일 열린 인민당·조선공산당·한민당·국민당의 4당회의에서는 4당 공동성명을 발표했다. 그러나 다음날 한민당 긴급간부회의에서 반탁노선에 위배된다는 이유로 이를 승인하지 않음으로써 무효화되었다. 1월 9일에는 새로 新韓民族黨이 참가하여 5당회의가 개최되었으나 아무런 성과를 거두지 못했으며, 이후 인민당의 적극적인 노력에도 불구하고 5당회의는 끝내 결렬되고 말았다.50 정당통일을 통한 민족통일전선이 실패하자 인민당은 '진보적 진용'을 중심한 통일전선 결성으로 방향을 바꾸었다.

인민당을 비롯한 진보적 정당·단체들은 1946년 1월 19일 민주주의민족전선 발기준비위원회를 개최하고, 선언문에서 "우리 민족의 최대 역량의 발휘는 오직 민주주의에 입각한 강대한 민족통일에 있는 것이

---

46 『서울신문』 1945년 12월 25일; 『資料大韓民國史』 1, 661~662쪽.
47 『서울신문』 1945년 12월 18일; 『資料大韓民國史』 1, 614쪽.
48 李萬珪, 앞의 책, 270쪽.
49 民戰事務局 編纂, 앞의 책, 138쪽.
50 4당회의·5당회의의 경위에 대해서는 심지연, 앞의 책, 54~57쪽 참조.

다"51라고 하여 민족통일전선 노선을 내세웠다. 여운형은 2월 16일 좌익 중심의 통일전선체인 민전 공동의장으로 선임되었다. 당시 남한의 정치상황을 보면 우익세력은 非常國民會議와 大韓國民代表民主議院(이하 민주의원)을 중심으로, 좌익세력과 중간노선의 단체들은 민전을 중심으로 결집된 형국이었다. 이는 좌우익을 망라한 민족통일전선으로 나아갈 수 있는 최소한의 발판이 되기도 했으나, 두 진영의 대립은 좌우분립을 고착화한 결과를 가져왔다.

한편 인민당의 후신인 근민당은 노동자·농민·소시민 3계층의 공고한 제휴와 단결 없이는 당면한 민주혁명 사업은 성취될 수 없다는 전제 아래 3계층의 통일적 조직화를 목표로 삼았으며, 이러한 공동전선을 '인민전선'으로 파악했다. 또 인민전선은 단계급전선이 아니라 복계급전선이며, 이를 영도하는 것도 복계급정당이어야 한다면서 계급정당이 아닌, 인민전선적 성격을 강조했다.52 근민당의 인민전선 노선이 인민당의 민족통일전선 노선에 비해 협애화했다고 볼 수도 있으나, 차이점이 있는 것은 아니다.

여운형은 건준·인민당·근민당 시기의 정치활동 과정에서 일관되게 민족통일전선 노선을 지향하였다. 그는 "진실한 통일정부는 좌우의 완전한 합작에서 수립될 것이다. 결국 좌나 우나 단독으로는 수립되진 않을 것이며 수립된다 하더라도 지속성이 없을 것이다"53라고 하여 민족통일전선을 통일국가 수립의 선결과제로 인식했다. 여운형의 민족통일전선 노선은 그를 중심한 정치세력의 지지기반 구축이란 측면에서 파악될 수도 있으나, 식민지시기 통일전선운동의 연장선상에서 자주적 민족국가 건설을 위한 노선이란 면에서 역사적 의미를 지닌다.

---

51 宋南憲, 앞의 책, 290쪽.
52 『中外新報』 1947년 5월 21일.
53 『獨立新報』 1946년 6월 12일.

3) 사회민주주의적 국가건설론

　식민지시기 민족해방운동 세력의 민족국가건설론은 거의 합의점에 도달하고 있었으나 8·15 후 정치세력의 분립과 외재적 조건으로 말미암아 실현되지 못했다. 해방공간에서 통일민족국가를 수립하기 위한 또하나의 선결과제는 현실적이면서도 올바른 민족국가건설론에 합의점을 찾는 것이었다. 이와 관련하여 여운형이 지향한 정치체제, 토지문제를 비롯한 경제체제, 사회보장제도·교육제도를 포함한 사회정책, 민족문화의 건설, 친일파·민족반역자 처리문제 등을 살펴보자.

　먼저 건준의 강령에서 "우리는 전민족의 정치적, 사회적 기본요구를 실현할 수 있는 민주주의적 정권의 수립을 期함"[54]이라 명시하였고, 인민당도 "조선민족의 총역량을 집결하여 진정한 민주주의 국가의 건설을 기함"[55]을 강령으로 채택했다. 따라서 여운형은 '진정한 민주주의'를 지향했다고 볼 수 있는데, 그가 말하는 '진정한 민주주의'는 인민민주주의[56]를 뜻하는 것으로 보인다. 여운형은 진정한 민주주의 정부는 "입법과 집행의 기능을 통일한 최고기관으로서 一院制의 민주의회를 철저한 인민선거의 기초 위에 확립하고 중앙집권제에 의한 권력의 집약과 지방자치제에 의한 하부기관의 창의성을 종합 통일한 행정기구를 구성함에 의하여 실현될 수 있는 것이다"[57]고 하여 민주집중제에 따른 인민정권의 수립을 강조했다. 근민당은 행동강령 초안에서 "새로 건설될 임정

---

54 『每日新報』 1945년 9월 3일; 『資料大韓民國史』 1, 44쪽.
55 民戰事務局 編纂, 앞의 책, 144쪽.
56 인민민주의란 팟쇼로부터 해방된 동구라파 각국에서 발전되고 있는 민주주의의 특별형태인 인민적 민주주의, 인민의 다수를 차지하는 계급들이 영도하는 민주주의를 말한다(民戰事務局 編纂, 앞의 책, 56~57쪽). 여운형의 경우 진정한 민주주의는 노동자·농민·소시민이 영도하는 민주주의를 의미하는 것으로 보인다.
57 「建國課業에 對한 私見(中)」, 『獨立新報』 1946년 10월 20일

은 민주주의적 기구를 설정하여 보통선거를 실시하고 인민대표자회의를 구성하여 민주공화정부를 확립할 것을 주장한다"[58]하여 종래와 달리, 민주공화정부를 내세운 점이 주목된다. 근민당시기 여운형이 설령 민주공화정부 수립을 표방했다 하더라도 실제 그는 인민정권을 지향한 것으로 보인다.

둘째, 건국동맹 정책세목에 "원칙적으로 토지는 농민에게로", "주요 생산 교통 통신기관은 국유로", "중요기업 상업기관은 국영으로"[59] 할 것을 명시하였고, 여운형도 주요 산업의 국영화와 토지문제의 평민적 해결을 주장하면서 인민생활의 향상을 실현하기 위한 종합적인 계획경제 노선을 추구했다. 아울러 그는 "산업의 특수한 부문이나 기관을 국영 공영으로 하는 이외에는 광범한 私營을 용인하여 이윤의 자극과 개인의 창의에 의한 자본주의적 발전의 상당한 기간을 許與하는 것은 현하 조선사회의 발전계단으로 보아서 필요한 정책"[60]이라 하여 일정기간 자본주의적 발전을 허용하는 것은 불가피하다는 입장을 보였다.

인민당은 강령에서 "계획경제제도를 확립하여 전민족의 완전해방을 기함"을 내세웠는데, 이의 실현을 위해 "조선내의 일본재산 及 민족반역자의 재산을 몰수하여 국유로 함", "몰수한 토지는 국영 혹은 농민에게 적의 분배", "농민을 본위로 한 농지의 재편성 及 경작제도의 확립", "주요 기업은 국영 又는 공영으로 하고 중소기업은 국가 지도하에 자유경영", "식량 及 생활필수품의 적정 배급제도 확립"[61] 등을 정책으로 채택했다. 근민당의 경우 토지문제에서 무상몰수 무상분배의 원칙을 제시하면서도 행동강령 초안에 "소지주의 생활상태를 구체적으로 조사

---

58 「勤勞人民黨行動綱領草案(上)」, 『獨立新報』 1947년 5월 3일.
59 『自由新聞』 1945년 10월 31일(『全集』 1, 207쪽).
60 『獨立新報』, 1946년 10월 20일.
61 인민당의 정책은 民戰事務局 編纂, 앞의 책, 144~145쪽 참조.

검토하여 토지수입 없이는 전연 생활능력이 없는 소지주층에 대하여는 국가가 보상하게 한다"[62]라고 새로 명시했으나, 이는 여운형이 「建國課業에 對한 私見」에서 밝힌 바 있었다. 그는 경제체제 면에서 일관되게 토지국유제, 주요 산업의 국영화 등 사회주의적 정책을 내세웠다고 볼 수 있다.

셋째, 사회정책과 관련하여 인민당은 정책에서 "고도 누진세의 부과와 근로층을 위한 세제의 확립", "8시간 노동제 及 최저임금제의 확립과 국민개병제도의 실시", "각종 사회보험의 실시" 등을 채택하여 근로층의 권익을 보호하고 철저한 사회보장제도를 실시할 것을 내세웠다. 한편 "국가부담에 의한 의무교육 及 수재교육의 실시"를 표방했는데, 여운형은 인민당 결당식에서 "국가에서 의무교육으로 8년쯤 초등교육을 시키도록 하여야 할 것이며, 종합대학을 한성에 두어 4~5만 명 수용하도록 하고 대구·평양 같은 대도시에는 적당히 단과대학을 설치하도록 하고, 特種學校를 두어 기술을 습득하도록 하여야 할 것"[63]이라면서 국비의무교육제의 대강을 밝혔다.

넷째, 문화 면에서 인민당은 "진보적 민족문화를 건설하여 인류문화 향상에 공헌함을 기함"을 강령으로 채택하고, "우리 고유문화를 계발하여 민족적 긍지를 양양", "건실한 대중오락기관의 설립 확충" 등을 정책으로 제시했다. 여운형은 "우리 민족의 역사와 전통과 생활의 특수성을 반영하면서도 인류의 연대적 정신과 세계사의 전체적 지향을 섭취하여 민족적이면서도 동시에 세계적인 신문화가 건설되여야 할 것"[64]을 강조했다. 그리고 신화적인 독단주의와 排外的인 편애주의를 배격하여 과학과 자유평등의 정신을 기조로 한 새로운 민족문화의 건설을 피력했다.

---

62 『獨立新報』 1947년 5월 3일.
63 朝鮮人民黨, 『人民黨의 路線』, 新文化硏究所出版部, 1946, 3~7쪽.
64 『獨立新報』 1946년 10월 20일.

다섯째, 건준은 선언을 통해 진정한 민주주의정부 수립과정에서 반동세력 곧 반민주주의 세력을 배제할 것을 밝혔다. 여운형도 일제잔재를 척결하고 '완전한' 친일파·민족반역자를 배제하고 그들을 '처리'할 것을 천명했다. 인민당의 "민족반역자는 선거권 및 피선거권을 박탈"한다는 정책은 근민당의 행동강령 초안에도 명시되어 있다. 여운형이 친일파·민족반역자 '처리'를 주장한 것은 독립운동가로서 뿐만 아니라 민족국가 건설의 토대와 관련하여 당연한 주장이었다.

여운형의 사상적 지향을 어떻게 규정할 수 있을까. 그의 사상적 위치를 사회민주주의적 지향으로 평가하는 것은 이미 여운형 자신에 의해 거부된 바 있다는 견해[65]도 있다. 하지만 그가 부르주아민주주의에도, 프롤레타리아민주주의에도 찬동하지 않았다는 점에 주목할 필요가 있다.[66] 요컨대 앞에서 살펴본 대로 여운형은 넓은 의미의 사회민주주의적 민족국가 건설을 지향했다고 볼 수 있으며, 이는 내외적 조건을 고려한 통일민족국가 수립방안이란 측면에서 이해될 필요가 있을 것이다.

4. 정치활동

1) 대중정당운동

여운형의 의도는 후일 질서가 잡히고 정치활동이 본궤도에 오르게

---

[65] 정병준, 앞의 논문, 81쪽.
[66] 여운형은 1947년 2월 12일 로이 하워드라는 미국의 신문사 발행인을 만난 자리에서 "나는 마르크스경제학과 사회주의 조선을 신봉하오. 나는 국가비용으로 지주에게 땅값을 보상한 뒤 농민들에게 농토를 무료 분배해주는 정책을 옹호하오. 차이나는 것은 세금으로 징수해야 되오. 정치적으로 나는 공산당과 금을 긋고 있소. 나는 전체주의와 독재를 반대하기 때문이오"라고 자신의 생각을 솔직히 밝힌 적이 있었다(姜竣植, 「'하지'와 李承晩·金九·呂運亨의 암투」, 『新東亞』, 1989.2, 331쪽에서 재인용).

되면 건국동맹은 혁신적 정당으로 성장시키고 건국준비위원회는 정통적 정부로 발전시키는 데 있었으며, 거족적·전국적 관점에서 유력한 知名人士들로 건준을 조직하려고 했다.67 8·15 후 여운형의 표면적인 정치활동은 건준을 조직하고 위원장으로 추대되면서 시작되었고, 건준은 한때 準政府의 역할을 수행했으나 인공의 성립과 함께 해소되었다.

여운형 중심의 건국동맹세력은 廉廷權의 高麗國民同盟, 十五會, 人民同志會 등의 정치단체를 흡수하여 1945년 11월 12일 조선인민당을 발족시켰다.68 인민당의 성립배경은 이승만의 입국을 계기로 민주진영과 반민주진영의 대립이 격화되어 당의 태세 재정비, 대중조직 강화의 필요성이 요구된 때문이라고 했지만,69 정당 중심의 통일전선운동을 전개하려는 데에도 있었다.

인민당은 성명을 통해 "한국민주당이 자산계급을 대표한 계급정당이요, 조선공산당이 무산계급을 대표한 계급정당임에 비하여 인민당은 반동분자만을 제외하고 노동자·농민·소시민·자본가·지주까지도 포괄한 전인민을 대표한 대중정당인 것이다"70라면서 다양한 계급의 이익을 대변하는 대중정당임을 천명했다. 여운형도 인민당은 전근로대중을 중심으로 진보적·양심적인 자본가나 지주까지 포섭하고 제휴해서 광범한 혁명적 민족전선을 결성하려는 가장 대중적인 정당이라고 주장했다. 아울러 그는 "진정한 민주주의는 정치형태의 형식과정이 반드시 대중으로부터 조직되어 올라오지 않으면 안되는 것이니 대중에 뿌리박지 않고 위에서 형성된 정치의식을 민중의 이름을 빌려서 합리화하려는 일개 수단으로서의 민주주의는 이번 연합국의 힘으로 타도된

---

67 呂運弘, 앞의 책, 149쪽.
68 『自由新聞』 1945년 11월 11일; 宋南憲, 앞의 책, 178쪽.
69 民戰事務局 編纂, 앞의 책, 137쪽.
70 宋南憲, 앞의 책, 181쪽.

가면 쓴 '파시즘'에 지나지 않는 것입니다"[71]라고 하여 대중정당노선을 분명히 밝혔다.

하지만 여운홍이 1946년 5월 9일 "우리는 새로이 급진적 사회민주주의정당을 조직코자"라는 성명서를 발표하고 인민당을 탈당하였고,[72] 같은 달 11일에는 인민당 간부 10명을 비롯한 94명의 당원들도 공산당원의 일부와 불순분자가 인민당 안에 침투하여 인민당의 사회민주주의적 노선을 상실케 한다는 내용의 성명서를 발표하고 탈당하였다.[73] 여운형의 측근인 이여성은 인민당이 독자적 노선을 상실했다는 탈당 인사들의 비난에 대해 "우리 인민당은 정강정책이 공산당과 다를 뿐 아니라 계급적 처지에서는 중간적 성격이 있음으로 구별하여야 된다. 정치적 현단계에 처하는 인민당이 취급하는 군중은 공산당과 다르다"면서도 당내에 이중당적을 가진 사람이 있다는 것을 부정하지 않음으로써 인민당 내부문제가 상당히 복잡함을 시사하였다.[74]

1946년 7월 28일 북한에서 북조선공산당과 조선신민당의 합당으로 북조선노동당이 결성되자 남한에서도 좌익정당의 합당문제가 대두하였다. 인민당은 위원장 여운형의 이름으로 8월 3일 '모든 근로인민의 이익을 옹호하는 신민당·공산당·인민당의 합동은 조선민족 통일의 기초를 구축하고 민족진영의 주도체를 완성하는 것'이라는 요지의 합당 제안문을 조선공산당과 南朝鮮新民黨(이하 신민당)에 발송했다.[75] 여운형이 3당합당을 제안한 배경은 북한 정치세력과의 관계, 박헌영과의 역학관계 등을 고려한 천착이 필요하지만, 그는 3당합당을 통한 신당이 대중정당으로 확대·발전되고, 나아가 좌우합작을 이루어 임시정부 수립

---

71 『朝鮮人民報』 1945년 12월 8일; 『全集』 1, 247쪽.
72 『獨立新報』 1946년 5월 10일.
73 『獨立新報』 1946년 5월 13일.
74 『朝鮮人民報』 1946년 5월 16일.
75 『朝鮮人民報』 1946년 8월 5일.

을 추동할 것으로 기대했다. 여운형의 합당제안에 두 당이 찬동을 표시함으로써 3당합당은 순조롭게 추진될 것으로 보였다.

여운형은 인민당 확대위원회에서 3대 민주정당의 합당은 현하 민주적 요청이며 인민당에 부여된 지상임무라고 밝혔지만 합당방법은 신중히 토의, 결정해야 한다고 못박았다.76 그러나 인민당은 31인파와 47인파로 나뉘어 47인파는 남로당 결성과 좌우합작 반대로, 31인파는 남로당 결성에 반대해 사로당 결성과 좌우합작 지지로 나아갔다. 3당합당 문제를 둘러싸고 신당의 노선과 합당절차에 대한 의견차이로 인민당은 물론, 조선공산당은 간부파와 대회파로, 신민당은 중앙파와 반중앙파로 분열되었다.77

합당추진파에 의해 南朝鮮勞動黨(이하 남로당)이 결성되자 여운형은 즉각적으로 합당결정은 모르는 사실이라고 부인했으며,78 반중앙파와 대회파도 같은 입장을 보였다. 한편 남로당 불참세력은 1946년 10월 16일 따로 3당을 해소하고 社會勞動黨(이하 사로당)을 결성하여 위원장에 여운형, 부위원장에 白南雲·姜進을 선출했다. 사로당과 남로당의 무조건 합동을 주장한 여운형은 11월 12일 사로당 임시중앙집행위원회에서 첫째 사로당을 해체하고 남로당과 합동할 것, 둘째 합동교섭위원을 선출하여 남로당과 합동을 재교섭할 것, 셋째 기정방침대로 나아갈 것의 세 가지 방안을 제시했는데, 토의 결과 무조건 합동교섭을 다시 하기로 했다.79

사로당은 여운형 이름으로 무조건 합동을 요구하는 서한을 보냈으나 남로당이 이를 거부하자80 여운형은 12월 4일 "합작운동은 전민족 통일

---

76 『獨立新報』 1946년 8월 30일.
77 심지연, 앞의 책, 101~120쪽; 김남식, 「조선공산당과 3당합당」, 『解放前後史의 認識』 3, 한길사, 1987, 145~164쪽.
78 『獨立新報』 1946년 9월 7일.
79 『獨立新報』 1946년 11월 13일, 14일.

을 의도함이요 좌익합동은 혁명역량을 단일화하려 함이다. 그러나 현상은 근본의도와는 정반대의 방향으로 나가고 있다"[81]면서 정계은퇴를 밝혔다. 사로당은 해체되었지만 사로당에 가담했다가 탈당한 31인파는 남로당 참가를 거부하고 독자적인 노선을 고수했다. 그들은 탈당성명에서 사로당이 계급적 편향성을 지양하지 못하고 인습적 파쟁을 첨예화시킴으로써 당초의 목표인 대중정당과 전혀 다른 성격이 되었으므로 "여전히 여운형 당수가 건재한 인민당의 기치하에서 계속 분투할 것"[82]이라고 주장했다.

여운형이 정치활동을 재개하자 옛 인민당 31인파를 중심으로 인민당 재건위원회가 조직되고, 이들은 여운형의 정치노선을 적극 지지하고 나섰다. 여운형은 사로당 해체파의 요구를 받아들여 신당결성준비위원회를 조직했다. 여운형은 1947년 5월 24일 열린 근민당 창립대회에서 신당이 광범위한 계급을 결집하는 대중정당으로서 통일민족국가 수립에 기여할 수 있어야 한다고 역설했다.

> 근로인민당의 목적과 사명은 이 반동분자들의 계획과 음모와 모략을 분쇄하고 완전자주독립을 찾자는데 있는 것이다. 노동자와 농민만이 민주조선을 결성할 수 없을 것이고 소시민만으로서 조선건설이 되지 않을 것이다. 조선의 건국은 오로지 이 각계각층이 한데 뭉쳐야 할 것이며 미소공위의 재개의 찰나에 있어서 출현되는 우리 당은 과거 삼당합동의 실패를 수습하기 위하여 나온 만큼 새로운 역사창조에 노력해야 할 것이다.[83]

여운형은 근민당을 중심으로 제2차 미소공위에 협력하면서 폭넓은 활동을 전개하던 가운데 암살당하고 말았다. 이후 근민당은 정치노선

---

80 『서울신문』 1946년 11월 26일.
81 『獨立新報』 1946년 12월 5일.
82 『獨立新報』 1946년 12월 12일.
83 『中外新報』 1947년 5월 25일.

을 둘러싼 내분을 겪다가 남북협상에 참가했지만, 분단국가가 수립되면서 점차 와해되고 말았다.

여운형은 8·15 후 역사적 과제를 실현하기 위해 변혁을 추구하면서도 계급정당을 지향하지 않고 중간좌파 노선의 대중정당운동을 전개했다. 이러한 대중정당운동은 '인민'을 염두에 둔 것이었으나 상대적으로 확실한 계급적 기반을 확보하기 어려웠기 때문에 실제로는 소시민과 지식인층에 기반을 둘 수밖에 없었던 한계를 지녔다. 그럼에도 여운형의 대중정당운동은 민족통일전선의 발판을 형성하여 통일민족국가 건설을 견인하려는 정치노선의 발로이자, 그가 지향한 민족국가건설론을 실현하기 위해 정치적 지지기반을 확대하려는 것이었다.

2) 좌우합작운동

좌우익의 노선차이가 드러난 가운데 미소공위가 휴회로 들어가고, 더욱이 이승만의 '정읍발언' 이후 단정수립론이 제기됨으로써 통일국가 수립을 위한 좌우합작의 필요성은 한층 커질 수밖에 없었다. 탁치문제로 좌우대립이 노정되자 좌우익의 극단적인 세력을 배제하고 중간파 인물로서 통일정부를 담당하게 하려는 미국의 정책도 좌우합작운동이 추진된 또다른 배경으로 작용했다.[84]

여운형이 좌우합작운동을 전개한 까닭은 좌우익를 망라한 민족통일전선을 형성하여 미소공위를 촉진시켜 통일적 임시정부를 수립하는 데 있었다. 그는 1946년 6월 11일 기자회견에서 "民戰이나 民議를 초월한 좌우를 통일한 대표기관을 만들어 가지고 미소공위의 재개를 알선하고

---

84 李昊宰, 『韓國外交政策의 理想과 現實』, 法文社, 1988, 230쪽.

싶다",85 "진실한 통일정부는 좌우의 완전한 합작에서 수립될 것이다"86라고 하여 민전과 민주의원으로 대립되어 있던 좌우세력의 합작이 미소공위를 통한 임시정부 수립의 선결과제임을 역설했다.

좌우합작운동 추진과정에서 대중적 정치가로서의 면모를 갖춘 여운형은 주도적 역할을 담당했다. 좌우합작을 위한 모임은 元世勳이 1946년 5월 28일 회합사실을 발표함으로써 대외적으로 알려지게 되었다.87 여운형은 6월 11일 "진정한 통일정부는 좌우합작에서 수립될 것이요, 결코 좌나 우나 단독으로는 수립되지 못할 것이며 수립된다 하더라도 지속성이 없을 것이다"88라는 담화를 발표하여 통일정부 수립을 위한 합작의 필요성을 재삼 강조했다. 6월 14일 여운형·金奎植·원세훈·許憲 등은 좌우합작을 위한 구체적인 문제를 논의하고 합작의 기본원칙을 채택했다.89

하지만 미군정이 입법기관 설치안을 제의하자 좌익 쪽은 군정 연장을 기도하는 것이라는 이유로 반대의사를 밝혔으나90 우익 쪽은 대체로 긍정적인 입장을 보였다. 이 문제는 좌우합작에 걸림돌로 작용할 소지를 안고 있었지만, 좌우합작운동은 진전되어 좌우익 대표 5명씩으로 구성되는 좌우합작위원회를 설치하기로 하였다. 인민당의 이여성은 7월 16일 "국제적 마찰을 일으키는 반소반미의 모든 언동을 정지시켜서 일국편향주의에 의한 민족적 분열을 방지할 것"91 등 좌우합작을 성공시

---

85 『朝鮮人民報』 1946년 6월 12일.
86 『獨立新報』 1946년 6월 12일.
87 『漢城日報』 1946년 5월 29일.
88 鄭時遇 編, 『獨立과 左右合作』, 三義社, 1946, 28쪽.
89 4자회담에서 마련한 기본원칙은 "부르주아민주주의공화국을 건립할 것", "선린외교정책을 채택할 것", "진정한 애국자는 좌우양익을 막론하고 포섭할 것" 등이다(『漢城日報』 1946년 6월 19일).
90 여운형도 입법기관은 신정부가 수립된 뒤에 거론될 문제라면서 반대입장을 밝혔다(『朝鮮人民報』 1946년 7월 9일).

키기 위한 '필수조건'을 제시했다.

　1946년 7월 25일 열린 제1차 좌우합작위원회에서 좌익 쪽은 민전 이름으로 합작5원칙을 제출했는데, 이는 우익 쪽, 특히 한민당으로서는 받아들이기 어려운 조건이었다. 여운형의 '신병'과 좌익 쪽의 사정에 따라 8월 2일로 연기된 제2차 회담은 무산되었으나, 우익 쪽은 그날 합작8원칙을 발표했다. 같은 날 인민당 선전국장 金午星은 "5원칙이 조선의 민주주의적 건설을 위해서는 절대적인 것이며 이것은 남북 좌우를 통일할 수 있는 기본조건"[92]이라고 피력했다. 합작원칙을 두고 양쪽이 성명전을 펼 무렵 조선공산당은 '신전술'을 채택하여 이전까지의 미군정에 대한 '우호적' 태도를 버리고 미국을 '제국주의 반동국가'로 규정하면서 대중투쟁 노선을 지향했다.

　미군정은 좌우합작을 지지하면서도 조선공산당 간부 박헌영 · 李康國 등에 대한 체포령을 내림으로써 사실상 중간파 중심의 좌우합작으로 몰아갔다. 9월 중순 이후 좌우합작운동은 다시 활기를 띠었지만, 결국 여운형을 중심한 사로당세력과 김규식 중심의 우익세력 사이에 추진되어 10월 4일 '좌우합작7원칙'에 합의했다.[93] 좌우익 정치세력이 좌우합작7원칙에 대한 입장을 달리하는 가운데 좌우합작위원회는 과도입법의원 설치안을 미군정에 제시하였고, 미군정도 합작원칙을 받아들이는 형태로 계획한 입법기관 설치를 서둘렀다.[94]

　좌우합작운동이 입법의원 설치문제와 얽히면서 지지부진하자 여운형은 좌우합작과 입법의원을 부정하는 성명서를 발표하고 일선에서 물

---

91 『朝鮮人民報』 1946년 7월 18일.
92 『朝鮮人民報』 1946년 8월 3일.
93 姜萬吉, 앞의 책, 44~46쪽 참조.
94 여운형의 구상은 입법의원을 중간우파와 함께 장악하고 진보적 개혁안을 수행함으로써 미군정의 단정수립음모를 막는 한편 좌우합작운동이 미소공위 재개운동으로 이어지게 한다는 것이었다(정병준, 앞의 논문, 73쪽).

러날 것을 밝혔다. 1947년에 접어들면서 미소공위 재개의 조짐이 보이자 그는 "다시 반탁운동을 토의하는 것은 徒然히 국제고립·민족분열·독립지연을 초래하고 말 것이다"[95]라면서 반탁투쟁을 강력히 비판하고 나섰다. 미소공위 재개가 구체화될 무렵 여운형은 좌우합작을 통한 통일정부 수립을 갈망하면서 민족분열의 폐해를 가져올 단정수립을 반대한다고 언명했다.

> 남조선에만 단독정부가 실현된다면 그 결과는 조선인민을 분열로 오도하고 이 형태로 一二年만 경과 한다면 十年이라도 고칠 수 없는 민족분열의 病根이 될 것이다. 그러니 나는 이 단독정부에 참가하지 않을 뿐더러 적극적으로 반대하겠다.[96]

5월 21일 미소공위가 재개되면서 좌우합작위원회도 활기를 띠어 좌우합작의 지지기반을 확대해 나갔지만, 제2차 미소공위도 '협의대상' 문제로 공방전을 펴다가 7월 10일 사실상 결렬상태에 놓였다. 이 때 여운형은 담화를 통해 "조선이 적국이나 전패국이 아닌 이상 또 조선문제에 대한 국제공약이 정당하고 엄존해 있는 이상 이러한 일시적 사태는 어떠한 방법으로든지 반드시 극복되고 말 것이다"[97]라면서 미소공위에 대한 기대를 완전히 버리지는 않았다. 하지만 미소공위가 끝내 무산됨에 따라 미소공위를 통한 좌우합작은 실효를 거둘 수 없었고, 1947년 7월 19일 좌우합작위원회의 중심인물인 여운형마저 암살당함으로써 좌우합작운동은 더 이상 진척되지 않았다.

좌우합작운동은 유력한 좌우 정치세력을 포괄하지 못하고 中間黨化에 머물고 말았지만, 미소공위를 통한 임시정부 수립이라는 구체적 목표를 위한 통일국가 수립운동이었다. 좌우합작운동을 전개한 여운형의

---

95 『獨立新報』 1947년 1월 28일.
96 『朝鮮人民報』 1947년 2월 22일.
97 『부산신문』 1947년 7월 18일; 『全集』 1, 379쪽.

의도는 남한 안의 좌우합작을 완성하고, 이를 토대로 남북연합을 이루는 데에 있었다. 더욱이 분단의 지형이 짜여지지 않은 1946년의 시점에서 남북연합의 구상은 매우 중요한 의미를 지닌다.[98] 여운형의 좌우합작운동은 성공을 거두지 못했으나, 통일국가 수립의지는 남북협상운동으로 이어진다.

5. 맺음말

해방공간의 역사적 과제는 민족통일전선을 바탕으로 외세규정력을 최소화하면서 자주적 통일민족국가를 수립하는 것이었다. 이를 위해 올바른 정치노선을 제시하면서 민족구성원 전체의 의지를 결집시키는 일은 정치세력, 특히 정치지도자의 몫이었다. 정치세력의 분립에 따른 다기한 정치노선이 민족국가 수립의 내재적 추동력을 약화시킬 수밖에 없었던 상황에서 여운형은 민족적 과제의 해결에 충실했던 정치지도자였다.

그는 세계대전 이후의 국제정세가 자주적 민족국가 수립에 유리하게 작용할 것으로 기대한 나머지 체제대립이 첨예화할 것을 예견하지 못했다. 미국과 소련은 3상협정에도 불구하고 국내 정치세력의 동향을 주시하면서 자국의 이익을 전제한 한반도 정책을 추진했다. 외세에 편승하려는 정치세력과는 달리, 여운형의 '친미친소'적 입장은 미·소의 지지·협조 아래 통일국가를 수립하려는 현실적 노선이었다. 한편 그는 '반동세력'을 제외한 여타 정치세력에 대해 매우 유연한 입장과 태도를 보였고, 통치주체로서 미군정의 실체를 인정하였다. 이러한 좌우익 정

---

98 정병준, 앞의 논문, 96쪽.

치세력 및 미군정에 대한 탄력적인 태도는 좌우합작운동과 좌우연립정권론의 토대가 되었다.

여운형의 정치노선으로는 첫째, '최고권위'의 국제적 합의사항인 3상협정을 총체적으로 지지하여 먼저 임시정부를 수립한 뒤, 자주적인 노력으로 탁치를 받지 않도록 하자는 선임정수립 후 '탁치' 해결론을 들 수 있다. 둘째, 그는 줄곧 민족통일전선 노선을 견지했는데, 이는 식민지시기 통일전선운동의 발전적 계승이란 면에서, 더욱이 자주적 민족국가 건설의 선결과제란 면에서 평가될 수 있을 것이다. 셋째, 정치면에서 '진정한 민주주의'의 실현을 위한 인민정권의 수립, 경제면에서 사회주의적 정책을 수용한 계획경제의 실시, 사회면에서 철저한 사회보장제도 및 국비교육제 실시 등을 내세움으로써 넓은 의미의 사회민주주의적 국가건설을 지향했다고 볼 수 있다.

여운형은 역사적 과제를 실현하기 위해 변혁을 추구하면서 중간좌파노선의 대중정당운동을 전개했다. 이러한 대중정당운동은 계급적 기반을 확보하기 어려운 한계를 지녔지만, 통일국가 수립과 그의 지향이념을 실현하기 위한 것이었다. 좌우합작운동 또한 미소공위를 통한 임시정부 수립이라는 구체적 목표를 위한 통일국가 수립운동이었으며, 남북연합까지 전망한 것이었다. 비록 좌우합작운동은 좌절되고 말았으나 자주적 통일국가 수립운동의 선례로서 역사적 의미를 지닌다.

미소냉전체제가 노골화하고, 외세에 편승한 정치세력들의 이념적 대립이 첨예화한 해방공간에서 여운형 노선이 실현되기는 매우 어려웠다. 하지만 여운형의 정치노선은 식민지시기 이래의 역사적 과제인 자주적 민족국가 건설을 위한 올바른 노선이었고, 대중정당운동과 좌우합작운동은 그가 지향한 정치노선을 실현하기 위한 실천적 정치활동이었다.

4장
해방 후 조소앙 정치노선의 현대사적 의미

1. 머리말

趙素昻(1887~1958)은 유력한 독립운동가이자 지도적 정치가였다. 1913년 중국으로 망명한 그는 대한민국임시정부 수립에 참여했고, 국무위원 등을 맡아 다양한 외교활동을 펼쳤다. 그는 1930년에 결성된 한국독립당에서도 주도적인 역할을 담당했으며, 통일전선 정당으로 성립된 민족혁명당에 참여하기도 했다. 1940년부터는 임시정부 외무부장으로 활동하는 한편, 한국독립당의 중앙집행위원장을 지내는 등 金九와 함께 당내 양대세력을 이루었다. 해방 후에도 조소앙은 한국독립당의 핵심인물로서, 사회당의 지도자로서 활약한 비중있는 정치가였다.

해방공간의 역사적 과제는 민족통일전선을 바탕으로 외세규정력을 최소화하면서 자주적 통일민족국가를 수립하는 것이었다. 이를 위해 올바른 정치노선을 제시하면서 민족구성원 모두의 의지를 결집시키는 것은 정치세력, 특히 정치지도자의 몫이었다. 조소앙의 정치노선은 민족적 과제의 해결 방도에 근접해 있었다고 볼 수 있다. 조소앙 정치노선을 객관적으로 평가하고 정당하게 자리매김해야 하는 까닭도 바로 여기에 있다.

그럼에도 조소앙 정치노선이 해방정국에서 부각되지 못했던 원인은 미국과 소련을 축으로 한 체제대립과, 이에 편승한 좌·우파의 이념대립이 노골화함으로써 중간노선의 정치활동 공간이 좁았던 데 있었다. 더욱이 분단체제의 성립으로 '진보적' 이념을 금기시했던 정치적 상황은 조소앙 정치노선이 이어지지 못한 요인으로 작용했다.

그간 조소앙 연구는 많은 성과가 축적되었으나 삼균주의와 민족해방운동에 치중되었고, 해방 후 그의 정치노선을 다룬 것은 드물다. 여기서는 그가 견지한 정치노선을 체계적으로 정리하고, 그것이 우리 현대사에서 어떤 위치와 의미를 지니는가를 통일 지향의 관점에서 살피고자 한다.

2. 삼균주의 국가건설론

삼균주의는 1927~1928년경 조소앙에 의해 정립되었다.[1] 그가 내세운 '삼균'은 개인·민족·국가의 균등과 정치·경제·교육의 균등을 뜻하는 이원적 틀로 짜여져 있다. 결국 삼균주의가 실현하려는 균등사회는, 정치면에서 민주주의 원리에 기초하여 개인의 권리와 자유를 보장함으로써 정치적 평등을 이루는 것이다. 경제면에서는 토지와 대생산기관의 국유를 원칙으로 계획경제, 합리적 분배, 무산자의 생활보장 등

---

[1] 조소앙의 사상적 배경은 洪善熹, 『趙素昻思想』, 太極出版社, 1975, 42~58쪽 참조.

을 통해 생활상의 평등을 실현하고자 했다. 사회면에서는 국비의무교육제를 실시하여 교육의 기회균등을 보장함으로써 사회평등의 터전을 마련하자는 것이다.

　삼균주의의 역사적 의미를 파악하기 위해서는, 먼저 삼균주의가 민족해방운동의 이념적 발전과정에서, 통일전선적 민족유일당운동이 전개되던 시기에 정립된 사실에 주목할 필요가 있다. 이는 좌·우파 민족해방운동 세력의 이념적 대립을 아우를 수 있는 지도이념으로서 삼균주의가 창안되었음을 시사한다. 그리고 삼균주의는 정밀하면서도 독창적인 이론체계를 갖추고 있을 뿐만 아니라, 입론이 우리의 역사성에 바탕을 두고 있음도 특징적이다. 때문에 삼균주의는 우리의 현실에 적용될 가능성이 높은 민족해방운동 또는 민족국가 건설의 이념이라 할 수 있다.

　조소앙의 삼균주의는 우파 민족해방운동 정당인 한국독립당·한국국민당의 이념적 토대가 되었으며, 통일전선 정당으로 출범한 민족혁명당의 黨義에도 반영되었다. 그리고 조소앙은 임시정부가 1941년에 발표한 <대한민국 건국강령>을 통해 삼균주의에 바탕한 국가건설 방향을 더욱 구체적으로 제시하였다. 이처럼 삼균주의는 민족해방운동 과정에서 우파 세력이 수립한 민족국가건설론의 핵심이론이 되었다는 점에서, 나아가 연합전선의 기초이론으로 채택되었다는 점에서 역사적 의미를 지닌다.[2]

　해방 직후 한국독립당은 조소앙 등이 기초한 새로운 당강·당책을 마련했지만, 큰 줄기에서는 민족해방운동 시기의 그것과 같다. 그리고 조선인민당을 비롯한 중간파 세력이 내놓은 국가건설론도 삼균주의 국가건설론과 많은 점에서 일치하고 있었다. 이를 미루어 보면, 삼균주의

---

2 姜萬吉, 「民族運動·三均主義·趙素昂」, 『趙素昂』, 한길사, 1982, 332쪽.

는 공산주의와 자본주의의 이념적 대립을 지양하려는 수렴 이데올로기의 성격을 지녔다고 하겠다.

조소앙은 단독정부가 수립된 이후에도 "권력과 금력을 要치 않은 자유공정의 선거로써 진정한 민의반영의 대의정치를 기할 것", "중요산업은 국·공영으로 하고 중소기업은 정부에서 지도육성할 것", "토지개혁의 단행과 개간·조림·축산 등 다각적 영농으로써 농산물을 증산하고 농민의 복리를 증진할 것", "국민교육의 의무화와 국비제도를 철저히 실시할 것"3 등 삼균주의 국가건설론을 재삼 강조했다. 조소앙 주도의 사회당도 "국비교육과 全民政治와 계획경제를 실시하여 均智·均權·均富의 사회를 건설한다"4고 하여 삼균주의 국가건설을 지향했다.

5·30선거를 앞두고 조소앙은 자신의 정치적 견해를 보다 구체적으로 밝혔다. 그는 "민주정치의 중심은 의회이다. 정부도 의회의 기초 위에 서야 할 것이며, 책임도 의회 즉 국민에게 지는 책임정치가 되어야 한다"면서 소선구제 아래서는 유능한 인사가 진출하기 어렵다는 이유로 市와 몇 郡을 단위로 한 중선거구제가 필요하다고 했다. 그리고 정당정치가 실현되기 위해서는 인물 중심의 정당이 이념 중심의 정당으로 발전되어야 할 것을 강조하고, 교육제도를 개혁하여 의무교육제를 중학교까지 실시할 것 등을 주장했다.5

조소앙은 민족해방운동 시기부터 줄곧 삼균주의 국가건설론을 내세웠고, 이는 임시정부·한국독립당·사회당의 정치노선에 그대로 반영되었다. 삼균주의에 대한 평가는 관점에 따라 우리 고유의 정치사상, 민족주의이념, 연합전선이론 등 다양하다. 하지만 삼균주의를 당강으로 채택한 정당의 이름을 '사회당'이라고 한 것만 보더라도, 그의 삼균주의

---

3 조소앙, 「나의 主張」, 三均學會 編, 『素昻先生文集』 下, 횃불사, 1979, 117~118쪽.
4 서울市 臨時人民委員會 文化宣傳部, 『政黨 社會團體 登錄綴』, 1950.9, 130쪽.
5 조소앙, 「次期 總選擧와 余의 政局觀」, 『素昻先生文集』 下, 134~141쪽.

는 사회민주주의적 성격을 지닌 것으로 이해된다. 조소앙의 삼균주의 국가건설론은 해방공간뿐 아니라 단독정부 수립 이후에도 우파 세력의 '최후'노선으로, 통일 지향의 정치노선으로 평가된다.

3. 자주 통일국가 수립론

연합국의 승리가 다가오면서 일제의 패망이 조선의 독립과 바로 연결되는 것은 아니라는 조짐이 연합국의 전시협상에서 차츰 드러나기 시작했다. 연합국 사이의 막후협상과 이를 배경으로 미국내 일부 언론들이 전후 한반도에 대한 신탁통치 문제를 구체적으로 거론하자 임시정부와 한국독립당은 1942년 말경부터 이른바 국제공동관리론에 대한 반대입장을 끊임없이 밝혔다.

한국독립당의 이론가요 임시정부 외무부장인 조소앙은 전후 조선의 지위문제를 두고 국제위임통치 또는 영세중립 운운하는 것에 대해 영세중립론은 스스로 지키기 힘든 작은 나라에나 해당되는 것이라 지적하고, 조선의 경우 문화·역사적인 면에서나 인구와 영토의 많고 큼이 세계 독립국가와 비교하더라도 결코 뒤떨어지지 않기 때문에 국제위임통치는 부당하다고 논박했다.[6] 그리고 임시정부와 한국독립당은 국제공동관리론을 배격하기 위해 임시정부 승인을 미국·소련 등에게 강력히 요구했지만, 미국정부의 외면 등으로 아무런 성과도 거두지 못했다.

1945년 12월에 열린 모스크바 3상회의는 한반도 문제를 포함하여 전후 문제를 처리하기 위한 '최고 권위'의 회의였다. 모스크바 3상협정의 주요 내용은 임시조선민주주의정부를 수립하고 4대 연합국이 이 임시

---

6 조소앙, 「韓國在未來世界中的地位」, 三均學會 編,『素昂先生文集』上, 횃불사, 1979, 176~177쪽.

정부를 최고 5년간 '신탁'하여 민주주의적 정치발전과 독립국가의 수립을 돕는다는 것이었다. 그리고 이를 실현할 적절한 방책을 미리 만들기 위해 미소공동위원회를 설치하기로 결정했다. 하지만 3상협정이 발표된 뒤 신탁통치 문제가 쟁점으로 떠올랐고, 임시정부 세력은 즉각 반탁 입장을 표명했다.

임시정부 세력이 내세운 반탁논리는 해방 이전 국제공동관리론 배격 논리의 연장선상에 있었다. 곧 임시정부 세력은 신탁통치가 또다른 식민지지배를 의미한다는 논리에서, 반탁을 '제2의 독립운동'으로 인식했다. 그렇지만 반탁논리는 한반도 문제에 결정적인 영향력을 갖고 있던 미국과 소련이 합의한 3상협정을 뚜렷한 대안없이 받아들이지 않을 경우 통일민족국가 건설은 어려움에 직면할 수밖에 없었다는 점에서 정세인식에 불철저한 한계를 지녔다. 그럼에도 조소앙을 비롯한 임시정부계는 '신탁통치' 자체가 독립국가를 의미하는 것이 아니라는 인식을 가졌기 때문에, 그들의 통일국가 수립노선에는 '반탁'이 전제될 수밖에 없었다.

한편, 미국이 단독정부 수립 의사를 내비치고 李承晩·한국민주당 등이 단독정부 수립의 필요성을 제기하던 시기에 좌우합작운동이 추진되자, 조소앙은 "反託性을 갖고 자주독립을 찾으려는 합작만이 우리 민족의 과제를 옳은 길로 해결할 수 있을 것"[7]이라고 했다. 이는 반탁을 합작원칙으로 내세운 것이지, 좌우합작 자체를 반대한 것은 아니었다. 물론 민족해방운동을 실천한 조소앙 등이 좌우합작운동에 직접 참여하지 않음으로써 좌우합작운동 과정에서 '진정한 우익'의 부재를 낳았던 것은 한계로 지적될 수밖에 없다. 하지만 조소앙의 반탁론에는 자주성이 깔려 있었고, 좌우합작의 필요성은 인정하고 있었기 때문에 남북협

---

7 國史編纂委員會 編,『資料 大韓民國史』2, 探求堂, 1969, 899쪽.

상론으로 나아갈 수 있었다.

1946년 7월에 성립된 좌우합작위원회는 과도입법의원 설치안을 미군정에 제시했고, 미군정도 합작원칙을 받아들이는 형태로 계획한 입법기관 설치를 서둘렀다. 조소앙은 민선의원 후보 추대조차 거부했지만 서울시 대표로 입법의원에 당선되자 "남북이 통일된 국가로서의 총선거로써 통일국가의 입법기관이 성립될 때에는 용감히 나서겠다", "남북통일 좌우합작의 완성을 위하여서는 원외에서 자유로운 입장으로 활동하는 것이 較優한 것으로 믿는다"8면서 당선을 거부했다.

미소공동위원회를 통한 좌우합작이 무산된 뒤 통일국가 수립세력에 의해 남북협상이 제기되었다. 1947년 11월에는 한국독립당을 비롯한 12개 정당 대표가 각정당협의회를 구성하고 미·소 양군의 즉시철수, 남북정당대표회의의 구성 등 '공동원칙'을 발표했다. 미군정과 단독정부 수립세력이 각정당협의회의 주장을 극력 반대하고 나서자, 한국독립당 부위원장 조소앙은 통일정부 수립을 위해 각정당협의회를 촉진시켜야 하는 이유를 다음과 같이 피력했다.

> 인민을 위한 민족자주적 공화국을 건설하려면 자유공민권을 향유한 자와는 협의 협조하여야 할 것이며 좌익이니 공산주의자니 하고 他國人視한다는 것은 부당하다. 이런 견해 밑에 각 정당과 협의한다면 이것을 친소파라고 배척할 것인가? 요는 통일독립을 촉진하기 위하여는 지당히 좌우를 막론하고 절대로 국내 협조 협의가 필요하다.9

신탁통치 문제가 무의미해진 시기에 조소앙은 통일국가 수립의 선결과제로서 좌우합작의 필요성을 강도높게 피력했고, 나아가 남북회담의 필요성을 인식했다. 그는 1948년 4월 북행 직전에 발표한 '남북협상안'

---

8 조소앙, 「立法議員 當選을 拒否하는 聲明書」, 『素昻先生文集』 下, 83~84쪽.
9 『朝鮮日報』 1947년 11월 9일; 國史編纂委員會 編 『資料 大韓民國史』 5, 探求堂, 1972, 648~649쪽.

에서 "외교문제를 내정에서 구하는 원칙 즉 내부의 대립을 해소함으로써 외부의 모순을 극복하여 영토 불가분의 원칙과 민족 및 주권의 비의타적인 독립운동을 철저히 집행하자는 것"[10]이라 하여 남북협상을 성공시켜 외세규정력을 최소화하고 자주 통일국가를 수립할 것을 제시했다.

1948년 4월 19일 김구·조소앙을 비롯한 한국독립당 대표는 미군정은 물론, 청년단체, 학생단체, 기독교단체, 북한에서 월남한 인사들의 단체 등의 반대를 무릅쓰고 북행을 결행했다.[11] 그들은 '남북연석회의' 3일째인 4월 22일에야 참석하게 되었는데, 조소앙은 "우리에게 결정적 승리가 올 것을 믿고 여러분에 분투를 빈다. 민족의 승리를 위하여 공동투쟁을 한다"[12]는 요지의 인사말을 했다. 이날 조소앙은 김구·조완구와 함께 주석단에, 엄항섭은 결정서 기초위원으로 보선되었다.

남북연석회의가 끝난 다음 4월 27~30일까지 '남북요인회담'이 개최되었고, 이 기간에 김구·金奎植·金日成·金枓奉의 '4김회담'이 열렸다. 한국독립당 대표는 5월 5일 서울로 돌아왔고, 조소앙은 "전한국 정치단체 대표자들이 회합하였다는 것 보다는 국제적으로나 국내적으로나 다소간 반향을 줄 수 있다면 한국의 여론을 촉진하는 초보적 공작으로서 성공이라고 보는 바이다. 내부 단결이 없기 때문에 외부로부터의 간섭이 있다는 것은 과거의 폐단이었다"[13]면서 남북협상을 자주적인 통일정부 수립운동의 일환으로 평가했다.

남북협상이 사실상 실패로 끝나면서 남북한에는 각기 체제를 달리하는 분단정부가 수립되었다. 조소앙은 1948년 10월 11일 발표한 성명에서 "통일의 원칙만 사수하고 통일의 방법을 무시하여서는 안 될 것이

---

10 『서울신문』 1848년 4월 20일; 國史編纂委員會 編, 『資料 大韓民國史』 6, 探求堂, 1973, 812쪽.
11 宋南憲, 『解放三年史』 II, 까치, 1985, 554~555쪽. 한국독립당 대표로 참가한 사람은 두 사람 외에 嚴恒燮·趙琬九·金毅漢·申昌均·趙一文·崔錫鳳 및 수행원 6명이었다.
12 『朝鮮日報』 1948년 4월 24일; 『資料 大韓民國史』 6, 828쪽.
13 조소앙, 「南北會談의 成果에 對하여」, 『素昻先生文集』 下, 106~107쪽.

다. 통일의 구호만을 부르고 통일로 가는 첩경을 차단하여도 안 될 것이다. 통일의 방법으로는 전민중의 공론을 채용할 것과 권력형태의 조직을 통할 것과 국제기구의 협조를 고려할 것 등이다"[14]라고 하여 남한정부 참여를 통해 통일운동을 전개할 것을 시사했다. 또 그는 통일시기를 "평화통일 조건이 성숙 될 때"로 늦춰 잡았다.[15]

조소앙의 사회당은 1948년 12월 14일 "38선의 철폐와 우군의 철퇴를 통하여 UN단의 성원적 임무와 우리의 통일독립의 숙원이 결정적으로 성공할 것을 믿고 이에 호응하여 노력할 것을 결의했다."[16] 반면, 남한정부와 한국민주당 등은 "지금 미군이 철퇴하면 화평통일이 오는 가능성 보다는 내란이 오는 가능성이 더 많다고 생각한다"[17]면서 자신들이 주도하는 정권의 무력적 배경으로 미군 주둔에 찬성했고, 나아가 대한민국정부의 '유일법통론'에 근거하여 무력통일론까지 주장했다.[18]

그러나 조소앙은 "화평통일 방식으로, 첫째 남북민중의 공동분투, 둘째 대한민국정부와 북한실권 소유자 사이의 타협론, 셋째 남북의 민중과 당국들이 세계적 공론을 환기하여 국제해방을 촉진하는 외교론 등의 화평론도 있는 것이다"라면서 평화통일론을 제시했다.[19] 이처럼 조소앙은 평화통일를 주장하면서도 남북대립은 이데올로기의 대립이며 그 본질이 사상전임을 파악하여 대비해야 하며 민심을 수습하여 사상공세로 자주통일을 해야 할 것을 피력했다.[20]

해방 후 조소앙이 견지한 통일국가 수립노선은 통일국가를 지향하되

---

14 조소앙, 「聲明書」, 『素昂先生文集』 下, 113쪽.
15 조소앙, 「朝鮮日報 記者에게 談話」, 『素昂先生文集』 下, 119쪽.
16 「社會黨 第1次 中央執行委員會 決議案」, 『素昂先生文集』 下, 116쪽.
17 金三奎, 「自主防衛와 美軍撤退」, 『民聲』 5권 6호(1949. 6), 13~14쪽.
18 咸尙勳, 「外交와 武力에 依한 統一」, 『民聲』 5권 3호(1949. 3), 22~23쪽.
19 조소앙, 「統一課業의 展望」, 『素昂先生文集』 下, 88쪽.
20 조소앙, 「次期 總選擧와 余의 政局觀」, 『素昂先生文集』 下, 134쪽.

'반탁'이 전제되었고, '반탁'이 무의미해진 시기에는 '반공'이 전제된 것이라 하겠다. 이런 점에서 그의 통일국가수립론은 우파 중심의 논리에서 크게 벗어난 것은 아니었다. 때문에 그의 통일론은 좌파 또는 북한과의 민족통일전선 형성에 탄력성이 다소 결여된 것이었다. 그럼에도 조소앙의 남북한 '타협'에 의한 평화통일론은 민족 통일의 올바른 방도를 제시했다는 점에서 큰 의미를 지닌다.

4. 진보정당 결성론

미군정과 단독정부 수립세력에 의해 추진된 5·10선거가 다가오자 한국독립당은 '반대 불참가' 입장을 밝혔고, 조소앙도 당론에 따라 선거에 불참했다. 그러나 5월 31일 대한민국국회가 개원하는 등 남한의 정치정세가 급변하자 한국독립당 안에서도 정부 수립에 협력할 것을 주장하는 사람들이 점차 늘어났고, 그러한 의사는 당내 '제2의 지도자'인 조소앙에 의해 적극적으로 표명되었다. 조소앙은 1948년 7월 22일 기자회견에서 이승만 정권의 국무총리 추대설에 대해 거부 입장을 밝히지 않고 애매한 태도를 취함으로써 남한정부에 참여할 가능성을 보였다.[21]

단독선거에 불참함으로써 당세가 약화될 수밖에 없었던 한국독립당은 노선을 재검토하기 위해 조소앙 등을 당면정책 연구위원으로 선임했다. 그러나 새로 야당을 건설할 것을 주장한 조소앙과 종래의 노선을 견지하려는 조완구·엄항섭의 의견이 엇갈려 끝내 타협점을 찾지 못했다. 이로써 조소앙은 김구계 한국독립당 노선과 다른 길을 걷게 되었다.

---

21 『서울신문』, 『朝鮮日報』 1948년 7월 23일; 國史編纂委員會 編, 『資料 大韓民國史』 7, 探求堂, 1974, 609~610쪽.

정부 수립을 전후하여 한국독립당과 중간파의 상당수 인사들은 현실정치에 참여하는 방향으로 움직였다. 8월 24일 조소앙은 申翼熙·池青天 등과 회동하여 해내 해외의 양 진영을 합작해서 강력한 야당을 조직하기로 합의했다. 9월 4일부터 조소앙은 신익희·지청천·安在鴻·朴容羲·明濟世 등과 여러 차례 모임을 갖고 신당 결성을 주도했다. 그러나 안재홍은 신생회를 조직하였고, 신익희·지청천은 대한국민당에 합류함으로써 신당 결성은 조소앙 중심으로 추진되었다.[22]

조소앙은 1948년 10월 11일 한국독립당과의 결별 성명을 통해 "자신이 참가하지 않았다는 이유로, 자당의 정책이 집행되지 못했다는 이유로, 주권과 영토가 완성되지 못했다는 이유로, 대한민국을 거부할 이유가 발견되지 않는 것이다"라고 하여 대한민국 지지 의사를 밝히면서 신당의 필요성을 역설했다.

> 당원동지들! 선택하자! 신당으로 당내 당외에 인재와 대중을 집중하여 입법기구와 행정기구를 통하여 현실적 내치·외교·군사문제를 거쳐서 완전한 통일국가와 독립정부의 완성에까지 노력하는 깃발을 잡으려느냐? 과거 4년과 같은 소극태도 부동형태 무조직상태 아미타불식 통일철병 구호로만 늘 그러기냐?[23]

조소앙이 지향한 신당은 현실정치에 참여하기 위한 인물 중심의 정당이 아니라, 삼균주의 국가건설을 위한 이념 중심의 정당, 곧 진보정당이었다. 마침내 조소앙은 12월 1일 白泓均·趙時元 등 노선을 같이하는 인사들과 사회당을 결성하고, 수석(당수)에 선임되었다. 사회당은 결당대회 선언서에서 "우리 민중은 무산계급 독재도 자본주의 특권계급의 사이비적 민주주의 정치도 원하는 바가 아니"[24]라면서 대한민국 헌법

---

22 서중석, 『한국현대민족운동연구 2』, 역사비평사, 1996, 162~164쪽.
23 조소앙, 「聲明書」, 『素昂先生文集』 下, 110~114쪽.
24 「社會黨 結黨大會 宣言書」, 『素昂先生文集』 下, 115쪽.

에 명시된 균등사회의 실현을 위해 진력할 것을 밝혔다. 그리고 사회당은 내각책임제와 단원제가 바람직하다는 입장이었다.

한편, 사회당을 비롯한 중간우파 세력은 민족주의 진영의 단결과 역량집결을 위한 방안을 모색했다. 1949년 7월에는 조소앙·안재홍·李勳求 등이 중심이 되어 민족진영강화위원회를 발족시켰다. 하지만 민주국민당 등은 자신들의 주도권이 보장되지 않는 것에 불만을 품고 곧바로 탈퇴해버렸다. 또한 이승만이 민족진영강화위원회를 비난하고, 김규식도 우파 쪽의 공격을 빌미로 의장직에서 사퇴하자 발족 한 달여에 해소론이 제기될 정도였다. 이후 사회당·민족자주연맹 등은 민족진영강화위원회를 정당으로 발전시키려 했지만 이루어지지 않았고, 1950년에 들어와 제2대 국회의원 선거에 대한 공동대책을 세우고자 했으나 합의를 보지 못한 채 유명무실화했다.[25]

사회당 노선이 현실정치를 통한 삼균주의 사회의 실현에 있었던 만큼, 1950년 3월 조소앙은 "정부와 인물과 정책이 변화할지라도 국가의 본질적 혁명은 계속되는 것이며 입각된 인물론과 집행되는 정책론을 초월하여 태극기를 고수하고 이 나라를 고도로 발전케 할 의무가 있는 것이다"[26]면서 제2대 국회의원 총선거에 출마할 것을 밝혔다. 그는 총선거와 자신의 政局觀을 피력하면서 출마 이유가 민족진영의 기반을 공고히 하여 자주적인 통일국가를 완성하는 데 있음을 거듭 강조했다.[27]

사회당뿐 아니라 민족자주연맹 계열의 金星淑·張建相 등 5·10선거에 불참한 남북협상파 또는 중간파의 지도적 인사들이 5·30선거에 입후보하였다. 따라서 이승만 정권의 탄압의 주요 대상은 민주국민당

---

25 한상구, 「1948~1950년 평화적 통일론의 구조」, 『분단 50년과 통일시대의 과제』, 역사비평사, 1995, 262쪽.
26 조소앙, 「나의 出馬理由와 그리고 政見」, 『素昻先生文集』 下, 126쪽.
27 조소앙, 「次期 總選擧와 余의 政局觀」, 『素昻先生文集』 下, 132쪽.

이 아니라 중간파 입후보자들이었고, 유권자들에게 중간파의 '불순성'을 부각시키기 위해 많은 노력을 기울였다. 중간파 후보들은 온갖 비방과 정치공작에 시달려야 했는데, 조소앙도 예외는 아니었다. 이를테면 5월 29일 늦게 조소앙 선거구에는 "조소앙이 공산당의 정치자금을 받아쓴 게 탄로나 투표일을 하루 앞두고 월북했다"는 벽보와 삐라가 성북구 일대에 나돌기 시작했다. 조소앙은 30일 새벽에 지프차에 확성기를 달고 자신이 건재함을 알려야만 했다.[28]

5·30선거 당선자의 소속을 보면 전체 210석 가운데 민주국민당 24, 대한국민당 24, 국민회 14, 대한청년단 10, 일민구락부 3, 대한노총 3, 사회당 2명 등이었고, 무소속이 126명이나 되었다. 이 선거를 통해 남북협상파 또는 중간파 인사들이 적잖게 국회에 진출했다. 사회당 후보로는 조소앙·조시원이 당선되었는데,[29] 특히 조소앙은 서울 성북구에서 전국 최고득표인 34,035표를 얻어 13,498표를 얻은 趙炳玉에 압승했다.

조소앙의 사회당은 비록 소수 의석에 그쳤지만, 중간파 세력과의 연대를 통해 민주개혁과 평화통일을 추진할 수 있는 최소한의 발판은 마련한 셈이었다. 조소앙의 정치적 역량과 신망 또한 국회의장 선거에서 차점을 기록할 정도로 높았다. 6·25전쟁 때 납북당함으로써[30] 그의 정치적 이상은 묻혔으나, 조소앙은 극우반공체제 안에서 '사회당'이라는 진보정당을 결성하여 활동한 정치지도자였다.

---

[28] 서중석, 앞의 책 310~316쪽; 金在明, 「三均主義 선각자 趙素昻선생」, 『政經文化』 1986. 6월호, 434쪽.
[29] 사회당 후보로 출마한 사람은 모두 28명이었고, 조소앙의 친동생 조시원은 경기 양주甲區에서 당선되었다.
[30] 1950년 9월 27일 납북된 조소앙은 휴전운동, 중립화 통일론의 제기, 한국독립당 재건운동, '재북 평화통일 촉진협의회' 결성 등을 통해 제한된 상황에서도 평화적 '통일운동'을 지향했다. '협의회' 회원 연행사건에 항거하는 단식과 학질로 고생하다가 1958년 9월 9일 사망했다고 한다(이태호, 『압록강변의 겨울』, 다섯수레, 1991, 참조).

5. 맺음말 – 조소앙 정치노선의 역사성

　조소앙은 김구와 더불어 민족해방운동 시기부터 임시정부와 한국독립당을 이끈 독립운동가이자, 그 지도이념을 제시한 이론가였다. 해방 후에도 조소앙은 일관되게 삼균주의에 바탕한 자주 통일국가 수립을 지향했다. 그는 체제와 이념의 대립이 심화되고 민족분단이 굳어져 가던 시기에 시대적 과제를 외면하지 않은 정치지도자였다.

　민족해방운동의 이념적 발전과정에서 정립된 삼균주의는 적실성을 지닌, 민족해방운동 또는 민족국가 건설의 이념이라 할 수 있다. 조소앙이 지향한 삼균주의 국가건설론의 요체는 정치면에서 인민주권론에 입각한 의회민주주의의 실현이었고, 사회경제면에서는 사회주의적 정책을 수용한 것이었다. 따라서 그의 삼균주의 노선은 자본주의체제와 공산주의체제를 본질적으로 수용하지 않은 '제3의 노선'으로서 좌우 대립을 극복할 수 있는 하나의 대안으로 상정될 수도 있을 것이다.

　조소앙은 3상협정이 발표되자 국제공동관리론을 반대했던 논리의 연장선상에서 반탁 대열에 앞장섰다. 그가 좌우합작운동에도 지지 입장만 밝혔을 뿐 참여하지 않는 등 민족통일전선 형성에 적극적인 의지를 보여주지 못했던 점은 한계로 지적될 수밖에 없을 것이다. 하지만 조소앙의 반탁론에는 자주성이 깔려 있었고, 좌우합작의 필요성은 인정하고 있었기 때문에 남북협상론으로 나아갈 수 있었다. 조소앙의 자주 통일국가 수립론은 민족통일전선 형성에 탄력성이 결여된 측면이 있지만, 남북한 '타협'에 의한 평화통일론은 무력통일을 철저히 배격하고 있는 점에서 역사적 의미를 지닌다.

　미·소 냉전체제와 분단국가체제는 서로 다른 이념적 지향의 정치활동을 용납하지 않았다. 남한의 경우, 극우반공정권의 성립으로 사회민주주의는커녕 통일 지향적 민족주의 세력조차 활동하기 어려웠던 것이 저간의 실정이었다. 그럼에도 조소앙은 삼균주의 이념을 실현하기 위해 사회당 활동을 전개했는데, 이는 진보정당운동의 역사적 경험과 자산이 되었다.

　아직도 우리에게는 민주적 절차에 따른 평화통일이 민족적 과제로 남아 있고, 새로운 세기를 맞아 이데올로기 장벽을 완전히 허물고 인간해방을 앞당겨야 할 책무가 가로놓여 있다. 그럼에도 진보와 통일의 역사를 쉽사리 이어가지 못하는 것이 우리의 현실이다. 때문에 통일을 지향하면서 평등사회를 실현하려는 조소앙의 정치노선은 다시 음미될 필요가 있을 것이다.

5장
조봉암 · 진보당 · 사회민주주의

1. 머리말

竹山 曺奉岩(1899~1959)은 일제 식민지체제 아래에서 실천적 민족해방운동가로 활약했으며, 8·15 후 분단체제 아래에서는 진보정당운동을 펼친 정치지도자이자 통일운동의 앞길을 제시한 평화통일론자였다. 그는 일찍이 사회주의 노선을 걸으면서 민족해방운동에 투신하여 1925년 조선공산당이 결성되면서 중앙검사위원과 고려공산청년회의 중앙집행위원으로 선출되었으며, 1926년에는 조선공산당 만주총국을 설치하고 책임비서 등으로 활약했다. 그리고 1948년 단독선거에 참여하여 국회의원에 당선되었으며, 헌법기초위원, 초대 농림부장관 등을 역임했고, 제2대 국회에서 부의장으로 선출되었다. 1950년대에는 독재정권에 맞서 두 차례나 대통령 후보로 출마했으며, 진보당 위원장 등을 지낸 비중 있는 정치지도자로 활동했다. 그의 경력이 말해 주듯이, 파란과 굴

곡 많은 그의 삶은 우리 근현대사와 궤적을 같이한다.1

그럼에도 조봉암과 그가 이끈 진보당에 관한 연구는 1980년대부터 이루어지기 시작했다. 그 까닭은 분단국가의 성립으로 중간노선의 정치활동 공간이 매우 좁았던 데에다, '진보적' 이념을 금기시했던 정치적 상황에 있었다. 그간 적잖은 연구성과가 축적되었고 방대한 자료집이 간행되었으나2 조봉암이 사회민주주의3를 지향하게 되는 배경과 과정, 그리고 반공체제 아래에서 주창된 평화통일론의 실체적 내용을 밝히는 일은 아직도 과제로 남아 있다.

이 글의 목적은 8·15 후 조봉암의 지향 이념과 노선, 그가 펼친 활동 등을 우리 민족해방운동의 연장선상에서, 진보와 통일을 추구하는 민족통일전선적 관점에서, 기존 연구성과를 토대로 혁신 대중정당의 결성경위를 간략히 정리하면서4 진보당 창당의 역사적 의미 등을 조망하는 데 있다. 그리고 그가 내세운 사회민주주의와 평화통일론의 구체적 내용 및 양자의 상관관계를 살피고, 아울러 사회민주화와 민족통일이

---

1 李英石은 『竹山 曺奉岩』(圓音出版社, 1983) 머리말에서 "조봉암의 삶과 죽음만큼 슬픈 사연은 없다. 파란과 굴곡의 생애─그 마지막의 참담함에서 한(恨)을 볼 수 있기 때문이다. 그가 걸었던 길은 나라를 잃었던 암흑의 시기를 살던 세대에게 숙명이기도 했던 수난의 길이었다."고 그의 삶을 조명했다.
2 조봉암, 진보당을 다룬 연구서로는 鄭太榮, 『曺奉岩과 進步黨』(한길사, 1991); 박태균, 『조봉암 연구』(창작과비평사, 1995); 서중석, 『조봉암과 1950년대』 상·하(역사비평사, 1999) 등을 들 수 있으며, 자료집으로는 권대복 엮음, 『進步黨』(지양사, 1985); 정태영·오유석·권대복 엮음, 『죽산 조봉암 전집』1~6(世明書館, 1999) 등이 있다.
3 사회민주주의는 프롤레타리아 계급독재에 기초한 급진적인 사회혁명보다는 의회주의 등 점진적인 사회개혁을 통해 사회주의 사회를 실현하려는 정치이념으로 정의할 수 있을 것이다. 이에 견주어, 민주사회주의는 자본주의의 기본 구조와 논리를 원칙적으로 수용하고 있다는 점에서 사회민주주의와 구별할 수 있다. 하지만 한국 사회민주주의는 이념논쟁이나 이론투쟁 과정에서 생성된 것이 아니라 실천적 운동과정에서 형성된 측면이 크다. 때문에 이론적 틀로 분석하기 보다는 역사적 관점에서 파악될 필요가 있으며, 이 글에서는 민주사회주의를 포괄하는 넓은 개념으로 사용한다.
4 조봉암, 진보당에 관한 구체적 사실은 주로 정태영과 박태균의 책을 참조했다.

아직도 숙제로 남아 있는 우리에게 조봉암, 진보당의 이념과 노선이 갖는 현재적 의미를 되짚어 보고자 한다.

2. 중간파 노선에서 단독정부 참여로

8·15 해방으로 일제 식민지에서 벗어났지만, 우리 민족에게 주어진 역사적 과제는 식민지체제를 완전히 청산하고 자주적 민족국가를 수립하는 것이었다. 이를 위해서는 민족해방운동의 연장에서 더욱 강고한 통일전선 형성과 민족국가 수립의 통일적 방안이 요구되었다. 그럼으로써 연합국, 특히 미국과 소련의 협조 또는 지원을 이끌어낼 수도 있었다. 하지만 8·15 직후 이념과 노선에 따라 여러 갈래의 정치세력이 분립하기 시작하였다.

조봉암은 중국지역에서 민족해방운동을 펼치다가 1932년 일본 경찰에 의해 국내로 압송되어 거의 7년 동안 옥고를 치루고 1939년 7월에야 풀려났다. 이후 그는 仁川粃糠組合 조합원으로 일했으나, 8·15를 맞이할 때까지 뚜렷한 민족해방운동의 흔적은 보이지 않는다. 그럼에도 1945년 1월 일본군 헌병사령부에 예비검속되었고, 일제의 패망으로 사상보호관찰소에서 출감한 뒤 인천으로 돌아가 자신의 출신지역에서 활동을 재개했다. 조봉암은 8월 18일 조선건국준비위원회 인천지부 조직에 주도적 역할을 했으며, 이듬해 2월 민주주의민족전선(이하 민전) 결성대회에 참여했고, 민전 인천지부 의장에 선임되었다.

1946년 5월에 이르러 조봉암이 조선공산당의 지도자 朴憲永에 띄우는 편지, 「존경하는 박헌영 동무에게」가 신문지상에 게재됨으로써 적잖은 파문을 일으켰다. 편지의 핵심은 조선공산당 또는 박헌영 노선에 대한 비판으로서 종파주의가 당의 지도력 약화를 낳은 점, 조직활동에서 극좌적 편향과 조급성이 민전에서 양심적, 진보적 민족세력의 이탈을 자초한 점, 모스크바3상회의 결정에 대해 지지 노선으로 선회한 데서 보여 준 소련에 대한 지나친 의존성과 경직성 등을 지적한 것이었다.5 그의 주장대로 다소 윤색된 부분이 있을지라도 당의 운영, 통일전선에 대한 인식은 자신의 생각을 드러낸 것으로서 민족통일전선에의 강렬한 소망이 엿보인다.6

조봉암의 사상적 전환이 확연히 드러나는 것은 1946년 6월 23일 인천에서 민전 주최의 미소공동위원회 촉진 시민대회가 열리고 있는 가운데, 시민대회장과 각 관공서, 신문사 등에 5개항으로 된 성명서가 배포되면서다. 그는 성명서를 통해 "조선민족은 자기의 자유의사에 의하여 민족 전체가 요구하는 통일된 정부를 세울 것이고, 공산당이나 민주의원의 독점 정부가 되어서는 안 된다." "조선의 건국은 민족 전체의 자유생활이 보장되어야 할 것이다. 따라서 노동계급의 독재나 자본계급의 전제를 반대한다."고 했다. 또 "조선민족은 아메리카를 비롯하여 연합국에 대하여 진심으로 감사할 것이며 또 진심으로 협력하여서 건국에 진력할 것이오, 지금 공산당과 같이 소련에만 의존하고 미국의 이상을 반대하는 태도는 옳지 않다."고 했다.7 이로써 그는 좌·우를 지양하는 중간파 정치이념과 '非美非蘇' 노선의 필요성을 강조하였다. 이로 말미암아 그는 조선공산당에서 제명되었다.

그의 사상적 전환과 관련하여, 화요파의 지도적 인물이었던 조봉암과 金燦은 1925년부터 사회주의운동과 민족주의운동의 협동의 필요성을 강조하는 개인적 견해를 밝혔던 점, 화요파 사회주의자들이 일제에 검거된 뒤 심문과정에서 대부분 계급독재 체제를 부인하고 의회주의의

---

5 정태영, 『한국 사회민주주의 정당의 역사적 기원』, 후마니타스, 2007, 235쪽.
6 박태균, 앞의 책, 120쪽.
7 조봉암, 「비공산정부를 세우자」, 『죽산 조봉암 전집』 1, 39~40쪽.

실시를 구상했으며, 폭력혁명보다는 계몽주의적이며 점진주의적 변혁을 지지한다는 입장을 밝혔던 점, 그리고 1933년 이후 조선중앙일보사의 呂運亨과 裵成龍을 중심으로 느슨하게나마 사회민주주의자들이 결집되고 있었던 사실에 주목할 필요가 있다.8 물론 이들의 사회민주주의 지향성은 8·15 후 한층 분명하게 드러난다. 엄밀한 자료적 분석이 요구되지만, 이 시기 조봉암의 경우도 사회민주주의적 경향성을 지녔을 개연성은 있었던 것으로 보인다. 그의 '비미비소' 노선 또한 사상적 전환에서 비롯된 측면보다 '해방' 후 자주적 민족국가 건설을 위한 국제정세 인식의 변화에서 이해될 필요가 있다.

조봉암은 통일민족국가 수립은 안으로는 좌파와 우파의 협력, 밖으로는 미국과 소련의 협력이 함께 이루어져야 가능하다고 믿었다. 때문에 그는 1946년 8월 말 좌우합작운동을 지지하는 성명을 발표했다. 하지만 그는 좌·우파가 첨예하게 대립하고 있는 상황에서 좌우합작위원회 중심의 중간파 결집은 성공할 수 없다고 주장하면서 '非左非右', '비미비소'의 이른바 제3정당 결성을 추구하였다.9 즉 그의 활동은 "5퍼센트밖에 안 되는 극좌우 미·소 편향 정치집단들을 제압하고 95퍼센트의 국민을 대변하는 범민족적 정치 조직을 창출하여, 불편부당한 미소 협력체제를 구축해서 조국의 통일 독립을 성취할 주체를 이루겠다"라는 것에 집중되어 있었다.10

그 결과 조봉암을 비롯한 옛 화요파와 李克魯 중심의 건민회 주도 하에 1947년 2월 민주주의독립전선이 결성되었으며, 정치위원 겸 선전부장으로 선임된 조봉암은 중간파 세력의 결집에 힘썼다. 5월에 민주주의

---

8 金基承, 『韓國近現代 社會思想史 硏究』, 新書苑, 1994, 174·209·301쪽.
9 양동안, 「조봉암, 농민의 이익을 대변한 중도파 정치인」, 『한국사 시민강좌』 제43집, 일조각, 2008, 187쪽.
10 정태영, 『한국 사회민주주의 정당의 역사적 기원』, 236쪽.

독립전선은 중간노선을 걷고 있던 60여 정당, 사회단체를 망라하여 미소공위대책각정당사회단체협의회를 조직하여 재개된 미소공동위원회에 대처하고자 했다. 이로써 민주주의독립전선은 중간파 통합운동의 중심세력으로 떠올랐다.

이후 민주주의독립전선, 좌우합작위원회, 시국대책협의회, 미소공위대책각정당사회단체협의회 등의 중간파 정치세력은 金奎植을 중심으로 새로운 통일조직을 모색하여 1947년 10월 민족자주연맹 결성준비위원회를 조직했다. 그러나 조봉암 등의 화요파 계열은 민족자주연맹의 지도자 김규식의 '좌익 배제 원칙'에 따라 민족자주연맹에 참여하지 못했다.

분단국가 수립이 점차 가시화되는 시점에 민족자주연맹은 남북협상에 참여하였으나, 현실적 성과를 거두기는 어려웠다. 남한만의 5·10선거가 다가오자 통일국가 수립을 갈망해 온 남북협상파 또는 중간파 정치세력은 단독선거 불참가를 선언했으나, 조봉암은 "미군정 삼년을 지내고 우선 남한 만으로라도 우리 민족이 정권을 이양 받고 통일을 도모한다는 것은 정치적으로 지극히 단순하고 당연한 일"11이라고 생각했다. 그래서 김규식 등 남북협상파 세력들에게 선거 참가를 권유하기도 했으나 거절당하고, '배신자' '기회주의자'라는 비난을 무릅쓰고 분단국가 수립에 참여하였다. 그로서는 불가피한 선택이었을지라도 단독정부 수립에 '들러리'를 서주는 결과가 되고 말았다. 단독정부 수립에의 참여는 이후 그의 정치활동에서 때때로 걸림돌로 작용하였다.12

조봉암은 인천 을구에 무소속으로 출마하여 당선되었는데, 이는 8·15 직후부터 인천에서 전개한 활발한 지역활동의 결과였다. 예상과는

---

11 조봉암, 「나의 정치백서」, 권대복, 앞의 자료집, 389쪽.
12 박태균, 앞의 책, 143~149쪽.

달리, 제헌의원 207명 가운데 조봉암을 비롯한 85명의 무소속 후보들이 국회에 진출하였다. 그는 한국민주당 등의 보수우파에 비판적이거나 반대하는 무소속 의원들을 중심으로 무소속구락부를 발족시키는 데 앞장섰다. 여기에는 무려 72명의 의원이 참여했다. 한편, 그는 헌법기초위원으로 활동하면서 사회민주주의적 경제조항 및 인권보장 조항을 관철시키기 위해 노력하였으며, 정부형태로는 李承晩이 선호하는 대통령중심제를 반대하고 의원내각제를 지지했다.[13]

이승만 정부가 출범하면서 조봉암이 농림부장관에 임명된 것은 뜻밖의 일이었다. 그는 빠른 시일 안에 농지개혁을 완료하고 농업협동조합을 만들 계획을 세우고 이를 추진하였다. 하지만 한국민주당 등의 반대에 부딪쳐야 했고 '독직사건'에 휘말려 6개월여 만에 물러나게 되어 큰 성과는 거두지 못했다. 농림부장관에서 물러난 조봉암은 농촌개혁에 대해 지속적인 관심을 지닌 채 국회에서 활동했다. 그는 신당 조직뿐 아니라 농촌개혁을 위한 농민조직, 즉 '농가회의' 조직에 많은 노력을 기울였지만, 가시적 성과는 거두지 못했다.[14]

농림부장관과 국회의원으로서 농지개혁을 위해 많은 노력을 전개하였던 조봉암은 1950년 실시된 5·30선거에 인천 병구에서 무소속으로 재선되었다. 제2대 국회에는 사회민주주의적 정책과 남북협상을 통한 평화통일의 기치를 내건 중간파 세력이 적잖게 진출했으나,[15] 6·25전쟁의 발발로 그들의 정치적 이상은 묻힐 수밖에 없었다. 조봉암은 제2대 국회에서 4년 내내 국회부의장으로 활동하였으며, 매우 제한된 공간 속에서도 이승만 정부에 대해 비판적 태도를 견지하였고, 1952년 8월 5

---

13 양동안, 앞의 글, 191쪽.
14 자세한 내용은 박태균, 앞의 책, 165~178쪽 참조.
15 무소속 후보가 전체 의석 210석 가운데 126석을 차지했으며, 특히 민주국민당 핵심 인물들이 趙素昻을 비롯한 중간파 인사들에게 패배하여 주목을 끌었다(金玟河, 『韓國革新政黨論』, 中央大學校 出版部, 1999, 365쪽; 李基澤, 『韓國野黨史』, 백산서당, 1987, 32쪽).

일에 실시된 제2대 대통령선거에 출마하면서 '독자노선'을 걷기 시작하였다.

조봉암은 8·15 후 '비좌비우', '비미비소'를 핵심으로 하는 중간파 노선을 걷다가, 분단국가 수립이 가시화되자 단독정부 참여 쪽으로 선회했다. 그 근원적 이유는 차치하더라도, 그의 단독정부 참여는 이승만의 장기집권과 미국의 대한정책에 일조하였다. 하지만 자신의 정치노선을 실현하기 위해 나름의 노력을 기울였다. 이를테면 정당 결성을 위한 끊임없는 시도, 계속된 농가회의 주도 등을 들 수 있다. 이러한 노력은 그의 민주적, 개혁적 노선을 실현하기 위한 기반 마련의 의도가 있었던 것으로 보인다.16

3. 진보당을 이끈 실천적 정치지도자

조봉암은 1952년에 실시된 8·5선거에 "나는 대통령이 되리라고는 조금도 생각하지 않고 있다. 다만 이대통령과 싸울 사람조차 없으면 국민이 너무 불쌍하다. 이대통령의 애국 정열, 혁명 경력, 건국의 공로는 존경한다. 그렇지만 행정 책임자로서는 적합하지 않다는 것이 드러났다."면서 '이대로는 다시 살 수 없다'라는 구호를 내걸고 대통령 후보로 나섰다.17

그는 이승만에게 큰 표 차이로 뒤졌지만, 야당인 민주국민당의 李始榮보다 3만 표 이상을 앞섰다. 더욱이 전시 아래에서 유세도 제대로 할 수 없는 선거였던 점을18 감안하면, 이 선거가 조봉암에게 주는 의미는

---

16 박태균, 앞의 책, 199쪽.
17 『조선일보』 1952년 7월 27일자; 鄭太榮, 『曺奉岩과 進步黨』, 195~197쪽.
18 조봉암은 「4대 정당대표 지상 좌담회」에서 "우리 나라에서 실시된 몇 차례의 선거에서 많은 사람들이 쓰라린 경험을 맛보았으니 내가 새삼스럽게 경험담을 하기도 쑥스럽습니다

매우 컸다. 즉 선거를 통해 그의 정치적 위상이 한층 높아졌고, 적잖은 지원, 지지 세력을 확보할 수 있었다. 하지만 주목받는 정치인으로 부상한 그는 이승만 정권과 민주국민당으로부터 질시와 경계를 받게 되었다. 그에 대한 탄압도 점차 노골화하여 1954년 5월에 실시된 제3대 국회의원 선거에는 온갖 방해로 말미암아 후보등록도 할 수 없는 상황이었다. 때문에 그는 신당운동이 전개될 때까지 1년 가까이 정치적 휴면기를 가질 수밖에 없었다.

이승만 정권이 사사오입 개헌으로 종신집권을 꾀하자 야당계 국회의원들은 호헌동지회를 구성하고, 반독재 반공산 세력을 아우르는 신당을 결성하고자 했다. 조봉암은 자신의 참여 문제를 둘러싼 찬반 속에서 1955년 2월 성명을 통해 신당에 기꺼이 참여할 뜻을 밝혔다.[19] 그러나 조봉암과의 연합전선을 강력히 지지하던 金性洙가 사망한 뒤, 호헌동지회 중심의 신당운동은 조봉암 참여에 반대하는 자유민주파와 찬성하는 민주대동파로 양분되었다.[20] 결국 자유민주파는 그해 7월 신당 발기 준비위원회를 구성하였으며, 이는 민주국민당 중심의 민주당 결성으로 이어졌다.

반면에, 민주대동파의 대표적 인물인 徐相日과 혁신계를 대표하는 조봉암은 새로운 당을 결성하기 위해 민족해방운동에 참여했던 인사, 진보적 지식인들을 결집하기 위해 노력하였다. 그 결과 민주국민당을 이탈한 서상일과 愼道晟을 포함한 40여 명의 혁신계 인사들이 참석한 간담회가 光陵에서 열렸다. '광릉회합'에서는 민주대동운동의 중간평

만 지난 정·부통령선거에 출마했을 때 일주일 동안 다섯 군데에서 선거연설을 했을 뿐이고, 서울에서는 연설 중도에 방해를 받아서 못했지요"라고 지난 선거의 실상을 토로했다 (『죽산 조봉암 전집』 1, 321쪽).
19 정태영, 『한국 사회민주주의 정당의 역사적 기원』, 256~258쪽.
20 조현연, 『한국 진보 정당 운동사』, 후마니타스, 2009, 26쪽; 신창균, 『가시밭길에 서도 느끼는 행복』, 해냄출판사, 1997, 193~194쪽.

가를 내리면서 혁신 신당조직을 모색하기로 합의하였다.[21]

이들은 회합을 거듭한 끝에 1955년 12월 22일 진보당(가칭) 추진위원회를 결성하고 조봉암, 서상일 등 12명의 이름으로 "우리는 진정한 혁신은 오로지 피해를 받고 있는 대중 자신의 자각과 단결위에서만 실현될 수 있다는 것을 깊이 인식하고 관료적 특권정치, 자본가적 특권경제를 쇄신하여 진정한 민주책임정치와 대중 본위의 균형있는 경제체제를 확립할 것을 기약하고 국민대중의 토대위에 선 신당을 발기하고자 한다."는 취지문을 발표했다. 아울러 "공산독재는 물론 자본가와 부패분자의 독재도 이를 배격하고 민주주의 체제를 확립하여 책임있는 혁신정치의 실현" "생산분배의 합리적 통제로 민족자본의 육성" "민주우방과 제휴하여 민주세력이 결정적 승리를 얻을 수 있는 조국 통일의 실현" "교육체제를 혁신하여 국가보장제를 수립" 등을 강령으로 내걸었다.[22]

1956년에 접어들면서 이승만 정부는 2월에 치러야 할 지방자치선거를 미루고, 야당이 전열을 갖추기 전에, 정·부통령선거를 앞당겨 5월 15일에 실시하고자 했다. 이에 대처하기 위해 진보당 창당추진위원회는 1956년 3월 30일 전국추진대표자대회를 소집하여 대통령 후보에 조봉암을 지명하고 서상일의 사양으로 부통령 후보는 유보한 채(뒤에 朴己出을 지명) 추진 대표 전원으로 선거대책위원회를 구성할 것을 결의했다.[23]

선거가 임박한 4월 하순부터 진보당과 민주당 사이에 후보단일화 논의가 진행되었지만, 민주당 대통령 후보 申翼熙의 급서로 더 이상 진척되지 못했다. 그러나 박기출이 사퇴하고 張勉을 지원하는 입장을 공식

---

21 鄭太榮, 『曺奉岩과 進步黨』, 214~215쪽.
22 「진보당 발기취지문(요지)」, 권대복, 앞의 자료집, 12쪽.
23 정태영, 『한국 사회민주주의 정당의 역사적 기원』, 265쪽.

으로 밝힘으로써 외견상 대통령 후보에 진보당의 조봉암, 부통령 후보에 민주당의 장면으로 단일화를 이룬 셈이었다. 하지만 두 당의 노선이 현격히 다른 데에다, 선거 공조체제도 이루어지지 않았기 때문에 정치적으로 미묘한 형국이 되고 말았다. 민주당의 지원을 받지 못한 조봉암은 오히려 이승만 정권으로부터 '탄압'의 주된 표적이 되었다.

조봉암의 진보당은 "진보세력이 주도권을 장악하여 유엔 보장하에 민주방식에 의한 평화통일을 성취한다", "집권자가 국민 앞에 책임지는 정치체제를 확립한다", "대중적 수탈정책을 폐지하고 생산·분배·소비에 걸친 종합적인 연차 경제계획을 수립하여 법령화하고 전경제요소를 집중적으로 동원하여 이를 강력히 실시한다", "교육의 완전한 국가보장제를 실시하고 학제를 개혁하여 연한을 단축하며 실업교육과 기술교육을 적극 진흥시킨다" 등을 선거공약으로 내세웠다.[24] 아울러 '피해대중은 뭉쳐라'는 구호를 내걸어 상당한 반향을 일으켰으며, 신익희에 대한 광범한 동정표도 조봉암에게 유리하게 작용할 것으로 보였다.

하지만 각지에서 테러와 선거방해가 잇달았고, 신익희 서거 다음날부터 선거운동을 거의 하지 못했다. 조봉암조차 잠적할 수밖에 없었던 공포 분위기에서 5·15선거가 실시되었다. 때문에 진보당은 1952년의 제2대 대통령선거 때와 마찬가지로 투·개표 참관인을 거의 낼 수가 없었다. 그럼에도, 공식적인 발표에 따르더라도 조봉암은 216만 3,808표를 얻어 이승만 득표의 과반수에 육박했으며, 무효표가 무려 185만여 표나 되었다. 개표만 공정히 했더라면 누가 당선되었을지 알 수 없는 상황이었다.[25]

---

24 『한국일보』 1956년 5월 14일자; 鄭太榮, 『曺奉岩과 進步黨』, 237~238쪽.
25 부통령 후보였던 박기출은 "진보당 인사들의 '투표에 승리하고 개표에 지다'고 말한 것이나 일부 인사들 중에 조봉암선생을 당선대통령이라고 하고 이승만씨를 가짜대통령이라 칭하는 것도 일리가 있는 것 같다."고 했다(박기출, 『내일을 찾는 마음』, 이화, 2004, 100쪽).

조봉암의 엄청난 득표는 이승만 독재정권과 자유당의 부정부패에 대한 국민의 분노와 불만이 표출된 측면도 있지만, 평화통일과 사회민주주의 정책이 '압도적' 지지를 얻은 결과였다. 게다가 피해대중이 자유롭게 숨쉴 수 있고 생존권이 보장된 속에서 인간다운 삶을 누릴 수 있는 사회 건설을 압축적으로 표현한, '피해대중은 단결하라'는 구호도 많은 공감을 불러일으켰다.

대통령선거가 끝나자 조봉암은 전국적 지지세력을 바탕으로 진보당 창당을 서둘렀다. 그래야만 그해 8월에 실시될 지방의원 선거를 통해 당 조직이 지방에 고루 뿌리내릴 수 있고, 그 조직으로 1958년의 제4대 민의원 선거에 대비해야 한다는 것이었다. 그러나 서상일 계열은 국회의원을 포함하여 좀 더 광범한 세력을 결집시킨 뒤 창당에 들어갈 것을 주장했다. 양파의 대립과 갈등이 커지면서 서상일과 그 지지세력은 10월 진보당과의 결별을 선언하였고, 尹吉重을 비롯한 조봉암 지지세력은 창당에 박차를 가했다.[26]

곡절 끝에 진보당 창당대회는 11월 10일 오전 10시 30분 서울시립극장에서 전국 대의원 853명이 참가한 가운데 개최되었다. 임시의장 조봉암은 개회사에서 자본주의도 공산주의도 바뀌어 사회민주주의적인 방향으로 움직여가고 있는 것을 우리가 눈으로 보고 있다고 언급하면서, "새 이상과 새 사고방식의 기초 위에서 구체적인 정치강령을 내세우고 혁신적인 정치행동을 하려는 대중의 전위로서 진보당을 조직하는 것"[27]이라고 역설했다. 창당대회에서는 선언문과 강령, 정책 등을 채택하고 당 위원장에 조봉암, 부위원장에 박기출을 선출하였다.

진보당 중앙당부가 결성되자 경남도당 결성대회를 시작으로 지방당

---

26 자세한 경위는 鄭太榮, 『曺奉岩과 進步黨』, 218~219, 249~252쪽 참조.
27 조봉암, 「개회사」, 『죽산 조봉암 전집』 4, 30~32쪽.

부 결성대회가 이어졌다. 조직적인 테러와 방해에도 불구하고 서울특별시와 도당 조직은 대부분 결성되었다. 갖은 어려움 속에서 1958년 총선거를 겨냥하여 지역구 위원장 선출과 함께 지역구 활동도 전개하였다. 당헌에 명시된 조직체계와 특수조직 사업계획 등을 보면, 진보당은 적실성, 효율성 그리고 엄밀성을 중시한 것으로 보인다.

1957년에 들어서면서 진보당은 지방당 조직 확대와 혁신세력의 통일을 다시 추진하기 위해 노력을 기울였다. 조봉암이 이끄는 진보당이 발전하는 것은 이승만, 자유당과 민주당을 비롯한 보수세력에게는 큰 위협이 아닐 수 없었다. 때문에 그들은 온갖 수단과 방법을 가리지 않고 진보당의 활동을 방해했으며, '진보당말살계획'을 논의할 정도였다.[28] 게다가 사회민주주의 노선을 지향하는 조봉암의 진보당은 미국에게도 달가운 존재가 아니었다.[29] 이러한 내외 정황은 진보당의 앞날이 순탄치 않을 것을 예고하는 것에 다름없었다.

제4대 민의원 선거를 5개월 앞둔 1958년 1월에 평화통일론이 '대한민국의 국법과 유엔의 결의에 위반되는 통일방안'이며 조봉암이 북한 간첩과 내통했다는 이유로 조봉암을 비롯한 주요 간부들이 구속되었고, 2월에는 진보당이 불법화되었다. 대법원은 1959년 2월 27일 공판에서 평화통일론에 대해서는 무죄를 선고했으나 조봉암에게는 간첩죄를 적용해 사형을 선고하고 진보당을 불법적 정당이라고 판결했다. 조봉암이 신청한 재심은 그해 7월 30일에 기각되고 이튿날 사형이 집행됨으로써 법의 이름 아래 정치적으로 죽임을 당하고 말았다.[30]

---

28 박기출, 『한국정치사』, 이화, 2004, 272~273쪽에 따르면, 1957년 10월 자유당의 실무책임자이며 국회의장인 李起鵬과 민주당 최고위원 趙炳玉은 진보당말살계획을 논의했다고 한다.
29 당시 한반도는 냉전의 전초기지였기 때문에, 미국이 분단 하 한국에서 사회민주주의 노선을 수용할 가능성은 거의 없었다(박명림, 「한국민주주의와 제3의 길: 민주주의, 사회적 시장경제, 그리고 평화·통일의 결합- 봉암 사례 연구」, 『죽산 조봉암 전집』 6, 169~170쪽).
30 사세한 내용은 성태영, 『한국 사회민주주의 정당의 기원』, 281~283쪽 참조.

조봉암은 10여 년에 걸친 노력 끝에 어렵사리 진보당을 이끌 수 있었다. 사회민주주의 노선의 대중정당을 내세운 진보당은 "조봉암을 유일한 핵으로 한 원심적 조직형태로 성장 존속했다고 할 수 있다. 그래서 조봉암이 '법의 이름으로' 처형되었을 때, 그 지도부나 피라미드형 조직이 형성되지 못한 시점에서 진보당은 힘의 균형을 잃고 산산히 조각나 흩어져버린 것이었다고 할 수 있다."[31]

진보당은 혁신세력 전체를 망라하지 못했다고 하더라도 우리 현대사에서 갖는 의미는 매우 크다. 간사장 윤길중이 "현대사조와 시대 진운의 일치된 견해는 '민족주의적 주체성에 입각한 민주정치, 사회주의적 경제시책, 진보적 사회제도'가 한국이 지향할 유일한 길임을 구체적으로 입증해 주고 있다."[32]라고 언급한 데서도 진보당 조직의 역사성은 잘 드러난다. 요컨대 조봉암의 진보당 창당은 남한에서 6·25전쟁 후 와해된 사회민주주의 세력을 재결집하는 계기뿐 아니라 사실상 利敵論으로 취급된 평화통일론을 다시 공론화하는 계기가 되었으며, 이후에 전개되는 진보정당운동과 민족통일운동의 밑거름이 되었다.

4. 사회민주주의를 지향한 평화통일론자

조봉암은 조국의 독립과 민족의 해방을 위해 "사회주의를 연구하고 사회주의자가 되고 사회주의 운동을 하기로" 결심했다[33]고 한다. 이후 그는 1932년 9월 체포될 때까지 조선공산당의 핵심 인물로서 사회주의 노선에 서서 적극적인 민족해방운동을 전개했다. 때문에 그는 일제시

---

31 鄭太榮, 『曺奉岩과 進步黨』, 305쪽.
32 윤길중, 「진보당조직의 의의와 그 주장」, 『죽산 조봉암 전집』 4, 156쪽.
33 조봉암, 「내가 걸어온 길」, 『죽산 조봉암 전집』 1, 337~338쪽.

기에 공산주의자였으나, 8·15 후 '전향'하여 민족적 사회민주주의자가 되었다는 것이 일반적 평가이다. 이러한 분절적 인식은 사회주의와 민족주의를 대척적 개념으로 이해한 데서 비롯된 것으로 보인다.

우리 근현대 정치세력을 사회주의와 민족주의로 나누는 이분법적 사고는 사회주의 세력이 지니는 민족주의적 색채를 없애는 동시에, 비민족주의 또는 반민족 세력까지 민족주의 세력에 끼어넣을 여지를 낳게 된다. 그리고 민족주의는 민족국가 건설과정에서 여타 이념에 비해 '상위'개념으로 작용하며, 시기에 따라 그 내용을 달리한다. 하지만 민족주의는 구체적인 운동전략이나 민족국가의 체제 등을 이론적으로 제시하는 데에는 결함이 있기 때문에 적잖은 민족주의자들이 사회주의적 정책을 수용하거나 사회주의자로 변모하게 되었다.[34]

아울러 1920년대 중반부터 우리 민족해방운동전선에서 사회민주주의적 지향성이 드러나기 시작하여, 1930년대에는 사회민주주의적 성향의 집단 또는 세력이 형성되고 이념의 체계화 작업이 부분적으로 이루어졌다. 이 시기에 태동한 사회민주주의 세력으로는 여운형 계열, 조선민족혁명당, 조선혁명당 등을 들 수 있으며, 이들은 대부분 8·15 후 중간파 세력으로 이어졌다.[35] 앞에서 언급했듯이, 조봉암도 8·15 이전에 사회민주주의 경향성을 지녔을 개연성은 충분히 있다고 하겠다.

조봉암은 1946년 성명서에서 노동계급의 독재나 자본계급의 전제를 모두 반대한다고 밝혔지만, 단독정부에 참여한 뒤에는 구체적으로 자신의 정치노선을 표명한 적이 없었다. 그가 추구하는 정치 이념과 노선은 진보당의 발기취지문과 강령에서 드러나며, 5·15선거 공약과 창당

---

34 노경채, 「한국 근현대 정치세력 분류론」, 『역사와 현실』 제42호(한국역사연구회, 2001.12), 243~245쪽.
35 노경채, 「민족해방운동기 사회민주주의 세력의 태동」, 『東皐學論叢』 제3輯(水原大學校 東皐學研究所, 2003), 217~218쪽.

대회에서 채택된 선언문과 강령36 등을 통해서 한층 구체화되었다.

진보당은 선언문과 강령에서 '진정한 복지국가의 건설'과 '조국통일의 평화적 실현'을 역사적 임무로 삼았다. 이를 위해 공산독재와 자본독재를 배격한 책임 있는 혁신정치와 피해대중 본위의 균형 있는 경제체제를 확립하고자 했다. 아울러 원조경제를 통해 예속성을 띠게 된 경제를 바로세우기 위해 민족자본을 육성해야 한다는 점을 강조했고, 극도로 상업화한 교육제도의 근본적 혁신을 주장했다. 한마디로 조봉암, 진보당의 정치 이념과 노선은 사회민주주의와 평화통일론으로 정리할 수 있다.

사회민주주의의 필연성 또는 당위성과 관련하여, "자본주의의 큰 역사적 공적은 사회의 대다수 민중을 비참히 희생시킴으로써 가능"했으며, 자유민주주의는 소수인의 자유를 의미할 뿐이라고 지적했다. 이와 달리, '사회적 민주주의'는 모든 사람의 자유와 평등의 실천적 구현을 위한 '평등적 민주주의'인 동시에, 자본주의의 모순과 무정부성을 극복 지양하기 위해 계획과 통제가 필요하므로 '계획적 민주주의'라고 규정했다.37

진보당의 사회민주주의적 성격은 사회경제정책에서 더욱 선명하게 드러난다. 이를테면 교통, 체신, 은행 등의 주요 산업부문과 대기업의 국유화를 주장하고, 이른바 자유기업의 원칙은 수정 또는 지양되어야 한다고 했다. 그리고 '경자유전의 원칙' 아래 농민들의 생활 향상을 꾀하며, 국민의료제도를 비롯한 사회보장제도를 확립하고, 교육제도를 혁신하여 국가보장제를 실시할 것 등을 내세웠다.38

---

36 진보당(가칭) 추진위원회에서 발표한 강령과 내용상 거의 같으나, "우리는 원자력혁명이 재래할 새로운 시대의 출현에 대응하여 사상과 제도의 선구적 창도로서 세계평화와 인류 복지의 달성을 기한다."는 조항이 추가되었다.
37 진보당 강령(前文) 및 진보당의 정책, 권대복, 앞의 자료집, 17 · 43쪽.
38 권대복, 같은 자료집, 45~53쪽.

무엇보다 진보당 강령, 정책의 내용이 8 · 15 이전 민족해방운동정당이 내세운 정강, 정책이나 대한민국 임시정부가 1941년에 발표한 「대한민국 건국강령」의 그것과 전체적 맥락에서 내용을 같이하며, 많은 조항에서 거의 비슷하다는 점에 유념할 필요가 있다. 이는 자주적 통일민족국가 수립과 민족구성원 모두의 권익을 염두에 둔 결과라 하겠다. 때문에 진보당의 사회민주주의적 지향은 일제강점기 민족해방운동의 연장선 위에서 이해될 필요가 있을 것이다.

한편, 평화통일론은 진보당의 상징적 노선으로 일컬어진다. 당시 이승만 정부의 통일정책이 무력에 의한 북진통일론이었던 것에 반해, 진보당은 "민주세력이 결정적 승리를 얻을 수 있는 평화적 방식에 의한 조국통일의 실현"을 강령에 명시하였으며 정책에서도 "유엔을 통한 민주적이고 평화적인 조국통일"만이 민족문제 해결의 유일한 길임을 분명하게 주장하였다. '평화통일' 문제는 민족의 생존권이 걸려 있는 중대한 문제였기 때문에 사회민주주의 지향의 진보당으로서는 가장 중요한 정책으로 제시할 수밖에 없었다.

조봉암은 남한 내부에서 민주주의세력들이 통일을 바라지 않는 세력이나 부정부패한 친일파 세력을 물리치고 정치적인 승리를 얻은 상황에서 유엔의 감시 하에 이루어지는 총선거가 가장 합리적인 평화통일 방안이 될 것으로 보았다. 그는 무력적 군사적이 아닌, 평화적 정치적으로 통일이 되어야 하는 이유로 "무력적 통일의 가능성이 아주 희박하다는 것, 동족상잔 골육상쟁을 되풀이해서는 안 된다는 것과 정치적 승리만이 완전하며 진정한 승리일 수 있다는 것, 전 인류의 지성이 전쟁을 미워하고 평화를 희구한다는 거와 평화가 달성됨으로서만 모든 인류가 잘 살 수 있다는 것 등"[39]을 꼽았다.

---

[39] 조봉암, 「평화통일의 구체적 방안」, 권대복, 같은 자료집, 89쪽.

하지만 조봉암과 진보당이 내세운 '유엔 중심의 통일론'은 북진통일을 외치던 이승만 독재정권 아래서 남과 북을 동등한 입장에 놓고 통일을 추진해야 한다는 주장을 할 수 없었던 점, 그리고 미국과 유엔의 관계 등 제반 정치적 상황을 고려한 측면이 없지 않다. 따라서 조봉암이 "한국전 당사자인 유엔군에게 감시권을 주는 것은 부당하다"거나 평화통일론의 근본정신으로 "정치적으로 민주주의방식으로 남북통일총선거를 실시" 등을 언급한 사실에 주목할 필요가 있다. 그리고 진보당 안에서 '남북의 주체적 힘에 의한 통일' 방안 등을 논의했던 것으로 보아, 진보당의 평화통일론은 탄력성을 지닌, 현실적 방안으로 이해된다.[40]

조봉암, 진보당의 평화통일 노선은 그들이 지향하는 사회민주주의의 이념적 특성과도 결부된다.[41] 따라서 8·15 이전, 민족해방을 전취하기 위해 통일전선을 형성하던 시기에 민족국가 수립방안이 사회민주주의적 국가건설로 모아졌고, 8·15 이후 중간파 정치세력이 좌파나 우파에 비해 적극적인 민족통일전선 노선을 걸었던 것은 당연한 귀결이라 하겠다. 조봉암의 진보당이 사회민주주의 사회를 건설하기 위해서도 조국의 평화적 통일은 가장 시급한 선결과제였다.

한국의 사회민주주의는 서유럽과의 관련 속에서 형성되었다기보다는 우리 역사의 발전과정에서 태동한 사상이며 이념이기 때문에 한국적, 민족적 특성을 강하게 지닌 실체적 사상이라고 할 수 있다. 즉 한국 사회민주주의의 특징은 계급모순의 해결을 위한 서유럽의 사회민주주의적 문제의식과 함께, 민족모순의 해결과 자립경제를 지향하는 제3세계적 민족자립의 문제의식이 혼합되어 있다. 따라서 서유럽의 사회민주주의가 근로대중의 이익을 신장시키는 민주적 계획경제를 목표로 하

---

40 박태균, 앞의 책, 283~285쪽.
41 鄭太榮, 『曺奉岩과 進步黨』, 301~302쪽.

고 있는 것과 달리, 진보당은 광범한 근로대중의 이익실현뿐 아니라 자립경제의 건설을 주요한 정책으로 설정했다.[42]

다시 말해, 조봉암이 이끈 진보당은 당면한 민족모순의 해결과 불합리한 사회적 요소의 척결을 동시에 추구하였다. 그 노력은 민주적 절차에 따른 평화통일 노선으로, '진정한 복지사회' 건설을 위한 사회민주주의 노선으로 귀결되었다. 그들이 견지한 노선은 일제강점기 우리 민족해방운동의 발전적 계승이자, 분단체제하 민족민주운동의 실마리를 제공하고 있는 점에서 매우 큰 역사적 의미를 지닌다.

5. 맺음말

분단체제 아래서의 역사적 과제는 자주적 통일국가를 이루고, 누구나 자유와 평등을 누릴 수 있는 민주사회를 건설하는 것이다. 하지만 냉혹한 국제질서 속에서, 더욱이 독재정권 아래서 이를 위해 실천한다는 것은 결코 쉬운 일이 아니다. 그럼에도 조봉암은 진보당운동을 펼치면서 역사적 과제의 해결에 진력한, 역사적 비전을 지닌 실천적 정치지도자였다.

조봉암은 8·15 후 '비좌비우', '비미비소'를 핵심으로 하는 중간파 노선을 걷다가, 5·10선거가 다가오자 단독정부 참여 쪽으로 선회했다. 그의 단독정부 참여는 이승만의 장기집권과 미국의 대한정책에 일조한 측면이 있지만, 자신의 정치노선을 실현하기 위한 정당 결성에 끊임없는 노력을 기울였다. 그럼으로써 혁신 대중정당을 표방한 진보당이 조직될 수 있었다.

---

[42] 조현연, 「1950년대 진보당의 당 활동과 1999년 진보정당운동」, 『죽산 조봉암 전집』 6, 235~236쪽.

진보당이 혁신세력 전체를 망라하지 못했다고 하더라도 우리 현대사에서 갖는 의미는 매우 크다. 조봉암의 진보당 창당은 남한에서 6·25전쟁 후 흩어져버린 사회민주주의 세력을 재결집하는 계기뿐 아니라 금기시된 평화통일론을 다시 공론화하는 계기가 되었다. 아울러 분단체제가 굳어진 뒤에 처음으로 결성된 '진보당'으로서 이후에 전개되는 진보정당운동과 민족통일운동의 큰 디딤돌이 되었다.

조봉암이 이끈 진보당은 당면한 민족모순의 해결과 불합리한 사회적 요소의 척결을 동시에 추구하였다. 이러한 노력은 민주적 절차에 따른 평화통일 노선으로, '진정한 복지사회' 건설을 위한 사회민주주의 노선으로 귀결되었다. 분단체제로 말미암아 이념대립이 첨예화하고, 독재정권 아래에서 사회적 갈등과 대립이 증폭하던 시기에 그들이 내세운 노선은 역사의 방향에 조응하는 실천적 노선으로 평가된다.

요컨대 조봉암은 진보당운동을 통해 때로는 우회적으로, 그러면서도 일관된 방향성을 가지고 사회민주주의 사회의 건설을 지향한 평화통일론자였다. 그가 염원한 '진정한 복지사회'의 건설은 아직도 우리의 과제로 남아 있고, 그가 주창한 평화통일론은 7·4남북공동성명, 6·15남북공동선언 등으로 면면히 흐르고 있다. 때문에 그가 펼친 진보당운동은 우리 현대사, 민족민주운동사에서 주요한 위치를 차지하고 있을 뿐만 아니라 우리의 이정표로서 우뚝 서 있다고 하겠다.

6장
한국사회민주주의 노선의 역사적 성격

1. 머리말

사회민주주의는 근현대 서유럽의 정치운동 과정에서 형성되고 체계화된 이념이다. 19세기 후반 사회민주주의는 자본주의 사회의 구조적 모순을 비판하는 사회주의와 같은 의미로 사용되었다. 그러다가 러시아에서 볼세비키혁명이 일어나고 1919년에 국제공산주의 조직인 코민테른이 출범하면서 사회민주주의는 마르크스-레닌주의 곧 공산주의와 구별되는 이념이 되었다.

사회민주주의는 이념적 원천과 색채가 나라마다 다르기 때문에, 논자에 따라 다양하게 정의된다. 하지만 사회민주주의 역사 속에서 일관되게 추구되고 있는 핵심적 가치는 민주주의와 사회주의 또는 정치적 자유와 사회경제적 평등이라고 볼 수 있다. 이러한 점에서 사회민주주의는 서유럽 사회에만 존재하는 이념이 아니라 보편성을 갖는 독자적인 사회주의의 한 형태이다.

한국과 서유럽 사회민주주의와의 교류가 1917년부터 있었으나, 그 관계는 지속되지 못했다. 그러므로 한국의 사회민주주의[1]는 서유럽과의 관련 속에서 형성되었다기보다는 우리 역사의 발전과정에서 태동한 사상이며 이념이라고 하겠다. 더욱이 한국 사회민주주의는 이념논쟁이나 이론투쟁 과정에서 생성된 것이 아니라 실천적 운동과정에서 형성된 측면이 크다. 따라서 우리의 사회민주주의는 서유럽의 그것과 유사성을 지님과 동시에 한국적 특성을 지닌 실체적 사상이라고 할 수 있다.

식민지시기 민족해방운동전선에는 부르주아 민주주의를 지향한 우파, 사회주의를 지향한 좌파뿐 아니라 사회민주주의 지향의 중간파 세력이 존재하고 있었다. 따라서 민족해방운동 세력의 국가건설론은 지향 이념에 따라 서로 달랐다. 하지만 민족통일전선운동이 확대 발전되면서 민족해방운동 세력은 점차 사회민주주의적 민족국가건설론으로 합일점을 찾아나갔다.

해방 후 미국과 소련이 한반도에 대해 큰 영향력을 갖게 된 상황에서, 국내의 좌·우파 정치세력은 식민지시기 민족통일전선운동을 계승 발전시키지 못하고 이념적 대립을 노골화하였다. 협애한 정치환경 속에서도 사회민주주의 노선의 민족해방운동 세력은 중간파 정치세력으로 이어졌고, 그 세력은 점차 확대되었다. 이러한 내외적 조건 아래에서 해방공간의 역사적 과제인 자주적 통일국가를 수립하기 위한 현실적 방도는 중간파정권이나 연합정권을 성립시키는 것이었다. 그럴 경우, 국

---

[1] 사회민주주의는 프롤레타리아 계급독재에 기초한 급진적인 사회혁명보다는 의회주의 등 점진적인 사회개혁을 통해 사회주의 사회를 실현하려는 정치이념으로 정의할 수 있을 것이다. 이에 견주어, 민주사회주의는 자본주의의 기본 구조와 논리를 원칙적으로 수용하고 있다는 점에서 사회민주주의와 구별할 수 있다. 그러나 이 글에서 한국 사회민주주의는 민주사회주의를 포괄하는 개념으로 사용한다.

가체제로는 사회민주주의적 국가건설론의 채택 가능성이 매우 높았다.

통일국가 수립운동이 좌절된 뒤 한반도에는 이념과 체제를 달리하는 두 국가가 수립되었다. 남북한의 분단정권은 그들과 다른 이념적 지향의 정치활동을 허용하지 않았다. 하지만 남한의 경우, 정치활동의 공간이 조금만 넓어지면 이른바 진보정당 건설문제가 제기되거나 진보정당이 조직되어 활동해 왔다. 여러 갈래의 진보정당이 지향한 이념을 하나로 규정하기는 어렵지만, 대체로 사회민주주의적 성격을 지녔다고 볼 수 있다.

이 글의 목적은 한국 사회민주주의 및 그 세력의 형성과정을 살펴보고, 사회민주주의 노선이 식민지시기, 해방공간, 분단체제하에서 어떠한 역할과 기능을 했는지를 분석하여 한국 사회민주주의의 역사성을 밝히는 데 있다.

2. 식민지시기 민족해방운동과 사회민주주의

19세기 후반 한국 민족에게 주어진 과제는 근대민족국가를 수립하는 일이었다. 그러나 이 시기의 민족운동이 민족국가 수립에 실패함으로써 한반도는 일본제국주의의 식민지로 전락했다. 1910년 한일'합방'을 전후하여 한국 사상계에는 제국주의 국가의 식민지 지배 논리로 기능하던 사회진화론을 극복해야 할 과제가 주어졌다. 이를 해결하는 과정에서 자유주의, 민족주의, 사회주의, 아나키즘 등 다양한 근대 사회사상이 민족해방운동의 이념으로 수용되었다.[2]

3·1운동 전후 중국지역 우리 민족해방운동전선에서는 서유럽의 사

---

[2] 한국에도 중국이나 일본과 마찬가지로 1880년대부터 사회주의가 소개되어 개인적 차원에서 수용되기 시작하였다(이호룡, 『한국의 아나키즘 —사상편—』, 지식산업사, 2001, 355~356쪽).

회민주주의에 대한 관심도 있었다. 이를테면 1917년 가을 申圭植·趙素昂 등은 朝鮮社會黨 이름으로 서유럽 사회민주주의자들이 스웨덴 스톡홀름에서 개최한 만국사회당대회에 전문을 보냈고, 1919년 8월에는 조소앙이 스위스 루체른에서 개최된 만국사회당대회에 참석하기도 했다. 하지만 서유럽 사회민주주의와의 관계는 지속되지 못했으며, 최초의 사회민주주의 정당이랄 수 있는 조선사회당도 흐지부지되고 말았다.

한국과 서유럽 사회민주주의의 교류가 있었지만, 한국의 사회민주주의는 서유럽적 개념의 사회민주주의를 그대로 수용했다기보다는 민족해방운동의 이념적 발전과정에서 형성되었다고 하겠다. 특히 민족해방운동전선에서 사회민주주의적 지향성 또는 사상이 대두한 시기에 주목할 필요가 있다. 곧 한국의 사회민주주의는 민족주의 인사들이 민족해방운동의 이념적 기반을 모색하는 과정에서, 그리고 통일전선적 민족유일당운동이 전개되던 시기에 형성되기 시작하였다.

사회민주주의적 성격을 지닌 사상으로는, 먼저 1927~1928년경에 정립된 조소앙의 三均主義를 들 수 있다. 그가 내세운 '삼균'은 개인·민족·국가의 균등과 정치·경제·교육의 균등을 뜻하는 이원적 틀로 짜여져 있다. 결국 삼균주의가 실현하려는 균등사회는, 정치면에서 민주주의 원리에 기초하여 개인의 권리와 자유를 보장함으로써 정치적 평등을 이루는 것이다. 경제면에서는 토지와 대생산기관의 국유를 원칙으로 계획경제, 합리적 분배, 무산자의 생활보장 등을 통해 생활상의 평등을 실현하고자 했다. 사회면에서는 국비의무교육제를 실시하여 교육의 기회균등을 보장함으로써 사회평등의 터전을 마련하자는 것이다. 삼균주의를 수정자본주의로 파악하는 견해도 있지만, 삼균주의는 사회민주주의적 요소를 내포하고 있다고 하겠다.

金元鳳 등이 조직한 義烈團은 1927년 무렵부터 사회주의적 성격이 짙

은 민족해방운동 정당으로 변모하기 시작했다. 이듬해 10월에는 민주국가의 건설, 평등한 경제조직의 건립, 지방자치제의 실시, 대지주의 토지 몰수, 노농운동의 보장, 대생산기관의 국영화 등 20개 조항의 강령을 발표하였다. 이 시기의 의열단을 사회민주주의 단체로 규정하기는 어렵지만, 강령을 통한 의열단의 지향 이념은 일종의 사회민주주의에 가깝다고도 할 수 있다.3

만주지역에서도 1920년대 중반경부터 사회민주주의적 이념이 대두하였다. 곧 正義府와 國民府의 핵심적 인사들이 참여한 다물黨, 高麗革命黨, 朝鮮革命黨 등은 이른바 사회주의적 민족주의를 지향하였다. 사회주의적 민족주의는 비자본주의적 발전을 지향하면서도 무산계급의 독재와 완전한 사회적 소유를 반대하였고, 아울러 자본가계급의 착취도 반대하면서 자본주의체제에도 동의하지 않았다. 때문에 사회주의적 민족주의는 시기와 단체에 따라 사회주의적 색채의 농도가 조금씩 달랐지만, 사회민주주의 이념으로 보아도 무방할 것이다.4

이처럼 한국 사회민주주의는 이념논쟁이나 이론투쟁 과정에서 생성된 것이 아니라 실천적 민족해방운동의 산물로써 특수성을 지닌 정치이념이다. 그렇지만 한국의 사회민주주의도 민주주의와 사회주의를 함께 추구하고 있는 점에서 서유럽의 그것과 다르지 않다. 따라서 한국의 사회민주주의는 자본주의, 공산주의와 더불어 우리 근현대사에 영향을 끼친 주요 정치이념의 하나이다.

한편, 지도노선의 미확립 등으로 민족유일당운동이 좌절된 이후, 중국지역 우리 민족해방운동전선에서는 이념과 노선에 따라 여러 민족해방운동 정당이 결성되었다. 민족해방운동 정당은 항일운동뿐 아니라 민

---

3 의열단의 사회주의적 단체로의 변화과정은 강만길, 『조선민족혁명당과 통일전선』, 和平社, 1991, 30~46쪽 참조.
4 신주백, 『만주지역 한인의 민족운동사(1920~45)』, 아세아문화사, 1999, 22~23쪽.

족국가를 전망한 정강·정책을 마련하고 있는 점에서 종래의 단체와는 차별성을 지닌다. 하지만 모든 민족해방운동 세력의 일차적 과제는 조국의 독립과 민족의 해방이었고, 이를 위한 선결과제는 바로 통일전선 문제였다. 때문에 민족해방운동 세력에게는 민족국가 건설을 전망하면서 좌·우파 세력의 이념적 대립을 극복할 수 있는 지도이념이 무엇보다 필요했다.

이러한 민족해방운동전선의 요망에 부합할 수 있는 지도이념으로서 삼균주의가 부각되었다. 그리하여 삼균주의는 우파 민족해방운동 정당인 韓國獨立黨, 韓國國民黨의 이념적 토대가 되었을 뿐만 아니라 통일전선 정당인 民族革命黨의 黨義에도 반영되었다. 더욱이 삼균주의는 민족해방운동 과정에서 우파 세력이 수립한 민족국가건설론의 핵심이론이 되었다는 점에서, 나아가 연합전선의 기초이론으로 채택되었다는 점에서 역사적 의미를 지닌다.

1920년대에 사회민주주의 지향의 민족해방운동가들이 점차 늘어났지만, 이들이 세력화한 형태로 존속했다고 보기는 어렵다. 사회민주주의 지향의 중간파 세력이 형성되는 것은 1930년대 이후이다. 1935년 7월에 출범한 민족혁명당도 다양한 이념적 스펙트럼을 가진 당원들로 구성된 통일전선 정당이었다. 하지만 한국독립당 계열을 비롯한 우파와 崔昌益 등의 좌파 세력이 탈당함으로써 민족혁명당의 통일전선적 성격은 약화되었다. 물론 결성 당시에도 의열단 계열이 주류 세력이었지만, 이후의 민족혁명당은 사실상 김원봉을 비롯한 중간파 세력에 의해 주도되었다.

그렇다면 민족혁명당의 지향 이념을 살펴보자. 민족혁명당은 강령을 통해 정치체제로서 민주공화국을, 정권형태로는 '民主集權의 정권'을 수립할 것을 일관되게 내세웠다. 경제체제에서는 애초에 채택한 '계획경제의 실시' 조항이 삭제되긴 했지만 토지국유제와 대생산기관의 국영화 등 사회주의적 정책을 고수했다. 그리고 국비교육제와 철저한 사회보장제도의 실시를 명시한 점도 주목된다. 게다가 민족혁명당은 그들이 지향하는 국가는 사회주의 국가나 영국·미국식의 자산계급적 국가가 아닌, 노동자·농민·소자산계급을 적극적으로 보호하는 '최신식 최진보적 자본주의민주주의 국가'라고 밝혔다. 이런 점을 종합해 볼 때, 민족혁명당은 대체로 사회민주주의를 지향한 것으로 이해된다.[5]

국내의 경우, 1925년에 결성된 조선공산당이 대중운동을 주도했기 때문에 사회민주주의가 존립할 공간이 마련되기 어려운 실정이었다. 그러나 조선공산당이 해체된 1930년대에 이르면 사회민주주의 지향의 세력화를 포착할 수 있다. 이를테면 좌편향적 사회주의자들과 달리, 민족통일전선 노선을 견지하면서 마르크스주의를 비판적으로 수용한 지식인들이 있었다. 이들이 조직적인 활동을 벌인 것은 아니지만, 조선중앙일보사의 呂運亨과 裵成龍을 중심으로 사회민주주의자들이 느슨하게나마 결집되는 양상을 보였다.[6]

여운형 등은 1944년 8월 전국적 통일전선체를 전망하면서 결성한 朝鮮建國同盟을 통해 한층 조직화하였고, 국내 인사를 중심으로 세력을 확충해 나갔다. 조선건국동맹은 당면 목표를 일제 패망을 가속화하고 해방정국에 대비하는 데에 두었지만, 여운형은 후일 정치활동이 본궤도에 오르면 조선건국동맹을 혁신적 정당으로 성장시킬 의도를 갖고 있었다.[7] 해방 직후에 발표된 것이긴 하지만, 조선건국동맹은 "원칙적으로 토지는 농민에게로, 주요 생산·교통·통신 기관은 국유로, 중요 상업기관은 국영으로"[8] 할 것을 내세웠다. 이로써 조선건국동맹의 사회

---

[5] 盧景彩, 「日帝下 獨立運動政黨의 性格」, 『韓國史硏究』 47, 1984, 150~153쪽.
[6] 김기승, 「사회민주주의」, 『한국사 시민강좌』 제25집, 일조각, 1999, 159쪽.
[7] 呂運弘, 『夢陽 呂運亨』, 靑廈閣, 1967, 149쪽.

민주주의적 지향성을 어느 정도 엿볼 수 있다.

식민지시기 민족해방운동 세력이 내세운 국가건설론은 이념과 노선에 따라 적잖은 차이를 보였다. 그러나 통일전선운동이 진전되면서 각 민족해방운동 세력은 이념적 토대를 달리하면서도 민족국가건설론에서는 거의 합일점에 도달하고 있었다. 곧 정치체제에서는 대체로 민주제도에 토대한 민주공화국을 수립하되, 정권형태로는 이념을 달리하는 민족해방운동 세력이 모두 참여하는 연합정권을 상정한 것으로 보인다. 사회경제체제로는 토지와 대생산기관의 국유화, 국비교육제의 실시 등을 포함하여 사회주의적 정책을 적극적으로 수용했다.

통일전선운동기 민족해방운동 세력은 해방 후 사회민주주의 체제의 민족국가를 수립하는 데에 동의하고 있었다. 이는 첫째, 친일파와 반민족세력을 제외한 모든 민족 구성원의 정권 참여를 고려한 점, 둘째 식민지지배 아래 극도로 열악한 상태에 있던 민중들의 권익 보호를 적극적으로 고려한 결과, 셋째 자주적 민족국가의 실현을 완수하기 위한 민족해방운동 세력의 결집된 의지, 넷째 세계사의 흐름이 인간의 해방을 실현하는 방향으로 나아감을 인식한 결과 등에서 나온 것이다.

3. 해방공간의 사회민주주의 국가건설론

8·15 해방은 식민지시기 우리 민족해방운동의 성과이기도 하지만, 그 직접적 계기는 2차 세계대전에서 연합국이 승리하고 일본이 패망한 데 따른 것이었다. 2차 세계대전에 내재되어 있던 체제대립적 성격은 미국과 소련에 의한 한반도 분할점령으로 나타났고, 이는 자주적 통일

---

8 夢陽呂運亨先生全集發刊委員會 編, 『夢陽呂運亨全集』 1, 한울, 1991, 206~207쪽; 『自由新聞』 1945년 10월 31일.

민족국가 수립을 저해하는 요인으로 작용할 소지를 안고 있었다. 때문에 해방공간의 정치세력에게는 통일전선운동의 발전적 계승이 더욱 요구되었다.

미국과 소련은 군정을 통해 자신들의 관할구역에서 각각 자국에 유리한 방향으로 정치세력을 재편하고, 이를 바탕으로 한반도에서 자국에 우호적 또는 최소한 비적대적인 정부를 수립하고자 했다. 미국과 소련을 축으로 한 체제대립이 점차 노골화함으로써 통일민족국가 수립의 길이 밝지 만은 않았다. 하지만 해방공간은 외세 규정력을 최소화하면서 통일민족국가를 수립할 수 있는 가능성이 존재한 시기였다.

해방 직후 국내에는 민족해방운동을 실천하지 못했던 세력마저 정치세력화하고, 이념과 노선에 따라 수많은 정치세력이 분립한 형국이었다. 이러한 정치적 상황은 완전한 통일전선을 이루지 못한 채 해방을 맞이했던 데 일차적 원인이 있지만, 체제를 달리하는 미국과 소련이 한반도를 분할점령했던 점도 중요한 원인으로 작용하였다. 더욱이 미국과 소련의 한반도 정책과, 이에 편승하려는 반민족적 정치세력에 의해 이념적 배타성은 더욱 강고해졌다.

좌·우파 정치세력의 대립이 첨예화하는 과정에서 중간파 세력은 사회민주주의 국가건설론을 견지하면서 통일국가 수립운동을 벌여나갔다. 해방공간의 주요 중간파 정치세력으로는 여운형 중심의 朝鮮人民黨·勤勞人民黨, 김원봉 주도의 민족혁명당·朝鮮人民共和黨, 金奎植 등의 民族自主聯盟을 꼽을 수 있다. 뒤에서 언급할 조소앙 중심의 社會黨도 중간파에 속한다.

중간파 정치세력이 내세운 국가건설론의 내용과 그들의 이념적 지향을 살펴보자. 중간파의 대표적 인물인 여운형은 민족해방운동 과정에서 사회민주주의적 지향성을 분명하게 드러내었다. 해방 이후에도 그가 구상하고 추구한 정당은 노동자·농민을 중심으로 하되, 진보적 지식인·도시 소시민·양심적 자본가 등 광범한 사회계층을 망라한 대중정당이었다. 설령 여운형 자신이 '진보적 민주주의자'[9]를 자처했다 하더라도, 그의 이념적 일반성은 사회민주주의에서 크게 벗어나지 않는다.

여운형 주도의 조선인민당은 전인민을 대표한 대중정당임을 강조하면서 강령을 통해 "조선민족의 총역량을 집결하여 진정한 민주주의국가의 건설을 기함", "계획경제제도를 확립하여 전민족의 완전 해방을 기함" 등을 내세웠다. 정책에서는 "농민을 본위로 한 농지의 재편성 및 경작제도의 수립" "주요 기업은 국영 또는 공영으로 하고 중소기업은 국가 지도하에 자유경영", "각종 사회보험의 실시", "국가부담에 의한 의무교육 및 秀才敎育의 실시" 등을 밝혔다.[10] 이러한 국가건설 노선은 社會勞動黨과 조선인민당의 후신인 근로인민당으로 이어졌다. 아울러 사회노동당이 朴憲永 중심의 朝鮮共産黨·南朝鮮勞動黨의 전위정당 노선과 차별화를 꾀했던 점도 사회노동당의 사회민주주의적 지향성이 반영된 것으로 이해된다.

민족혁명당도 강령에서 "민족자유·정치자유·경제자유·사상자유 등 4대 자유에 기초한 신민주공화국을 건립할 것", "대기업은 국영으로 하며 토지는 농민에게 분배할 것", "노동시간을 단축하며, 노동에 관한 각종 사회보험사업을 실시할 것", "인민의 의무교육·직업교육과 사회보험사업을 국가의 경비로 실시할 것" 등을 내세웠다. 민족혁명당은 1947년 조선인민공화당으로 당명이 바뀌었으나, 사회민주주의적 국가

---

[9] 공산주의자부터 중간좌파에 이르기까지 그들은 지향 이념을 '진보적 민주주의' 또는 '진정한 민주주의'라고 일컬었다. 이처럼 정치이념을 드러내지 않는 용어를 사용한 것은 우파 세력과의 통일전선, 그리고 미군정이 다양한 사회주의 세력을 공산주의 또는 좌익으로 규정하는 것을 염두에 둔 것으로 보인다.

[10] 國史編纂委員會 編, 『資料 大韓民國史』1, 探求堂, 1970, 396~397쪽; 『自由新聞』 1945년 11월 11일.

건설 노선은 그대로 이어졌다. 심지어 임시정부 세력까지도 "우리의 정치포부는 영국의 노동당보다 더 진보적인 정치포부를 가졌음"을 강조할 정도로, 해방 직후 각 정치세력이 표방한 국가건설론은 큰 차이가 없었다.[11]

1947년 10월 중간파 세력의 통일조직으로 성립된 민족자주연맹은 선언문에서 "금일의 조선에는 독점자본주의 사회도 무산계급 사회도 건립될 수 없고 오직 조선의 현실이 지시하는 조선적인 민주주의 사회의 건립만이 가능하다. 이것은 어떠한 국가의 세력이나 어떠한 사상의 역량으로도 변경할 수 없는 역사적 귀결이다"[12]면서 사회민주주의적 노선의 적실성을 피력했다. 그리고 중간파의 대표적 이론가로서 민족자주연맹의 정강·정책 기초위원으로 활약한 배성룡은 신국가 건설은 미국식의 '황금민주주의'나 소련식의 '일당전제·독재의 민주주의'가 되어서는 안 되며 '조선식의 신형민주주의'가 되어야 한다고 주장했다. 그의 신형민주주의 국가상은 정치적으로 다당주의에 입각한 의회민주주의를, 사회경제적으로 사회주의의 평등주의 원칙에 의거하되 자본주의의 효율적 요소를 가미한 혼합경제 체제를 뼈대로 삼고 있다. 따라서 신형민주주의는 사회민주주의 이념과 거의 같다고 볼 수 있다.[13]

중간파 세력은 사회주의적 농도에 따라 중간좌파와 중간우파로 나뉜다. 때문에 중간파의 국가건설론도 정치세력마다 약간의 차이는 있지만, 하나의 개념으로 정리하면 사회민주주의적 국가건설론이라 할 수 있다. 이는 통일전선운동기 민족해방운동 세력이 지향한 민족국가건설론의 연장선상에 있다고 하겠다.

---

[11] 노경채, 『한국독립당연구』, 신서원, 1996, 170~172쪽.
[12] 『漢城日報』 1947년 12일 21일.
[13] 배성룡의 신형민주주의에 관한 구체적 내용과 성격은 김기승, 『한국근현대 사회사상사연구』, 신서원, 1994, 253~309쪽 참조.

한편, 미·소 양군이 한반도를 분할점령한 뒤 사실상의 통치주체로 군림하였고, 더욱이 국내 정치세력의 이념적 대립구도가 노골화한 현실 속에서 통일민족국가의 수립은 결코 쉬운 일이 아니었다. 때문에 이념과 체제적 대결을 승화시켜 통일민족국가를 수립하기 위해서는 연립정부를 세우거나 중간파 중심의 정부를 수립하는 길 이외에는 다른 방도가 없었다. 통일정부 수립세력이 어느 쪽을 더 추구했느냐 하는 문제는 별도의 분석이 요구된다.

가령 중간파정권이 수립되었다면, 사회민주주의 체제로 나아갔을 것이란 점은 두말할 나위가 없다. 연립정권의 경우에도 사회민주주의 지향의 체제를 채택했을 가능성은 매우 높았다. 이는 해방공간에서 추진된 좌우합작운동을 비롯한 통일국가 수립운동에서도 확인된다. 예컨대 좌우합작위원회가 내놓은 합작7원칙은 좌·우파의 입장을 절충한 성격이 강하지만, 중간파의 사회민주주의적 국가건설론이 반영된 측면도 없지 않다.

좌우 대립의 질곡 속에서도 중간파 중심의 통일정부 수립세력은 꾸준히 확대되었고, 그 지지기반도 더욱 넓어졌다. 전체적인 수치에는 문제가 있으나, 중간파 정당·단체의 소속 인원이 좌·우파에 크게 뒤지지 않았다. 또한 미군정청이 실시한 여론조사에서 자본주의 지지자가 14%, 공산주의 지지자가 7%인 데 비해, 사회주의 지지자는 70%로 나타났다. 당시의 사회주의란 용어는 사회민주주의를 가리키는 것으로 이해된다. 이를 미루어 보면, 대다수의 민족 구성원은 사회민주주의를 통일국가의 이념으로 상정하고 있었다고 하겠다.

해방공간의 체제·이념적 대립구도는 협애한 정치환경을 가져올 수밖에 없었다. 따라서 사회민주주의 노선은 좌파와 우파, 때로는 미·소 군정으로부터 기회주의, 반동 또는 친공 등의 이름으로 치부되거나 배격되었다. 그럼에도 사회민주주의 노선은 공산주의와 자본주의 세력을 거부하거나 배제하려는 배타적 입장이 아니라 이념적 대립을 지양하려는 수렴 이데올로기의 성격을 지녔다. 그리하여 사회민주주의는 중간파의 노선이란 차원을 뛰어넘는, 통일국가 수립 이데올로기로 기능할 수 있었다는 점에서 역사적 의미를 지닌다.

4. 분단체제하의 사회민주주의운동

미·소 냉전체제와 분단국가 체제는 서로 다른 이념적 지향의 정치활동을 용납하지 않았다. 남한의 경우, 극우반공정권의 성립으로 사회민주주의는커녕 통일 지향적 민족주의 세력조차 활동하기가 어려웠다. 6·25전쟁 이후 분단체제가 한층 굳어지면서, 극우정권은 사회민주주의 정당을 용공 또는 친공 세력으로 매도하였다. 그 결과 남한에서 사회주의란 용어는 사회민주주의를 포함하는 폭넓은 개념이 아니라 마르크스-레닌주의로 규정되어 왔다. 때문에 사회민주주의적 성격의 정치세력은 사회당·사회민주당 등의 이름으로, 때로는 이념적 색채를 확연히 드러내지 않는 진보당·혁신당·민중당 등의 이름으로 활동해 왔다.

분단체제하 사회민주주의 지향의 정당으로는 먼저 조소앙 중심의 사회당을 들 수 있다. 해방공간에서 통일국가 수립운동을 펼쳤던 세력은 대부분 단독정부 수립을 위한 5·10선거에 불참했지만, 정부 수립을 전후하여 적잖은 인사들이 현실정치에 참여하는 방향으로 선회하였다. 조소앙도 새로운 야당, 특히 이념정당의 필요성을 역설하면서 한국독립당을 탈당하고 노선을 같이하는 인사들과 사회당을 결성하였다.

사회당은 "우리 민중은 무산계급 독재도 자본주의 특권계급의 사이비적 민주주의 정치도 원하는 바가 아니요, 오직 대한민국의 헌법에 제정된 균등사회의 완전실현만을 갈구할 뿐이다"14라면서 어떤 형태의 독재체제도 배격한다는 입장을 분명히 밝혔다. 아울러 사회당은 삼균주의에 토대한 全民政治, 계획경제, 국비교육 등을 당강으로 채택하였다. 사회당의 사회민주주의적 성격은 극우반공체제 안에서 '사회당'이란 당명을 채택한 데서 더욱 분명하게 드러난다고 할 수 있다. 그리고 조소앙의 남북한 '타협'에 의한 평화통일론은 '반공'이 전제된 것이긴 하지만, 민족 통일의 올바른 방법론을 제시했다는 점에서 큰 의미를 지닌다.

사회당뿐 아니라 민족자주연맹 계열을 비롯한 남북협상파 또는 중간파의 지도적 인사들이 1950년에 실시된 5·30선거에 참여했다. 李承晩 정권의 정치공작과 탄압에도 불구하고 조소앙 등 중간파 인사들이 상당수 국회에 진출했다. 이로써 중간파 세력에게는 조직적 연대를 이루어 민주개혁과 평화통일을 추진할 수 있는 발판이 마련되었으나, 곧이어 6·25전쟁이 발발함으로써 그들의 정치적 이상과 노선은 묻힐 수밖에 없었다.

그간 활동공간을 확보하지 못했던 중간파 인사들은 曺奉岩을 중심으로 서서히 집결하기 시작하여, 1955년 進步黨 결성으로 조직화되었다. 진보당은 강령을 통해 공산독재는 물론 자본가와 부패분자의 독재를 배격하고 진정한 민주주의체제를 확립하여 책임있는 혁신정치를 실현할 것 등을 내세웠다. 그리고 한국의 현단계를 진단하면서 산업혁명을 시급히 수행하고 사회생산력을 전반적으로 급속히 제고하는 것이 중요한 과제라고 판단했다. 이를 위해서는 낡은 자유자본주의적 방식은 무력하고 무효할 뿐 아니라 도리어 유해하기 때문에, 대중적이고 과학적인 사회적 민주주의, 곧 계획적 민주주의 방식과 원칙에 의거해야 한다고 인식하였다. 아울러 진보당은 사회민주주의 정책의 핵심으로 평화

---

14 三均學會 編, 「社會黨 結黨大會 宣言書」, 『素昻先生文集』 下, 횃불사, 1979, 115쪽.

통일론, 피해대중단결론, 계획경제론 등을 제시하였다.15

　1956년의 대통령선거에 진보당 후보로 출마한 조봉암은 금기시된 평화통일론뿐 아니라 종합적인 경제계획 등을 공약으로 내걸면서 선거를 정책대결로 이끌었다. 엄청난 탄압과 부정선거에도 불구하고 조봉암은 216여만 표를 얻음으로써 이승만의 강력한 정치적 라이벌로 부상하였다. 진보당이 선거 결과에서는 패배했지만, 확산된 지지기반을 발판으로 각도 지방당대회를 치르며 1958년 총선을 준비하다가, 이른바 진보당사건으로 더 이상 활동할 수 없게 되었다.

　진보당뿐 아니라 鄭華岩 등의 民主社會黨, 徐相日 등의 民主革新黨도 사회민주주의 노선을 표방하였다. 1950년대 후반의 사회민주주의적 정치세력은 자유민주주의적 공간을 활용하면서 '피해대중'을 동원시켜, 자본주의의 모순을 극복하고 평화적 민족통일을 실현하고자 했다. 이승만 정권에 의해 그들의 뜻은 꺾이고 말았으나, 우리 사회민주주의 역사에서 차지하는 위치는 결코 가볍지 않다.

　4·19로 이승만 극우반공정권이 무너지자 중간파 세력의 활동공간이 조성되었고, 당시의 국내외 정세 또한 그들에게 고무적이었다. 곧 4·19로 분출된 민주화 욕구가 정치적 지형을 보수 대 혁신으로 형성할 만큼 컸다. 그리고 미·소 정상회담의 추진으로 동서냉전이 제거될 것으로 전망되는데다가, 인도의 네루정권, 이집트의 나세르정권 등의 혁신정치도 중간파 세력에게 유리한 국제적 환경으로 작용하였다.

　중간파 세력에게는 정치조직화가 선결과제였다. 그리하여 사회민주주의 정당의 결성이 여러 갈래로 추진되었으며, 7·29총선을 앞두고 社會大衆黨으로 집결되는 양상을 보였다. 사회대중당은 "사상적 기초 내지 이론적 지도원리는 최고형태의 민주주의, 즉 민주적 사회주의이다",

---

15 조봉암과 진보당에 관해서는 서중석, 『조봉암과 1950년대』 상·하, 역사비평사, 1999 참조.

"우리의 민주적 사회주의는 그 국제적 공통적 성격과 아울러 그 한국적 성격의 일면을 가지지 않을 수 없음이 분명하다"16고 하여, 한국적 특수성을 고려하면서 민주적 사회주의를 지향하는 대중정당임을 밝혔다.

한편, 7·29총선이 보혁대결 양상을 띠면서, 사회민주주의 인사들이 적잖게 의회에 진출할 것으로 기대되었다. 하지만 민의원·참의원 후보 197명 가운데 겨우 8명이 당선되었고, 득표율도 7%에 미치지 못하는 참패를 맛보았다. 총선 후 사회민주주의 진영은 선거 패배에 따른 계보간의 갈등, 남북협상론과 중립화통일론을 둘러싼 통일정책의 차이 등으로 사회대중당·革新黨·社會黨·統一社會黨으로 분열되었다.17

4·19시기 사회민주주의 정당은 학생운동 세력과 함께 통일운동을 주도적으로 이끌었고, 한미경제협정, 반공법·데모규제법 등의 '2대 악법'을 저지하기 위한 대중시위를 전개하였다. 아울러 서유럽 사회민주주의와의 교류를 모색하는 등 활로를 개척해 나갔다.18 하지만 사회민주주의 세력은 5·16군사쿠데타에 의한 일제 검거, 국가보안법의 개악과 반공법의 신설 등으로 큰 타격을 입어, 정치세력으로서 사실상 소멸되었다.

4·19시기 사회민주주의 정당이 분열 양상을 보이면서 민중운동과 연대하지 못하고, 보다 강력한 반공국가의 수립을 원하던 미국의 한반도 정책을 정확히 파악하지 못한 점은 한계로 지적될 수도 있다. 그렇지

---

16 鄭太榮, 『韓國 社會民主主義 政黨史』, 世明書館, 1995, 546~547쪽.
17 李基澤, 『韓國野黨史』, 백산서당, 1987, 142~143쪽; 鄭太榮, 앞의 책, 548~560쪽.
18 1950년대 한국에는 사회민주주의를 지도이념으로 채택한 정당들이 있었지만, 1951년에 재조직된 '사회주의 인터내셔날'과의 교류는 없었다. 그런데 1961년 1월에 창당된 통일사회당이 사회주의 인터내셔날에 가입을 신청하여 1963년 6월에 사회주의 인터내셔날 '옵서버 회원'이 되었다가 1969년에 정회원이 되었다. 하지만 통일사회당은 군사정권 하에서 탄압을 받다가 1980년 10월 해산되었다. 그리고 1980년대에 창당된 사회민주당이 1986년 6월 사회주의 인터내셔날 리마총회에 대표를 파견한 적이 있었지만, 이듬해 정당 등록이 취소되었다.

만 우리의 사회현실을 직시하고 정치 지형을 넓히기 위한 민주주의운동을 끊임없이 전개하였고, 통일국가의 미래상을 제시하면서 통일운동을 적극적으로 펼쳤던 사회민주주의 정당의 노력은 정당하게 평가되어야 할 것이다.

5·16군사쿠테타로 성립된 朴正熙 정권하에서 사회민주주의 정치세력의 활동공간은 극도로 제한되었다. 이로 말미암아 사회민주주의 세력은 군사정권에 참여한 세력, 보수세력과 연합하여 민주화운동을 전개한 세력, 그리고 사회민주주의 정당의 재건과 투쟁을 이끈 세력으로 나뉘어졌다. 사회민주주의 정당운동을 포기하지 않은 세력 또한 본연의 노선에 따른 정치활동은 사실상 어려워졌으며, 1972년 유신체제가 성립되면서 사회민주주의 정당은 거의 제도권 정당으로 변모했다고 해도 과언이 아니다. 1980년대 全斗煥·盧泰愚 정권하에서도 金哲 주도의 社會黨, 高貞勳 주도의 民主社會黨 등이 사회민주주의 노선의 활로를 모색했으나, 뚜렷한 성과를 거두지 못하였다.

1990년을 전후하여 국내외 정치정세도 종전과 많이 달라졌다. 곧 끊임없는 민주화투쟁으로 오랫동안 지속되어 온 군사정권의 종식과 더불어 문민정부의 출범이 예견되고 있었다. 게다가 진보세력에게는 소련·동유럽 사회주의권의 '붕괴'에 따라 사회민주주의가 '대안'이 될 수도 있다는 기대를 갖게끔 했다. 따라서 군사정권하에서 민주화투쟁으로 면면히 이어온 사회민주주의 세력은 민중당으로 그 맥이 이어졌다고 할 수 있다.

오늘날 활동하고 있는 진보정당으로는 사회당과 민주노동당을 들 수 있다. 사회당의 노선은 사회주의 사회를 지향하되, 북한이 반자본주의 실현에는 부적절하다는 입장이다. 이에 견주어, 민주노동당은 강령을 통해 노동자와 민중 주체의 민주정치, 자본주의의 모순을 극복하는 민주적 경제체제 수립, 자주 평화 민족대화합의 통일을 지향할 것을 밝혔다. 민주노동당의 노선은 대체로 사회민주주의를 지향하는 것으로 이해된다. 특히 민주노동당은 지난 6·13 지방선거에서 전국 평균 8.1%를 얻어 제3정당으로 떠올랐고, 12·19 대통령선거에서는 95만여 표를 얻음으로써 새로운 정치, 사회민주주의 노선의 가능성을 엿볼 수 있게 되었다.

분단체제하 중간파 또는 진보세력이 지향한 정치이념을 하나의 개념으로 규정하는 것에는 다소간의 무리가 따를 수도 있다. 하지만 그들은 넓은 의미에서 사회민주주의를 지향했다고 볼 수 있다. 아울러 사회민주주의 세력은 다른 정치세력에 견주어, 사회민주화를 위해 끊임없는 투쟁을 전개하였고, 평화통일운동을 이끌었던 점에서 높이 평가된다.

그렇다면 바람직한 통일국가의 체제는 무엇일까. 통일국가에서는 현재 남한에서 나타나는 극단적인 개인 소유와 개인권력의 전형이랄 수 있는 천민자본주의형도, 북한에서 보이는 국가 소유와 국가권력의 전횡을 기반으로 하는 국가사회주의형도 아닌, 궁극적으로는 사회 소유와 인민권력이 결합된 형태를 지향해야 한다.[19] 이러한 점에서 통일국가의 미래상을 민중 주도의 계급 타협에 의한 '통일민주복지국가'로 설정하면서, 남북한의 상호보완적 요소를 결합하기 위해서는 양쪽 모두 사회민주주의 체제에 접근해가야 한다는 견해는 주목할 만하다.[20]

통일 한국의 과제를 이루기 위해서는 남북한 간의 교류, 협력뿐 아니라 남북한에 온존하고 있는 냉전세력에 완충 역할을 담당해 줄 통일 지향적 중간파 세력의 확대가 무엇보다 필요하다. 이러한 까닭에 사회민주주의 노선이 지니는 현대사적 의미는 매우 크다고 하겠다.

---

[19] 안병욱,「총론 : 한반도 통일국가의 목표와 체제」,『한반도 통일국가의 체제구상』, 한겨레신문사, 1995, 19쪽.
[20] 김석준,『한국자본주의국가위기론』, 풀빛, 1991, 563~627쪽.

5. 맺음말 – 한국사회민주주의의 역사성

한국의 사회민주주의는 서유럽적 개념의 사회민주주의를 그대로 수용했다기보다는 민족해방운동의 이념적 발전과정에서 형성되었다고 하겠다. 따라서 우리의 사회민주주의는 서유럽의 그것과 유사성을 지님과 동시에 한국적 특성을 지닌 실체적 사상이라고 할 수 있다. 아울러 한국의 사회민주주의가 민족해방운동의 이념적 기반을 모색하는 과정에서, 그리고 통일전선적 민족유일당운동이 전개되던 시기에 형성되었던 점도 주목된다.

민족해방운동전선에서 사회민주주의 지향성 또는 성격을 지닌 사상이나 이념으로는 삼균주의, 사회주의적 민족주의 등을 꼽을 수 있다. 특히 삼균주의는 민족해방운동 과정에서 우파 세력이 수립한 민족국가건설론의 핵심이론이 되었다는 점에서, 나아가 연합전선의 기초이론으로 채택되었다는 점에서 중요한 의미를 지닌다. 그리고 민족해방운동 세력은 이념과 노선에 따라 서로 다른 국가건설론을 견지했지만, 통일전선운동이 진전되면서 사회민주주의적 민족국가건설론으로 합일점에 도달하고 있었다. 이로써 해방 후의 민족국가 체제를 전망할 수 있었다.

해방 후 사회민주주의 노선의 민족해방운동 세력은 중간파 정치세력으로 이어졌고, 그 세력은 점차 확대되었다. 미·소의 체제대립과 좌·우의 이념대립 속에서 해방공간의 역사적 과제인 자주적 통일국가를 수립하기 위한 현실적 방도는 중간파정권이나 연합정권을 성립시키는 것이었다. 그럴 경우, 국가체제로는 사회민주주의적 국가건설론이 채택되었을 가능성이 매우 높았다. 이는 대다수 민족 구성원의 바람이었다는 사실에 유념할 필요가 있다.

미·소 냉전체제와 분단국가 체제는 서로 다른 이념적 지향의 정치활동을 용납하지 않았다. 남한의 경우, 극우반공정권의 성립으로 사회민주주의는커녕 통일 지향적 민족주의 세력조차 활동하기가 어려웠다. 그럼에도 사회민주주의 세력은 사회민주화와 평화통일운동을 위해 끊임없는 노력을 기울였다는 점에서 높이 평가된다.

옛 소련이나 동유럽의 '현실사회주의' 체제가 무너진 이후, 사회민주주의가 '제3의 길'의 하나로 주목받는가 하면, 한편으로는 지나치게 폄하되는 경향도 없지 않다. 하지만 사회민주주의를 지향하는 이른바 좌파 세력이 서유럽의 적잖은 국가에서 집권세력이라는 점, 비록 자본주의가 확산되는 추세이긴 하나 그 자본주의는 끊임없이 사회주의의 요구를 받아들여 수정돼 왔다는 사실 등을 간과해서는 안된다. 더욱이 신자유주의 중심의 시장경제, 국가 중심의 사회주의가 모두 21세기 대안으로서 비판받고 있는 상황에서 사회민주주의는 대안적 이념으로 충분하게 검토될 만하다.

그간 한국의 사회민주주의 노선은 냉전체제와 이념대립의 틈바구니 속에서 정당하게 자리매김되지 못했던 것이 사실이다. 하지만 한국 사회민주주의는 식민지시기 민족국가건설론의 이념적 기반으로서, 해방공간에서는 통일국가 수립의 이데올로기로서, 그리고 분단체제하에서는 사회민주화와 통일운동의 이념적 기반으로 작용하였다. 곧 중간파가 지향한 사회민주주의는 식민지체제와 분단체제에 대한 저항 이데올로기인 동시에 이념적 대립을 극복하고 통일민족국가를 수립하려는 수렴 이데올로기로서 기능하였다. 요컨대 한국의 사회민주주의 노선은 통일국가 수립은 물론 사회민주화의 실현, 나아가 인간해방의 실현이라는 우리 근현대사의 역사적 과제를 해결하려는 운동세력과 밀접히 연관되어 있다는 점에서 강한 역사성을 지닌다.

★★ 2002년 12월 19일 저녁 노무현 후보의 당선과 민주노동당의 약진을 기대하면서~~.

<부록 1>

노경채 교수의
평생 화두, '통일민족국가'*

정태헌(고려대 한국사학과 교수)

Ⅰ. 통일민족국가를 추구한 노경채 교수 역사학의 궤적

노경채盧景彩 교수(1950~2011)가 1971년 고려대학교 사학과 입학 후 40여 년간의 학문 생애 동안 남긴 연구성과를 돌아보면서 떠오르는 적합한 단어는 '수미일관하다'였다. 경상북도 의성 출신으로서 대학원 과정 이후 수원대학교 사학과 교수, 친일반민족행위진상규명위원회 상임위원을 거치는 동안 그가 역사학자로서 평생 화두로 삼은 질문은 "통일민족국가 수립이라는 한국근현대사의 과제"였다. 그는 이에 대해 다음과 같이 정리한 적이 있다.

---
* 이 글은『역사와 현실』82호(2011.12)에 게재된「역사학자로서 노경채의 평생 화두, '통일민족국가'」를 수정한 것임.

> 한국 근현대사의 역사적 과제는 통일민족국가를 수립하는 일이다. 식민시기의 민족해방운동은 역사적 관점에서 볼 때 민족의 해방을 쟁취하는 것임과 동시에 궁극적으로 이념적 대립을 승화시킨 민족국가를 건설하기 위한 것으로 정리될 수 있다. 이런 점에서 식민지시기 민족해방운동은 8·15 후 민족국가 건설운동과 함께 통일민족국가 건설운동의 일환으로서 이해되어야 한다.[1]

이 질문과 답은 안타깝게도 여전히 풀어야 할 숙제로 남아 있다. 이 때문에 현 시점에서 노경채 교수가 남긴 역사학의 자취를 엄정하게 평가하기는 어렵다. 그러나 역사학의 현재성을 강조했던 그가 역사학자로서 보인 궤적을 현 시점에서 정리하는 것은 한국 역사학계의 오늘을 점검하는 한 기회가 된다는 점에서 의미가 있다.

역사학자로서 노경채 교수가 평생 추구했던 문제의식과 연구방향 그리고 성과와 자취는 다음과 같이 네 범주로 나누어볼 수 있다. 첫째, 1930년대 독립운동 정당 통합운동, 둘째, 통일민족국가 수립을 전망한 민족해방운동사 연구, 셋째, 그 일환으로서 '중간파' 인물 연구, 넷째 통일민족국가 수립을 위한 역사가의 과제.

이러한 범주에 따라 노경채 교수의 역사학 궤적을 정리해보고자 한다.

II. 연구의 출발 : 1930년대 독립운동 정당 통합운동

적대적 반북론에 기초한 분단국가주의와 군부권력이 강고한 힘을 발휘하고 있던 1980년대 초까지만 해도 식민지시기는 한국사학계에서 학문적 연구대상으로 자리잡지 못하고 있었다. 특히 학계가 제도적으로 인정하는 학위논문의 대상으로 설정되는 데에는 어려움이 많았다. 물론 그 때에도 기성학자들의 적지 않은 '독립운동사' 연구가 있었다. 그

---

[1] 노경채, 1996 『韓國獨立黨 硏究』, 신서원, 11쪽.

러나 연구자의 의도와 다른 차원에서, 분단국가주의 부각에 집중했던 정치권력의 의도에 제한되거나 북한에 대한 한국의 우월성과 정통성을 강조하는 적대적 반북론에 종속되는 경우가 많았다. 식민지시기의 독립운동에 대해서도 반공 이념을 적용하여 좌파 세력에 대해서는 전혀 연구가 이뤄지지 못했다. 이러한 상황에서, 고착된 기존의 역사서술을 비판하거나 새로운 연구소재와 방법론을 추구하려는 시도는 연구자로서 큰 용기까지 필요한 때이기도 했다.

1980년대만 해도 조선후기사를 근대사로 칭했던 학계의 부자연스런 관행도 있었거니와 제도권 학계는 여전히 식민지시기 이후를 학위논문 대상으로 인정하는데 인색했다. 현실문제에 대한 해답을 역사에서 찾으려 했던 당시의 젊은 연구자들이 조선후기사 연구에 힘을 기울인 것도 이러한 시대적 상황과 전혀 무관한 것은 아니었다. 이들은 기성 학계 일각의 연구성과를 소화하면서 현실에 대한 치열한 문제의식을 통해 일제 관학자들과 그 계승자들에 의해 만들어진 타율성론과 정체성론으로 상징되는 식민사학을 극복한 내재적 발전론에 따라 조선시대를 보는 '주류적' 흐름을 일궈낼 수 있었다.

이러한 와중에 기성 학계의 또 다른 일각에서는 한국 근현대사를 거시적으로 새롭게 조망해야 한다는 역사인식이 대두되었다. 분단국가주의의 정치논리로만 활용될 뿐 역사적으로 유의미한 내용도 채워지지 않던 '임정법통론'에서 벗어나, 민족해방운동을 분단 현실을 타개하려는 냉철한 문제의식을 갖고 봐야 한다는 연구방법론이 제시된 것이다. 이러한 노력은 강만길에 의해 1970년대 중반부터 시작되었다. 강만길은 1945년 8월 15일 이후의 한국사를 '분단시대'로 명명하고 분단 극복을 역사학의 과제라고 주장하면서[2] 한국사학계의 중요한 연구주제 중

---

2 姜萬吉(1978), 「分斷時代 史學의 성격」, 『分斷時代의 歷史認識』, 創作과 批評社. 이 논문은 1974년

하나인 민족해방운동사를 통일민족국가 건설운동의 일환으로 이해해야 한다고 강조했다.3

이후 과학적·실천적 입장에 선 '새로운' 역사학 연구를 강조한 한국역사연구회, 역사문제연구소, 역사학연구소 등은 물론, 한국민족운동사학회나 한국근현대사연구회 등의 젊은 연구자들에 의해 식민지시기 민족해방운동사 연구가 본격적으로 이루어졌다. 그에 따라 좌우를 넘어 민족해방운동의 실체적 규명이 비로소 이루어지기 시작했다. 노경채 교수도 이러한 흐름을 이끈 일원이었다.

유신정권 말기인 1970년대 말 대학원에서 한국근현대사 연구를 시작한 노경채 교수 역사학의 밑바탕에는 강만길의 영향이 짙게 깔려 있다. 그는 "왜 우리는 남북으로 갈라져 살아야 하는가? 어떻게 통일국가를 이룰 수 있을까? 이 소박한 물음은 필자의 학부시절에 주된 관심거리였다"고 회고한 바 있다. 실제로 그는 이후 30여 년 이상 역사학자의 여정을 걸어가면서 이 한 가지 물음에 답하기 위한 연구를 묵묵히 진행해 왔다.

이 물음에 대한 그의 첫 번째 대답은 중국관내의 유력한 독립운동정당인 조선민족혁명당과 한국독립당(이하 한독당)의 정강 정책을 비교한 석사논문이었다.4 그가 이 석사논문을 준비할 무렵 스승 강만길이 신군부세력에 의해 해직되어 스승의 집에서 지도를 받았다. 이 석사논문을 다듬은 논문에서도 "민족해방운동세력이 무장투쟁과 통일전선을 추구하는 방향으로 나아갔고 민족국가건설론도 점차 합일점을 찾아가면서 사회민주주의 이념을 지향하고 있었다"는 점을 강조했다.5 식민지시기

전국역사학대회에서의 발표문이었다.
3 姜萬吉, 「韓國獨立運動의 歷史的 性格」, 『亞細亞硏究』 59, 高麗大學校 亞細亞問題硏究所, 1978, 1~2쪽.
4 노경채, 「1930~40年代 兩大 獨立運動政黨의 政策方向—民族革命黨과 韓國獨立黨의 政綱을 中心으로—」, 고려대학교 사학과 석사학위논문, 1981.
5 노경채, 「日帝下 獨立運動 政黨의 性格—民族革命黨과 韓國國民黨을 中心으로—」, 『韓國史硏究』 47,

중국관내 지역에서는 1922~1923년 국민대표회 결렬 이후 상해의 대한민국임시정부(이하 임정)는 점차 조직의 위상과 내용을 채우지 못하는 상황이었다. 이를 타개하기 위해 1926년에 전개된 민족유일당운동도 성과를 내지 못하고 있었다. 이후 1930년을 전후하여 한독당을 비롯한 여러 정당이 출범했다. 노경채 교수는 특히 1935년에 결성된 조선민족혁명당과 한국국민당, 이 양당이 이후 독립운동사에서 점하는 중요한 위치를 주목했다. 그리고 양당이 "추구했던 정책과 이상을 구명"하여 "1930~1940년대 독립운동의 성격을 파악"하고자6 했다. 양당의 당의, 당강, 당책 등을 분석하여 양당이 채택한 독립운동 방법론, 정책과 이상, 특히 독립 후 건설될 민족국가의 성격 즉 건국이념의 내용을 구명한 것이다.

그 결과 양당이 서로 대립적 입장에 서 있던 1935~1939년간에는 "민족혁명당이 한국국민당보다 적극적인 무장독립노선을 채택하고 있었으며, 또한 독립 후 실시할 정책에 있어서도 민족혁명당이 한국국민당보다 더 구체적이며 진보적인 입장을 취"했다고 밝혔다. 그러나 김구와 김원봉의 연명선언(1939년) 이후에는 양당의 운동노선이 거의 비슷해졌다는 중요한 사실을 밝혔다. 즉 양당은 무장독립론, 민족연합전선의 강조, 민족주의 이데올로기의 표방 그리고 토지 및 대생산기관의 국유, 국비교육, 철저한 사회보장제도 등을 강령에 채택함으로써 사회민주주의를 공통으로 지향했다는 것이다. 민족주의 이데올로기의 표방과 사회민주주의 지향은 "독립 후 수립될 민족국가의 성격을 예시한 것이라 하겠으며, 이들 독립운동 정당이 희구하던 건국이념으로 간주할 수도 있다"7고 주장하였다.

1984.
6 노경채, 위의 글, 125~126쪽.
7 노경채, 위의 글, 153~154쪽.

이 논문은 이후 1930~1940년대 중국관내 지역 독립운동 연구의 물꼬를 트는 계기가 되었다. 노경채 교수가 강조한 통일전선운동 관점에선 연구자들이 민족혁명당을 주목한 것이다. '임정법통론' 관점을 강조하던 연구자들도 한독당과 다른 독립운동 정당들의 조직 및 활동에 대한 심도있는 연구를 진행하였다.

한편 1930년대 중국관내 지역의 대표적 독립운동 정당이었던 조선민족혁명당에 대한 관심은 자연스럽게 이 당을 이끈 김원봉에 대한 주목으로 이어졌다. 노경채 교수는 군부독재의 칼날이 시퍼렇던 1980년대 초에 의열단과 김원봉에 관한 논문을 발표하면서 이전까지 제대로 조명하지 못했던 의열단 단장 김원봉을 단순한 의열조직의 수장을 넘어 선 민족해방운동의 지도자로 자리매김했다.[8] 실제로 이 논문은 "이 분야 연구작업에 많은 시사점을 던져주었고, 김원봉이라는 '외면해 온' 얼굴을 주목하게 하는 계기"[9]가 되었다. 이후 의열단과 조선민족혁명당 그리고 김원봉에 관한 강만길, 염인호, 김영범 등의 연구가 이어지면서 김원봉 재평가가 이뤄질 수 있었다.

1930년대 중국관내 민족해방운동에 대한 노경채 교수의 관심은 박사논문을 제출하고 연구영역이 해방 이후 시기까지 넓어진 이후에도 계속되었다. 먼저 그는 국외 민족해방운동의 경우 각지의 주객관적 조건이 항일민족운동의 전개양상이나 성격에 일정한 영향을 미칠 수밖에 없는 상황을 주목해야 한다고 강조했다. 한 논문[10]에서는 중국관내의 민족해방운동을 평가할 때도 세계정세와 중국정세의 변화에 따른 객관적 상황의 변화와의 관계 속에서 파악해야 한다는 점을 지적했다.

---

[8] 노경채, 「金元鳳의 獨立運動과 그 思想」, 『白山學報』 제30·31 합본, 1985.
[9] 한상도, 「서평: 통일민족국가 수립을 위한 전망의 확대-『한국독립당연구』(노경채, 1996, 신서원)-」, 『역사와 현실』 25, 1997, 253쪽.
[10] 노경채, 「중국관내 조선인의 민족해방운동과 중국국민당」, 『아시아문화』 제13호, 한림대학교 아시아문제연구소, 1997.

1990년대를 지나는 동안 민족해방운동사 연구가 축적되면서 중국관내에서 전개된 민족해방운동의 실체도 이전과 달리 상세하게 파악되었다. 이 논문은 이러한 상황에서 1930년대 중국관내 지역 민족해방운동에 대한 중국국민당의 '지원'과 민족통일전선운동에 대한 중국국민당의 입장을 다룬 것이었다. 노경채 교수는 중국관내 민족해방운동이 중국의 내외정세에 적지 않은 영향을 받을 수밖에 없었고 중국의 '지원'이 없었다면 활동이 사실상 어려웠다는 객관적 상황을 먼저 인식해야 한다고 지적한다. 동시에 "중국국민정부가 태평양전쟁 발발 이후 임시정부를 집중적으로 지원한 것은 사실이지만, 이는 중국관내에서 임시정부를 중심으로 민족통일전선이 형성되고 있었던 점과 무관하지 않"다는 사실을 주목했다. 즉 한국 민족해방운동에 대한 중국국민당의 협조와 지원은 일차적으로 식민지·반식민지 민족의 반제항일투쟁을 위한 '공동전선' 구축에 있다는 이해가 선행되어야 한다는 것이다.

　이러한 주장은 한국 민족해방운동사를 일국사적 관점이 아니라 동북아 더 나아가 세계적 관점에서 봐야 한다는 연구시야의 확대 또는 새로운 연구방법론을 촉구하는 차원에서 제기한 것이다. 그 연장선에서 중국관내에서 전개된 민족해방운동, 특히 '미완'의 통일전선운동 경험을 오늘의 통일지향적 역사인식의 자산으로 삼을 수 있도록 연구시야를 확대해야 한다고 강조했다. 이는 "민족통합에 기초한 한반도의 통일은 우리 민족의 삶의 질을 높여줄 뿐 아니라 동북아시아 내지 세계의 평화에 기여"한다는 현재적 문제의식의 소산이었다. 노경채 교수의 이러한 문제의식은 코민테른의 '1국1당 원칙'에 따라 중국공산당에 가입하여 중국혁명 참가와 조선혁명이라는 이중의 임무를 짊어졌던 중국지역에서의 조선인 운동을 객관적으로 이해하는 데에도 큰 시사점을 던져준다.

III. 통일민족국가 수립을 전망하는 민족해방운동사 연구

1930년대 독립운동 정당 통합운동에 관심을 집중했던 노경채 교수의 박사학위논문[11] 소재는 조선민족혁명당이 아닌 한독당이었다. 한국국민당보다 조선민족혁명당 노선을 더 높게 평가하고 김원봉에 대한 애정과 관심이 컸던 이전 연구에 비추어 다소 뜻밖의 선택으로 보인다. 그는 그 이유를 다음과 같이 말하였다.

> 이렇게 결정하게 된 배경에는 … 한국독립당 연구가 식민지시기 민족해방운동의 성격 뿐 아니라 해방공간에서 전개된 통일민족국가 수립운동의 실상을 밝힐 수 있다는 판단 … 때문이었다. 사실 억압과 단절로 점철된 우리 근현대사에서 한국독립당만큼 당명을 오래도록 지닌 정당도 흔치 않다.[12]

노경채 교수가 박사논문의 소재로 한독당을 선택하게 된 것은 민족해방운동을 "이념적 대립을 승화시킨" "민족국가 건설운동과 함께 통일민족국가 건설운동의 일환으로서 이해"하고자 하는[13] 문제의식 때문이었다. 즉 한독당이 8·15 직후 어느 정치세력보다도 통일민족국가 수립운동을 민족해방운동의 연장선상에서 설정했고 그에 따른 정치활동을 적극적으로 추구한 세력이라는 점을 주목한 것이다. 이를 통해 항일민족해방운동과 국가건설운동이라는 두 범주를 하나의 맥락으로 묶어 일제시기~해방 후로 이어지는 한국근현대사를 연장선에서 이해하고자 했다.

해방 이전과 이후의 역사를 연결시켜 이해하려는 노경채 교수의 연구방법론은 박사논문을 제출하기 훨씬 이전인 1985년에 쓴 논문[14]에서

---

[11] 노경채, 『韓國獨立黨 硏究』, 고려대학교 사학과 박사학위논문, 1991. 이후 수정과 보완을 거쳐 1996년 동명의 책(『韓國獨立黨 硏究』, 신서원)으로 간행되었다.
[12] 노경채, 앞의 책, 6쪽.
[13] 노경채, 앞의 책, 11쪽.

그 싹이 발견된다. 지금은 이런 인식이 상식이 되었지만, 1980년대 초만 해도 두 시기에 대한 연구는 연구자는 물론, 소재나 문제의식 역시 분리된 가운데 이뤄지고 있었다. 이 점을 감안하면 그는 당시 두 시기를 둘러 싼 연구 시야의 한계에 대해 중요한 포인트를 지적한 셈이다. 이 논문에서 그는 1930년대 이후 국내외의 민족운동세력이 처해 있던 상황의 차이를 지적하면서 8·15의 민족사적 성격을 거시적으로 봐야 한다고 강조했다. 즉 국내 민족운동은 조선총독부의 철저한 탄압으로 위축되면서 해방 후 민족역량을 결집시킬 만한 세력으로 성장하지 못한 반면에, 국외 독립운동 진영은 민족연합전선을 형성하면서 통일민족국가 수립을 지향하고 있었으나 국내 기반을 다지지 못한 상황에서 해방을 맞았다는 점을 주목한다. 여기에 제2차 세계대전 후 미소간 냉전체제는 통일민족국가를 수립하는데 결정적으로 불리한 환경으로 작용하였으며, 당시의 정치지도자들이 이러한 외적 환경을 극복하지 못했다고 지적한다. 이런 환경 속에서 오히려 민중적 기반이 약한 세력이 미소 양극체제에 편승하여 현실의 유력한 정치세력으로 등장하여 분단을 초래했다는 것이다.

이 지적은 외적 요인이 아무리 크더라도 민족 내부의 역량 추이가 훨씬 중요하고, 결국 분단으로 귀결된 이유도 본질적으로 민족 내부의 역량 문제에서 찾아야 한다는데 초점을 둔 것으로 보인다. 이에 따라 노경채 교수는 8·15의 역사적 성격을 "일제의 식민지 지배로부터 해방되었다는 측면과 아울러 민족분단이라는 또 다른 민족사의 과제를 남겨놓은 것"으로[15] 정리한다. 당연히 8·15 이전과 이후를 연속선상에서 이해하는 연구시야의 확대를 강조하게 되었다. 즉 식민지시기 중국관내

---

14 노경채, 「8·15해방의 민족사적 성격」, 『기독교사상』 326호, 1985.
15 노경채, 위의 글, 26쪽.

지역의 통일전선운동을 해방공간의 좌우합작운동, 남북협상과 하나의 흐름으로 묶어 한국근현대사의 역사적 과제인 통일민족국가 수립운동의 연장선상에서 이해한 것이다.

이러한 문제의식에 따른 분석의 효율성과 사실성을 높이기 위해 노경채 교수는 한독당과 임정을 분리해서 연구할 필요가 있다고 강조한다. 그래야 "식민지시기 민족해방운동과 8·15 후 정치활동을 통일적으로 파악"할 수 있다는 것이다. 물론 그렇다고 한독당과 임정의 관계 자체를 축소시키는 것은 아니었다. 오히려 "한독당 결성세력은 대부분 임시정부 수립에 참여했고 임정을 실질적으로 주도했기 때문에 식민지시기 한독당은 임정의 '지주적 정당'"이었다면서[16] 한독당과 임정의 밀접한 관계를 명확히 규정하였다. 이와 동시에 1940년대 들어 임정에는 한독당 외에 조선민족혁명당 세력 뿐 아니라 아나키즘 세력도 참여하는 등, 한독당과 임정이 시기와 상황에 따라 정치이념과 운동노선에서 불일치한 경우도 있다는 점을 밝혔다. 이러한 상황을 모두 아울러 볼 때 비로소 독립운동정당으로서 한독당의 성격을 제대로 밝힐 수 있다는 것이다.

그의 박사학위논문은 이러한 문제의식을 오롯이 담아냈다. 이는 비슷한 문제의식으로 식민지시기 통일전선운동의 중심축인 조선민족혁명당의 민족해방운동사를 정리한 강만길의 연구와[17] 짝을 이루는 것이기도 했다. 그의 박사논문은 "한국독립당의 조직체제 변천과 활동, 임시정부와의 관계 등을 상세하게 구명하지 못한 점은 아쉬움으로 남"지만 "한국독립당의 활동공간을 광복 이후까지 확대"했다는 점에서 확실히 "새로운 시도"였다.[18]

---

[16] 노경채, 앞의 책, 15쪽 및 13쪽.
[17] 강만길, 『조선민족혁명당과 통일전선』, 화평사, 1991.
[18] 조범래, 『한국독립당연구 1930-1945』, 선인, 2011, 14~15쪽.

노경채 교수의 『韓國獨立黨 硏究』는 다음과 같이 요약할 수 있다.

1930년 1월에 결성된 한독당은 중국관내 지역 우파 민족주의자들을 망라한 독립운동정당으로서 당의, 당강을 통해 반식민지 민족주의와 사회민주주의적 요소를 내포한 삼균주의 이념을 표방하고 이의 실현을 위해 보통선거제 실시, 토지와 대생산기관 국유화, 국비교육제 실시 등을 내세웠다. 그러나 운동 방법으로서는 '민중적 반항'과 '무력적 파괴'를 선언하는데 머물러 적극적 무장투쟁 노선으로 나아가지 못했다.

만주사변과 상해사변을 계기로 중국관내 지역에서는 민족유일당운동 실패 이후 침체된 운동을 활성화하기 위해 다시 통일전선 결성운동이 일어났다. 그 결과 1935년 7월 단일당으로 조선민족혁명당이 결성되고 한독당은 해체되었다. 조선민족혁명당은 결성 초기에 통일전선체 성격이 강했지만, 조소앙계가 이탈하여 재건 한독당을 조직하고 처음부터 조선민족혁명당에 불참한 김구 중심의 임정옹호파는 한국국민당을 따로 결성했다. 1937년 4월에는 이청천 세력도 탈당하여 조선혁명당을 결성했다. 이에 따라 조선민족혁명당의 통일전선체로서의 성격도 크게 약화되었다.

1937년 7월 하순 한국국민당은 조소앙 중심의 재건 한독당, 이청천 중심의 조선혁명당 등과 한국광복운동단체연합회를 결성하여 우파세력 연합을 이루었다. 이후 좌파세력 연합체인 조선민족전선연맹과 통일운동을 전개했으나 실패하고 결국 한국광복운동단체협의회 산하 3당이 통합하여 새로운 한독당을 조직했다. 3당 통합에 의한 한독당 성립은 우파연합체가 정당조직으로 바뀐 것을 의미한다.

통합 한독당의 당강, 당책은 이전보다 선명한 무장독립노선을 택했지만, 민족국가건설론에서는 1930년의 한독당과 1935년의 한국국민당의 그것과 큰 차이가 없었다. 한독당의 정치이념은 한독당이 '지주적 정당'으로 활동했던 임정이 1941년 11월에 채택한 <건국강령>에서 한층 구체화되었다. 한독당의 당의, 당강 및 <건국강령>에서 제시된 민족국가 건설방안은 정치체제 면에서 의회민주주의, 경제체제 면에서 사회주의적 정책의 실시를 지향했다.

1941년 태평양전쟁 발발로 일제의 패망이 예상되고, 중국 국민당정부의 임시정부에 대한 지원이 강화되어 임정의 위상도 크게 높아졌다. 이에 따라 중국관내 민족해방운동 정당 단체들은 임정을 축으로 연합전선을 모색했다. 임정 중심으로 통일전선이 모색되면서 자파 중심의 단일당 결성을 추구해 온 한독당의 입장도 바뀌어갔다. 이제까지 임정에 불참했거나 소극적이었던 조선민족혁명당을 비롯한 여러 정당 단체들도 1942년부터 임정에 참여하였으며, 1944년에는 한독당과 조선민족혁명당을 중심으로 제한적이나마 통일전선 내각도 출범했다.

8·15 이후 한독당 인사들은 임정 자격으로 귀국을 시도했지만, 미국이 임정을 부인함에 따라 개인자격으로 귀국해야 했다. 귀국 후 정세를 관망하던 임정 측은 1945년 말 모스크바 3상협정 내용이 전해지자 반탁운동을 적극적으로 전개하면서 해방정국의 주도권을 장악하려고 했다. 사실 한독당과 한국민주당(이하 한민당)의 정치노선은 기본적으로 성격이 달랐다. 그러나 해방정국에서 한독당의 국내기반 구축과 한민당의 정치명분 축적이라는 이해관계가 어우러져 두 당은 협조관계 속에서 반탁운동을 전개하면서 우익의 양대 축을 이루게 되었다. 한독당의 반탁론은 물론 해방정국의 국제적 규정성을 객관적으로 인식하지 못한 한계의 산물이었다. 그러나 그 배경에는 한민당과 뚜렷한 차이가 있었다. 한독당이 반탁을 독립운동의 연장선상에서 파악하는 반탁민족주의를 지향한 것이었다면, 한민당과 이승만 추종세력 등의 반탁은 처음부터 단정수립을 염두에 둔 것이었다. 즉 이 시기 한독당의 정치노선

은 반탁 통일국가 수립노선이었다.

두 차례에 걸친 미소공동위원회가 결렬된 후 미국이 한반도문제를 유엔으로 이관하자 한독당은 유엔감시하의 남북총선거안을 지지했다. 유엔이 유엔감시하 총선으로 통일민족국가를 수립할 수 있는 능력을 갖고 있다고 생각했기 때문이다. 그러나 한독당의 기대와 달리 유엔에서도 미소가 합의점을 찾지 못하고 결국 남한만의 단독선거라는 미국 방안이 유엔소총회에서 통과되었다. 이러한 상황에 편승하여 단선단정 세력이 점차 힘을 갖고 그 계획을 구체화시키자 한독당은 통일민족국가 수립을 위한 남북요인회담을 주창하고 남북협상운동을 전개했다. 남북협상운동은 단정 수립 자체를 막지는 못했지만 한민족의 자주적 통일의지를 내외에 과시하고 북한의 정치세력과 일정한 합의를 도출하는 성과를 거두기도 했다.

단정 수립으로 분단체제가 고착화되어 가는 과정에서 한독당은 민족상잔의 가능성을 경고하면서 민족자주연맹 등과 통일독립촉진회를 조직하여 통일운동을 주도했다. 그러나 1949년 6월 김구가 암살됨으로써 한독당의 통일운동은 지속되기 어려웠다. 노경채 교수는 한독당의 역사적 성격을 다음과 같이 규정한다.

> 한독당은 민족해방운동 시기에는 통일전선운동에 소극적이거나 부정적인 입장을 취하는 등의 한계를 지니고 있었지만, 임정의 '지주적 정당'으로서의 역할을 담당한 민족해방운동 세력이었다. 8·15 이후 한독당은 정치활동 과정에서 운동노선상의 오류로 말미암아 정치이념이 다소 퇴색되기는 했으나, 통일민족국가 수립을 위해 노력한 정치세력이었다.[19]

노경채 교수의 『韓國獨立黨 硏究』에 대해 중국관내 지역 민족해방운동사 연구자는 식민지시기와 8·15 이후를 분절적으로 인식하고 있던

---

[19] 노경채, 앞의 책, 275쪽.

자신의 무의식적이고 편의적인 접근에 경각심을 촉구했다고 지적했다. 그리고 이 책이 "단체를 대상으로 한 연구의 방법론과 접근시각이 어떠해야 할지를 아울러 제시"했다고[20] 평가하였다.

IV. 통일민족국가 수립을 추구한 '중간파' 인물 연구

노경채 교수는 『韓國獨立黨 硏究』 출간 이후 분단 극복과 통일 지향이라는 문제의식의 외연을 확대하고 실천의 구체성을 높이자는 차원에서 '중간파' 인물 연구에 집중했다. 먼저 한 논문[21]을 통해 식민지시기와 해방공간에서 활동한 정치세력과 인물을 분류하는 새로운 방법론을 제시했다. 특히 정치세력을 사회주의와 민족주의로 나누는 관행적 구분 방식을 강하게 비판했다. 관행화된 기존의 이분법적 사고가 사회주의 세력이 지니는 민족주의 색채를 없앰과 동시에, 반대로 비민족주의 또는 반민족적 세력까지 민족주의 범주 안에 포함시키는 오류를 낳았고 이러한 왜곡된 인식이 분단체제 성립과 더불어 더욱 심화되었다고 보기 때문이다. 한국 근현대사에서 그가 특히 주목한 것은 민족주의와 사회주의 이념이 대립적 측면뿐 아니라 상보적 성격을 띠었다는 점이었다. 식민지 지배와 분단을 겪은 한국 근현대사의 특성 때문에 민족주의와 사회주의의 접목 가능성이 애초부터 넓었다는 것이다.[22]

이에 따라 그는 정치세력이 궁극적으로 어떠한 사회 건설을 지향하느냐 하는 점을 분류의 큰 기준으로 설정했다. 즉 "정치세력은 민족적 관점과 계급적 관점을 함께 고려하되, 크게 사회주의 사회를 지향하는

---

20 한상도, 앞의 글, 254쪽.
21 노경채, 「한국 근현대 정치세력 분류론」, 『역사와 현실』 42호, 2001.
22 노경채, 위의 글, 244쪽.

좌파, 자본주의 사회를 지향하는 우파 및 사회민주주의적 국가건설을 지향하는 중간파로 구분된다. 지향점이 같더라도 정치세력마다 그 실현을 위한 방법과 정치세력의 본질적 성격 등에서 적잖은 차이를 보인다. 따라서 정치세력 분류의 여러 요소들을 고려하여 다시 좌파는 극좌파와 온건좌파, 중간파는 중간좌파와 중간우파, 우파는 온건우파와 극우파로"[23] 구분했다.

노경채 교수의 인물 연구는 이 분류 기준에 따라 '중간파'에 집중되었다. 이들이 해방공간에서 미소의 협력과 지원을 이끌어내면서 탈식민 개혁과 통일민족국가를 추구했기 때문이라는 것이다. 대표적으로 여운형, 조소앙, 조봉암을 거론했다.

그는 먼저 통일민족국가 수립을 위한 가장 현실적인 정치노선을 추구한 인물로 여운형을 주목했다. 여운형의 국내외 정세인식, 정치노선 그리고 정치활동 등을 통일민족국가 수립운동의 관점에서 정리하면서 한국현대사에서 갖는 의미를 평가했다. 흔히 중간좌파로 분류되는 여운형의 이념적 지향에 대한 평가에 대해서는 그의 활동 폭만큼 다양하다. 그렇더라도 여운형의 대외노선이 일관되게 친미친소적 입장이었다는 사실 또한 분명하다. 노경채 교수는 이를 두고 "통일민족국가 수립을 위해 미소 양국의 지지와 협력을 얻으려는 현실적 노선"이었다고 적극적으로 평가한다. 또한 여운형은 "통일민족국가 수립을 위해 광범한 민족통일전선의 필요성을 강조했는데, 이러한 인식의 바탕 위에서 이념과 노선을 달리하는 정치세력에 대해 매우 유연한 입장과 태도를 보임과 동시에 이념적 대립양상을 비판했다"고 지적했다. 결국 여운형의 좌우익 정치세력 및 미군정에 대한 이러한 탄력적인 입장이 "좌우합작운동과 좌우연립정권의 토대가 되었다"는 것이다. 이러한 평가는 해방

---

[23] 노경채, 위의 글, 248~249쪽.

공간의 역사적 과제가 민족통일전선을 바탕으로 자주적 통일민족국가를 수립하는 것이었다는 노경채 교수의 일관된 전제와 맥을 같이 한다. 따라서 노경채 교수에게 여운형의 정치노선은 "식민지 시기 이래의 역사적 과제인 자주적 민족국가 건설을 위한 올바른 노선이었고, 대중정당운동과 좌우합작운동은 그가 지향한 정치노선을 실현하기 위한 실천적 정치활동이었다."[24]

노경채 교수는 통일을 지향하면서 평등사회를 실현하려고 했던 조소앙의 정치활동과 노선에 대해서도 재평가했다. 조소앙은 1930년에 결성된 한독당에서 주도적 역할을 했으며, 통일전선 정당으로 성립된 조선민족혁명당에도 참여했고 1940년부터는 임정 외무부장으로 활동하면서 한독당 중앙집행위원장을 지내는 등 김구와 함께 당내 양대 세력을 이끌었다. 노경채 교수는 조소앙에 대한 연구가 삼균주의와 민족해방운동에 치중된 반면에, 정작 8·15 후 조소앙의 정치활동과 노선에 대해서는 소홀했다고 비판했다. 그러나 조소앙의 통일론이 무력통일을 배격한 평화통일론으로서 역사적 의미가 있다고 강조했다. 삼균주의 국가건설론의 요체는 정치면에서 인민주권론에 입각한 의회민주주의 실현, 사회경제면에서 사회주의적 정책을 수용했다는 것이다. 즉 "삼균주의 노선은 자본주의체제와 공산주의체제를 본질적으로 수용하지 않은 '제3의 노선'으로서 좌우 대립을 극복할 수 있는 하나의 대안으로 상정될 수"[25] 있다고 평가했다.

2000년대 중반 들어 노경채 교수는 연구 대신 다른 역할을 맡아야 하는 상황에 직면했다. 2005년에 출범한 친일반민족행위진상규명위원회의 상임위원으로서 2009년 11월까지 '친일문제의 역사적 청산'이라는

---

[24] 노경채, 「8·15 이후 여운형의 정치노선과 활동」, 『史叢』 제48집, 고대사학회, 1998, 60·63·65쪽, 85~86쪽.
[25] 노경채, 1999 「8·15 후 조소앙의 정치노선과 그 노선」, 『史叢』 제50집, 고대사학회, 75쪽.

역사적 과업을 위해 연구기간을 대체한 것이다. 친일반민족행위진상규명위원회 사업 역시 앞으로 역사적 평가의 대상이 되겠지만, 노경채 교수는 당시 상황이 역사학자인 자신에게 부여한 임무를 자임했다.

4년 반 동안의 공직생활을 마치고 학교로 복귀한 노경채 교수는 곧바로 그 이전에 진행하던 '중간파' 인물 연구에 착수했다. 이번에는 조봉암이었다.26 그는 8·15 후 조봉암의 지향 이념과 노선, 그의 활동 등을 민족해방운동의 연장선상에서, 진보와 통일을 추구하는 민족통일전선 관점에서 조망했다. 조봉암이 내세운 사회민주주의와 평화통일론의 구체적 내용 및 양자의 상관관계를 통해 조봉암과 진보당의 이념과 노선이 갖는 역사적 의미를 되짚었다. 이에 따라 조봉암과 진보당은 민족모순의 해결과 불합리한 사회적 요소의 척결을 동시에 추구하였으며 그 노력이 민주적 절차에 따른 평화통일 노선으로, '진정한 복지사회' 건설을 위한 사회민주주의 노선으로 귀결되었다고 평가했다. 그리고 그 노선은 "일제강점기 우리 민족해방운동의 발전적 계승이자, 분단체제하 민족민주운동의 실마리를 제공하고 있는 점에서 매우 큰 역사적 의미를 지닌다"는 것이다. 노경채 교수에게 조봉암은 진보당 운동을 통해 때로는 우회적으로, 그러면서도 일관된 방향성을 가지고 사회민주주의 사회의 건설을 지향한 평화통일론자였다. 즉 조봉암과 진보당 운동은 한국 현대사, 민족민주운동사에서 주요한 위치를 차지하는 "이정표로서 우뚝 서 있다"27고 평가했다.

해방공간에서 '중간파' 입장에서 통일민족국가를 건설하고자 노력했던 인물들에 대한 연구는 미완인 상태로 끝을 맺었지만, 노경채 교수는 그 일을 역사학자로서 자신의 사명이라고 생각했던 것같다. 그들이 비

---

26 노경채, 「조봉암·진보당·사회민주주의」, 『한국민족운동사연구』 64집, 2010.
27 노경채, 위의 글, 442~443쪽 및 458~459쪽.

록 현실정치에서는 성공하지 못했지만, 그들의 행적과 사상을 역사학이 세밀하게 반추하여 현실적 생명력을 불어넣는 일이 특히 현 시점에서 의미가 크다는 문제의식 때문일 것이다.

V. 통일지향 역사인식 정립을 위한 역사가의 과제

노경채 교수의 역사학 궤적을 되짚어 보면 1930년대 중국관내 지역 민족해방운동을 연구하기 시작하면서부터 한국근현대사의 역사적 과제가 통일민족국가 수립이라는 관점에서 한시도 벗어난 적이 없다. 그런 점에서 수미일관했다. 그리고 학문적 차원을 넘어 한반도의 분단과 통일의 길에서 역사가의 과제가 무엇인지 끊임없이 고민하고 실천하기 위해 노력하였다.

냉전체제가 무너진 시점에서 오히려 냉전적 수구적 역사인식이 공세를 보이자, 역사학계가 분단을 넘어선 역사인식을 추구하고 그를 위한 방법론 개발에 더욱 적극적으로 나서야 한다고 역설했다.[28] 특히 2000년 6·15 남북정상회담 직후에는, 이 정상회담을 계기로 한국사학계의 임무가 더욱 막중해졌다고 강조했다.[29] 남북역사학(자) 교류가 시작되기 이전의 시점에서, 그가 통일시대를 지향하면서 역사학계의 책무와 실천과제를 제안한 이 글을 다시 보니 만감이 교차한다.

> 현단계 한국사학계의 가장 중요한 과제는 냉전적 역사인식을 극복하기 위해 통일지향의 역사인식을 정립하는 데 있다. … 민족구성원과 인류의 공영에 이바지할 수 있는 새로운 차원의 민족주의와 다양한 전망을 담은 이념의 공존이 보장되는 토

---

[28] 노경채·도진순, 「서설: 세계사에서 한반도의 분단과 통일」, 『역사와 현실』 16집, 1995.
[29] 노경채, 「평양남북정상회담의 역사적 의미와 한국사학계의 과제」, 『역사와 현실』 37집, 2000.

> 양을 갖추는 것도 중요하다.
> 통일시대 역사학의 책무는 남한 역사학계 단독으로 성취할 수 있는 것이 아니다. … 북한 학계와의 협의와 토론이 무엇보다도 중요하다. 현실적으로 이념 … 문제는 남북한 역사학의 교류에서 중요한 장애가 아닐 수 없다. 그러나 … 역사학은 큰 범주의 인간 집단 즉 민족이나 인류 차원의 미래를 고민하는 포괄적인 학문이라는 점에서 정치 현실의 장애를 넘어설 수도 있다. … 학술교류의 필요성과 가능성이 가장 높은 것이 역사학이라 할 수 있다.
> 제반 분야의 협력과 교류를 활성화할 것을 남북공동선언에 명시한 것으로 보아, 남북역사학의 교류문제가 언제 닥칠지 모를 일이다. … 남북역사학 교류에 충실하게 대비하기 위해 역사 연구단체와 연구자를 아우를 수 있는 '협의기구'의 마련을 제안한다.[30]

그가 예견한 "언제 닥칠지 모를" 남북 역사학(자) 교류는 위의 글을 쓴 지 1년 후에 현실이 되기 시작했다. 그리고 그가 제안한 방식처럼 협의기구로서 남북역사학자협의회가 출범했다. 그가 격정적으로 촉구한 마대로, 자신이 부위원장단의 일원으로서 적극적으로 이끌었던 남북역사학자협의회는 우여곡절 속에서도 지난 10년간 자기 역할을 해오고 있다.

이제 노경채 교수의 역사학 궤적을 정리하는 글을 마무리하고자 한다. 그가 이승을 떠난 지 벌써 1년이 다 되었다. 삼가 고인의 명목을 빈다.

---

30 노경채, 위의 글, 10쪽.

<부록 2> 노경채 교수 약력

1. 이력

1950년 11월 23일 경북 의성군 봉양면 화전리 91번지 부친 노봉술님과 모친 이응기님의 1남 7녀 중 외아들로 태어남.
1971년 3월 고려대학교 사학과 입학 1979년 2월 졸업
1981년 9월「1930~40年代 兩大 獨立運動 政黨의 政策方向－民族革命黨과 韓國獨立黨의 政綱을 中心으로」로 석사학위 취득
1985년 2월『한국독립당 연구』로 박사학위 취득
1986년 3월 수원대학교 사학과 교수 부임
2003년 3월부터 2005년 4월까지 수원대학교 박물관장
1993년 1월부터 1995년 1월까지 한국역사연구회 회장
1991년 8월부터 역사문제연구소 연구위원
1991년 12월부터 독립기념관 부설 한국독립운동사연구소 연구위원
1992년 3월부터 1994년 2월까지 한국사연구회 간사
1996년 6월 고려사학회 이사
2005년 5월부터 2009년 11월까지 대통령소속 친일반민족행위진상규명위원회 상임위원
2005년 10월부터 한국국가기록연구원 이사
2011년 6월 17일 수원대학교 사학과 교수로 봉직 중 영면
부인 김명언 여사와 사이에 1남 1녀(노의중, 노서령)

2. 주요 논문

「日帝下 獨立運動 政黨의 性格; 民族革命黨과 韓國國民黨을 中心으로」,『韓國史硏究』47, 한국사연구회, 1984.

「金元鳳의 獨立運動과 그 思想」, 『白山學報』 제30·31호, 백산학회, 1985.
「한국독립당의 결성과 그 변천(1930~1945)」, 『역사와현실』 창간호, 한국역사연구회, 1989.
「국외 민족운동의 노선과 이념의 변화과정; 1920년대 중국지역을 중심으로」, 『3·1민족해방운동 연구-3·1운동 70주년 기념논문집』, 한국역사연구회. 역사문제연구소, 1989.
「金奎植論」, 『爭點 한국근현대사』 제4호, 한국근대사연구소, 1994.
「8·15後 韓國獨立黨의 政治路線과 組織變遷」, 『國史館論叢』 제66輯, 國史編纂委員會, 1995.
「중국관내 조선인의 민족해방운동과 중국국민당」, 『아시아문화』 제13호, 翰林大學校 아시아문화연구소, 1997.
「8·15 후 呂運亨의 정치노선과 활동」, 『史叢』 第48輯, 高大史學會, 1998.
「8·15 후 趙素昂의 정치활동과 그 노선」, 『史叢』 第50輯, 高大史學會, 1999.
「평양남북정상회담의 역사적 의미와 한국사학계의 과제」, 『역사와 현실』 제37호, 한국역사연구회, 2000.
「8·15 후 趙素昂의 政治活動과 그 路線」, 『三均主義硏究論集』 第22輯, 三均學會, 2001.
「한국 근현대 정치세력 분류론」, 『역사와 현실』 제42호, 한국역사연구회, 2001.
「1920년대의 중국관내 민족해방운동」, 『한국사 16 : 민족해방운동의 전개 2』, 한국사편집위원회, 한길사, 1994.
「중국관내 민족해방운동과 전선통일운동」, 『통일지향 우리민족해방운동사』, 역사비평사, 2000.
「미소공동위원회와 좌우합작운동의 전개」, 『통일지향 우리민족해방운동사』, 역사비평사, 2000.
「서설 : 세계사에서 한반도의 분단과 통일」, 『역사와현실』 16호, 한국역사연구회, 1995.
「조봉암 진보당 사회민주주의」, 『한국민족운동사연구』, 한국민족운동사학회, 2010.
「민족해방운동기 사회민주주의 세력의 태동」, 『동고학논총』, 수원대학교 동고학연구소, 2003.
「해방 후 조소앙 정치노선의 현대사적 의미」, 『삼균주의연구논집』, 삼균학회, 2003.

3. 주요 저서

1. 공저
『한국현대사의 라이벌』, 역사비평사, 1992.
『바로잡아야 할 우리 역사 37장면』, 역사비평사, 1993.
『한국역사입문(3)』, 풀빛, 1996.
『한국사상사의 과학적 이해를 위하여』, 청년사, 1997.
『우리는 지난 100년동안 어떻게 살았을까 3』, 역사비평사, 1999.
『통일지향 우리민족해방운동사』, 역사비평사, 2000.
『밀양의 독립운동사』, 밀양문화원, 2003.
『나를 깨워라』, 서해문집, 2004.

2. 저서
『韓國獨立黨硏究』, 신서원, 1996.

4. 수상사항

1996년 9월, 2004년 9월, 2010년 9월 수원대학교 공로상
2003년 2월 삼균학회 학술공로상
2005년 5월 교육인적자원부 스승의 날 기념 부총리 표창
2009년 12월 황조근정훈장 수여 받음

노경채

1950년 경북 의성에서 출생하여 2011년에 작고하였다.
고려대학교 사학과 졸업(문학박사)
한국역사연구회 회장 역임
대통령소속 친일반민족행위진상규명위원회 상임위원 역임
수원대학교 사학과 교수(1986~2011) 역임

주요 저서
『韓國獨立黨硏究』(신서원, 1996) 외 다수

韓國史硏究叢書 83

우리 근현대사의 통일전선적 이해
― 노경채 사론집 ―

초판 1쇄 인쇄일	2012년 6월 11일
초판 1쇄 발행일	2012년 6월 12일
지은이	노경채
펴낸이	정구형
출판이사	김성달
편집이사	박지연
본문편집	이하나 정유진 이원숙
디자인	유정현 장정옥
마케팅	정찬용 김정훈
영업관리	권준기 정용현 천수정
인쇄처	미래프린팅
펴낸곳	**국학자료원**
	등록일 2005 03 14 제25100-2009-8호
	서울시 강동구 성내동 447-11 현영빌딩 2층
	Tel 442-4623 Fax 442-4625
	www.kookhak.co.kr
	kookhak2001@hanmail.net
ISBN	978-89-279-0181-5 *94900
가격	29,000원

* 저자와의 협의하에 인지는 생략합니다.
  잘못된 책은 구입하신 곳에서 교환하여 드립니다.